Histoire De La Gréce Depuis Les Temps Les Plus Reculés Jusqu'a La Fin De La Géneration Contemporaine D'anglais Par a .-L.De Sadous ... Seule Éd. Francaise Autorisée Par L'auteur, Volume 18

George Grote

COLLECTION D'HISTORIENS CONTEMPORAINS

HISTOIRE

DE

LA GRÈCE

G. GROTE

Vice-chancelier de l'Université de Londres, Associé étranger de l'Institut de France

HISTOIRE

DE

LA GRÈCE

DEPUIS LES TEMPS LES PLUS RECULÉS

JUSQU'A LA FIN DE LA GÉNÉRATION CONTEMPORAINE D'ALEXANDRE LE GRAND

TRADUIT DE L'ANGLAIS

PAR A.-L. DE SADOUS

Professeur au Lycée impérial de Versailles, Docteur ès lettres de la Faculté de Paris

TOME DIX-HUITIÈME

SEULE ÉDITION FRANÇAISE AUTORISÉE PAR L'AUTEUR

AVEC CARTES ET PLANS

PARIS

LIBRAIRIE INTERNATIONALE

15, BOULEVARD MONTMARTRE

Au coin de la rue Vivienne

A. LACROIX, VERBOECKHOVEN ET Cie, ÉDITEURS

A Bruxelles, à Leipzig et à Livourne

1866

1re PARTIE. — GRÈCE LÉGENDAIRE

Ἀνδρῶν ἡρώων θεῖον γένος, οἳ καλέονται
Ἡμίθεοι προτέρῃ γενεῇ.

HÉSIODE.

2e PARTIE. — GRÈCE HISTORIQUE

. . . . . . Πόλιες μερόπων ἀνθρώπων.

HOMÈRE.

HISTOIRE DE LA GRÈCE

DEUXIÈME PARTIE

GRÈCE HISTORIQUE

CHAPITRE I

PREMIÈRE PÉRIODE DU RÈGNE D'ALEXANDRE LE GRAND. — SIÉGE ET PRISE DE THÈBES.

État de la Grèce à l'avénement d'Alexandre; elle dépend des rois macédoniens. — Soumission forcée des Grecs; influence de l'intelligence grecque sur la Macédoine. — Base du caractère d'Alexandre, — non hellénique. — Enfance et éducation d'Alexandre. — Il reçoit les leçons d'Aristote. — Première action politique et maturité d'Alexandre; ses querelles avec son père; discordes de famille. — Incertitude de la position d'Alexandre pendant la dernière année de Philippe. — Impression produite par la mort soudaine de Philippe. — Avénement d'Alexandre; son énergie et son jugement. — Les complices de Pausanias sont mis à mort par Alexandre; Amyntas et autres le sont également. — Sentiment à Athènes lors de la mort de Philippe; langage de Démosthène; dispositions à résister à la Macédoine, mais sans commencement d'exécution. — Mécontentement en Grèce, — mais aucun mouvement positif. — Marche d'Alexandre en Grèce; soumission d'Athènes. — Alexandre est élu général des Grecs dans la réunion à Corinthe. — Sparte continue à refuser de donner son concours. — Conditions du vote rendu ainsi; priviléges garantis aux cités. — Autorité réclamée par Alexandre en vertu de la convention; dégradation des principaux États grecs. — Empiétements et tyrannie des officiers macédoniens en Grèce; plaintes des orateurs à Athènes. — Violations de la convention sur mer par des officiers macédoniens. — Langage des Athéniens qui se plaignent; ils insistent seulement sur la rigoureuse observation de la convention; hardiesse de leur langage. — Encouragement offert aux Grecs par la Perse. — Correspondance de Démosthène avec la Perse, — justifiable et politique. — Marche d'Alexandre en Thrace; il franchit de force le mont Hæmus. — Sa victoire sur les Triballes. — Il traverse le Danube, défait les Getæ, et s'en retourne. — Ambassade des Gaulois à Alexandre; sa suffisance. — Victoires d'Alexandre sur Kleitos et les Illyriens. — Les Thébains déclarent leur indé-

pendance contre la Macédoine. — Ils sont encouragés par la longue absence
d'Alexandre en Thrace et par des rapports de sa mort. — Les exilés thébains
venus d'Athènes prennent possession de Thèbes. — Ils assiégent les Macédoniens dans la Kadmeia, — et demandent du secours aux autres Grecs; on leur
témoigne des sympathies favorables, sans leur donner d'aide positive. —
Chances de Thèbes et de délivrance, non défavorables. — Marche rapide et
arrivée inopinée d'Alexandre avec son armée devant Thèbes; sa bonne fortune
quant au moment où il apprit la nouvelle. — Siége de Thèbes; proclamation
d'Alexandre; les Thébains sont décidés à résister. — Prise de Thèbes par un
assaut; massacre de la population. — Thèbes est rasée; les captifs thébains
sont vendus comme esclaves; le territoire distribué entre les cités voisines. —
La Kadmeia est occupée comme poste militaire macédonien; Orchomenos et
Platée vengées de Thèbes. — Sentiments d'Alexandre au moment et dans la
suite, relativement à la destruction de Thèbes. — Extrême terreur répandue
dans toute la Grèce; sympathie des Athéniens à l'égard des exilés thébains.
— Alexandre demande qu'on lui livre les principaux chefs antimacédoniens à
Athènes; mémorable débat dans cette ville; la demande est refusée. — Am-
bassade des Athéniens à Alexandre; on le persuade d'acquiescer au refus et de
se contenter du bannissement de Charidêmos et d'Ephialtès. — Influence de
Phokiôn pour obtenir ces conditions plus douces; progrès de son ascendant à
Athènes. — Alexandre à Corinthe; obéissance du congrès des Grecs;
entrevue avec le philosophe Diogenês. — Rétablissement d'Orchomenos et de
Platée; retour d'Alexandre à Pella. — Opérations militaires de Parmeniôn en
Asie Mineure contre Memnôn.

·Le précédent chapitre a fini avec l'assassinat de Philippe
de Macédoine et l'avénement de son fils Alexandre le Grand,
alors âgé de vingt ans.

Ce qui démontre le changement de caractère de l'histoire
grecque, c'est que nous sommes obligé actuellement de
chercher des événements marquants dans la succession à
la couronne macédonienne ou dans les ordonnances de rois
macédoniens. En fait le monde hellénique a cessé d'être
autonome. En Sicile, il est vrai, la marche libre et consti-
tutionnelle, remise en vigueur par Timoleôn, est destinée
encore à durer pendant quelques années; mais toutes les
cités grecques au sud du mont Olympos sont descendues au
rang de dépendances de la Macédoine. Cet état de dépendance, établie comme fait par la bataille de Chæroneia et
par la marche victorieuse subséquente de Philippe dans le
Péloponèse, fut reconnue en forme par le vote du congrès
des Grecs réunis à Corinthe. Tandis que les Athéniens eux-
mêmes avaient été forcés de se soumettre comme les autres,
Sparte seule, bravant toutes les conséquences, resta inflexible

daus son refus. La fidélité de Thèbes ne fut pas laissée à la parole des Thébains ; mais elle fut assurée par la garnison macédonienne établie dans sa citadelle, appelée la Kadmeia. Chaque cité hellénique, — petite et grande, — maritime, continentale et insulaire — (à l'exception de Sparte seulement), fut ainsi inscrite comme unité séparée dans la liste des alliés sujets attachés à la suprématie souveraine de Philippe.

Dans ces circonstances, l'histoire de la Grèce conquise perd son courant séparé et se confond avec celle de la Macédoine conquérante. Néanmoins, il y a des raisons particulières qui obligent l'historien de la Grèce à continuer les deux ensemble pendant quelques années encore. D'abord la Grèce vaincue exerça une action puissante sur son vainqueur : « Græcia capta ferum victorem cepit. » Les Macédoniens, bien qu'ils parlassent une langue à eux, n'avaient ni langue pour communiquer avec les autres, ni littérature, ni philosophie, si ce n'est celles des Grecs et qu'ils tenaient d'eux. Philippe, en se faisant nommer chef de la Hellas, était non-seulement hellénisé en partie, mais encore il aspirait ardemment à l'admiration hellénique. Il demanda le commandement sous le prétexte déclaré de satisfaire l'ancienne antipathie de la Grèce contre la Perse. Ensuite les conquêtes d'Alexandre, bien qu'essentiellement macédoniennes, agirent indirectement comme premier degré d'une série d'événements qui répandirent la langue hellénique (avec quelque teinture de la littérature hellénique) sur une partie considérable de l'Asie, — ouvrirent ce territoire à une observation meilleure, et à quelques égards même à la surveillance de Grecs intelligents, — et produisirent ainsi des conséquences importantes sous beaucoup de rapports pour l'histoire de l'humanité. En dernier lieu, la génération de Grecs libres que frappa la bataille de Chæroneia n'était pas disposée à rester tranquille s'il s'offrait une occasion de se débarrasser de ses maîtres macédoniens. Les chapitres suivants présenteront le récit des efforts inutiles faits pour y parvenir, efforts dans lesquels périrent Démosthène et la plupart des autres chefs.

Alexandre (né en juillet 356 av. J.-C.), comme son père Philippe, n'était pas Grec; il était Macédonien et Épirote, imbu partiellement de sentiment et d'intelligence grecs. Il est vrai que ses ancêtres, quelques siècles auparavant, avaient émigré d'Argos; mais les rois de Macédoine avaient depuis longtemps perdu les traces de toute particularité semblable qui aurait pu les distinguer de leurs sujets. La base du caractère de Philippe était macédonienne et non grecque : c'était l'esprit volontaire d'un prince barbare, non le *ingenium civile* ou sentiment d'obligations et de droits réciproques en société avec d'autres, qui marquait plus ou moins même les membres les plus puissants d'une cité grecque, qu'ils fussent oligarchiques ou démocratiques. Si cela était vrai de Philippe, ce l'était plus encore d'Alexandre, qui hérita du tempérament violent et de la volonté opiniâtre de la furieuse Olympias, sa mère, née en Épire.

Un parent d'Olympias, nommé Léonidas, et un Akarnanien, appelé Lysimachos, sont nommés comme les principaux maîtres auxquels fut confiée l'enfance d'Alexandre (1). Naturellement l'Iliade d'Homère fut au nombre des premières choses qu'il apprit comme enfant. Pendant la plus grande partie de sa vie, il conserva un vif intérêt pour ce poëme, dont il portait avec lui dans ses campagnes militaires un exemplaire, qui, dit-on, avait été corrigé par Aristote. On ne nous dit pas, et il n'est pas non plus probable, qu'il eût un goût semblable pour le poëme moins guerrier de l'Odyssée. Même comme enfant, il apprit à s'identifier en sympathie avec Achille, — son ancêtre du côté de sa mère, suivant la généalogie Æakide. Son maître Lysimachos gagna son cœur en se donnant à lui-même le nom de Phœnix, — à Alexandre, celui d'Achille, — et à Philippe, celui de Pèleus. Quant aux récitations poétiques d'Alexandre pendant son enfance, il reste une anecdote à la fois curieuse et d'une incontestable authenticité. Il avait dix ans lorsque l'ambas-

---

(1) Plutarque, Alex. c. 5, 6.

sade athénienne, dont faisaient partie Æschine et Démosthène, vint à Pella pour traiter de la paix. Tandis que Philippe les régalait à table, à sa manière habituelle, agréable et gaie, Alexandre enfant récita pour leur amusement certains passages de poésie qu'il avait appris, et débita alternativement avec un autre enfant un dialogue tiré d'un drame grec (1).

A l'âge de treize ans, Alexandre fut mis sous la direction d'Aristote, que Philippe appela dans ce dessein, et dont le père Nichomachos avait été et l'ami et le médecin du père de Philippe, Amyntas. Quel cours d'études suivit Alexandre, nous ne pouvons malheureusement pas le dire. Il profita de l'enseignement d'Aristote pendant au moins trois ans, et on nous dit qu'il s'y consacra avec ardeur et contracta un grand attachement pour son précepteur. Son talent pour parler à un auditoire, quoiqu'il ne soit pas aussi bien attesté que celui de son père, se trouva toujours suffire à ce dessein ; en outre, il conserva, même au milieu de ses fatigantes campagnes d'Asie, du goût pour la littérature et la poésie grecques.

A quel moment précis, pendant la vie de son père, Alexandre prit-il part pour la première fois au service actif, nous l'ignorons. On dit qu'une fois, étant tout jeune homme, il reçut quelques envoyés persans pendant l'absence de son père, et qu'il les surprit par la maturité de sa conduite, aussi bien que par la portée politique et la convenance de ses questions (2). Bien qu'il n'eût que seize ans en 340 avant J.-C., il fut laissé en Macédoine comme régent, tandis que Philippe était occupé aux siéges de Byzantion et de Perinthos. Il réprima une révolte de la tribu thrace voisine appelée Mædi, prit une de leurs villes et la fonda de nouveau sous le nom d'Alexandrie, la première ville qui porta ce nom, donné plus tard à diverses autres villes établies par lui et par ses successeurs. Quand Philippe s'avança en Grèce (338 av. J.-C.), Alexandre prit part à l'expédition.

---

(1) Æschine cont. Timarch. p. 167.   (2) Plutarque, Alex. 5.

commanda une des ailes à la bataille de Chæroneia et remporta, dit-on, le premier avantage de son côté sur le Bataillon Sacré thébain (1).

Toutefois, nonobstant ces marques de confiance et de coopération, il se présenta d'autres incidents qui suscitèrent une animosité amère entre le père et le fils. De son épouse Olympias, Philippe eut pour enfants Alexandre et Kleopatra; d'une maîtresse thessalienne nommée Philina, il eut un fils nommé Aridæos (appelé ensuite Philippe Aridæos); il eut aussi des filles nommées Kynna (ou Kynanè) et Thessalonikè. Olympias, femme d'un naturel sanguinaire et implacable, lui était devenue si odieuse qu'il la répudia et prit une nouvelle épouse nommée Kleopatra. J'ai raconté dans le chapitre précédent l'indignation que ce procédé causa à Alexandre, et la violente altercation qui s'éleva au milieu de la joie du banquet de noces, dans lequel Philippe tira réellement son épée, menaça la vie de son fils et ne fut empêché d'accomplir sa menace que par une chute causée par l'ivresse. Après cette querelle, Alexandre se retira de Macédoine et conduisit sa mère chez son frère Alexandre, roi d'Épire. Kleopatra donna un fils à Philippe. Son frère ou son oncle Attalos acquit une grande faveur. Ses parents et ses partisans, en général, se virent aussi favorisés, tandis que Ptolemæos, Nearchos et les autres personnes attachées à Alexandre furent bannis (2).

L'avenir d'Alexandre fut ainsi rempli d'incertitude et de péril, jusqu'au jour même de l'assassinat de Philippe. La succession de la couronne macédonienne, bien que transmise dans la même famille, n'était nullement assurée à des membres individuels; en outre, dans la maison royale de Macédoine (3) (comme parmi les rois appelés diadochi [suc-

---

(1) Plutarque, Alex. 9. Justin dit qu'Alexandre accompagna son père pendant une partie de la guerre en Thrace (IX, 1).

(2) Plutarque, Alex. 10. Arrien, III, 6, 8.

(3) V. le troisième chapitre de la vie de Demetrios Poliorkêtês par Plutarque, où l'on trouve une description animée des sentiments qui régnaient entre les membres des familles royales dans ces temps. Demetrios, revenant de chasser avec ses javelines de chasse à la main, monte chez son père Anti-

cesseurs], qui acquirent la domination après la mort d'A-
lexandre le Grand), de violentes querelles et une défiance
constante entre le père, les fils et les frères étaient des
phénomènes ordinaires, auxquels la famille des Antigonides
formait une honorable exception. Entre Alexandre et
Olympias, d'un côté, et Kleopatra avec son fils et Attalos,
de l'autre, une lutte meurtrière devait nécessairement s'élever. Kleopatra avait l'ascendant à ce moment ; Olympias
était violente et méchante, et Philippe n'avait que quarante-
sept ans. Aussi l'avenir ne menaçait-il Alexandre que de
dissensions et de difficultés aggravées. De plus, sa volonté
énergique et son caractère impérieux, éminemment convenables pour le commandement suprème, le rendaient peu
propre à jouer un rôle subordonné même à l'égard de son
père. La prudence de Philippe, quand il fut sur le point de
partir pour son expédition d'Asie, l'amena à tenter d'apaiser
ces dissensions de famille en donnant sa fille Kleopatra en
mariage à son oncle Alexandre d'Épire, frère d'Olympias.
Ce fut pendant les fêtes splendides des noces, célébrées ensuite à Ægæ, qu'il fut assassiné, — Olympias, Kleopatra et
Alexandre étant tous présents, tandis qu'Attalos était en

---

gonos, le salue et s'assied à ses côtés
sans se désarmer. Cette circonstance
est vantée comme une preuve sans pareille de la confiance et de l'affection
qui existaient entre le père et le fils.
Dans les familles de tous les autres
diadochi (dit Plutarque), les meurtres
de fils, de mères et d'épouses étaient
fréquents, — les meurtres de frères
étaient même communs; on les regardait comme des précautions nécessaires à la sécurité. Οὕτως ἄρα πάντη
δυσκωνοίνητον ἡ αρχὴ καὶ μεστὸν
ἀπιστίας καὶ δυσνοίας, ὥστε ἀγάλλεσθαι
τὸν μέγιστον τῶν Ἀλεξάνδρου δια-
δόχων καὶ πρεσβύτατων, ὅτι μὴ φο-
βεῖται τὸν υἱόν, ἀλλὰ προσίεται τὴν
λόγχην ἔχοντα τοῦ σώματος πλησίον.
Οὐ μὴν ἀλλὰ καὶ μόνος, ὡς εἰπεῖν, ὁ
οἶκος οὗτος ἐπὶ πλείστας διαδοχὰς
τῶν τοιούτων κακῶν ἐκαθάρευσε, μᾶλ-

λον δὲ εἷς μόνος τῶν ἀπ' Ἀντιγόνου
Φίλιππος ἀνεῖλεν υἱόν. Αἱ δὲ ἄλλαι
σχεδὸν ἅπασαι διαδοχαὶ πολλῶν
μὲν ἔχουσι παίδων, πολλῶν δὲ μητέρων
φόνους καὶ γυναικῶν · τὸ μὲν γὰρ
ἀδελφοὺς ἀναιρεῖν, ὥσπερ οἱ γεωμέτραι
τὰ αἰτήματα λαμβάνουσιν, οὕτω συν-
εχωρεῖτο κοινόν τι νομιζόμενον
αἴτημα καὶ βασιλικὸν ὑπὲρ ἀσφα-
λείας.

Cf. Tacite, Histor. V, 8, au sujet des
querelles de famille chez les rois de
Judée; et Xénoph. Hieron. III, 8.

En mentionnant la famille Antigo-
nide comme une favorable exception,
nous devons limiter notre assertion au
premier siècle de cette famille. La
sanglante tragédie de Perseus et de
Demetrios précéda de peu la ruine de
l'empire.

Asie, commandant la division macédonienne envoyée à
l'avance, conjointement avec Parmeniôn. Si Philippe eût
échappé à cette catastrophe, il aurait sans doute fait la
guerre en Asie Mineure avec tout autant d'énergie et d'habileté qu'elle fut continuée plus tard par Alexandre, bien
que nous puissions douter que le père se fût livré à ces entreprises ultérieures qui, tout étendues et gigantesques
qu'elles fussent, restèrent au-dessous de l'ambition insatiable du fils. Mais, quelque heureux que Philippe eût pu
être en Asie, il aurait difficilement échappé à de sombres
querelles de famille : avec Alexandre comme fils mutin,
excité par Olympias, — et avec Kleopatra, d'autre part,
sentant que son salut à elle dépendait de l'éloignement de
compétiteurs royaux ou quasi-royaux.

Ces formidables périls, visibles dans le lointain, s'ils ne
menaçaient pas immédiatement, l'épée de Pausanias en
garantit à la fois Alexandre et le royaume macédonien.
Mais au moment où le coup fut frappé et où le Lynkestien
Alexandre, un des complices, courut pour prévenir toute résistance et pour placer la couronne sur la tête d'Alexandre
le Grand (1), — on ne savait ce qu'on pouvait attendre du
jeune prince élevé ainsi subitement au trône à l'âge de
vingt ans. La mort soudaine de Philippe, dans la plénitude
de la gloire et d'espérances ambitieuses, doit avoir produit
la plus forte impression, d'abord sur la foule rassemblée
pour la fête ; — ensuite dans toute la Macédoine ; — en dernier lieu, sur les étrangers qu'il avait réduits à la dépendance, depuis le Danube jusqu'aux frontières de la Pæonia.
Toutes ces dépendances étaient retenues seulement par la
crainte de la puissance macédonienne. Il restait à prouver
si le jeune fils de Philippe était capable d'abattre une opposition et de soutenir la puissante organisation créée par
son père. De plus, Perdikkas, le frère aîné et le prédécesseur de Philippe, avait laissé un fils nommé Amyntas, âgé

---

(1) Arrien, I, 25, 2 ; Justin, XI, 2. Voir tome XVII, p. 382.

alors de vingt-quatre ans au moins, que bien des gens regardaient comme le successeur naturel (1).

Mais Alexandre, présent et proclamé immédiatement par ses amis, se montra, tant en paroles qu'en actions, parfaitement à la hauteur de la situation. Il réunit, caressa, se concilia les divisions de l'armée macédonienne et les principaux officiers. Dans ses discours, judicieux et énergiques, il promit que la dignité du royaume serait maintenue intacte (2), et que même les projets asiatiques, déjà annoncés, seraient poursuivis avec autant de vigueur que si Philippe vivait encore.

Une des premières mesures d'Alexandre fut de célébrer avec des solennités magnifiques les funérailles de son père décédé. Tandis que les préparatifs de la cérémonie se faisaient, il commença des recherches pour découvrir et châtier les complices de Pausanias. De ce nombre, à dire vrai, la personne la plus illustre qu'on nous cite, — Olympias, — fut non-seulement garantie d'un châtiment par sa position, mais encore elle conserva un grand ascendant sur son fils jusqu'à la fin de la vie de ce dernier. On mentionne par leurs noms trois autres personnes comme complices, — des frères, membres d'une bonne famille du district de la Macédoine supérieure, appelé Lynkèstis, — Alexandre, Heromenès et Arrhabæos, fils d'Aeropos. Les deux derniers furent mis à mort; mais le premier des trois fut épargné, et même élevé à des charges importantes en récompense de son empressement utile à saluer instantanément Alexandre roi (3). D'autres aussi furent exécutés, mais nous en ignorons le nombre, et Alexandre semble avoir cru qu'il en restait encore quelques-uns non découverts (4). Le roi de Perse se

---

(1) Arrien, De Rebus post Alexandrum, Fragm. ap. Photium, cod. 92, p. 220; Plutarque, De Fortunâ Alex. Magn. p. 327. Πᾶσα δὲ ὕπουλος ἦν ἡ Μακεδονία (après la mort de Philippe) πρὸς Ἀμύνταν ἀποβλέπουσα καὶ τοὺς Ἀερόπου παῖδας.

(2) Diodore, XVII, 2.

(3) Arrien, I, 25, 2; Quinte-Curce,

VII, 1, 6. Alexandre, fils d'Aeropos, était gendre d'Antipater. Le cas de cet Alexandre — et celui d'Olympias — fournirent une certaine base à ceux qui dirent (Quinte-Curce, VI, 43) qu'Alexandre avait traité favorablement les complices de Pausanias.

(4) Plutarque, Alex. 10-27; Diodore, XVII, 51; Justin, XI, 11.

vanta dans des lettres publiques (1), nous ne pouvons dire
dans quelle mesure il disait vrai, d'avoir été au nombre des
instigateurs de Pausanias.

Parmi les personnes tuées vers cette époque par Alexandre, nous pouvons compter son cousin germain et beau-
frère Amyntas, — fils de Perdikkas (frère aîné de Philippe
décédé) : Amyntas était enfant quand Perdikkas, son père,
mourut. Bien qu'il eût un droit préférable à la succession,
suivant l'usage, il avait été écarté par son oncle Philippe,
qui allégua son âge et les efforts énergiques que demandait
le commencement d'un nouveau règne. Cependant Philippe
avait donné en mariage à cet Amyntas sa fille (qu'il avait
eue d'une mère illyrienne), Kynna. Néanmoins Alexandre
le mit actuellement à mort (2), l'accusant de conspirer ; on
ne voit pas dans quelles circonstances précises, — mais probablement Amyntas (qui, outre qu'il était le fils du frère aîné
de Philippe, avait au moins vingt-quatre ans, tandis qu'A-
lexandre n'en avait que vingt) crut lui-même avoir un meilleur droit à la succession, conviction partagée par beaucoup
d'autres. Le fils de Kleopatra et de Philippe, tout enfant,
fut, dit-on, tué par Alexandre, comme un rival dans la succession ; Kleopatra elle-même fut plus tard mise à mort par
Olympias, pendant l'absence d'Alexandre et à son grand regret. Attalos aussi, oncle de Kleopatra et commandant avec
Parmenión l'armée macédonienne en Asie, fut assassiné, en

---

(1) Arrien, II, 14, 10.
(2) Q.-Curce, VI, 9, 17 ; VI, 10, 24.
Arrien mentionnait cet Amyntas, fils
de Perdikkas (aussi bien que le fait de
sa mort ordonnée par Alexandre avant
l'expédition d'Asie), dans l'ouvrage
perdu τὰ μετὰ Ἀλέξανδρον. — V. Photius, cod. 92, p. 220. Mais Arrien,
dans son récit de l'expédition d'A-
lexandre, *ne mentionne pas le fait* ; ce
qui prouve que son silence ne doit pas
être admis comme raison concluante
pour discréditer les allégations d'autres
auteurs.

Cf. Polyen, VIII, 60 ; et Plutarque,

De Fortunâ Alexandri Magni, p. 327.
Ce fut pendant son expédition en
Thrace et en Illyrie, environ huit mois
après son avénement, qu'Alexandre
promit de donner sa sœur Kynna en
mariage à Langaros, prince des
Agrianes (Arrien, Exp. Alex. Mag. I,
5, 7). Langaros mourut de maladie
peu après, de sorte que ce mariage ne
se fit jamais. Toutefois, quand la promesse fut faite, Kynna devait être
veuve. Son mari Amyntas doit donc
avoir été mis à mort pendant les premiers mois du règne d'Alexandre.

vertu d'ordres secrets d'Alexandre, par Hekatæos et Philotas (1). Un autre Amyntas, fils d'Antiochos (il semble
qu'il y eut plusieurs Macédoniens nommés Amyntas), se
réfugia en Asie pour sauver ses jours (2). D'autres probablement, qui se sentirent les objets de soupçons, firent de
même, — puisque, d'après la coutume macédonienne, non-
seulement une personne convaincue de haute trahison était
mise à mort, mais encore tous ses parents avec elle (3).

Grâce à des manifestations non équivoques d'énergie et
d'adresse, ainsi qu'en se défaisant des rivaux ou des mécontents dangereux, Alexandre fortifia ainsi promptement sa position sur le trône à l'intérieur. Mais il ne fut pas aussi facile
d'obtenir la même reconnaissance des nations étrangères
dépendantes de la Macédoine, — Grecs, Thraces et Illyriens. La plupart d'entre elles furent disposées à secouer le
joug ; cependant aucune n'osa prendre l'initiative du mouvement, et la soudaineté de la mort de Philippe ne les trouva
nullement prêtes à se coaliser. Cet événement déchargeait
les Grecs de tout engagement, puisque le vote de la confédération l'avait choisi personnellement comme général. Actuellement ils étaient libres, si toutefois il y avait quelque
liberté dans l'opération de choisir toute autre personne, ou
de s'abstenir de faire un nouveau choix, où même de
laisser expirer la confédération. Or c'était seulement sous
la contrainte et l'intimidation, comme on le savait bien
tant en Grèce qu'en Macédoine, qu'ils avaient conféré cette
dignité même à Philippe, qui l'avait gagnée par de brillants
exploits, et s'était montré le plus grand capitaine et le politique le plus habile de l'époque. Ils n'étaient nullement disposés à la transférer à un jeune homme tel qu'Alexandre,
jusqu'à ce qu'il se fût montré capable d'employer la même
coercition et d'arracher la même soumission. Le désir de

(1) V. le dernier chap. du vol. XVII ;
Diodore, XVII, 2 ; Quinte-Curce, VII,
1, 6 ; Justin, IX, 7 ; XI, 2 ; XII, 6.
Plutarque, Alexandre, 10 ; Pausanias,
VIII, 7, 5.

(2) Arrien, I, 17, 10 ; Plutarque,
Alex. 20 ; Quinte-Curce, III, 23, 18.

(3) Quinte-Curce, VI, 42, 20. Cf. avec
cette coutume un passage de l'Ajax
de Sophokle, v. 725.

s'affranchir de la Macédoine, largement répandu dans toutes les cités grecques, fut traduit ouvertement par Démosthène et par d'autres dans l'assemblée à Athènes. Cet orateur (si nous devons en croire son rival Æschine), ayant reçu la nouvelle secrète de l'assassinat de Philippe, par certains espions de Charidêmos, avant qu'elle fût connue d'autres publiquement, prétendit qu'elle lui avait été révélée par les dieux. Paraissant au milieu de l'assemblée dans son plus beau costume, il félicita ses compatriotes de la mort de leur plus grand ennemi, et accorda les plus grands éloges au courageux tyrannicide de Pausanias, qu'il dut probablement comparer à celui d'Harmodios et d'Aristogeitôn (1). Il déprécia les talents d'Alexandre, l'appelant Margitès (nom d'un sot personnage dans l'un des poëmes homériques), et donna à entendre qu'il devait être trop retenu par des embarras et des devoirs de cérémonie dans son pays pour avoir le temps de s'avancer au dehors (2). Tel fut, suivant Æschine, le langage de Démosthène à la première nouvelle de la mort de Philippe. Nous ne pouvons douter que le public athénien, aussi bien que l'illustre orateur, n'ait ressenti une grande joie d'un événement qui semblait lui ouvrir de nouvelles chances de liberté, et n'ait adopté volontiers la proposition d'un sacrifice d'action de grâces (3), malgré l'opposition de Phokiôn. Mais bien que la manifestation de sentiment à Athènes fût ainsi antimacédonienne, et témoignât de l'éloignement pour renouveler cette obéissance qui avait été récemment promise à Philippe, Démosthène n'alla pas jusqu'à déclarer d'hostilité positive (4). Il essaya d'ouvrir des communications avec les Perses en Asie Mineure, et aussi, si nous en pouvons croire Diodore, avec le commandant macédonien dans ce pays, Attalos. Mais ni l'une ni l'autre de ces deux missions ne

---

(1) Æschine adv. Ktesiph. c. 29, p. 469; c. 78, p. 603; Plutarque, Demosth. 22.

(2) Æschine adv. Ktesiph. p. 547, c. 50.

(3) Plutarque, Phokiôn, 16.

(4) C'est ce que nous pouvons conclure d'Æschine adv. Ktesiph. p. 551, c. 52.

furent heureuses. Attalos envoya sa lettre à Alexandre, tandis que le roi de Perse (1), délivré probablement par la mort de Philippe d'une crainte immédiate de la puissance macédonienne, expédia à Athènes un refus péremptoire, donnant à entendre qu'il ne fournirait plus d'argent (2).

Non-seulement à Athènes, mais dans d'autres États grecs aussi, la mort de Philippe excita des désirs de liberté (automne 336 av. J.-C.). Les Lacédæmoniens qui, bien que sans appui, lui avaient obstinément refusé toute obéissance, cherchèrent alors de nouveaux alliés ; tandis que les Arkadiens, les Argiens et les Eleiens manifestèrent des sentiments contraires à la Macédoine. Les Ambrakiotes chassèrent la garnison mise par Philippe dans leur cité ; les Ætoliens rendirent un vote à l'effet de concourir à rétablir les exilés akarnaniens qu'il avait bannis (3). D'autre part, les Thessaliens témoignèrent une fidélité inébranlable à la Macédoine. Mais la garnison macédonienne à Thèbes, et les Thébains favorables aux Macédoniens et qui gouvernaient actuellement cette cité (4), furent probablement les principaux obstacles à toute manifestation combinée en faveur de l'autonomie hellénique.

Informé de tous ces mouvements qui se faisaient sentir d'une extrémité à l'autre du monde grec, Alexandre comprit la nécessité de les arrêter par une démonstration immédiate,

---

(1) Diodore (XVII, 5) mentionne cette communication de Démosthène à Attalos, que, toutefois, je ne puis m'empêcher de croire invraisemblable. Probablement Charidèmos fut l'organe des communications.

(2) Æschine adv. Ktesiph. p. 633, 634, c. 88, fait distinctement allusion à cette lettre de Darius, et même il en cite une phrase. Nous savons que Darius écrivit dans un langage très-différent peu de temps après, vers le temps où Alexandre passa en Asie (Arrien, II, 14, 11). La première lettre a dû être envoyée peu après la mort de Philippe, quand Darius se vantait publiquement d'y avoir eu part, et

avant qu'il eût encore appris à craindre Alexandre. Cf. Diodore, XVII, 7.

(3) Diodore, XVII, 3.

(4) Diodore (XVII, 3) dit que les Thébains rendirent un vote à l'effet de chasser la garnison macédonienne de la Kadmeia. Mais j'hésite peu à rejeter cette assertion. Nous pouvons être sûrs que la présence de la garnison macédonienne se rattachait à la prépondérance dans la cité d'un parti favorable à la Macédoine. L'année suivante, quand la résistance se fit réellement sentir, elle fut faite par le parti antimacédonien, qui revint alors d'exil.

aussi bien que propre à intimider (octobre 336 av. J.-C.). L'énergie et la rapidité de ses opérations ne tardèrent pas à épouvanter tous ceux qui avaient spéculé sur sa jeunesse, ou avaient adopté l'épithète que lui avait appliquée Démosthène. Après avoir surmonté, en moins de temps qu'on ne le supposait possible, les difficultés de sa position nouvellement acquise à l'intérieur, il s'avança en Grèce à la tête d'une armée formidable, vraisemblablement environ deux mois après la mort de Philippe. Il fut reçu favorablement par les Thessaliens, qui rendirent un vote constituant Alexandre chef de la Grèce à la place de son père Philippe, vote qui fut promptement confirmé par l'assemblée amphiktyonique, convoquée aux Thermopylæ. Alexandre ensuite marcha sur Thèbes, et de là il franchit l'isthme de Corinthe pour entrer dans le Péloponèse. Les détails de sa marche nous sont inconnus ; mais ses grandes forces, non inférieures probablement à celles qui avaient vaincu à Chæroneia, répandirent partout la terreur, et réduisirent tous les Grecs au silence, à l'exception de ses partisans. Nulle part l'alarme ne fut plus grande qu'à Athènes. Les Athéniens, se rappelant et les discours de leurs orateurs et les votes de leur assemblée, — blessants au moins pour les Macédoniens, sinon hostiles à leur égard, — craignirent que la marche d'Alexandre ne fût dirigée contre leur cité, et, en conséquence, ils firent des préparatifs pour soutenir un siége. Il fut enjoint à tous les citoyens d'amener dans la ville leurs familles et leurs biens de la campagne, au point que l'espace compris dans l'intérieur des murs fut rempli à la fois de fugitifs et de bétail (1). En même temps, l'assemblée adopta, sur la proposition de Démade, la résolution de se justifier auprès d'Alexandre et de se soumettre complétement à lui : non-seulement elle le reconnut comme chef de la Grèce, mais elle lui conféra les honneurs divins, dans des termes même plus pompeux que ceux qu'on avait accordés à Philippe (2). L'auteur de la motion, avec d'autres

---

(1) Demadis Fragm. Ὑπὲρ τῆς δω-δεκαετίας, p. 180.

(2) Arrien, I, 1, 4.

députés, porta la résolution à Alexandre, qu'ils trouvèrent à Thèbes, et qui accepta leur soumission. Un jeune orateur, nommé Pytheas, s'opposa, dit-on, au vote de l'assemblée athénienne (1). Démosthène fit-il de même, — ou bien, voyant ses espérances désappointées et reconnaissant la supériorité écrasante des forces macédoniennes, se condamna-t-il au silence, — c'est ce que nous ne pouvons dire. Qu'il ne soit pas allé avec Démade en ambassade auprès d'Alexandre, c'est ce qui semble une chose naturelle, bien qu'on dise qu'il fut désigné par un vote public pour cette mission, et qu'il déclina cette charge. Il accompagna la légation jusqu'au mont Kithærôn, sur la frontière, et ensuite il revint à Athènes (2). Nous lisons avec étonnement qu'Æschine et ses autres ennemis dénoncèrent cette démarche comme une lâche désertion. Aucun envoyé ne pouvait être aussi odieux à Alexandre, ni aussi fait pour provoquer un refus pour la proposition qu'il apportait, que Démosthène. L'employer dans une pareille mission aurait été absurde; si ce n'est dans le dessein que méditaient probablement ses ennemis, c'est qu'il fût ou détenu par le vainqueur comme victime expiatoire (3), ou renvoyé comme prisonnier pardonné et humilié.

Après avoir déployé ses forces dans diverses parties du Péloponèse, Alexandre retourna à Côrinthe, où il convoqua des députés des cités grecques en général (automne, 336 av. J.-C.). Nous n'avons pas la liste des cités qui obéirent à l'appel; mais probablement elle comprenait

---

(1) Plutarque, Reip. Ger. Præcept. p. 804.

(2) Æschine adv. Ktesiph. p. 564, c. 50; Dinarque cont. Demosth. p. 57; Diodore, XVII, 4; Plutarque, Démosth. c. 23 (Plutarque confond les opérations de cette année avec celles de l'année suivante). Démade, dans le fragment de son discours qui nous reste, ne fait pas allusion à cette démarche de Démosthène.

Il est assez vraisemblable que ce décret, qui nommait Démosthène au nombre des ambassadeurs, fut rendu surtout par les votes de ses ennemis. Il était toujours permis à un citoyen d'accepter ou de refuser une pareille nomination.

(3) Plusieurs années après, Démade lui-même fut mis à mort par Antipater, vers lequel il avait été envoyé comme ambassadeur par Athènes (Diodore, XVIII, 48).

presque toutes les cités de la Grèce centrale. Nous savons seulement que les Lacédæmoniens continuèrent de rester à l'écart, refusant tout concours. Alexandre demanda aux députés assemblés la même nomination que Philippe victorieux avait exigée et obtenue deux années auparavant, — l'hégémonie ou commandement des Grecs collectivement en vue de poursuivre la guerre contre la Perse (1). A la requête faite par un prince à la tête d'une armée irrésistible, il n'y avait qu'une réponse possible. Il fut nommé général en chef avec pleins pouvoirs sur terre et sur mer. Terrifiés par la présence et le sentiment de la force macédonienne, tous acquiescèrent à ce vote, excepté les Lacédæmoniens.

La convention sanctionnée par Alexandre fut probablement la même que celle qui avait été établie par Philippe et avec lui. Le trait saillant et significatif, c'était qu'elle reconnaissait la Hellas en tant que confédération sous le prince macédonien comme général, président, ou tête et bras exécutifs. Elle le couronnait d'une sanction légale comme gardien de la paix dans l'intérieur de la Grèce, et comme conquérant au dehors au nom de la Grèce. Quant aux autres conditions, des plaintes subséquentes nous en font connaître quelques-unes, conditions équitables et tutélaires à l'égard des membres en général, mais que le chef macédonien trouva incommode d'observer, et qu'il commença bientôt à violer. Chaque cité hellénique fut déclarée, par le premier article de la convention, libre et autonome. Dans chacune, la constitution politique actuelle fut reconnue telle qu'elle était; il fut interdit à toutes les autres cités

---

(1) Arrien, I, 1, 2. Αἰτεῖν παρ' αὐτῶν τὴν ἡγεμονίαν τῆς ἐπὶ τοὺς Πέρσας στρατείας, ἥντινα Φιλίππῳ ἤδη ἔδοσαν· καὶ αἰτήσαντα λαβεῖν παρὰ πάντων, πλὴν Λακεδαιμονίων, etc.

Arrien parle comme si cette requête avait été adressée seulement aux Grecs *dans l'intérieur* du Péloponèse; de plus, il ne mentionne pas d'assemblée à Corinthe, réunion qui est signalée (bien qu'avec quelque confusion) par Diodore, Justin et Plutarque. Les cités au dehors du Péloponèse, aussi bien que celles de l'intérieur de la péninsule, ont dû être comprises; à moins que nous ne supposions que la résolution de l'assemblée amphiktyonique, qui avait été rendue antérieurement, était considérée comme comprenant toutes les cités extrapéloponésiennes, ce qui ne semble pas probable.

d'y intervenir ou de seconder aucune attaque de la part de ses exilés hostiles (1). Aucun nouveau despote ne devait être établi, aucun despote dépossédé ne devait être remis en possession du pouvoir (2). Chaque cité s'engagea à décourager dans les autres, autant que possible, toute violence illégale, — telles qu'exécutions politiques, confiscation, spoliation, nouveau partage de terres ou abolition de dettes, affranchissement factieux d'esclaves, etc. (3). A chacune était garantie la liberté de la navigation; toute capture sur mer était prohibée, sous peine d'inimitié de la part de toutes (4). Il fut interdit à chacune d'envoyer des vaisseaux armés dans le port d'aucune autre, ou de construire des vaisseaux, ou d'y engager des marins (5). Chacune jura d'observer ces conditions, de déclarer la guerre à tous ceux qui les violeraient, et de les conserver inscrites sur une colonne commémorative. Une disposition paraît avoir été prise à l'effet d'admettre toute cité additionnelle (6) qui le demanderait subséquemment, bien qu'elle n'eût pas été partie au contrat primitif. De plus, il paraît que des forces militaires permanentes, sous les ordres macédoniens, furent chargées d'imposer l'observation de cette convention, et

---

(1) Démosthène (ou Pseudo-Démosthène), Orat. XVII. De Fœdere Alexandrino, p. 213, 214. Ἐπιτάττει ἡ συνθήκη εὐθὺς ἐν ἀρχῇ, ἐλευθέρους εἶναι καὶ αὐτονόμους, τοὺς Ἕλληνας· — Ἐστὶ γὰρ γεγραμμένον, ἐάν τινες τὰς πολιτείας τὰς παρ' ἑκάστοις οὔσας, ὅτε τοὺς ὅρκους τοὺς περὶ τῆς εἰρήνης ὤμνυσαν, καταλύσωσι, πολεμίους εἶναι πᾶσι τοῖς τῆς εἰρήνης μετέχουσιν.

(2) Démosth. Orat. De Fœdere Alexand. p. 213.

(3) Démosth. ib. p. 215.

(4) Démosth. ib. p. 217. Ἐστὶ γὰρ δήπου ἐν ταῖς συνθήκαις, τὴν θάλατταν πλεῖν τοὺς μετέχοντας τῆς εἰρήνης, καὶ μηδένα κωλύειν αὐτοὺς μηδὲ κατάγειν πλοῖον μηδενὸς τούτων · ἐὰν δέ τις παρὰ ταῦτα ποιῇ, πολέμιον εἶναι πᾶσι τοῖς τῆς εἰρήνης μετέχουσιν...

(5) Démosth. ib. p. 218, 219. Boehnecke, dans ses commentaires instructifs sur cette convention (Forschungen auf dem Gebiete der Attischen Redner, p. 623) a considéré la prohibition mentionnée ici comme si c'était une défense obligeant spécialement les Macédoniens à ne pas entrer dans le Peiræeus avec des vaisseaux armés. C'est là indubitablement le cas sur lequel l'orateur insiste; mais je le considère comme ayant été seulement un cas particulier dans un règlement prohibitif général.

(6) Arrien, II, 1, 7; II, 2, 4. Démosth. De Fœd. Alex. p. 213. Tenedos, Mitylênê, Antissa et Eresos peuvent difficilement avoir été membres de la convention quand elle fut jurée pour la première fois.

qu'on regarda comme probable que le congrès des députés
se réunirait périodiquement (1).

Telle fut la convention, autant que nous en connaissons
les termes, faite par les députés grecs avec Alexandre; mais
avec Alexandre à la tête d'une armée irrésistible (automne,
336 av. J.-C.). Il la proclama comme le « statut public des
Grecs (2), » qui constituait une obligation absolue qu'il était
chargé d'imposer, qui engageait tout le monde, et l'autori-
sait à traiter tous les transgresseurs comme des rebelles.
Elle fut présentée comme la contre-partie de la convention
d'Antalkidas, et comme la remplaçant, convention que,
comme nous le verrons bientôt, les officiers de Darius essayèrent de faire revivre contre lui, — l'hégémonie de la
Perse contre celle de la Macédoine. Telle est la triste dégradation du monde grec, que ses cités n'ont pas d'autre
alternative que de choisir entre ces deux potentats étrangers, — ou de solliciter le secours de Darius, le plus éloigné
et le moins dangereux, dont l'hégémonie ne pourrait guère
être plus que nominale, contre un voisin qui, assurément,

---

(1) Démosth. Orat. De Fœd. Alex.
p. 215. Ἐστὶ γὰρ ἐν ταῖς συνθήκαις
ἐπιμελεῖσθαι τοὺς συνεδρεύοντας
καὶ τοὺς ἐπὶ τῇ κοινῇ φυλακῇ
τεταγμένους, ὅπως ἐν ταῖς κοινω-
νούσαις πόλεσι μὴ γίγνωνται θάνατοι
μηδὲ φυγαὶ παρὰ τοὺς κειμένους ταῖς
πόλεσι νόμους... Οἱ δὲ τοσοῦτον δέουσι
τούτων τι κωλύειν, ὥστε καὶ συγκα-
τασκευάζουσιν, etc. (p. 216).
Les personnes désignées par οἱ δὲ, et
dénoncées dans tout ce discours en général, sont les officiers et les soldats
macédoniens ou Alexandre.
Un passage de Dinarque cont.
Démosth. p. 14, amène à supposer
qu'une armée macédonienne permanente était tenue à Corinthe, occupant l'isthme. Les Thébains déclarés
contre la Macédoine (en août ou septembre 335 av. J.-C.), et commençant
à assiéger la garnison macédonienne
dans la Kadméia, envoyèrent des dé-

putés demander le secours des Arkadiens. « Les députés (selon Dinarque)
arrivèrent avec difficulté par mer jusqu'aux Arkadiens » — οἱ κατὰ θάλασσαν μόλις ἀφίκοντο πρὸς ἐκείνους.
D'où provenait cette difficulté, si ce
n'est d'une occupation de Corinthe
par les Macédoniens ?
(2) Arrien, I, 16, 10. Παρὰ τὰ κοινῇ
δόξαντα τοῖς Ἕλλησιν. Après la mort
de Darius, Alexandre déclara que les
Grecs mercenaires qui avaient servi
sous ce prince étaient extrêmement
coupables pour avoir contrevenu au
vote général des Grecs (παρὰ τὰ δόγματα τὰ Ἑλλήνων), excepté ceux qui
avaient pris du service avant que ce
vote eût passé, et les Sinopéens qu'A-
lexandre considérait comme sujets de
la Perse et non comme participant τοῦ
κοινοῦ τῶν Ἑλλήνων (Arrien, III, 23,
15; III, 24, 8, 9).

serait dominateur et disposé à comprimer, et assez vraisemblablement tyrannique. Des trois États helléniques jadis chefs et compétiteurs puissants, — Sparte, Athènes et Thèbes, — sous chacun desquels le monde grec s'était soutenu comme un agrégat indépendant, se gouvernant lui-même, et admettant le libre jeu du sentiment et du caractère indigènes dans des circonstances plus ou moins avantageuses, — les deux derniers sont actuellement confondus comme étant des unités communes (l'un d'eux même maintenu par une garnison) au milieu des sujets alliés d'Alexandre; tandis que Sparte conserve seulement la dignité d'une indépendance isolée.

Il paraît que pendant les neuf mois qui suivirent le moment où la convention fut jurée (hiver-printemps, 336-335 av. J.-C.), Alexandre et ses officiers (après son retour en Macédoine) s'occupèrent activement, tant par la force armée que par l'envoi de députés, d'obtenir de nouvelles adhésions et de refondre les gouvernements des diverses cités d'une manière conforme à leurs vues. Il s'éleva, au sujet de ces agressions, des plaintes dans l'assemblée publique d'Athènes, seul endroit de la Grèce où survivait encore quelque liberté de discussion. Un discours prononcé par Démosthène, par Hypéride ou par l'un des politiques contemporains opposés aux Macédoniens (vers le printemps ou le commencement de l'été de 335 av. J.-C.) (1), nous donne quelque idée et des interventions macédoniennes qui continuaient sans cesse, et des remontrances inutiles faites contre elles par des citoyens athéniens individuellement. A l'époque de ce discours, des remontrances semblables avaient déjà été souvent répétées.

---

(1) C'est le discours περὶ τῶν πρὸς Ἀλέξανδρον συνθηκῶν auquel il est déjà fait allusion plus d'une fois ci-dessus. Bien qu'il se trouve parmi les œuvres de Démosthène, Libanius et la plupart des critiques modernes supposent qu'il n'est pas la production de cet orateur, — sur des raisons intrinsèques de style, qui ont certainement de la force. Libanius dit qu'il a beaucoup de ressemblance avec le style d'Hypéride. En tout cas, il ne semble pas qu'il y ait lieu de douter que ce ne soit un discours véritable de l'un des orateurs contemporains. Je suis d'accord avec Boehnecke (Forschungen, p. 629) pour croire qu'il a dû être prononcé peu de mois après la convention avec Alexandre, avant la prise de Thèbes.

Les Athéniens du parti macédonien y répondaient toujours
par des déclarations péremptoires que la convention devait
être observée. Mais à leur tour, les auteurs des remontrances
disaient qu'il était injuste de demander à Athènes l'observation rigoureuse de la convention, tandis que les Macédoniens et leurs partisans dans les diverses cités la violaient
perpétuellement à leur profit. Alexandre et ses officiers
(affirme l'orateur) n'avaient jamais déposé leurs armes depuis que la convention avait été faite. Ils avaient perpétuellement pratiqué les gouvernements des diverses cités, afin
de porter leurs partisans au pouvoir (1). A Messênê, à Si-
kyôn et à Pellênê, ils avaient renversé les constitutions po-
pulaires, banni un grand nombre de citoyens, et établi des
amis à eux comme despotes. L'armée macédonienne, destinée comme garantie publique à imposer l'observation de la
convention, avait été employée seulement à se mettre au-
dessus de ses meilleures conditions, et à armer les mains
de partisans factieux (2). Ainsi Alexandre, en sa qualité de
général en chef, méprisant toutes les entraves de la convention, agissait comme premier despote pour maintenir des
despotes subordonnés dans les cités séparées (3). Même à
Athènes, cette autorité souveraine avait annulé des sen-
tences du dikasterion, et imposé l'adoption de mesures contraires aux lois et à la constitution (4).

Sur mer, les agressions injustes d'Alexandre ou de ses
officiers n'avaient pas été moins manifestes que sur terre.
La convention, en garantissant à toutes les cités le droit de

---

(1) Démosthène (ou Pseudo-Démosthène), Orat. De Fœdere Alex. p. 216.
Οὕτω μὲν τοίνυν ῥᾳδίως τὰ ὅπλα ἐπή-
νεγκε ὁ Μακεδὼν, ὥστε οὐδὲ κατέθετο
πώποτε, ἀλλ' ἔτι καὶ νῦν περιέρχεται
καθ' ὅσον δύναται, etc.

(2) Démosth. ib. p. 214, 215.

(3) Démosth. (ou Pseudo-Démosth.)
Orat. De Fœdere Alex. p. 212, 214,
215, 220, où l'orateur parle d'Alexandre
comme du τύραννος de la Grèce.

L'orateur soutient (p. 213) que les
Macédoniens avaient reconnu le despo-

tisme comme contraire à la convention, au point qu'ils avaient chassé les
despotes des villes d'Antissa et d'Eresos dans Lesbos. Mais probablement
ces despotes étaient en correspondance
avec les Perses sur le continent opposé, ou avec Memnôn.

(4) Démosth. (ou Pseudo-Démosth.)
Orat. De Fœdere Alex. p. 215. Τοὺς
δ' ἰδίους ὑμᾶς νόμους ἀναγκάζουσι
λύειν τοὺς μὲν κεκριμένους ἐν τοῖς δι-
καστηρίοις ἀφιέντες, ἕτερα δὲ παμπλήθη
τοιαῦτα βιαζόμενοι παρανομεῖν...

naviguer librement, interdisait distinctement à chacune de prendre ou de retenir des navires appartenant à une autre. Néanmoins les Macédoniens avaient saisi, dans l'Hellespont, tous les bâtiments marchands venant du Pont-Euxin avec des cargaisons, et ils les avaient menés à Tenedos, où ils étaient retenus, sous divers prétextes frauduleux, en dépit des remontrances des propriétaires et des cités dont la provision de blé était interceptée ainsi. Parmi ces villes, Athènes fut celle qui souffrit le plus; vu que les consommateurs de blé importé, les propriétaires de navires et les marchands y étaient plus nombreux qu'ailleurs. Les Athéniens, dont les plaintes et les remontrances n'étaient pas écoutées, finirent par être tellement excités, et peut-être inquiets au sujet de leurs approvisionnements, qu'ils rendirent un décret à l'effet d'équiper et d'envoyer cent trirèmes, et nommèrent amiral Menestheus (fils d'Iphikratès). Cette manifestation énergique amena les Macédoniens à relâcher les navires retenus. Si cette détention eût été prolongée, la flotte athénienne aurait fait voile pour obtenir réparation par la force, de sorte que, comme Athènes était supérieure aux Macédoniens sur mer, l'empire maritime de ces derniers aurait été renversé, tandis que, même sur terre, un grand encouragement eût été donné aux mécontents contre eux (1). Il s'était présenté un autre incident, moins grave que celui-là, sur lequel toutefois l'orateur insiste encore comme étant une violation de la convention, et une insulte pour les Athéniens. Bien qu'un article exprès de la convention défendît que des vaisseaux

---

(1) Démosth. ib. p. 217. Εἰς τοῦτο γὰρ ὑπεροψίας ἦλθον, ὥστε εἰς Τένεδον ἅπαντα τὰ ἐκ τοῦ Πόντου πλοῖα κατήγαγον, καὶ σκευωρούμενοι περὶ αὐτὰ οὐ πρότερον ἀφεῖσαν, πρὶν ὑμεῖς ἐψηφίσασθε τριήρεις ἑκατὸν πληροῦν καὶ καθέλκειν εὐθὺς τότε — ὃ παρ' ἐλάχιστον ἐποίησεν αὐτοὺς ἀφαιρεθῆναι δικαίως τὴν κατὰ θάλασσαν ἡγεμονίαν... P. 218. Ἕως γὰρ ἂν ἐξῇ τῶν κατὰ θάλασσαν καὶ μόνοις ἀναμφισβητήτως εἶναι κυρίοις (les Athéniens), τοῖς γε κατὰ γῆν πρὸς τῇ ὑπαρχούσῃ δυνάμει ἐστὶ προδο-

λὰς ἑτέρας ἰσχυροτέρας εὑρέσθαι, etc. Nous savons qu'Alexandre ordonna qu'une escadre de vaisseaux allât de Byzantion au Danube et remontât ce fleuve (Arrien, I, 3, 3), pour le rencontrer quand il s'y serait rendu par terre, en partant de la côte méridionale de Thrace. Il n'est pas improbable que les navires athéniens retenus soient venus chargés d'une provision de blé, et que la détention des navires de blé ait été destinée à faciliter cette opération.

armés d'une ville entrassent dans le port d'une autre, cependant une trirème macédonienne avait été envoyée au Peiræeus pour demander la permission que des navires plus petits pussent y être construits pour le compte des Macédoniens. Cette démarche était blessante pour un nombre considérable d'Athéniens, non-seulement en ce qu'elle violait la convention, mais en ce qu'elle était un pas manifeste fait en vue d'employer les équipements nautiques et les marins d'Athènes pour l'augmentation de la flotte macédonienne (1).

« Que ces orateurs qui nous conseillent perpétuellement d'observer la convention (dit l'orateur) décident le chef souverain à donner l'exemple de l'observer de son côté. Je vous recommande aussi la même observation. Pour une démocratie rien n'est plus essentiel qu'une attention scrupuleuse apportée à l'équité et à la justice (2). Mais la convention elle-même enjoint à tous ses membres de faire la guerre aux transgresseurs; et conformément à cet article, vous devez faire la guerre à la Macédoine (3). Soyez assurés que tous les Grecs verront que la guerre n'est ni dirigée contre eux ni amenée par votre faute (4). Dans cette conjoncture, une semblable démarche, faite en vue de défendre votre propre liberté aussi bien que la liberté hellénique en général, sera non moins opportune et avantageuse qu'elle est juste (5). Le temps approche de secouer la honteuse soumission qui vous asservit à d'autres, et l'oubli où vous êtes de votre dignité passée (6). Si vous m'encouragez, je suis prêt à faire une

---

(1) Démosthène (ou Pseudo-Démosthène), Orat. De Fœdere Alex. p. 219.

(2) Démosth. ib. p. 211. Οἶμαι γὰρ οὐδὲν οὕτω τοῖς δημοκρατουμένοις πρέπειν, ὡς περὶ τὸ ἴσον καὶ τὸ δίκαιον σπουδάζειν.

Je donne ici le sens général, sans m'astreindre aux termes exacts.

(3) Démosth. ib. p. 213. Καὶ γὰρ ἔτι προσγέγραπται ἐν ταῖς συνθήκαις, πολέμιον εἶναι, τὸν ἐκεῖνα ἅπερ Ἀλέξανδρος ποιοῦντα, ἅπασι τοῖς τῆς εἰρήνης κοινωνοῦσι, καὶ τὴν χώραν αὐτοῦ, καὶ στρατεύεσθαι ἐπ' αὐτὸν ἅπαντας. Cf. p. 214 init.

(4) Démosth. ib. p. 217. Οὐδεὶς ὑμῖν ἐγκαλέσει ποτὲ τῶν Ἑλλήνων ὡς ἄρα παρέβητέ τι τῶν κοινῇ ὁμολογηθέντων, ἀλλὰ καὶ χάριν ἕξουσιν ὅτι μόνοι ἐξηλέγξατε τοὺς ταῦτα ποιοῦντας, etc.

(5) Démosth. ib. p. 214. Νυνὶ δ', ὅτ' εἰς ταὐτὸ δίκαιον ἅμα καὶ ὁ καιρὸς καὶ τὸ συμφέρον συνδεδράμηκεν, ἄλλον ἄρα τινὰ χρόνον ἀναμενεῖτε τῆς ἰδίας ἐλευθερίας ἅμα καὶ τῆς τῶν ἄλλων Ἑλλήνων ἀντιλαβέσθαι;

(6) Démosth. ib. p. 220. Εἰ ἄρα ποτὲ δεῖ παύσασθαι αἰσχρῶς ἑτέροις ἀκολουθοῦντας, ἀλλὰ μηδ' ἀναμνησθῆναι μηδεμιᾶς φιλοτιμίας τῶν ἐξ ἀρχαιοτάτου

motion en forme. — C'est qu'on déclare la guerre aux violateurs de la convention, comme la convention elle-même l'ordonne (1). »

Une proposition formelle de déclarer la guerre aurait attiré à son auteur une poursuite en vertu de la graphê paronomôn. En conséquence, tout en donnant clairement à entendre qu'il croyait convenable la conjoncture actuelle (quelle était-elle, nous l'ignorons), il refusa d'encourir une pareille responsabilité sans voir à l'avance une manifestation du sentiment public suffisante pour lui faire espérer un verdict favorable du dikasterion. La motion ne fut probablement pas faite. Mais un discours si hardi, bien qu'il ne fût pas suivi d'une motion, indique à lui seul l'état de sentiment en Grèce pendant les mois qui suivirent immédiatement la convention faite avec Alexandre. Cette harangue est seulement une des nombreuses qui furent prononcées dans l'assemblée athénienne, où l'on se plaignait de la suprématie macédonienne telle qu'elle était exercée en vertu de la convention. Il est évident que les actes des officiers macédoniens étaient de nature à fournir d'amples motifs de plainte; et la détention de tous les navires de commerce venant du Pont-Euxin nous montre que même la subsistance d'Athènes et des îles était devenue plus ou moins compromise. Bien que les Athéniens n'eussent pas recours à une intervention armée, leur assemblée du moins fournissait un théâtre où une protestation publique pouvait se faire entendre et la sympathie publique se manifester.

Il est probable aussi qu'à cette époque Démosthène et les autres orateurs antimacédoniens furent encouragés par des assurances et par des subsides de la Perse. Bien que la mort de Philippe et l'avénement d'un jeune homme de vingt ans non encore éprouvé eussent conduit Darius à croire, pour le moment, que tout danger d'une invasion en Asie était passé,

---

καὶ πλείστου καὶ μάλιστα πάντων ἀνθρώπων ἡμῖν ὑπαρχουσῶν.

(1) Démosth. (ou Pseudo-Démosth.) Orat. De Fœdere Alex. Ἐὰν οὖν κα-λεύητε, γράψω, καθάπερ αἱ συνθῆκαι κελεύουσι, πολεμεῖν τοῖς παραβεβηκόσιν.

cependant ses appréhensions furent ranimées actuellement
par l'énergie que manifesta Alexandre, et par le renouvellement d'une ligue grecque sous sa suprématie (1). Ce fut
apparemment pendant le printemps de 335 avant J.-C. que
Darius envoya de l'argent pour soutenir le parti antimacédonien à Athènes et ailleurs. Æschine affirme, et Dinarque répète ensuite (tous deux orateurs hostiles à Démosthène), —
que, vers ce temps, Darius envoya à Athènes trois cents talents que le peuple athénien refusa, mais que prit Démosthène, en réservant toutefois soixante-dix talents de la
somme pour sa propre bourse ; qu'une enquête publique fut
faite plus tard à ce sujet. Toutefois on ne dit pas que rien ait
été établi (2) ; du moins Démosthène ne fut ni condamné, ni
même soumis (autant qu'on peut le croire) à aucun jugement
formel. De pareilles données nous ne pouvons tirer aucun
fait précis. Mais elles autorisent cette conclusion générale
que Darius ou les satrapes de l'Asie Mineure envoyèrent
de l'argent à Athènes dans le printemps de 335 avant J.-C.,
et des lettres ou des émissaires pour exciter des hostilités
contre Alexandre.

Que Démosthène et probablement d'autres orateurs marquants reçussent de pareilles remises d'argent de la Perse,
ce n'est pas une preuve de cette corruption personnelle que
leurs ennemis leur imputent. Il n'est nullement prouvé que
Démosthène appliquât cet argent à ses desseins particuliers.
Le recevoir et le dépenser en essayant d'organiser des coa-
litions pour l'affranchissement de la Grèce était une conduite qu'il devait avouer comme non-seulement légitime,
mais patriotique. C'était un secours obtenu d'un prince

---

(1) Diodore, XVII, 7.

(2) Æschine, adv. Ktesiph. p. 634 ;
Dinarque, adv. Demosth. s. 11-19,
p. 9-14. C'est Æschine qui affirme
que les trois cents talents furent envoyés au peuple athénien et refusés
par lui.

Trois ans plus tard, après la bataille
d'Issus, Alexandre, dans sa lettre à
Darius, accuse ce prince d'avoir envoyé en Grèce et des lettres et de
l'argent, dans le dessein d'exciter la
guerre contre lui. Alexandre dit que
les Lacédæmoniens acceptèrent l'argent, mais que toutes les autres cités
grecques le refusèrent (Arrien, II,
14, 9). Il n'y a pas de raison pour douter de ces faits ; mais je ne trouve rien
qui identifie le moment précis auquel
Alexandre fait allusion.

étranger pour mettre la Hellas en état de se délivrer de la
domination pire d'un autre. A ce moment, l'intérêt politique
de la Perse coïncidait avec celui de tous les Grecs qui aspi-
raient à la liberté. Darius n'avait pas de chance pour devenir maître de la Grèce; mais sa propre sécurité lui prescri-
vait de l'empêcher de devenir une dépendance du royaume
macédonien, et ses moyens pour y parvenir étaient abondants alors, s'ils eussent été employés d'une manière efficace. Or le but d'un patriote grec devait être de préserver
l'intégrité et l'autonomie du monde hellénique de toute intervention étrangère. Invoquer le secours de la Perse contre
des ennemis helléniques, — comme l'avait fait Sparte et
dans la guerre du Péloponèse et lors de la paix d'Antalkidas, et comme Thèbes et Athènes avaient suivi son exemple
en le faisant plus tard, — c'était une conduite inexcusable;
mais invoquer le même secours contre la domination d'un
autre étranger, à la fois plus rapproché et plus formidable,
ne prêtait pas au blâme sous le rapport du patriotisme ou de
la politique. Démosthène avait pressé vainement ses compatriotes d'agir avec énergie contre Philippe, à un moment
où ils auraient pu par leurs propres efforts soutenir l'autonomie existante tant pour Athènes que pour la Grèce en
général. Actuellement il secondait ou appelait Darius, alors
que la Grèce seule était devenue incapable de lutter contre
Alexandre, l'ennemi commun et de la liberté grecque et de
l'empire de Perse. Par malheur pour Athènes aussi bien que
pour lui-même, Darius, avec d'abondants moyens de résistance entre les mains, joua son jeu contre Alexandre avec
plus de stupidité et d'imprévoyance encore qu'Athènes
n'avait joué le sien contre Philippe.

Tandis que telles étaient les agressions des officiers macédoniens dans l'exercice de leur nouvel empire souverain,
d'une extrémité à l'autre de la Grèce et des îles, — et telles
les manifestations croissantes d'aversion qu'il provoquait à
Athènes, — Alexandre était retourné dans son pays afin de
pousser les préparatifs pour sa campagne en Perse (printemps 335 av. J.-C.). Toutefois il ne jugea pas prudent de
transporter ses principales forces en Asie, jusqu'à ce qu'il eût

fait sentir son pouvoir et son ascendant personnel aux dépendances macédoniennes, à l'ouest, au nord et au nord-est de Pella, — aux Illyriens, aux Pæoniens et aux Thraces. Sous ces noms généraux étaient comprises un grand nombre (1) de tribus, ou nations, distinctes, belliqueuses et pour la plupart adonnées au pillage. Étant restées indomptées jusqu'aux victoires de Philippe, elles ne furent pas maintenues dans la soumission même par lui sans difficulté ; et il n'était pas non plus vraisemblable qu'elles obéiraient à son jeune successeur, jusqu'à ce qu'elles eussent vu quelque preuve sensible de son énergie personnelle.

Conséquemment, au printemps, Alexandre se mit à la tête d'une armée considérable, et s'avança dans la direction de l'est, en partant d'Amphipolis, par l'étroit défilé Sapæen, entre Philippi et la mer (2). En dix jours de marche, il arriva au difficile défilé de montagne par lequel seul il pouvait franchir le mont Hæmus (Balkan). Il y trouva un corps de Thraces libres et de marchands armés du pays assemblés pour s'opposer à sa marche, postés sur la hauteur, ayant devant eux des chariots que leur dessein était de faire rouler en bas de la pente escarpée contre les rangs des Macédoniens qui avançaient. Alexandre esquiva ce danger en ordonnant à ses soldats ou d'ouvrir leurs rangs, de manière à laisser les chariots passer librement, — ou, s'il n'y avait pas de place pour s'écarter, de se jeter par terre avec leurs boucliers serrés les uns près des autres et placés obliquement au-dessus de leurs corps ; de sorte que les chariots, en descendant la pente et en venant contre les boucliers, quittèrent le sol et furent forcés de bondir sur le corps des hommes jusqu'à l'espace situé au-dessous. Tous les chariots roulèrent en bas sans tuer un seul homme. Les Thraces, mal armés, furent alors aisément dispersés par l'attaque

---

(1) Strabon parle des ἔθνη thraces comme étant au nombre de vingt-deux, en état de mettre sur pied 200,000 fantassins et 15,000 chevaux (Strabon, VII, Fragm. Vatic. 48).

(2) Strabon, VII, p. 331 (Fragm.) ;

Arrien, I, 1, 6 ; Appien, Bell. Civil. IV, 87, 105, 106. Appien donne (IV, 103) une bonne description générale du pays infranchissable et sans route au nord et au nord-est de Philippi.

macédonienne; quinze cents hommes furent tués, toutes les
femmes et tous les enfants faits prisonniers (1). On envoya
sous escorte les captifs et le butin pour être vendus aux
ports de mer.

Après avoir ainsi forcé le passage de la montagne,
Alexandre conduisit son armée par la chaîne du mont
Hæmus, et s'avança contre les Triballes, puissante tribu
thrace qui s'étendait (autant qu'on peut le déterminer) de la
plaine de Kossovo, dans la Servie moderne, au nord vers le
Danube, — et que Philippe avait conquise, non toutefois
sans avoir rencontré une résistance considérable et avoir
essuyé des défaites à l'occasion. Leur prince, Syrmos,
s'était déjà retiré avec les femmes et les enfants de la tribu
dans une île du Danube appelée Peukê, où beaucoup d'autres Thraces avaient aussi cherché asile. Le gros de l'armée
des Triballes se posta dans un endroit boisé, sur les bords
de la rivière Lyginos, à environ trois jours de marche du
Danube. Toutefois, molestés par les soldats macédoniens
armés à la légère, ils furent tentés de quitter leur position
couverte pour entrer en plaine; ils y furent attaqués par
Alexandre avec sa cavalerie et son infanterie, dans un
combat corps à corps, et complétement défaits. Trois mille
d'entre eux furent tués; mais le reste, en très-grande partie,
échappa à la poursuite à la faveur du bois, de sorte qu'ils ne
perdirent que peu de prisonniers. La perte du côté des Macédoniens ne fut que de onze cavaliers et de quarante fantassins tués, suivant l'assertion de Ptolemæos, fils de Lagos,
alors l'un des officiers de confiance d'Alexandre, et plus tard
fondateur de la dynastie des rois gréco-égyptiens (2).

Une marche de trois journées, à partir du théâtre de l'ac-

---

(1) Arrien, I, 1, 12, 17. La place
précise de cette route escarpée par laquelle Alexandre franchit le Balkan,
ne peut être déterminée. Le baron von
Moltke, dans son récit de la campagne
des Russes en Bulgarie (1828-1829),
donne une énumération de quatre
routes, qu'une armée peut passer, et
qui traversent cette chaîne du nord au
sud (V. chap. 1 de cet ouvrage). Mais
nous ne pouvons dire si Alexandre
passa par l'une des quatre ou par
quelque autre route encore plus à
l'ouest.

(2) Arrien, I, 2.

tion, conduisit Alexandre au Danube, où il trouva quelques vaisseaux armés, auxquels il avait préalablement donné l'ordre (probablement avec des provisions) de s'y rendre de Byzantion par le Pont-Euxin et en remontant le fleuve. Il employa d'abord ces vaisseaux à essayer de débarquer un corps de troupes dans l'île de Peukè ; mais sa tentative échoua à cause des rives escarpées, de la rapidité du courant et de la contenance résolue des défenseurs placés sur le bord. Pour compenser ce désappointement, Alexandre résolut de faire un déploiement de sa force en traversant le Danube et en attaquant les Getæ, tribus composées surtout de cavaliers armés d'arcs (1), analogues aux Thraces par les habitudes et le langage. Ils occupaient la rive gauche du fleuve, dont leur ville était éloignée d'environ quatre milles (= 6 kilom. 1/2). La terreur des succès macédoniens avait réuni un corps de quatre mille Getæ, visibles de la rive opposée, prêts à résister à un passage. En conséquence, Alexandre rassembla une quantité de bateaux grossiers (creusés dans un seul tronc) employés pour la navigation du fleuve, et il fit bourrer de foin les peaux des tentes de l'armée, afin de soutenir des radeaux. Ensuite il s'embarqua pendant la nuit, et parvint à transporter au delà du fleuve un corps de quatre mille fantassins et de quinze cents chevaux, en débarquant sur une partie du rivage où se trouvait du blé à haute tige et pas un poste ennemi. Les Getæ, intimidés non moins par ce passage heureux que par l'ordre excellent de l'armée d'Alexandre, restèrent à peine pour soutenir une charge de cavalerie, mais ils se hâtèrent d'abandonner leur ville, pauvrement fortifiée, et de se retirer à une plus grande distance du fleuve. Entrant dans la ville sans rencontrer de résistance, Alexandre la détruisit, enleva tous les biens meubles qu'il trouva, puis retourna vers le fleuve sans délai. Avant de quitter la rive septentrionale, il offrit un sacrifice à Zeus Sauveur, — à Hèraklès, — et au dieu Istros (Danube) lui-même, qu'il remercia de lui avoir

---

(1) Strabon, VII, p. 303.

permis le passage (1). Le jour même, il repassa le fleuve
pour revenir dans son camp, après une vaine démonstration
de force, destinée à prouver qu'il pouvait faire ce que ni
son père ni aucune armée grecque n'avaient encore fait, et
ce que tout le monde croyait impossible, — en franchissant
le plus grand de tous les fleuves connus sans pont et en face
d'un ennemi (2).

---

(1) Arrien, I, 4, 2-7.

(2) Ni le point où Alexandre franchit le Danube, — ni la situation de
l'île appelée Peukê, ni l'identité de la
rivière de Lyginos, — ni la partie du
mont Hæmus, où Alexandre s'ouvrit
un passage de force, — ne peuvent
être déterminés. Les renseignements
donnés par Arrien sont trop brefs et
trop maigres, pour qu'on puisse établir avec assurance aucune partie de
sa marche après qu'il eut traversé le
Nestos. Les faits rapportés par l'historien ne représentent qu'une petite
partie de ce que fit réellement Alexandre dans cette expédition.

Toutefois il paraît évident que le
dessein principal d'Alexandre était
d'attaquer et d'humilier les Triballes.
Leur localité est connue généralement
comme étant la région où la moderne
Servie rejoint la Bulgarie. Ils allaient
à l'est (du temps de Thucydide) jusqu'à la rivière Oskius ou Isker, qui
traverse la chaîne de l'Hæmus du sud
au nord, passe par la cité moderne de
Sophia, et tombe dans le Danube. Or
Alexandre, afin de conduire son armée
de la rive orientale de la rivière Nestos, près de son embouchure, au pays
des Triballes, dut naturellement passer par Philippopolis, cité qui paraît
avoir été fondée par son père Philippe,
et avait probablement en conséquence
une route régulière de communication
jusqu'aux régions maritimes (V. Etienne
de Byz. v. Φιλιππόπολις). Alexandre
dut ensuite franchir le mont Hæmus,
quelque part au nord-ouest de Philippopolis. Nous lisons dans l'année

376 avant J.-C. (Diodore, XV, 36)
une invasion d'Abdêra par les Triballes; ce qui prouve qu'il y avait une
route, bonne pour une armée, depuis
leur territoire jusqu'au côté oriental de
l'embouchure du Nestos, où Abdêra
était située. Ce fut la route que vraisemblablement suivit Alexandre. Mais
il doit probablement avoir fait un circuit considérable vers l'est; car la
route que Paul Lucas dit avoir prise
directement de Philippopolis à Drama
ne peut guère avoir été bonne pour
une armée.

Il se peut que la rivière de Lyginos
soit l'Isker moderne, mais ce n'est pas
certain. L'île appelée Peukê est plus
embarrassante encore. Strabon en parle
comme si elle se trouvait près de l'embouchure du Danube (VII, p. 301-305).
Mais il semble impossible que soit le
cercle des Triballes, soit la marche
d'Alexandre, puisse s'être étendu si
loin à l'est. Comme Strabon (aussi
bien qu'Arrien) copia la marche d'A-
lexandre sur Ptolémée, dont l'autorité
est très-bonne, nous sommes forcé de
supposer qu'il y avait une seconde île
appelée Peukê un peu plus haut en
remontant le fleuve.

La géographie de la Thrace est si
peu connue, que nous ne pouvons nous
étonner de ne pouvoir identifier ces
endroits. Nous connaissons, et cela
d'une manière imparfaite, les deux
grandes routes qui partent toutes
deux de Byzantion ou Constantinople.
1. L'une (appelée la route du Roi, pour
avoir été en partie la direction de la
marche de Xerxès quand il envahit la

La terreur répandue par les opérations militaires d'A-
lexandre fut si grande, que non-seulement les Triballes,
mais les Thraces autonomes alentour, envoyèrent des députés pour offrir des présents ou un tribut, et pour solliciter la paix. Alexandre accéda à leur requête. L'esprit
tourné vers la guerre avec l'Asie, il se contenta d'avoir
intimidé ces tribus au point de les empêcher de se soulever
pendant son absence. Quelles conditions imposa-t-il, nous
l'ignorons, mais il accepta les présents (1).

Tandis que ces requêtes des Thraces étaient discutées, il
arriva des députés d'une tribu de Gaulois qui occupait une
région montagneuse éloignée, à l'ouest, vers le golfe Ionien.
Bien qu'étrangers à Alexandre, ils avaient tellement entendu parler de ses exploits récents, qu'ils venaient demander à être admis dans son amitié. Ils se distinguaient

---

Grèce. Tite-Live, XXXIX, 27; Hérodote, VII, 115) traversant l'Hebros et
le Nestos, touchant la côte septentrionale de la mer Ægée à Neapolis, un
peu au sud de Philippi, puis franchissant le Strymón à Amphipolis, et s'é-
tendant par Pella à travers la Macédoine intérieure et l'Illyrie jusqu'à
Dyrrachium (la via Egnatia). 2. L'autre, prenant une direction plus septentrionale, passant le long de la vallée
supérieure de l'Hebros d'Adrianopolis
à Philippopolis, ensuite par Sardica
(Sophia) et Naissos (Nisch), jusqu'au
Danube, près de Belgrade; c'est la
grande route qui mène aujourd'hui de
Constantinople à Belgrade.

Mais à part ces deux routes, à peine
connaît-on quoi que ce soit du pays.
En particulier, la région montagneuse
du Rhodopê, bornée à l'ouest par le
Strymón, au nord et à l'est par l'Hebros, et au sud par la mer Ægée, est
une Terra incognita, à l'exception des
quelques colonies grecques sur la côte.
Très-peu de voyageurs ont suivi ou
décrit la route méridionale ou route
du Roi, tandis que la région de l'intérieur, à part la grande route, était ab-

solument inexplorée jusqu'à la visite
de M. Viquesnel en 1847, chargé d'une
mission scientifique par le gouvernement français. Le court, mais intéressant exposé, composé par M. Viquesnel, de ce district raboteux et impraticable, est contenu dans les « Archives
des Missions scientifiques et littéraires »
de 1850, publiées à Paris. Malheureusement la carte destinée à accompagner cet exposé n'a pas encore été
préparée; mais les renseignements
publiés, tels qu'ils sont, Kiepert les a
employés pour construire sa carte récente de la Turquie d'Europe, la
meilleure carte de ces régions qui
existe aujourd'hui, bien qu'elle soit
encore très-imparfaite. Les explications (Erlaeuterungen) annexées par
Kiepert, à sa carte de Turquie, montrent les données défectueuses sur lesquelles est fondée la chartographie de
ce pays. Jusqu'à l'examen de M. Viquesnel, on peut dire que la partie supérieure du cours du Strymón, et presque tout le cours du Nestos étaient
totalement inconnus.

(1) Arrien, 1, 4, 5; Strabon, VII,
p. 301.

tant par leur haute stature que par leur langage plein de
vanterie. Alexandre échangea volontiers avec eux des assurances d'alliance. Les régalant à un festin, il leur demanda,
dans le cours de la conversation : « Que craignez-vous le
plus parmi les éventualités humaines? — Nous ne redoutons
aucun homme ni aucun danger, répondirent-ils ; nous ne
craignons qu'une chose, c'est que le ciel ne tombe sur nos
têtes. » Cette réponse désappointa Alexandre, qui s'était
attendu qu'ils le nommeraient comme la personne qu'ils
redoutaient le plus : si prodigieuse était la suffisance que
lui inspiraient ses exploits. Il fit observer à ses amis que ces
Gaulois étaient des fanfarons. Cependant, si nous faisons
attention au sentiment plutôt qu'au langage, nous verrons
qu'une pareille épithète s'applique aussi bien ou mieux à
Alexandre lui-même. L'anecdote est surtout intéressante en
ce qu'elle montre combien il était jeune encore lorsque se
montra chez lui l'exorbitante estime de lui-même, dont nous
verrons ci-après des preuves. Qu'après la bataille d'Issus
il se crût un être surhumain, nous ne pouvons guère en être
étonnés; mais il n'était encore que dans la première année
de son règne, et il n'avait rien fait de plus que de s'être
avancé en Thrace et d'avoir remporté une victoire sur les
Triballes.

Après avoir réglé ces affaires, il se dirigea au sud-ouest,
vers le territoire des Agrianes et des autres Pæoniens,
entre les fleuves du Strymôn et de l'Axios, à la partie supérieure de leur cours. Là, il fut rencontré par un corps
d'Agrianes, sous leur prince Langaros, qui avait déjà con-
tracté une amitié personnelle avec lui à Pella, avant la mort
de Philippe. La nouvelle arriva que l'Illyrien Kleitos, fils
de Bardylis, qui avait été soumis par Philippe, s'était révolté à Pelion (poste fortifié au sud du lac Lychnidos, sur le
côté occidental de la chaîne du Skardos et du Pindos, près
de l'endroit où cette chaîne est interrompue par la fente
appelée la Klissura de Tzangon ou Devol) (1), — et que les

_____

(1) Pour la situation de Pelion, cf. Tite-Live, XXXI, 33, 34, et les

Illyriens occidentaux, appelés Taulantii, sous leur prince
Glaukias, étaient en route pour l'assister. Conséquemment
Alexandre s'y dirigea sur-le-champ, laissant Langaros
s'occuper de la tribu illyrienne des Autariatæ, qui avait
menacé de s'opposer à sa marche. Il s'avança le long de la
rive de l'Erigon en la remontant, à partir d'un point voisin
de l'endroit où cette rivière rejoint l'Axios (1). En approchant de Pelion, il trouva les Illyriens postés devant cette
ville et sur les hauteurs alentour, attendant l'arrivée de
Glaukias, leur allié promis. Tandis qu'Alexandre faisait des
dispositions pour l'attaque, ils offrirent leurs sacrifices aux
dieux : les victimes étant trois garçons, trois filles et trois
béliers noirs. D'abord ils s'avancèrent hardiment à sa rencontre ; mais, avant d'en venir à un combat corps à corps,
ils tournèrent le dos et s'enfuirent dans la ville si précipitamment que les victimes tuées restèrent étendues
sur place (2). Après avoir ainsi refoulé les défenseurs,
Alexandre se préparait à mener un mur de circonvallation autour de Pelion, quand il fut interrompu par l'arrivée de Glaukias, avec des forces si considérables qu'il fut
forcé d'abandonner son projet. Un corps de cavalerie, envoyé du camp macédonien au fourrage, sous Philotas, fut
en danger d'être coupé par Glaukias et ne fut sauvé que par
l'arrivée d'Alexandre lui-même avec un renfort. En face de

---

remarques du colonel Leake, Travels
in Northern Greece, vol. III, ch. 28,
p. 310-324.

(1) En admettant qu'Alexandre fût
dans le territoire des Triballes, la
moderne Servie, il dut dans cette
marche suivre surtout la route qui est
fréquentée aujourd'hui entre Belgrade
et Bitolia, par la plaine de Ḳossovo,
Pristina, Katchanik (tournant sur
son côté nord-est le Ljubatrin, promontoire nord-est qui termine la
chaîne du Skardos), Uschkub, Kuprili, le long du cours supérieur de
l'Axios ou Vardar, jusqu'au point où
l'Erigon ou Tscherna rejoint cette rivière au-dessous de Kuprili. Là il dut

être au milieu des Pæoniens et des
Agrianes, à l'est, — et des Dardani
et des Autariatæ, au nord et à l'ouest.
Si ensuite il suivit le cours de l'Erigon,
il dut passer par les parties de la Macédoine appelées alors Deuriopia et
Pelagonia ; il dut aller entre les crêtes
de montagnes, par lesquelles l'Erigon
se fait jour, appelées Nidji au sud, et
Babuna au nord. Il dut passer ensuite
à Florina, et non à Bitolia.

V. la carte de ces régions par Kiepert, — partie de sa récente carte de
la Turquie d'Europe, — et une description de la voie en général par Grisebach.

(2) Arrien, I, 5, 12.

ces forces supérieures, il fut nécessaire de faire retirer
l'armée macédonienne par une ligne étroite de route le long
du fleuve Eordaikos, où dans quelques endroits il n'y avait
place que pour quatre hommes de front, avec des collines
ou des marais partout alentour. Par une série de manœuvres habiles et hardies et par un emploi efficace de ses
machines de siége et à projectiles, à l'effet de protéger
l'arrière-garde, Alexandre dérouta complétement l'ennemi,
et ramena son armée sans pertes (1). De plus, ces Illyriens,
qui n'avaient pas su faire usage de ces avantages de position,
s'abandonnèrent au désordre aussitôt que leur ennemi se
fut retiré, négligeant toutes les précautions nécessaires à la
sûreté de leur camp. Informé de cette négligence, Alexandre
fit une marche forcée de nuit en arrière, à la tête de sa
division d'Agrianes et des troupes légères, appuyées par le
reste de l'armée. Il surprit les Illyriens dans leur camp
avant le jour. Le succès de cette attaque contre une armée
endormie et non gardée fut si complet que les Illyriens s'enfuirent sur-le-champ sans faire de résistance. Un grand
nombre d'entre eux furent tués ou faits prisonniers; le reste,
jetant les armes, s'enfuit précipitamment vers ses demeures,
poursuivi par Alexandre jusqu'à une distance considérable.
Le prince illyrien Kleitos fut forcé d'évacuer Pelion, ville
qu'il brûla, et il se retira ensuite dans le territoire de Glaukias (2).

Au moment même où Alexandre avait achevé de rempor-
ter cette victoire sur Kleitos et sur les auxiliaires taulan-
tiens, et avant qu'il fût retourné dans son royaume, il reçut
une nouvelle d'un caractère menaçant. Les Thébains s'étaient
déclarés indépendants de lui et assiégeaient sa garnison
dans la Kadmeia (août 335 av. J.-C.).

Nous connaissons très-imparfaitement les antécédents
immédiats de cet événement, à la fois important et désas-
treux pour ceux qui se mirent en avant. Nous avons déjà
fait remarquer que le vote de soumission de la part des

---

(1) Arrien, I, 6, 3-18. (2) Arrien, I, 6, 19-22.

Grecs à l'égard d'Alexandre comme général en chef, pendant l'automne précédent, n'avait été rendu que sous l'intimidation d'une armée macédonienne présente. Bien que les Spartiates seuls eussent le courage de proclamer leur dissentiment, on savait bien, et Alexandre ne l'ignorait pas, que les Athéniens, les Arkadiens, les Ætoliens et autres étaient prêts à faire la même chose au premier revers sérieux des armes macédoniennes (1). De plus, l'énergie et le talent déployés par Alexandre avaient appris au roi de Perse que tout danger pour lui-même n'était pas éloigné par la mort de Philippe, et l'engagèrent soit à envoyer, soit à promettre des secours pécuniaires aux Grecs opposés aux Macédoniens. Nous avons déjà mentionné la manifestation d'un sentiment antimacédonien à Athènes, — déclaré par plusieurs des orateurs les plus éminents, — Démosthène, Lykurgue, Hypéride et autres, aussi bien que par des militaires actifs, tels que Charidèmos et Ephialtès (2), qui probablement parlèrent plus hardiment quand Alexandre fut absent et sur le Danube. Dans d'autres cités, le même sentiment trouva sans doute des avocats, bien que moins distingués; mais à Thèbes, où il ne pouvait être déclaré ouvertement, il régnait avec la plus grande force (3). Les Thébains souffraient une oppression dont la plupart des autres cités étaient exemptes, — la présence d'une garnison macédonienne dans leur citadelle, précisément comme ils avaient enduré, cinquante ans auparavant, le frein d'une garnison spartiate après la fraude de Phœbidas et de Leontiadès. Dans le cas actuel, comme dans le premier, l'effet fut d'armer les chefs du parti macédonien d'un pouvoir absolu sur leurs concitoyens, et non-seulement de causer à ces derniers un malheur public en anéantissant toute liberté de parole, mais encore de les exposer à des insultes et à des injures individuelles multipliées, suscitées par la convoitise et la rapacité de maîtres étran-

---

(1) Arrien. I, 7, 5.
(2) Ælien, V. H. XII, 57.
(3) Démade, Ὑπὲρ τῆς δωδεκαετίας, s. 14. Θηβαῖοι δὲ μέγιστον εἶχον δεσ-

μὸν τὴν τῶν Μακεδόνων φρουρὰν, ὑφ' ἧς οὐ μόνον τὰς χεῖρας συνεδέθησαν, ἀλλὰ καὶ τὴν παρρησίαν ἀφῄρηντο...

gers aussi bien que domestiques (1). Un certain nombre de citoyens thébains, et parmi eux les esprits les plus libres et les plus hardis, étaient en exil à Athènes, ne recevant, il est vrai, du public rien de plus qu'une demeure assurée, mais encouragés secrètement à espérer un meilleur état de choses par Démosthène et les autres chefs hostiles aux Macédoniens (2). De même, cinquante années auparavant, c'était à Athènes, et auprès de simples citoyens, que les Thébains Pélopidas et Mellôn avaient trouvé cette sympathie qui leur permit d'organiser leur audacieuse conspiration, destinée à délivrer Thèbes des Spartiates. Cette entreprise, admirée dans toute la Grèce à la fois comme aventureuse, habile et héroïque, était le modèle présent à l'imagination des exilés thébains, qu'ils désiraient imiter s'il se présentait quelque occasion passable.

Tels furent les sentiments en Grèce pendant la longue absence d'Alexandre lors de son expédition en Thrace et en Illyria, période de quatre ou cinq mois, finissant en août 335 avant J.-C. Non-seulement Alexandre fut ainsi absent longtemps, mais encore il n'envoya en Macédoine aucun compte de ses opérations. Il est assez probable que ses courriers étaient interceptés dans les montagnes et par les voleurs de Thrace; et même s'ils arrivaient à Pella, leurs dépêches n'étaient pas lues publiquement, comme l'auraient été dans l'assemblée athénienne de pareilles communications. Aussi ne sommes-nous pas surpris d'apprendre que le bruit courut qu'il avait été défait et tué. Parmi ces rapports, à la fois multipliés et hardis, l'un fut même cer-

---

(1) Les Thébains, en exposant leurs plaintes aux Arkadiens, disaient : — Ὅτι οὐ τὴν πρὸς τοὺς Ἕλληνας φιλίαν Θηβαῖοι διαλῦσαι βουλόμενοι, τοῖς πράγμασιν ἐπανέστησαν, οὐδ' ἐνάντιον τῶν Ἑλλήνων οὐδὲν πράξοντες, ἀλλὰ τὰ παρ' αὐτοῖς ὑπὸ τῶν Μακεδόνων ἐν τῇ πόλει γενόμενα φέρειν οὐκέτι δυνάμενοι, οὐδὲ τὴν δουλείαν ὑπομένειν, οὐδὲ τὰς ὕβρεις ὁρᾶν τὰς εἰς τὰ ἐλεύθερα σώματα γενομένας.

V. Démade : Περὶ τῆς δωδεκαετίας, s. 13, le discours de Cleadas, Justin, XI, 4, et (Dinarque cont. Demosth. s. 20) cf. Tite-Live, XXXIX, 27, — au sujet de l'action de la garnison macédonienne à Maroneia, du temps de Philippe, fils de Demetrios.

(2) Démade, Περὶ τῆς δωδεκαετίας, Fragm. ad fin.

tifié par un menteur qui prétendit être arrivé récemment de Thrace, avoir été témoin oculaire du fait et avoir été blessé lui-même dans l'action contre les Triballes, dans laquelle Alexandre avait péri (1). Cette bienheureuse nouvelle, non fabriquée, mais trop facilement crue par Démosthène et par Lykurgue (2), fut annoncée à l'assemblée athénienne. En dépit des doutes exprimés par Démade et par Phokiôn, elle fut crue aussi non-seulement par les Athéniens et les exilés thébains présents à Athènes, mais encore par les Arkadiens, les Eléiens, les Ætoliens et par d'autres Grecs. Pendant un temps considérable, à cause de l'absence d'Alexandre, elle resta sans être contredite, ce qui fortifia la pensée qu'elle était vraie.

Ce fut en vertu de la pleine croyance accordée au bruit de la défaite et de la mort d'Alexandre que les cités grecques procédèrent. L'événement interrompait par lui-même leurs relations avec la Macédoine. Il n'y avait ni fils ni frère adulte pour succéder au trône, de sorte qu'il était vraisemblable que non-seulement l'ascendant étranger de la Macédoine serait détruit, mais même son unité intérieure. Pour ce qui regarde Athènes, l'Arkadia, l'Elis, l'Ætolia, etc., le sentiment anti-macédonien se manifesta sans doute d'une manière véhémente, mais on ne provoqua aucune action spéciale. Il en fut autrement par rapport à Thèbes. Phœnix, Prochytès et

---

(1) Arrien, I, 7, 8. Καὶ γὰρ καὶ πολὺς ὁ λόγος (de la mort d'Alexandre) καὶ παρὰ πολλῶν ἐφοίτα, ὅτι τε χρόνον ἀπῆν οὐκ ὀλίγον καὶ ὅτι οὐδεμία ἀγγελία παρ' αὐτοῦ ἀφῖκτο, etc.

(2) Démade, Περὶ τῆς δωδεκαετίας, ad fin. Ἡνίκα Δημοσθένης καὶ Λυκοῦργος τῷ μὲν λόγῳ παραταττόμενοι τοὺς Μακεδόνας ἐνίκων ἐν Τριβάλλοις, μόνον δ' οὐχ ὁρατὸν ἐπὶ τοῦ βήματος νεκρὸν τὸν Ἀλέξανδρον προέθηκαν... ἐμὲ δὲ στυγνὸν καὶ περίλυπον ἔφασκον εἶναι μὴ συνευδοκοῦντα, etc.

Justin, XI, 2. « Demosthenem oratorem, qui Macedonum deletas omnes cum rege copias a Triballis affirmaverit, producto in concionem auctore,

qui in eo prælio, in quo rex ceciderit, se quoque vulneratum diceret. » Cf. Tacite, Histor. I, 34. « Vix dum egresso Pisone, occisum in castris Othonem, vagus primum et incertus rumor, mox, ut *in magnis mendaciis, interfuisse se quidam, et vidisse affirmabant,* credula fama inter gaudentes et incuriosos... Obvius in palatio Julius Atticus, speculator, cruentum gladium ostentans, occisum *a se* Othonem exclamavit. »

On affirme qu'Alexandre fut réellement blessé à la tête par une pierre, dans l'action avec les Illyriens (Plutarque, Fortun. Alex. p. 327).

les autres exilés thèbains à Athènes formèrent immédiatement leur plan pour délivrer leur cité et chasser la garnison macédonienne de la Kadmeia. Recevant des armes et de l'argent de Démosthène et d'autres citoyens athéniens, et appelés par leurs partisans à Thèbes, ils entrèrent soudainement en armes dans cette cité. Bien qu'ils fussent hors d'état d'emporter la Kadmeia par surprise, ils arrêtèrent dans la cité et mirent à mort Amyntas, un des premiers officiers macédoniens, avec Timolaos, l'un des principaux Thèbains favorables à la Macédoine (1). Ensuite ils convoquèrent immédiatement une assemblée générale des Thèbains, qu'ils prièrent ardemment de faire un vigoureux effort pour chasser les Macédoniens et pour reconquérir l'ancienne liberté de la cité. S'étendant sur les méfaits de la garnison et sur les actes oppressifs de ceux des Thèbains qui gouvernaient avec son appui, ils déclarèrent que le bon moment était venu pour recouvrer la liberté, grâce à la mort récente d'Alexandre. Sans doute ils rappelèrent le souvenir de Pélopidas et la glorieuse entreprise, chère à tous les patriotes thèbains, par laquelle il avait arraché Thèbes à l'occupation spartiate, quarante-six ans auparavant. Les Thèbains répondirent sincèrement à cet appel. L'assemblée vota la séparation de la Macédoine et l'autonomie de Thèbes, — et nomma comme bœótarques quelques-uns des exilés de retour, avec d'autres du même parti, afin qu'ils prissent d'énergiques mesures contre la garnison de la Kadmeia (2).

Malheureusement pour Thèbes, aucun de ces nouveaux bœótarques n'était de la trempe d'Epaminondas, probablement pas même de Pélopidas. Cependant leur plan, bien qu'à cause de son lamentable résultat il soit généralement dénoncé comme insensé, donnait réellement d'abord de meilleures promesses que celui des conspirateurs hostiles aux Spartiates, en 380 avant J.-C. On somma à l'instant la Kadmeia de se rendre; peut-être espérait-on que le commandant macédonien livrerait la citadelle avec aussi peu de

_____

(1) Arrien, I, 7, 1; cf. Dinarque,   (2) Arrien, I, 7, 3-17.
cont. Démosth., s. 75, p. 53.

résistance que l'avait fait l'harmoste spartiate. Mais de telles
espérances ne se réalisèrent pas. Probablement Philippe
avait fait fortifier et approvisionner la forteresse. La garnison défia les chefs thébains, qui ne se sentirent pas assez
forts pour donner l'ordre d'un assaut, comme Pélopidas,
dans son temps, était préparé à le faire, si la reddition avait
été refusée (1). Ils se contentèrent de mener et de garder
une double ligne de circonvallation autour de la Kadmeia,
de manière à empêcher que la garnison ne fît des sorties et
que des provisions n'entrassent dans la place (2). Ils envoyèrent des députés, dans le triste costume de suppliants,
aux Arkadiens et à d'autres, pour représenter que leur
mouvement récent était dirigé non contre l'union hellénique, mais contre l'oppression et les outrages des Macédoniens, qui pesaient sur eux avec une amertume intolérable.
Comme Grecs et comme citoyens, ils demandaient une aide qui
les sauvât d'un si grand malheur. Ils trouvèrent beaucoup de
sympathies favorables, et reçurent quelques promesses suivies même d'un demi-accomplissement. Beaucoup d'entre les
principaux orateurs à Athènes, — Démosthène, Lykurgue,
Hypéride et autres, — ainsi que les militaires Charidèmos
et Ephialtès, — pressèrent vivement leurs compatriotes de
se déclarer en faveur de Thèbes et d'envoyer des secours
contre la Kadmeia. Mais les citoyens en général, suivant les
conseils de Démade et de Phokiôn, attendirent afin de
mieux s'assurer et de la mort d'Alexandre et de ses conséquences, avant de courir le hasard d'une hostilité ouverte
contre la Macédoine, bien qu'ils semblent avoir déclaré leur
sympathie pour la révolution thébaine (3). Démosthène, en
outre, se rendit comme député dans le Péloponèse, tandis
que le Macédonien Antipater envoya aussi des requêtes
pressantes aux cités péloponésiennes, réclamant leurs contingents, comme membres de la confédération sous Alexandre.
pour agir contre Thèbes. L'éloquence de Démosthène, ap-

(1) Xénophon, Hellen. V, 4, 11.   (2) Arrien, I, 7, 14.
Cf. tome XIV, ch. 4 de cette His-   (3) Diodore, XVII, 8.
toire.

puyée par son argent ou par l'argent persan qu'il distribua, détermina les Péloponésiens à refuser de satisfaire aux demandes d'Antipater et à ne pas envoyer de contingents contre Thèbes (1). Les Eleiens et les Ætoliens manifestèrent des assurances générales favorables à la révolution de Thèbes, tandis que les Arkadiens allèrent même jusqu'à envoyer quelques troupes pour la seconder, bien qu'elles ne s'avançassent pas au delà de l'isthme (2).

C'était dans les affaires grecques une crise qui ouvrait de nouvelles chances de recouvrer la liberté. Si les Arkadiens et les autres Grecs eussent prêté à Thèbes une aide décisive, — si Athènes avait agi même avec autant d'énergie qu'elle le fit douze ans après pendant la guerre Lamiaque, en occupant les Thermopylæ avec une armée et une flotte, — les portes de la Grèce auraient bien pu être fermées à une nouvelle armée macédonienne, Alexandre eût-il été vivant et à la tête de cette armée. Que la lutte de Thèbes ne fût pas regardée à l'époque, même par les Grecs favorables aux Macédoniens, comme désespérée, c'est ce que prouvent les observations subséquentes et d'Æschine et de Dinarque à Athènes. Æschine (prononçant cinq ans plus tard son discours contre Ktesiphôn) accuse Démosthène d'avoir, par sa lenteur méchante, causé la ruine de Thèbes. Les mercenaires étrangers qui formaient une partie de la garnison de là Kadmeia étaient prêts (affirme Æschine) à livrer cette forteresse, en recevant cinq talents; les généraux arkadiens auraient amené leurs troupes au secours de Thèbes si on leur eût payé neuf ou dix talents, — après avoir repoussé les sollicitations d'Antipater. Démosthène (disent ces deux ora-

---

(1) Dinarque, cont. Démosth. p. 14, s. 19. Καὶ Ἀρκάδων ἡκόντων εἰς Ἰσθμὸν, καὶ τὴν μὲν παρὰ Ἀντιπάτρου πρεσβείαν ἄπρακτον ἀποστειλάντων, etc.

Dans le vote rendu quelques années plus tard par le peuple d'Athènes, à l'effet d'accorder une statue et d'autres honneurs à Démosthène, ces actes dans le Péloponèse sont énumérés parmi ses titres à la reconnaissance publique : Καὶ ὡς ἐκώλυσε Πελοποννησίους ἐπὶ Θήβας Ἀλεξάνδρῳ βοηθῆσαι, χρήματα δοὺς καὶ αὐτὸς πρεσβεύσας, etc. (Plutarque, Vit. X Orator. p. 850).

(2) Arrien, I, 10, 2; Æschine adv. Ktesiph. p. 634.

teurs, ayant en sa possession trois cents talents du roi persan, pour exciter des mouvements antimacédoniens en Grèce, fut supplié par les envoyés thébains de fournir de l'argent pour ces desseins; mais il repoussa la requête, garda l'argent pour lui, et empêcha ainsi et la reddition de la Kadmeia et la marche en avant des Arkadiens (1). L'accusation avancée ici contre Démosthène paraît complétement incroyable. Supposer que des mouvements antimacédoniens comptassent pour si peu de chose à ses yeux, est une hypothèse démentie par toute son histoire. Mais le fait que ces allégations furent faites par Æschine seulement cinq ans plus tard prouve ce qu'on disait et ce qu'on sentait à l'époque, — à savoir que les chances d'une résistance heureuse à la Macédoine de la part des Thébains n'étaient pas regardées comme défavorables. Et quand les Athéniens, suivant les conseils de Démade et de Phokiôn, refusèrent de secourir Thèbes ou d'occuper les Thermopylæ, — ils consultèrent peut-être la sûreté d'Athènes séparément, mais ils s'écartèrent du patriotisme généreux et panhellénique qui avait animé leurs ancêtres contre Xerxès et Mardonios (2).

Les Thébains, bien que laissés ainsi dans l'isolement d'une manière peu généreuse, pressèrent le blocus de la Kadmeia,

---

(1) Æschine adv. Ktesiph. p. 634; Dinarque, adv. Demosth. p. 15, 16, s. 19-22.

(2) V. Hérodote, VIII, 143. Démosthène, dans ses discours, insiste fréquemment sur le rang et la position différents d'Athènes, en tant que comparés à ceux des États grecs plus petits, — et sur les obligations plus élevées et plus difficiles qui en résultent. C'est un grand point de distinction entre sa politique et celle de Phokiôn. Voir un passage frappant dans le discours De Coronâ, p. 245, s. 77, et Orat. De Republ. Ordinandâ, p. 176, s. 37.

Isokrate tient le même langage touchant les obligations de Sparte, — dans le discours qu'il prête à Archidamos. « Personne ne cherchera querelle aux Epidauriens et aux Phliasiens. pour ne songer qu'aux moyens de se tirer d'affaire et de conserver leur existence. Mais quant aux Lacédæmoniens, il leur est impossible de viser simplement à leur conservation et à rien au delà, — par tous les moyens, quels qu'ils puissent être. Si nous ne pouvons nous conserver avec honneur. nous devons préférer une mort glorieuse. » (Isokrate, Orat. VI, Archidam. s. 106.)

La politique étroite et mesquine qu'Isokrate proclame ici comme bonne pour Epidauros et Phlionte, mais non pour Sparte, est précisément ce que Phokiôn recommandait toujours pour Athènes, même quand naissait la puissance de Philippe et qu'elle n'était pas encore établie.

et ils auraient bientôt réduit la garnison macédonienne s'ils n'eussent été surpris par ce terrifiant événement, — Alexandre arrivant en personne à Onchèstos en Bœôtia, à la tête de son armée victorieuse. Son arrivée à Onchèstos apprit pour la première fois qu'il était encore vivant. D'abord personne ne put y croire. Les chefs thèbains prétendirent que c'était un nouvel Alexandre, fils d'Aeropos, à la tête d'une armée macédonienne de secours (1).

Dans cet incident, nous pouvons signaler deux traits qui caractérisèrent Alexandre jusqu'à la fin de sa vie : une célérité incomparable de mouvement et une faveur non moins remarquable de la fortune. Si la nouvelle du soulèvement thèbain lui fût parvenue pendant qu'il était sur le Danube ou chez les Triballes éloignés, — ou même quand il était embarrassé dans la région difficile autour de Pelion, — il n'aurait pu guère par aucun effort arriver à temps pour sauver la Kadmeia. Mais il l'apprit juste au moment où il avait vaincu Kleitos et Glaukias, de sorte qu'il avait les bras parfaitement libres, — et encore quand il était dans une position particulièrement rapprochée et commode pour une marche directe en Grèce sans retourner à Pella. Du défilé Tschangon (ou de la rivière Devol), près duquel les dernières victoires d'Alexandre avaient été gagnées, sa route était vers le sud ; elle suivait en descendant en partie le cours supérieur de l'Haliakmôn, à travers la haute Macédoine, c'est-à-dire par les régions appelées Eordæa et Elymeia qu'il avait à sa gauche, tandis que les hauteurs du Pindos et le cours supérieur du fleuve Aoos, occupé par les Epirotes appelés Tymphæi et Paranæi, étaient à sa droite. Après sept jours de marche, traversant les crêtes plus basses des monts Cambuniens (qui séparent l'Olympos du Pindos et la haute Macédoine de la Thessalia), Alexandre parvint à la ville thessalienne de Pelinna. Six journées de plus l'amenèrent à la bœótienne Onchèstos (2). Il était déjà en deçà des Ther-

---

(1) Arrien, I, 7, 9.
(2) Arrien, I, 7, 6. Voir, relativement à cette région, « Travels in Northern Greece », du colonel Leake, ch. 6, p. 300-304 ; ch. 28, p. 303-305, etc.

mopylæ avant qu'aucun Grec sût qu'il était en marche, ou même qu'il était vivant. La question de l'occupation des Thermopylæ par une armée grecque était ainsi mise de côté. La difficulté de forcer ce défilé et la nécessité d'y arriver avant Athènes, soit par un stratagème, soit par une marche rapide, étaient présentes à l'esprit d'Alexandre, comme elles l'avaient été à celui de Philippe dans son expédition de 346 avant J.-C. contre les Phokiens.

Son arrivée en elle-même, événement très-formidable, fit effet sur les Grecs avec une double force par son extrême soudaineté. Nous ne pouvons guère douter que les Athéniens et les Thèbains n'eussent des communications à Pella, — qu'ils ne regardassent comme vraisemblable qu'une invasion macédonienne viendrait de là, — et qu'ils ne comptassent qu'Alexandre lui-même (en admettant qu'il vécût encore, contrairement à leur opinion) reviendrait dans sa capitale avant de commencer quelque nouvelle entreprise. Dans cette hypothèse, — probable en elle-même, et telle qu'elle se serait réalisée si Alexandre ne s'était déjà avancé aussi loin au sud au moment où il reçut la nouvelle (1), — ils auraient du moins connu son approche à l'avance, et auraient eu le choix d'une coalition défensive ouverte. Comme les choses se passèrent, son apparition inattendue dans le cœur de la Grèce prévint toute combinaison, et arrêta toute idée de résistance.

Deux jours après son arrivée en Bœôtia, il fit avancer son armée autour de Thèbes, de manière à camper sur le côté méridional de la cité; par là, il intercepta la communication des Thèbains avec Athènes, et montra ses forces plus visiblement à la garnison de la Kadmeia. Les Thèbains, quoique seuls et sans espoir de secours, conservèrent un courage inébranlable. Alexandre différa l'attaque un jour ou deux, dans l'espérance qu'ils se soumettraient; il désirait éviter un assaut qui coûterait la vie à beaucoup de ses soldats, dont il avait besoin pour ses desseins sur l'Asie. Il

---

(1) Diodore (XVII, 9) dit d'une manière inexacte qu'Alexandre revint inopinément de *Thrace*. S'il en avait été ainsi, il serait venu par Pella.

fit même une proclamation publique (1) pour demander qu'on lui livrât les chefs antimacédoniens Phœnix et Prochytès, mais pour offrir à tout autre Thébain qui voudrait quitter la cité la permission de venir le rejoindre aux termes de la convention jurée l'automne précédent. Une assemblée générale étant convoquée, les Thébains du parti macédonien firent ressortir combien il serait prudent de se soumettre à des forces auxquelles il était impossible de résister. Mais les chefs récemment de retour de l'exil, qui avaient dirigé le mouvement, s'opposèrent à cette proposition avec chaleur, en conseillant de résister jusqu'à la mort. Chez eux, une pareille résolution ne peut étonner, puisque (comme le fait remarquer Arrien) (2), ils étaient allés trop loin pour espérer de la clémence. Toutefois, comme il paraît que la masse des citoyens adopta de propos délibéré la même résolution, malgré les conseils énergiques dans le sens contraire (3), nous voyons clairement qu'ils avaient déjà senti ce que la domination macédonienne avait d'amer, et que plutôt que d'en endurer le renouvellement, qui assurément serait pire, joint au déshonneur d'avoir livré leurs chefs, — ils s'étaient déterminés à périr avec la liberté de leur cité. A un moment où le sentiment de la Hellas comme système autonome était en train de s'effacer et le courage grec de dégénérer en un pur instrument pour l'agrandissement de chefs macédoniens, ces compatriotes d'Epaminondas et de Pélopidas donnèrent un exemple de sacrifice personnel et dévoué à la cause de la liberté grecque, non moins honorable que celui de Léonidas aux Thermopylæ, et seulement moins estimé parce qu'il fut infructueux.

En réponse à la proclamation d'Alexandre, les Thébains firent du haut de leurs murs une contre-proclamation pour demander qu'on leur livrât ses officiers Antipater et Philotas, et pour inviter à se joindre à eux tous ceux qui désiraient, de concert avec le roi de Perse et les Thébains, dé-

---

(1) Diodore, XVII, 9; Plutarque, Alexand. 11.

(2) Arrien, I, 7, 16.

(3) Diodore, XVII, 9.

livrer les Grecs et abattre le despote de la Hellas (1). Ce défi
hautain et cette réponse orgueilleuse irritèrent Alexandre
au plus haut point. Il fit avancer ses machines pour battre
en brèche, et prépara tout pour prendre la ville d'assaut.
L'assaut meurtrier qui suivit a donné lieu à différents récits
qui ne s'accordent pas les uns avec les autres, et qui cependant ne sont pas complétement inconciliables. Il paraît que
les Thêbains avaient élevé, probablement en connexion avec
leurs opérations contre la Kadmeia, un ouvrage extérieur
défendu par une double palissade. Leurs murs étaient gardés
par les soldats les moins utiles, par les metœki et les esclaves affranchis ; tandis que leurs meilleures troupes étaient
assez hardies pour s'avancer au-devant des portes et livrer
bataille. Alexandre partagea son armée en trois divisions :
l'une sous Perdikkas et Amyntas contre l'ouvrage extérieur,
— une seconde destinée à combattre les Thêbains qui faisaient des sorties, — et une troisième tenue en réserve.
Entre la seconde de ces trois divisions et les Thêbains devant les portes, la bataille fut disputée avec tant d'opiniâtreté que le succès, à un moment, sembla douteux, et
qu'Alexandre fut forcé de faire avancer sa réserve. Le premier succès macédonien fut obtenu par Perdikkas (2), qui,
aidé par la division d'Amyntas et aussi par le régiment des

---

(1) Diodore, XVII, 9.
(2) L'attaque de Perdikkas était représentée par Ptolémée, que copie Arrien (I, 8, 1), non-seulement comme
étant la première et la seule attaque
dirigée contre Thêbes par l'armée macédonienne, mais comme étant faite
par Perdikkas sans *l'ordre d'Alexandre*,
qui fut forcé de l'appuyer afin d'empêcher que Perdikkas ne fût écrasé
par les Thêbains. Conséquemment,
selon Ptolémée et Arrien, l'assaut de
Thêbes fut donné sans l'ordre d'A-
lexandre et contre son désir ; de plus,
la prise fut rapidement effectuée sans
beaucoup de peine pour l'armée assié-
geante (ἡ ἄλωσις δι' ὀλίγου τε καὶ οὐ
ξὺν πόνῳ τῶν ἑλόντων ξυνενεχ-

θεῖσα, Arr. I, 9, 9) : le massacre et le
pillage furent commis par le sentiment
vindicatif des alliés bœôtiens.

Diodore avait sous les yeux un récit
très-différent. Il affirme qu'Alexandre
combina et ordonna à la fois l'assaut,
— que les Thêbains se comportèrent
comme des hommes hardis et désespérés, résistant avec opiniâtreté et pendant longtemps, — que le massacre
fut commis ensuite par le corps général des assaillants, les alliés bœôtiens
se faisant sans doute remarquer parmi
eux. Diodore donne ce récit avec quelque longueur, et avec ses amplifications de rhétorique habituelles. Plutarque et Justin sont plus brefs ; mais
ils présentent tous les deux la même

Agrianes et des archers, emporta le premier des deux ouvrages extérieurs, aussi bien qu'une poterne qui était restée
sans être gardée. Ses troupes prirent aussi d'assaut le second ouvrage extérieur, bien que lui-même fût grièvement
blessé et emporté dans le camp. Alors les défenseurs thébains s'enfuirent dans la cité, le long du chemin creux qui
conduisait au temple d'Hèraklès, poursuivis par les troupes
légères en avant des autres. Toutefois les Thébains se retournèrent bientôt, se jetèrent sur ces troupes, et les re-

---

manière de voir générale, mais ils ne
coïncident pas avec Arrien. Le récit de
Polyen (IV, 3, 12) diffère de tous les
autres.

Pour moi, je crois que le récit de
Diodore est (dans sa base, et en écartant les amplifications de rhétorique)
plus croyable que celui d'Arrien. En
admettant l'attaque faite par Perdikkas, je la regarde comme une partie
du plan général d'Alexandre. Je ne
puis considérer comme probable que
Perdikkas attaquât sans ordres, ou que
Thèbes fût prise avec peu de résistance. Elle fut prise par *un seul* assaut
(Æschin. adv. Ktesiph. p. 524), mais
par un assaut bien combiné et vivement disputé, — et non par un assaut
commencé sans préparatifs ni ordres,
et réussissant après avoir rencontré à
peine de résistance. Alexandre, après
avoir offert ce qu'il croyait être des
conditions libérales, n'était pas homme
à reculer devant l'idée d'en venir à ses
fins par la force; et les Thébains n'auraient pas rejeté ces conditions, si
leurs esprits n'avaient été décidés à
faire une défense énergique et désespérée, sans espoir d'un succès définitif.

Quelle autorité suivit Diodore, nous
l'ignorons. Il peut avoir suivi Kli-
tarque, contemporain et Æolien, qui
doit avoir eu de bons moyens d'information relativement à un événement
tel que la prise de Thèbes (V. Geier,
Alexandri Mag. Historiarum scriptores ætate suppares, Leipz. 1844,
p. 6-152, et Vossius, De Historicis
Græcis, I, X, p. 90, éd. Westermann).
Je respecte comme je le dois l'autorité
de Ptolémée, mais je ne puis m'asso-
cier à Geier et à d'autres critiques qui
écartent tous les autres témoins, même
contemporains, relatifs à Alexandre,
comme dignes de peu de confiance, si
ce n'est là où ces témoins sont confirmés par Ptolémée ou Aristobule. Nous
devons nous rappeler que Ptolémée ne
composa son ouvrage qu'après qu'il
fut devenu roi d'Égypte, en 306 avant
J.-C., ou à vrai dire qu'après la bataille
d'Ipsus, en 301, suivant Geier (p. 1),
au moins vingt-neuf ans après le sac
de Thèbes. De plus, Ptolémée n'eut pas
honte de ce que Geier appelle (p. 11)
la « pieuse fraude » d'annoncer que
deux serpents parlants conduisirent
l'armée d'Alexandre jusqu'à l'enceinte
sacrée de Zeus Ammon (Arrien, III, 3).
En dernier lieu, on verra que les
dépositions qui se trouvent dans d'autres historiens, mais non dans Ptolémée et Aristobule, se rapportent principalement à des faits déshonorants
pour Alexandre. Il est, à mon sens,
beaucoup plus probable que Ptolémée
et Aristobule *oublièrent ou omirent*,
qu'il ne l'est que d'autres historiens
inventèrent. Des biographes disposés à
admirer devaient facilement s'excuser
de ne vouloir pas annoncer au monde
des actes tels que les Branchidæ massacrés, ou Batis blessé traîné à Gaza.

poussèrent en tuant non-seulement Eurybotas, leur commandant, mais encore soixante-dix hommes. En poursuivant ces archers, quelque désordre se mit dans les rangs des Thèbains, de sorte qu'ils ne purent résister à la charge ferme des gardes macédoniens et de l'infanterie pesante arrivant à l'appui. Ils furent rompus et refoulés dans la cité, et leur déroute fut rendue encore plus complète par une sortie que fit la garnison macédonienne de la Kadmeia. Les assaillants étant victorieux de ce côté, les Thèbains qui soutenaient le combat en dehors des portes furent forcés de se retirer, et les Macédoniens, s'avançant, pénétrèrent de force dans la ville avec eux. Toutefois, dans l'intérieur de la ville, le combat continua encore, les Thèbains résistant en corps organisés aussi longtemps qu'ils le purent, et, quand ils étaient rompus, résistant encore même isolés. Pas un homme de la population militaire ne demanda grâce; la plupart d'entre eux furent tués dans les rues; mais un petit nombre de cavaliers et de fantassins se frayèrent un chemin au dehors, entrèrent en plaine et s'échappèrent. Alors le combat dégénéra en carnage. Les Macédoniens, avec leurs contingents pæoniens, étaient irrités de cette résistance opiniâtre, tandis que divers Grecs servant comme auxiliaires, — Phokiens, Orchoméniens, Thespiens, Platæens, — avaient à venger d'anciennes et graves injures qu'ils avaient reçues de Thèbes. Ces sentiments de fureur furent rassasiés par le massacre de tous ceux qui se trouvèrent sur leur chemin, sans distinction d'âge ni de sexe, — vieillards, femmes et enfants furent tués dans les maisons et même dans les temples. Ce carnage en masse fut accompagné naturellement de tout le pillage et des outrages de toute sorte, récompense que s'accordaient habituellement des assaillants victorieux (1).

Il y eut, dit-on, de tués plus de cinq cents Macédoniens et six mille Thèbains. On fit trente mille prisonniers (2). Le

---

(1) Arrien, I, 8; Diodore, XVII, 12, 13.

(2) Diodore (XVII, 14) et Plutarque (Alexand. II) s'accordent en donnant les totaux de 6,000 et de 30,000.

sort définitif de ces captifs, et de Thèbes elle-même, fut soumis par Alexandre aux Orchoméniens, aux Platæens, aux Phokiens et aux autres Grecs qui avaient concouru à l'assaut. Il a bien dû savoir à l'avance quelle serait la sentence de pareils juges. Ils déclarèrent que la cité de Thèbes serait rasée jusqu'au sol ; que la Kadmeia seule serait conservée comme poste militaire, avec une garnison macédonienne ; que le territoire thèbain serait distribué entre les alliés eux-mêmes ; qu'Orchomenos et Platée seraient rebâties et fortifiées ; que tous les captifs thèbains, hommes, femmes et enfants, seraient vendus comme esclaves, — à l'exception seulement des prêtres et des prêtresses, et de ceux qui étaient rattachés à Philippe et à Alexandre par des liens reconnus d'hospitalité, ou de ceux qui avaient été *proxeni* des Macédoniens ; que les Thèbains qui s'étaient échappés seraient proscrits, sujets à être arrêtés et tués partout où ils seraient trouvés, et qu'il serait interdit à toute cité grecque de les recevoir (1).

Cette sentence accablante, malgré un appel à la clémence fait par un Thèbain (2) nommé Kleadas, fut rendue par les auxiliaires grecs d'Alexandre, et exécutée par Alexandre lui-même, qui ne fit qu'une addition aux clauses d'exception. Il laissa debout la maison de Pindare, et épargna les descendants du poëte. Avec ces réserves, Thèbes fut effacée de la terre. Le territoire thèbain fut réparti entre les cités rétablies d'Orchomenos et de Platée. Il ne resta rien, si ce n'est un poste militaire macédonien à la Kadmeia, pour rappeler où avait existé jadis le chef de la confédération bœôtienne. Les captifs furent tous vendus, et ils produisirent, dit-on, quatre cent quarante talents, des prix considérables étant offerts par des enchérisseurs à cause des sentiments d'hostilité à l'égard de la cité (3). Diodore nous dit que cette sentence fut rendue par le congrès général des Grecs. Mais nous ne sommes pas obligés de croire que ce

---

(1) Arrien, I, 9 ; Diodore, XVII, 14.
(2) Justin, XI, 4.
(3) Diodore, XVII, 14 ; Justin, XI, 4 : « Pretium non ex ementium commodo, sed ex inimicorum odio extenditur. »

congrès, tout soumis qu'il dût être, étant appelé à délibérer sous la pression de la force armée d'Alexandre, pût être amené à sanctionner une pareille ruine infligée à l'une des premières et des plus anciennes cités helléniques. Car nous savons par Arrien que la question fut discutée et réglée seulement par les auxiliaires grecs qui avaient pris parti pour Alexandre (1), et que, conséquemment, la sentence représente les amères antipathies des Orchoméniens, des Platæens, etc. Sans doute ces cités avaient subi de la part de Thèbes un traitement dur et cruel. En ce qui les concernait, le châtiment que recevaient les Thébains était mérité. Toutefois les personnes qui (comme nous le dit Arrien) déclarèrent que la catastrophe était une punition divine infligée à Thèbes pour s'être jointe à Xerxès contre la Grèce (2) un siècle et demi auparavant, — devaient avoir oublié que non-seulement les Orchoméniens, mais même Alexandre de Macédoine, l'homonyme et le prédécesseur du vainqueur auteur de sa destruction, avaient servi dans l'armée de Xerxès avec les Thébains.

Arrien essaye en vain de transporter d'Alexandre aux cités bœótiennes inférieures l'odieux acte de cette cruelle destruction sans exemple dans l'histoire grecque (comme il le dit lui-même), quand nous considérons la grandeur de la cité, surpassé toutefois en somme par le renversement de pas moins de trente-deux cités ckalkidiques libres que, treize ans auparavant, les armes de Philippe détruisirent. Alexandre invoqua l'antipathie bien connue de ces Bœó-tiens pour colorer une condamnation qui satisfaisait à la fois ses sentiments, en détruisant un ennemi qui le défiait, — et sa politique, en servant d'exemple terrible pour tenir les Grecs dans le respect (3). Mais bien que telles fussent

---

(1) Arrien, I, 9, 13. Τοῖς δὲ μετασ-χοῦσι τοῦ ἔργου ξυμμάχοις, οἷς δὴ καὶ ἐπέτρεψεν Ἀλέξανδρος τὰ κατὰ τὰς Θήβας διαθεῖναι, ἔδοξε, etc.

(2) Arrien, I, 9, 10. Il nous informe (I, 9, 10) qu'il y eut beaucoup de présages antérieurs qui annoncèrent cette

ruine : Diodore (XVII, 10), au contraire, énumère un grand nombre de signes antérieurs, tendant tous à encourager les Thébains.

(3) Plutarque, Alexandre, II. Ἡ μὲν πόλις ἥλω καὶ διαρπασθεῖσα κατεσκάφη, τὸ μὲν ὅλον προσδοκήσαντος αὐτοῦ

les idées sous l'empire desquelles il était à ce moment, il en vint plus tard à considérer cette mesure avec honte et chagrin. Le coup porté au sentiment hellénique, quand une cité était renversée, résultait non-seulement de l'anéantissement violent de la vie, des biens, de la liberté et des institutions sociales ou politiques, — mais encore de l'oblitération de légendes et de la suppression d'observances religieuses, actes qui offensaient et provoquaient ainsi les dieux et les héros locaux. Nous verrons bientôt Alexandre lui-même sacrifier à Ilion (1), afin d'apaiser la colère de Priam, subsistant encore et efficace, contre lui-même et sa race, comme étant descendu de Neoptolemos, meurtrier de ce prince. Par le dur traitement qu'il infligea à Thèbes, il encourut le déplaisir de Dionysos, le dieu du vin, qui, dit-on, était né dans cette cité, et l'une des principales figures de la légende thébaine. Ce fut aux inspirations de Dionysos offensé qu'Alexandre se crut redevable de cette passion désordonnée pour le vin, sous l'empire de laquelle il tua Kleitos plus tard, aussi bien que du refus que firent ses soldats macédoniens de le suivre dans l'Inde (2). Si Alexandre

---

τοὺς Ἕλληνας πάθει τηλικούτῳ ἐκπλαγέντας καὶ πτήξαντας ἀτρεμήσειν, ἄλλως τε καὶ καλλωπισαμένου χαρίζεσθαι τοῖς τῶν συμμάχων ἐγκλήμασιν.

(1) Arrien, I, 11, 13. Pour jeter plus de jour sur le sentiment des Grecs, relativement à la colère des dieux causée par la discontinuation d'un culte quand il avait eu une longue durée, je transcris un passage de l'ouvrage du colonel Sleeman relatif aux Hindous, dont les sentiments religieux sont en tant de points analogues à ceux des Hellènes :

« Des sacrifices humains furent certainement offerts dans la cité de Saugor pendant tout le gouvernement mahratte, jusqu'à l'année 1800, — où le gouverneur local, Assa - Sahib, homme très-humain, y mit fin. J'ai entendu jadis un savant prêtre brah-

mane dire qu'il croyait que la décadence de son gouvernement (d'Assa-Sahib) résultait de cette innovation. « Il n'y a pas (disait-il) de péché à ne « pas offrir aux Dieux de sacrifices « humains, où il n'en a pas été offert; « *mais là où les Dieux y ont été accou-* « *tumés, ils sont tout naturellement bles-* « *sés quand le rite est aboli, et ils en-* « *voient à l'endroit et au peuple toute* « *sorte de calamités.* » Le prêtre ne semblait pas croire qu'il y eût quelque chose de singulier dans cette manière de raisonner; peut-être trois prêtres brahmanes sur quatre auraient-ils raisonné de même. » (Sleeman, Rambles and Recollections of an Indian Official, vol. I, ch. XV, p. 130.)

(2) Plutarque, Alex. 13 : Cf. Justin, XI, 4; et Isokrate ad Philipp. (Or. V, s. 35), où il recommande Thèbes à

se repentit ainsi dans la suite de son action, nous pouvons
être sûrs que d'autres éprouvèrent plus fortement encore
la même répugnance, et nous pouvons comprendre le sentiment sous l'empire duquel, peu d'années après sa mort, le
Macédonien Kassandre, fils d'Antipater, rétablit la cité détruite.

Toutefois, au moment, l'effet produit par la destruction
de Thèbes fut celui d'une terreur insurmontable dans toutes
les cités grecques. Toutes cherchèrent à faire leur paix avec
le vainqueur. Non-seulement le contingent arkadien retourna de l'isthme dans sa patrie, mais même il condamna
ses chefs à mort. Les Eleiens rappelèrent d'exil leurs principaux citoyens amis des Macédoniens pour leur rendre
l'ascendant à l'intérieur. Toutes les tribus des Ætoliens
envoyèrent respectivement des députés à Alexandre pour
lui demander pardon de leurs manifestations contre lui.
A Athènes, nous lisons avec surprise que, le jour même où
Thèbes fut attaquée et prise, la grande fête de Dèmètèr
Eleusinienne, avec sa nombreuse procession de fidèles, se
rendant d'Athènes à Eleusis, se célébrait réellement à une
distance de deux journées de marche de la cité assiégée.
La plupart des fugitifs thèbains qui réussirent à s'échapper
s'enfuirent en Attique, comme dans le lieu de refuge le plus
rapproché, communiquant aux Athéniens leur détresse et
leur terreur. La fête fut suspendue sur-le-champ. Tout le
monde entra précipitamment dans les murs d'Athènes (1);
on apportait avec soi ses biens mobiliers pour les mettre en
sûreté. On craignait généralement que le vainqueur ne
s'avançât directement vers l'Attique, et l'on fit à la hâte
des préparatifs de défense. Dans cet état de choses, les
personnes les plus alarmées et dont le danger était le plus
réel furent naturellement Démosthène , Lykurgue, Chari-

Philippe, sur la raison d'un culte préé-
minent rendu à Hèraklès.

Il est à remarquer que tandis qu'A-
lexandre lui-même se repentait de la
destruction de Thèbes, l'orateur favorable aux Macédoniens à Athènes la

représente comme une peine juste,
quoique déplorable, que les Thèbains
se sont attirée par une conduite insou-
ciante et folle (Æschine, adv. Ktesiph.
p. 524).

(1) Arrien, I, 10, 4.

dêmos et tous ceux qui avaient parlé le plus haut contre la
Macédoine, et qui avaient essayé de décider les Athéniens
à épouser ouvertement la cause de Thèbes. Toutefois, nonobstant cette crainte de conséquences pour eux-mêmes, les
Athéniens accordèrent abri et sympathie aux infortunés
fugitifs thébains. Ils continuèrent à le faire même quand ils
ont dû savoir qu'ils contrevenaient à l'édit de proscription
que venait de sanctionner Alexandre.

Bientôt après arrivèrent des députés de ce monarque
avec une lettre menaçante, demandant formellement qu'on
lui livrât huit ou dix des principaux citoyens d'Athènes, —
Démosthène, Lykurgue, Hypéride, Polyeuktos, Mœroklès,
Diotimos (1), Ephialtès et Charidêmos. Les quatre premiers
étaient des orateurs éminents, les deux derniers des militaires, tous défenseurs zélés d'une politique antimacédonienne. Alexandre, dans sa lettre, dénonçait ces dix personnes comme étant les causes de la bataille de Chæroneia,
des résolutions offensives qui avaient été adoptées à Athènes
après la mort de Philippe, et même des récents actes hostiles des Thébains (2). Cette sommation importante, impli-
quant le droit d'une libre parole et d'un débat public à
Athènes, fut soumise à l'assemblée. Une demande semblable
avait été précisément faite aux Thébains, et l'on pouvait
lire les conséquences du refus non moins clairement dans la
destruction de leur cité que dans les menaces du vainqueur.
Que, même dans ces circonstances critiques, ni orateur ni
peuple n'aient manqué de courage, — c'est ce que nous
savons comme fait général, bien que nous n'ayons pas

---

(1) Le nom de Diotimos est mentionné par Arrien (I, 10, 6), mais non
par Plutarque, qui nomme Demon au
lieu de lui (Plutarque, Démosth.
c. 23), et Kallisthenès au lieu d'Hypéride. Nous ne savons rien au sujet de
Diotimos, si ce n'est que Démosthène
(De Coronâ, p. 264) le cite en même
temps que Charidêmos, comme ayant
reçu du peuple une expression de gra-
titude en retour d'un présent de boucliers qu'il avait fait. Il est mentionné
également, avec Charidêmos et autres,
dans la troisième des lettres de Démosthène, p. 1482.

(2) Arrien, I, 10, 6; Plutarque,
Vit. X Orator. p. 847. Ἐξῄτει αὐτὸν
(Démosthène) ἀπειλῶν εἰ μὴ δοίησαν.
Diodore, XVII, 15; Plutarque, Dé-
mosth. 23.

l'avantage (comme Tite-Live (1) l'eut à son époque) de lire
les discours prononcés dans le débat. Démosthène, insistant
sur ce point que le sort des citoyens en général ne pouvait
être séparé de celui des victimes désignées, raconta, dit-on,
dans le cours de sa harangue, la vieille fable — du loup qui
demande aux moutons de lui abandonner les chiens qui les
protégent, comme condition de paix, — et qui ensuite dé-
vore sur-le-champ les moutons sans protecteurs. Lui et
ceux qu'on demandait avec lui avaient droit à la protection
du peuple, dont la cause seule qu'ils défendaient les avait
exposés à la colère du vainqueur. Phokiôn, d'autre part, —
silencieux d'abord et ne se levant que contraint par des
appels spéciaux de la voix populaire, — soutint qu'il n'y
avait pas assez de forces pour résister à Alexandre, et que
les personnes en question devaient être livrées. Il leur fît
même appel individuellement, leur rappelant le dévouement
volontaire des filles d'Erechtheus, mémorable dans la légende
attique, — et les invitant à se livrer elles-mêmes spontanément, afin de détourner un malheur public. Il ajoutait
que lui (Phokiôn) offrirait avec joie soit lui-même, soit son
meilleur ami si, par un pareil sacrifice, il pouvait sauver la
cité (2). Lykurgue, l'un des orateurs dont l'extradition était
demandée, répondit à ce discours de Phokiôn avec véhémence et amertume, et le sentiment public le suivit en rejetant avec indignation l'avis de Phokiôn. Par un patriotisme résolu extrêmement honorable dans cette conjoncture
critique, il fut décrété qu'on ne livrerait pas les personnes
demandées (3).

Sur la proposition de Démade, on envoya à Alexandre
une ambassade chargée de conjurer sa colère contre les dix,
et de l'engager à les punir par une sentence judiciaire, si
on pouvait prouver un crime contre eux. Démade, qui, dit-

---

(1) Tite-Live, IX, 18. « (Alexander) adversus quem Athenis, in civitate fractâ Macedonum armis, cernente tum maxime prope fumantes Theba-rum ruinas, concionari libere ausi sint homines, — id quod ex mo- numentis orationum patet, etc. »

(2) Plutarque, Phokiôn, 9-17; Dio-dore, XVII, 15.

(3) Diodore, XVII, 15. Ὁ δὲ δῆμος τοῦτον μὲν (Phokiôn) τοῖς θορύβοις ἐξέβαλε, προσάγτως ἀκούων τοὺς λόγους.

on, avait reçu de Démosthène un présent de cinq talents, se
chargea de cette mission. Mais Alexandre fut d'abord inexo-
rable ; il refusa même d'entendre les députés, et persista
dans sa demande. Ce ne fut que grâce à une seconde ambassade, dont Phokiôn fut le chef, qu'on obtint un adoucis-
sement aux conditions. On persuada à Alexandre de retirer
sa requête, et de se contenter du bannissement de Charidèmos et d'Ephialtès, les deux chefs militaires antimacédoniens. Tous deux conséquemment, et vraisemblablement
d'autres Athéniens avec eux, passèrent en Asie, où ils prirent du service sous Darius (1).

Au fait, il n'entrait pas dans le plan d'Alexandre d'entreprendre un siége qui pouvait être long et difficile, puisque
les Athéniens avaient des forces navales supérieures, avec
la mer qui leur était ouverte et la chance d'un appui efficace de la Perse. Quand donc il vit qu'on était décidé à résister fermement à sa demande au sujet des dix orateurs,
des considérations de politique triomphèrent graduellement
de sa colère et l'amenèrent à se relâcher de sa rigueur.

---

(1) Arrien, I, 10, 8 ; Diodore, XVII,
15 ; Plutarque, Phokiôn, 17 ; Justin,
XI, 4 ; Dinarque, cont. Démosth. p. 26.
Arrien affirme que la visite de Démade avec neuf autres députés athéniens à Alexandre fut *antérieure* à la
demande de ce prince pour l'extradition des dix citoyens. Il assure qu'immédiatement après la nouvelle de la
prise de Thèbes, les Athéniens rendirent un vote, sur la proposition de
Démade, à l'effet d'envoyer dix députés
chargés d'exprimer leur satisfaction
qu'Alexandre fût revenu sain et sauf
de chez les Illyriens, et qu'il eût
puni les Thébains pour leur révolte.
Alexandre (suivant Arrien) reçut courtoisement cette ambassade, mais répondit en envoyant au peuple athénien une lettre pour demander avec
instance qu'on lui livrât les dix citoyens.
Or Diodore et Plutarque représen-

tent tous deux la mission de Démade
comme *postérieure* à la demande faite
par Alexandre pour les dix citoyens,
et disent qu'elle était destinée à prévenir et à conjurer cette demande.

A mon sens, le récit d'Arrien est le
moins croyable des deux. Je crois
extrêmement improbable que les Athéniens voulussent par un vote public
exprimer de la satisfaction qu'A-
lexandre eût puni les Thébains pour
leur révolte. Si le parti favorable aux
Macédoniens à Athènes était assez
fort pour obtenir ce vote ignominieux,
il l'aurait été également pour faire
réussir la proposition subséquente de
Phokiôn, — à savoir que les dix citoyens demandés fussent livrés. Le
fait que les Athéniens accordèrent volontairement asile aux fugitifs thébains est une raison de plus pour ne
pas croire à ce prétendu vote.

Phokiôn revint à Athènes comme porteur des concessions d'Alexandre, délivrant ainsi les Athéniens d'une anxiété et d'un péril extrêmes. Son influence, — déjà grande et d'ancienne date, puisque pendant les années passées il avait été perpétuellement réélu général, — devint plus grande que jamais, tandis que celle de Démosthène et des autres orateurs antimacédoniens doit avoir diminué. Ce ne fut pas un médiocre avantage pour Alexandre, victorieux comme il l'était, de s'assurer l'incorruptible Phokiôn comme chef du parti favorable aux Macédoniens à Athènes. Ses projets contre la Perse étaient principalement exposés à échouer par la possibilité d'une opposition que soulèverait contre lui en Grèce l'action de l'argent et des vaisseaux persans. Pour tenir Athènes en dehors de ces combinaisons, il avait à compter sur l'influence personnelle et sur le parti de Phokiôn, qui, comme il le savait, avait toujours dissuadé ses concitoyens de résister à l'agrandissement continu de son père Philippe. Dans sa conversation avec Phokiôn sur l'expédition asiatique projetée, Alexandre prit quelque peine pour flatter l'orgueil d'Athènes en la représentant comme n'étant inférieure qu'à lui-même, et comme ayant droit à l'hégémonie de la Grèce, s'il lui arrivait quelque chose (1). Ces compliments étaient faits pour être répétés dans l'assemblée athénienne ; et, à dire vrai, le prince macédonien pouvait naturellement préférer l'idée de l'hégémonie athénienne à celle de Sparte, en voyant que Sparte se tenait à l'écart et lui refusait ouvertement obéissance.

L'animosité d'Alexandre étant apaisée, Athènes reprit sa position comme membre de la confédération sous son autorité souveraine (automne 335 av. J.-C.). Sans visiter l'Attique, il se rendit alors à l'isthme de Corinthe, où probablement il reçut de diverses cités grecques des députations conjurant son déplaisir, et déclarant leur soumission à son empire comme chef suprême. Il présida probablement aussi une réunion du congrès des Grecs, où il dut exiger les con-

---

(1) Plutarque, Phokiôn, 17; Plutarque, Alexand. 13.

tingents nécessaires pour son expédition projetée en Asie, qu'il devait entreprendre le printemps, suivant. A la déférence et à la soumission universelles qu'il rencontrait partout, il se trouva une seule exception, — le philosophe cynique Diogenès, qui résidait à Corinthe, et qui, faisant complétement abnégation de lui-même, se contentait d'un tonneau pour demeure et de l'existence la plus grossière. Alexandre s'approcha de lui avec une suite nombreuse, et lui demanda s'il désirait quelque chose ; à quoi Diogenès répliqua, dit-on : — « Rien, si ce n'est que tu t'écartes un peu de mon soleil. » Le philosophe et sa réponse provoquèrent des rires parmi les assistants ; mais Alexandre fut si frappé du caractère libre et indépendant attesté par cette parole, qu'il s'écria : — « Si je n'étais pas Alexandre, je voudrais être Diogène (1). »

Après avoir visité l'oracle de Delphes et reçu de la prêtresse ou lui avoir arraché (2) une réponse qui était une promesse favorable pour ses plans asiatiques, il retourna en Macédoine avant l'hiver (335-334 av. J.-C.). L'effet le plus important et durable de son séjour en Grèce fut le rétablissement de la Bœótia, c'est-à-dire la destruction de Thèbes, et le rétablissement d'Orchomenos, de Thespiæ et de Platée se partageant le territoire thèbain, toutes gardées et surveillées par une garnison macédonienne dans la Kadmeia. Il aurait été intéressant d'apprendre quelques détails au sujet de ce procédé de destruction et de restauration des villes bœótiennes, procédé qui non-seulement provoquait de fortes manifestations de sentiment, mais encore impliquait d'importantes et difficiles questions à régler. Mais malheureusement nous ne savons rien au delà du fait général.

Alexandre quitta la Grèce pour Pella dans l'automne de 335 avant J.-C., et il ne la revit jamais.

Il paraît que pendant cet été, tandis qu'il était engagé dans des opérations en Illyrie et à Thèbes, l'armée macé-

---

(1) Plutarque, Alexand. 14.   (2) Plutarque, Alexand. 14.

donienne sous Parmeniôn en Asie avait eu à lutter contre
une armée persane ou contre des Grecs mercenaires, com-
mandés par Memnôn le Rhodien. Parmeniôn, s'avançant en
Æolis, assiégea et prit Grynion ; ensuite il attaqua Pitanè,
mais il fut forcé par Memnôn de lever le siége. Memnôn gagna même une victoire en Troade sur l'armée macédonienne,
commandée par Kallas, et la contraignit de se retirer à
Rhœteon. Mais il échoua dans la tentative qu'il fit pour
surprendre Kyzikos, et fut obligé de se contenter de piller
le territoire adjacent (1). On affirme que Darius s'occupa
cet été à faire des préparatifs considérables, navals aussi
bien que militaires, pour résister à l'expédition projetée
d'Alexandre. Cependant tout ce que nous apprenons au
sujet de ce qui fut réellement fait n'implique rien au delà
de forces ordinaires.

---

(1) Diodore, XVI, 7.

CHAPITRE II

CAMPAGNES ASIATIQUES D'ALEXANDRE

Pendant le règne d'Alexandre le Grand, il n'y a pour ainsi dire pas d'histoire grecque. — Dans quelle mesure les projets asiatiques d'Alexandre appartenaient à l'histoire grecque. — Prétextes panhelléniques mis en avant par Alexandre; le sentiment réel des Grecs était contraire à son succès. — Analogie entre les rapports d'Alexandre avec les Grecs, — et ceux de l'empereur Napoléon avec la confédération du Rhin. — La Grèce dépendance, mais dépendance importante, de la Macédoine. — Qualités extraordinaires et talent militaire d'Alexandre. — Changements dans la guerre grecque, qui avaient précédé l'organisation militaire de la Macédoine et y avaient contribué. — Condition militaire macédonienne avant Philippe; cavalerie bonne et solide; pauvre infanterie. — Philippe arme de nouveau l'infanterie et la réorganise; longue pique ou sarissa macédonienne. — Phalange macédonienne; comment elle était armée et disposée. — Elle était destinée dans l'origine à lutter contre les hoplites grecs tels qu'ils étaient organisés par Epaminondas. — Régiments et divisions de la phalange; infanterie pesamment armée. — Infanterie légère de ligne; hypaspistæ, ou gardes. — Troupes légères en général, — pour la plupart étrangères. — Cavalerie macédonienne; sa supériorité; comment elle était enrégimentée. — Gardes du corps macédoniens d'élite; pages royaux. — Auxiliaires étrangers; hoplites grecs; cavalerie thessalienne; Pæoniens, Illyriens, Thraces, etc. — Magasins, bureaux de la guerre et dépôt à Pella. — Aptitudes des Macédoniens — purement militaires; l'orgueil militaire leur tenait lieu de sentiment national. — Mesures prises par Alexandre avant son départ pour l'Asie; Antipater laissé comme vice-roi à Pella. — Marche d'Alexandre vers l'Hellespont; il passe en Asie. — Visite d'Alexandre à Ilion. — Analogie d'Alexandre avec les héros grecs. — Revue et total de l'armée macédonienne en Asie. — Principaux officiers macédoniens. — Grecs au service d'Alexandre; Eumenês de Kardia. — Forces persanes; Mentor et Memnôn les Rhodiens. — Succession de la couronne persane; Ochus, Darius Codoman. — Préparatifs que fait Darius pour se défendre. — Opérations de Memnôn avant l'arrivée d'Alexandre. — Supériorité des Perses sur mer; leur imprudence en laissant Alexandre traverser l'Hellespont sans obstacle. — Armée persane assemblée en Phrygia, sous Arsitès et autres. — Memnôn conseille d'éviter un combat sur terre, et d'employer la flotte pour une guerre offensive en Macédoine et en Grèce. — Arsitès

Un an et quelques mois avaient suffi à Alexandre pour montrer une première fois son énergie et son habileté militaire, destinées à accomplir des exploits plus grands encore, et pour anéantir les aspirations vers la liberté parmi les Grecs au sud, aussi bien que parmi les Thraces au nord, de la Macédoine (335-334 av. J.-C.). L'hiver suivant fut employé à achever ses préparatifs; de sorte qu'au commencement du printemps de 334 avant J.-C., son armée destinée à conquérir l'Asie fut réunie entre Pella et Amphipolis, tandis que sa flotte était à portée de prêter appui.

Tout le reste de la vie d'Alexandre, depuis qu'il traversa l'Hellespont en mars ou en avril 334 avant J.-C., jusqu'à sa mort à Babylone en juin 323 avant J.-C., onze ans et deux ou trois mois, — se passa en Asie, au milieu d'opérations militaires incessantes et de conquêtes toujours multipliées. Il ne vécut pas pour revoir la Macédoine; mais ses exploits furent accomplis sur une échelle si gigantesque, ses conquêtes dépassèrent tellement toute mesure, et sa soif d'agrandissement ultérieur fut cependant si insatiable, que la Macédoine en arriva à être insignifiante dans la liste de ses possessions. A plus forte raison les cités grecques sont-elles réduites à l'état de dépendances éloignées d'un empire oriental nouvellement né. Pendant toutes ces onze années, il y a presque une lacune dans l'histoire de la Grèce, à l'exception çà et là de quelques événements épars. C'est seulement à la mort d'Alexandre que les cités grecques se réveillent et reprennent du mouvement et de l'activité.

Les conquêtes d'Alexandre en Asie n'appartiennent pas directement et littéralement à la tâche d'un historien de la Grèce. Elles furent accomplies par des armées dont le général, les principaux officiers, et la plus grande partie des soldats, étaient Macédoniens. Les Grecs qui servaient sous lui n'étaient que des auxiliaires, comme les Thraces et les Pæoniens. Bien que plus nombreux que tous les autres auxiliaires, ils ne constituaient pas, comme les Dix Mille Grecs dans l'armée du jeune Cyrus, la force sur laquelle il comptait surtout pour la victoire. Son premier secrétaire, Eumenès de Kardia, était Grec, et probablement la plupart des fonctions civiles et intellectuelles qui se rattachaient au service étaient remplies également par des Grecs. Un grand nombre de Grecs aussi servaient contre lui dans l'armée des Perses, et composaient à vrai dire une proportion plus considérable de la force réelle (en ne regardant pas simplement le nombre) dans l'armée de Darius que dans celle d'Alexandre. C'est ainsi que l'expédition devient indirectement mêlée au courant de l'histoire grecque par la puissante action auxiliaire de Grecs des deux côtés, — et plus encore par sa connexion avec des projets antérieurs, des rêves et des légendes qui précédèrent de beaucoup l'agrandissement de la Macédoine, — aussi bien que par le caractère qu'Alexandre jugea convenable de prendre. Se venger de la Perse pour l'invasion de la Grèce par Xerxès, et délivrer les Grecs asiatiques, tel avait été le plan du Spartiate Agésilas et de Jasón de Pheræ, avec des espérances fondées sur la mémorable expédition et le retour heureux des Dix Mille. Il avait été recommandé par le rhéteur Isokrate, d'abord aux forces combinées de la Grèce, pendant que les cités grecques étaient encore libres, sous l'hégémonie commune d'Athènes et de Sparte, — ensuite à Philippe de Macédoine comme chef de la Grèce réunie, quand ses armes victorieuses avaient arraché une reconnaissance d'hégémonie, en écartant et Athènes et Sparte. Il plaisait à Philippe, avec son ambition entreprenante, d'être nommé chef de la Grèce pour l'exécution de ce projet. De lui il passa à son fils plus ambitieux encore.

Bien qu'elle soit réellement un plan formé par l'ambition macédonienne et pour l'agrandissement macédonien, l'expédition contre l'Asie devient ainsi mêlée à la série des événements grecs, sous le prétexte panhellénique de représaille pour les insultes déjà bien anciennes de Xerxès. Je l'appelle un *prétexte*, parce qu'elle avait cessé d'être un sentiment hellénique réel, et qu'elle servait maintenant deux desseins différents : d'abord elle ennoblissait l'entreprise aux yeux d'Alexandre lui-même, dont l'esprit était très-accessible au sentiment religieux et légendaire, et qui s'identifiait volontiers avec Agamemnón ou Achille, immortalisés comme exécuteurs de la vengeance de la Grèce pour une insulte asiatique ; — ensuite elle aidait à maintenir les Grecs tranquilles pendant son absence. Il savait lui-même que les sympathies réelles des Grecs étaient plutôt contraires que favorables à ses succès.

A part cet ensemble de sentiments éteints, rallumés avec faste pour les desseins d'Alexandre, la position des Grecs par rapport à ses campagnes en Asie était tout à fait la même que celle des contingents allemands, en particulier de ceux de la Confédération du Rhin, qui servaient dans la grande armée avec laquelle l'empereur Napoléon envahit la Russie en 1812. Ils n'avaient aucun intérêt public dans la victoire de l'envahisseur, qui ne pouvait avoir d'autre fin que de les réduire à un abaissement plus grand. Il était vraisemblable qu'ils resteraient attachés à leur chef aussi longtemps que sa puissance resterait intacte, mais pas plus longtemps. Cependant Napoléon crut avoir droit de compter sur eux comme s'ils avaient été des Français, et de dénoncer les Allemands au service de la Russie comme des traîtres qui avaient manqué à la fidélité qu'ils lui devaient. Nous le voyons établir entre les Russes et les Allemands faits prisonniers la même distinction marquée, que faisait Alexandre entre des prisonniers asiatiques et grecs. Ces prisonniers grecs, le prince macédonien leur reprochait d'être coupables de trahison contre le statut proclamé de la Grèce collective, par lequel il avait été déclaré général et le roi de Perse ennemi public (1).

La Hellas, comme agrégat politique, a cessé actuellement d'exister, si ce n'est en ce qu'Alexandre emploie le nom pour ses propres desseins. Les membres constitutifs sont annexés comme dépendances, sans doute de valeur considérable, au royaume macédonien. Quatorze ans avant l'avénement d'Alexandre, Démosthène, en excitant les Athéniens à soutenir Olynthos contre Philippe, leur avait dit (2):

---

(1) Arrien, I, 16, 10; I, 29, 9, au sujet des prisonniers grecs faits à la bataille du Granique : — Ὅσους δὲ αὐτῶν αἰχμαλώτους ἔλαβε, τούτους δὲ δήσας ἐν πέδαις, εἰς Μακεδονίαν ἀπέπεμψεν ἐργάζεσθαι, ὅτι παρὰ τὰ κοινῇ δόξαντα τοῖς Ἕλλησιν, Ἕλληνες ὄντες, ἐναντία τῇ Ἑλλάδι ὑπὲρ τῶν βαρβάρων ἐμάχοντο. Et III, 23, 15, au sujet des soldats grecs servant avec les Perses et faits prisonniers en Hyrkania : — Ἀδικεῖν γὰρ μεγάλα (dit Alexandre) τοὺς στρατευομένους ἐναντία τῇ Ἑλλάδι παρὰ τοῖς βαρβάροις παρὰ τὰ δόγματα τῶν Ἑλλήνων.

Vers la fin d'octobre 1812, près de Moscou, le général Wintzingerode, officier allemand au service de la Russie, — avec son aide de camp russe indigène Narishkin, — devint prisonnier des Français. On l'amena à Napoléon. A la vue de ce général allemand, toutes les douleurs cachées de Napoléon prirent feu. « Qui êtes-vous? (s'écriat-il). Un homme sans patrie! Quand j'ai fait la guerre aux Autrichiens, je vous ai trouvé dans leurs rangs! L'Au-

triche est devenue mon alliée, et vous avez demandé du service à la Russie. Vous avez été l'un des plus ardents fauteurs de la guerre actuelle. Cependant vous êtes né dans les États de la confédération du Rhin : vous êtes mon sujet. Vous n'êtes point un ennemi ordinaire : vous êtes un rebelle; j'ai le droit de vous faire juger! Gendarmes d'élite, saisissez cet homme-là! » Alors, s'adressant à l'aide de camp de Wintzingerode, Napoléon dit : « Pour vous, comte Narishkin, je n'ai rien à vous reprocher; vous êtes Russe, vous faites votre devoir. » (Ségur, Histoire de Napoléon et de la Grande Armée pendant l'année 1812, 2ᵉ vol. liv. IX, ch. 6, p. 153, 2ᵉ édit.)

Ces menaces contre Wintzingerode ne furent pas réalisées, parce qu'il fut délivré par les Cosaques pendant qu'on le dirigeait sur la France; mais le langage de Napoléon exprime justement le même sentiment que celui d'Alexandre à l'égard des Grecs captifs.

(2) Démosth. Olynth. II, p. 14. Ὅλως μὲν γὰρ ἡ Μακεδονικὴ δύναμις καὶ

— « La puissance macédonienne, considérée comme un accessoire, n'est pas d'une médiocre valeur; mais par elle-même elle est faible et remplie d'embarras. » En renversant la position des parties, ces mots représentent exactement ce que la Grèce elle-même était devenue, par rapport à la Macédoine et à la Perse, à l'époque de l'avénement d'Alexandre. Si les Perses eussent joué leur jeu avec une vigueur et une prudence passables, son succès aurait eu pour mesuré le degré auquel il pouvait s'approprier les forces grecques, et les enlever à son ennemi.

Les manifestations mémorables et illustres d'Alexandre, dans lesquelles nous entrons actuellement, appartiennent non au roi qui gouverne ou à l'homme politique, mais au général et au soldat. Dans ce rôle son apparition forme une sorte d'époque historique. Ce n'est pas seulement par les qualités militaires, — par la bravoure la plus hardie et même la plus aventureuse, — par une activité personnelle infatigable et par la force à endurer la peine et la fatigue, qu'il est supérieur, bien que ces qualités seules, quand elles se trouvent dans un roi, agissent si puissamment sur ceux qu'il commande, qu'elles suffisent pour produire de grandes choses, même quand elles sont combinées avec un talent de général qui ne surpasse pas la moyenne de son époque. Mais sous ce dernier rapport, Alexandre était encore plus au-dessus du niveau de ses contemporains. Ses combinaisons stratégiques, l'emploi qu'il fit de différents genres de force concourant à une seule fin, ses plans à longue portée en vue de poursuivre ses campagnes, sa prévoyance constante et les ressources avec lesquelles il combattait de nouvelles difficultés, combinés avec la rapidité des mouvements même sur le terrain le plus difficile, — tout cela porté à une grandeur prodigieuse, — est sans exemple dans l'histoire ancienne. Par là l'art de la guerre systématique et scientifique est porté à un degré de puissance tel que même ses

---

ἀρχὴ ἐν μὲν προσθήκης μέρει ἐστί τις οὐ σμικρὰ, οἷον ὑπῆρξε καθ' ὑμῖν ἐπὶ Τιμοθέου πρὸς Ὀλυνθίους... αὐτὴ δὲ καθ' αὐτὴν ἀσθενὴς καὶ πολλῶν κακῶν ἐστὶ μεστή.

successeurs élevés à son école ne purent le conserver dans son intégrité.

Toutefois nous devons nous rappeler qu'Alexandre trouva le système militaire macédonien construit par Philippe, et qu'il n'eut qu'à l'appliquer et à l'agrandir. Tel qu'il lui fut transmis, il comprenait le résultat accumulé et les fruits mûrs d'une série de perfectionnements successifs, appliqués par des tacticiens grecs aux arrangements helléniques primitifs. Pendant les soixante années qui précédèrent l'avénement d'Alexandre, l'art de la guerre avait été remarquablement progressif, — au détriment, hélas! de la liberté politique grecque. « Autour de nous (dit Démosthène s'adressant au peuple d'Athènes en 342 avant J.-C.), tout a été en progrès depuis quelques années, — aucune chose n'est semblable à ce qu'elle était auparavant; mais nulle part le changement et le développement ne sont plus remarquables que dans les affaires de la guerre. Jadis, les Lacédæmoniens aussi bien que les autres Grecs ne faisaient rien de plus que d'envahir le territoire les uns des autres, pendant les quatre ou cinq mois d'été, avec leur armée indigène d'hoplites-citoyens : en hiver ils restaient chez eux. Mais aujourd'hui nous voyons Philippe constamment en action, l'hiver aussi bien que l'été, attaquant tous ceux qui l'entourent, non-seulement avec des hoplites macédoniens, mais avec de la cavalerie, de l'infanterie légère, des archers, des étrangers de toute sorte, et des machines de siége (1). »

Dans plusieurs des chapitres qui précèdent, j'ai insisté sur ce changement progressif opéré dans le caractère de l'état militaire grec. A Athènes et dans la plupart des autres parties de la Grèce, les citoyens étaient devenus opposés à un service à la guerre dur et actif. L'usage des armes avait passé principalement à des soldats de profession, qui, sans aucun des sentiments propres au citoyen,

---

(1) Démosthène, Philipp. III, p. 123, 124 : Cf. Olynth. II, p. 22. Je donne ici la substance de ce qui est dit par l'orateur, sans m'attacher rigoureusement à ses expressions.

servaient partout où une bonne solde leur était offerte, et
qui se multiplièrent immensément, au détriment et au
danger de la société grecque (1). Beaucoup de ces mercenaires étaient armés à la légère, — peltastes servant conjointement avec les hoplites (2). Iphikratès perfectionna
beaucoup et arma de nouveau en partie les peltastes, qu'il
employa conjointement avec les hoplites d'une manière si
efficace qu'il étonna ses contemporains (3). Son innovation
fut encore développée par le grand génie militaire d'Epaminondas, qui non-seulement fit concourir à un seul plan
d'opérations l'infanterie, la cavalerie, les troupes légères et
les troupes pesamment armées, mais encore changea complétement les principes reçus des manœuvres de bataille, en
concentrant une force irrésistible d'attaque sur un seul
point de la ligne de l'ennemi, et en tenant le reste de sa
propre ligne plus sur la défensive. Outre ces améliorations
importantes, réalisées par des généraux dans la pratique
actuelle, d'intelligents officiers, tels que Xénophon, consi-
gnèrent les résultats de leur expérience militaire dans
d'importants traités critiques qu'ils publièrent (4). Telles

---

(1) Isokrate, dans plusieurs de ses
discours, signale l'accroissement gra-
duel de ces mercenaires, — hommes
sans moyens réguliers de subsistance,
ni résidence fixe, ni obligations ci-
viques. Or. IV, Panegyr. s. 195; Or. V
(Philippe,, s. 112-142; Or. VIII (De
Pace), s. 31-56.

(2) Xénoph. Magist. Equit. IX, 4.
Οἶδα δ' ἐγὼ καὶ Λακεδαιμονίοις τὸ ἱπ-
πικὸν ἀρξάμενον εὐδοκιμεῖν, ἐπεὶ ξένους
ἱππέας προσέλαβον · καὶ ἐν ταῖς ἄλλαις
πόλεσι πανταχοῦ τὰ ξενικὰ ὁρῶ εὐδοκι-
μοῦντα.
Cf. Démosth. Philipp. I, p. 46;
Xénoph. Hellen. IV, 4, 14; Isokrate,
Orat. VII (Areopagit.), s. 93.

(3) Pour une explication de l'armement perfectionné des peltastes introduit par Iphikratès, voir tome XIV,
ch. 2 de cette Histoire. Relativement
à ces perfectionnements, les rensei-

gnements et de Diodore (XV, 44) et
de Cornélius Népos sont obscurs.
MM. Rüstow et Koechly dans leur important ouvrage, Geschichte des Griechischen Kriegswesens, Aarau, 1852,
l. II, p. 164) ont interprété ces renseignements dans un sens auquel je ne
puis souscrire. Ils pensent qu'Iphikratès changea non-seulement l'armement
des peltastes, mais encore celui des
hoplites, supposition que je ne vois jus-
tifiée par rien.

(4) Outre les nombreuses remarques
éparses dans l'Anabasis, la Cyropædie
est pleine de discussion et de critique
sur les phénomènes militaires. Il est
remarquable jusqu'à quel point Xénophon avait présentes à l'esprit toutes
les exigences de la guerre, et les différentes manières d'y faire face. Voir
comme exemple Cyropæd. VI, 2; II, 1.

L'ouvrage sur les sièges, par Eneas

furent les leçons que Philippe de Macédoine apprit et appliqua à l'asservissement de ces Grecs, en particulier des Thèbains, de qui elles étaient tirées. Dans sa jeunesse, comme otage à Thèbes, iLavait probablement conversé avec Epaminondas, et il a dù certainement devenir familier avec les arrangements militaires thèbains. Il avait toute raison, non-seulement par ambition de conquète, mais même par besoin de se défendre, pour les mettre à profit, et il apporta à la tâche militaire un génie et des aptitudes de l'ordre le plus élevé. Dans les armes, les évolutions, les engins, l'art d'enrégimenter, les dispositions des bureaux de la guerre, il introduisit d'importantes nouveautés, et légua à ses successeurs le système militaire macédonien, qui, perfectionné par son fils, dura jusqu'au moment où, près de deux siècles plus tard, Rome conquit le pays.

Les forces militaires de la Macédoine, dans les temps qui précédèrent Philippe, semblent avoir consisté, comme celles de la Thessalia, en une cavalerie bien armée et bien montée, formée des riches propriétaires du pays, — et en un nombreux assemblage de peltastes ou infanterie légère (un peu analogues aux penestæ thessaliens) : ces peltastes formaient la population rurale, bergers ou cultivateurs, qui soignaient les moutons et le bétail, ou qui labouraient la terre dans les montagnes et les vallées spacieuses de la haute Macédoine. Les villes grecques près de la côte et les quelques villes macédoniennes de l'intérieur avaient des hoplites citoyens mieux armés ; mais le service à pied n'était pas en honneur parmi les indigènes, et l'infanterie macédonienne, dans son caractère général, n'était guère plus qu'une foule tumultueuse. A l'époque de l'avénement de Philippe, les fantassins n'avaient pour toute arme que des épées rouil-

---

(Poliorketica), est certainement antérieur aux perfectionnements militaires de Philippe de Macédoine ; il date probablement du commencement de son règne. V. la préface qu'y ont mise Rüstow et Koechly, page 8, dans leur édition de Die Griechischen Kriegs- schriftsteller, Leipz. 1853. Dans cet ouvrage, il est fait allusion à plusieur autres, aujourd'hui perdus, écrits par le même auteur : — Παρασκευαστικὴ βίδλος, Ποριστικὴ βίδλος, Στρατοπεδευτικὴ, etc.

lées et des boucliers d'osier, et ils n'étaient nullement suffisants pour résister aux incursions de leurs voisins thraces
et illyriens, devant lesquels ils étaient constamment forcés
de chercher un refuge aux montagnes (1). La condition de
ces fantassins était celle de pauvres bergers, à moitié nus
et couverts seulement de peaux de bœuf, et mangeant dans
des écuelles de bois; elle ne différait guère de celle de la
population de la haute Macédoine trois siècles auparavant,
quand elle fut visitée pour la première fois par Perdikkas,
le premier père des rois macédoniens, et que l'épouse du
prince indigène faisait le pain de ses propres mains (2).
D'autre part, bien que l'infanterie macédonienne fût peu
importante, la cavalerie du pays se montra excellente, tant
dans la guerre du Péloponèse que dans celle que Sparte fit
à Olynthos plus de vingt ans après (3). Ces cavaliers, comme
les Thessaliens, chargeaient en ordre compacte, portant
comme principale arme offensive, non des javelines à lancer,
mais la courte pique destinée à percer dans un combat corps
à corps.

C'est dans cet état défectueux que Philippe trouva l'organisation militaire. Sous ses auspices elle fut complétement
refondue. La pauvre et robuste landwehr de la Macédoine,
constamment sur la défensive contre des voisins pillards,
forma une matière excellente à faire des soldats, et ne se

---

(1) V. le discours frappant adressé
par Alexandre aux soldats macédoniens mécontents, peu de mois avant
sa mort, à Opis ou à Suse (Arrien,
VII, 9).

... Φίλιππὸς γὰρ παραλαβὼν ὑμᾶς
πλανήτας καὶ ἀπόρους, ἐν διφθέραις τοὺς
πολλοὺς νέμοντας ἀνὰ τὰ ὄρη πρόβατα
κατὰ ὀλίγα, καὶ ὑπὲρ τούτων κακῶς
μαχομένους Ἰλλυριοῖς τε καὶ Τριβαλλοῖς
καὶ τοῖς ὁμόροις Θραξί, χλαμύδας μὲν
ὑμῖν ἀντὶ τῶν διφθερῶν φορεῖν ἔδωκε,
κατήγαγε δὲ ἐκ τῶν ὀρῶν ἐς τὰ πεδία,
ἀξιομάχους καταστήσας τοῖς προσχώ-
ροις τῶν βαρβάρων, ὡς μὴ χωρίων ἔτι
ὀχυρότητι πιστεύοντας μᾶλλον ἢ τῇ
οἰκείᾳ ἀρετῇ σώζεσθαι.

Dans la version du même discours
donnée par Quinte-Curce (X, 10, 23),
nous trouvons : « Modo sub Philippo
seminudis, amicula ex purpura sor-
dent, aurum et argentum oculi ferre
non possunt : lignea enim vasa deside-
rant, et ex cratibus scuta rubiginem-
que gladiorum, etc. »

Cf. la description faite par Thucydide, IV, 124, de l'armée de Brasidas
et de Perdikkas, où l'infanterie macédonienne est représentée comme ἄλλος
ὅμιλος τῶν βαρβάρων πολύς.

(2) Hérodote, VIII, 137.

(3) Thucyd. II, 100; Xénoph. Hellen. V, 2, 40-42.

montra pas indocile aux innovations d'un prince guerrier. On l'exerça constamment dans le rang régulier et dans la file d'une infanterie pesamment armée; de plus, on lui fit adopter une nouvelle espèce d'arme, non-seulement en elle-même très-difficile à manier, mais encore relativement inutile au soldat combattant seul, et qui ne pouvait être employée que par un corps d'hommes en ordre compacte, exercés à se mouvoir ou à s'arrêter ensemble. Cette nouvelle arme, dont nous entendons le nom pour la première fois dans l'armée de Philippe, était la sarissa, — la pique ou lance macédonienne. La sarissa était employée tant par l'infanterie de sa phalange que par des régiments particuliers de sa cavalerie; dans les deux cas elle était longue, bien que celle de la phalange fût de beaucoup la plus longue des deux. Les régiments de cavalerie appelés sarissophori ou lanciers, étaient une sorte de cavalerie légère, portant une longue lance, et distinguée de la grosse cavalerie réservée pour le choc d'un combat corps à corps, qui portait le xiston ou courte pique. La sarissa de cette cavalerie peut avoir eu quatre mètres de longueur et avoir été aussi longue que l'est aujourd'hui la lance des cosaques; celle de l'infanterie ou phalange n'avait pas moins de six mètres trente centimètres de long. Une arme de cette dimension est si prodigieuse et si pesante que nous aurions de la peine à y croire, si elle n'était attestée par l'assertion distincte d'un historien tel que Polybe.

La longueur extraordinaire de la sarissa ou pique constituait l'attribut ou force remarquable de la phalange macédonienne. Les phalangites étaient rangés en files généralement de seize hommes en profondeur, chacune appelée lochos, avec un intervalle de 90 centimètres entre les soldats de deux en deux du front à l'arrière. Sur le devant, se tenait le lochagos, homme de force supérieure et d'une expérience militaire éprouvée. Le second et le troisième homme de la file, aussi bien que le dernier qui fermait le tout, étaient également des soldats d'élite, recevant une paye plus considérable que les autres. Or. la sarissa, quand elle était dans une position horizontale, était

tenue avec les deux mains (distinguée sous ce rapport de la
pique de l'hoplite grec qui n'occupait qu'une main, l'autre
étant nécessaire pour le bouclier), et tenue de manière à
dépasser de 4 mètres et demi le corps du piquier, tandis que la partie postérieure de 1 mètre 82 centimètres
était chargée de telle sorte que, grâce à cette division,
l'usage en était plus commode. Ainsi, la sarissa de l'homme
qui était second dans la file dépassait de 3 mètres 05 centimètres le premier rang; celle du troisième homme de
2 mètres 74 centimètres ; celles du quatrième et du cinquième rang, respectivement, de 1 mètre 82 centimètres
et de 91 centimètres. Chaque file présentait ainsi une
quintuple série de piques faisant face à un ennemi qui
avançait. De ces cinq piques, les trois premières avaient
naturellement une projection plus grande, et même la
quatrième une projection non moindre que les piques
des hoplites grecs venant comme ennemis à la charge. Les
rangs derrière le cinquième, en servant à appuyer et à
pousser en avant ceux de devant, ne portaient pas la sarissa
dans une position horizontale, mais ils la plaçaient en biais
sur les épaules de ceux qu'ils avaient devant eux, de manière à briser la force des dards ou des flèches qui pouvaient être lancés sur leurs têtes des derniers rangs de l'ennemi (1).

Le phalangite (soldat de la phalange) était, en outre,
pourvu d'une courte épée, d'un bouclier circulaire d'un peu
plus de 60 centimètres de diamètre, d'une cuirasse, de jambières et d'une kausia ou chapeau à larges bords, — cou-
verture de tête commune dans l'armée macédonienne. Mais
les longues piques étaient, à vrai dire, les principales armes
défensives aussi bien qu'offensives. Elles étaient destinées à
résister à la charge des hoplites grecs, ayant la pique d'une
main et le pesant bouclier de l'autre, en particulier, à la
plus formidable manifestation de cette force, la colonne
thébaine profonde organisée par Epaminondas. Ce fut à elle

---

(1) Relativement à la longueur de la
pique de la phalange macédonienne,
V. un appendice annexé à ce chapitre.

que Philippe eut affaire à son avénement, comme étant celle des infanteries grecques à laquelle il était impossible de résister, et qui renversait tout ce qu'elle avait devant elle en frappant de la pique et en poussant du bouclier. Il trouva le moyen de la vaincre, en exerçant sa pauvre infanterie macédonienne à l'usage systématique de la longue pique tenue à deux mains. La colonne thébaine, chargeant une phalange armée ainsi, se trouva hors d'état de se faire jour dans la rangée des piques tendues en avant, ou d'en venir au coup porté par le bouclier. On nous dit qu'à la bataille de Chæroneia, les soldats thébains du premier rang, hommes d'élite de la cité, périrent tous sur place ; et cela n'est pas étonnant, si nous nous les imaginons se précipitant, entraînés par leur propre courage aussi bien que poussés par les soldats de derrière, sur une muraille de piques d'une longueur double des leurs. Nous devons considérer la phalange de Philippe, eu égard aux ennemis qu'il avait devant lui, et non eu égard à l'organisation romaine, plus récente, que Polybe met en comparaison. Elle répondait parfaitement aux desseins de Philippe, qui avait surtout besoin de résister au choc de front, en l'emportant ainsi sur les hoplites grecs dans leur propre mode d'attaque. Or, Polybe nous informe que la phalange ne fut pas une seule fois défaite de front et sur un terrain convenable pour elle, et partout où le terrain convenait aux hoplites il convenait également à la phalange. Les inconvénients de l'ordre de Philippe et des longues piques résultèrent de ce que la phalange ne pouvait changer de front ni garder son ordre sur un terrain inégal, mais ces inconvénients n'étaient guère moins sentis par les hoplites grecs (1).

La phalange macédonienne, nommée les pezetæri (2) ou

---

(1) L'impression d'admiration, et même de terreur, dont fut saisi le général romain Paul-Emile, en voyant pour la première fois la phalange macédonienne rangée en bataille à Pydna, a été consignée par Polybe (Polybe, Fragm. XXIX, 6, 11. Tite-Live, XLIV, 40).

(2) Harpokration et Photius. v. Πεζέταιροι, Démosth. Olynth. II, p. 23; Arrien, IV, 23, I : Τῶν πεζεταίρων καλουμένων τὰς Τάξεις, et II, 23, 2, etc.

fantassins compagnons du roi, comprenait le corps général d'infanterie indigène, en tant que distingué du « *corps d'armée* » spécial. Sa division la plus considérable, que nous trouvons mentionnée sous Alexandre, et qui paraît sous le commandement d'un général de division, est appelée Taxis. Combien y avait-il en tout de ces taxeis, nous l'ignorons : la primitive armée asiatique d'Alexandre (sans compter ce qu'il laissa en Macédoine) en comprenait six, qui coïncidaient apparemment avec les divisions provinciales du pays : Orestæ, Lynkestæ, Elimiotæ, Tymphæi, etc. (1). Les auteurs de traités sur la tactique nous donnent comme régnant dans l'armée macédonienne une échelle systématique (montant de l'unité la plus basse, le lochos de seize hommes, par des multiples successifs de deux, jusqu'à la quadruple phalange de 16,384 hommes). Parmi ces divisions, celle qui ressort comme la plus fondamentale et la plus constante est le syntagma, qui contenait seize lochi. Formant ainsi un carré de seize hommes de front et en profondeur, ou 256 hommes, il était en même temps un agrégat distinct ou bataillon permanent, auquel étaient attachés cinq surnuméraires, un enseigne, un homme d'arrière-garde, un trom-

---

Comme nous savons par Démosthène que les pezetæri datent du temps de Philippe, il est probable que le passage d'Anaximène (que citent Harpokration et Photius) qui les rapporte à Alexandre, a attribué au fils ce qui réellement appartient au père. Le terme ἑταῖροι, par rapport aux rois de Macédoine, paraît pour la première fois dans Plutarque, Pélopidas, 27, au sujet de Ptolemæos, avant le temps de Philippe : V. Otto Abel, Makedonien vor Koenig Philip, p. 129 (le passage d'Ælien auquel il s'en réfère semble de peu d'importance). Le terme de Compagnons ou Camarades avait sous Philippe un sens purement militaire, désignant des étrangers aussi bien que des Macédoniens servant dans son armée : V. Théopompe, Fragm. 249. Le terme, appliqué dans l'origine seulement à un corps d'élite, fut étendu par degrés au corps en général.

(1) Arrien, I, 14, 3: III, 16, 19. Diodore, XVII, 57. Cf. la note de Schmieder sur le passage ci-dessus d'Arrien, ainsi que Droysen, Geschichte Alexanders des Grossen, p. 95, 96, et la note élaborée de Mützel sur Q.-Curce, V, 2, 3, p. 400.

Le passage d'Arrien (sa description de l'armée d'Alexandre rangée au Granique) est confus et semble erroné dans quelques mots du texte ; cependant on peut le regarder comme justifiant la supposition de six taxeis de pezetæri dans la phalange d'Alexandre ce jour-là. Il semble aussi qu'il y avait six taxeis à Arbèles (III, 11, 16).

pette, un héraut et un serviteur ou ordonnance (1). Deux de
ces syntagmas composaient un corps de 512 hommes, appelé une pentakosiarchie, qui était, dit-on, du temps de Philippe, le régiment ordinaire, agissant ensemble sous un commandement séparé ; mais plusieurs de ces corps furent dou-
blés par Alexandre quand il réorganisa son armée à Suse(2),
de manière à former des régiments de 1,024 hommes, chacun sous son chiliarque, et chacun comprenant quatre syntagmas. Toute cette distribution systématique des forces
militaires macédoniennes à l'intérieur, paraît avoir été
arrangée par le génie de Philippe. Dans le service actuel à
l'étranger, aucune précision numérique ne pouvait être observée, un régiment ou une division ne pouvait pas toujours
avoir le même nombre fixe d'hommes. Mais quant à l'ordre
de bataille, une profondeur de seize, pour les files des phalangites, paraît avoir été regardée comme importante et
caractéristique (3), peut-être essentielle pour donner de la
confiance aux troupes. C'était une profondeur beaucoup
plus grande qu'il n'était ordinaire aux hoplites grecs, et qui
ne fut jamais surpassée par aucun Grec, à l'exception des
Thébains.

Mais la phalange, bien qu'elle fût un article essentiel,
n'en était cependant qu'un, entre beaucoup d'autres, dans
l'organisation militaire variée introduite par Philippe. Elle
n'était ni destinée, ni propre à agir seule, n'étant pas habile
à changer de front pour se protéger soit en flanc, soit par
derrière, et hors d'état de s'adapter à un terrain inégal. Il
y avait une autre sorte d'infanterie organisée par Philippe,
appelée les hypaspistæ, — hommes armés d'un bouclier ou
gardes (4), peu nombreuse dans l'origine et employée à la

---

(1) Arrien, Tactic. c. 10; Ælien,
Tactic. c. 9.

(2) Quinte-Curce, V, 2, 3.

(3) C'est ce qu'on peut voir dans
l'arrangement fait par Alexandre peu
de temps avant sa mort, quand il incorpora des soldats macédoniens et
persans dans le même lochos; on con-

serva la profondeur normale de seize :
tous les rangs de devant ou hommes
privilégiés étant des Macédoniens. Les
Macédoniens furent fort blessés de voir
leur ordre indigène de régiment partagé par des Asiatiques (Arrien, VII,
11, 5; VII, 23, 4-8).

(4) Le sens propre de ὑπασπισταί,

défense personnelle du prince, — mais se développant plus tard et formant plusieurs « *corps d'armée* » distincts. Ces hypaspistæ ou gardes étaient de l'infanterie légère de ligne (1); c'étaient des hoplites gardant un ordre régulier et destinés au combat corps à corps, mais armés plus légèrement, et plus propres aux diversités de circonstance et de position que la phalange. Ils semblent avoir combattu avec la pique dans une main et le bouclier dans l'autre, comme les Grecs, et ne pas avoir porté la pique phalangite tenue avec les deux mains ou sarissa. Ils occupaient une sorte de place intermédiaire entre l'infanterie, pesamment armée de la phalange proprement appelée ainsi, — et les peltastes et les troupes légères en général. Alexandre, dans ses dernières campagnes, les avait distribués en chiliarchies (de quel temps datait cette distribution, c'est ce que nous ne savons pas distinctement), au moins au nombre de trois, et probablement plus (2). Nous les trouvons employés par lui pour des mouvements en avant et offensifs : d'abord, ses troupes légères et sa cavalerie commencent l'attaque, puis les hypaspistæ viennent pour la continuer; en dernier lieu, on fait avancer la phalange pour les appuyer. On se sert aussi des hypaspistæ pour les assauts à donner aux places garnies de murs et pour de rapides marches de nuit (3). Quel en était le nombre total, nous l'ignorons (4).

Outre la phalange et les hypaspistæ ou gardes, l'armée macédonienne, telle que l'employèrent Philippe et Alexandre, comprenait un nombreux assemblage de troupes décousues ou irrégulières, en partie Macédoniens indigènes, en partie

---

comme gardes ou escorte personnelle du prince, paraît dans Arrien, I, 5, 3; VII, 8, 6.

Neoptolemos, comme ἀρχιυπασπιστὴς d'Alexandre, portait le bouclier et la lance de ce dernier dans des occasions d'apparat (Plutarque, Eumenês I).

(1) Arrien, II, 4, 3, 4; II, 20, 5.

(2) Arrien, IV, 30, 11; V, 23, 11.

(3) Arrien, II, 20, 5; II, 23, 6; III, 18, 8.

(4) Droysen et Schmieder portent le nombre des hypaspistæ dans l'armée d'Alexandre à Issus, à six mille. Mützel a démontré que cette opinion ne repose pas sur une preuve suffisante (ad Curtium, V, 2, 3, p. 399). Mais il ne semble pas improbable que le nombre d'hypaspistæ laissés par Philippe à sa mort fût de six mille.

étrangers, Thraces, Pæoniens, etc. Ces soldats étaient de différentes sortes : peltastes, akontistæ et archers. Les meilleurs d'entre eux semblent avoir été les Agrianes, tribu pæonienne habile dans l'usage de la javeline. Alexandre les tenait en mouvement pour agir avec vigueur sur les flancs et sur le front de son infanterie pesamment armée, ou il les mêlait à sa cavalerie, — et il les employait encore à poursuivre les ennemis défaits.

En dernier lieu, la cavalerie de l'armée d'Alexandre était également admirable, — au moins égale, et vraisemblablement même supérieure en efficacité, à sa meilleure infanterie (1). J'ai déjà mentionné que la cavalerie était la force indigène d'élite de la Macédoine longtemps avant le règne de Philippe, qui l'avait étendue et perfectionnée (2). La grosse cavalerie, entièrement ou surtout composée de Macédoniens indigènes, était connue par sa dénomination des Compagnons. Il y avait, en outre, une variété de cavalerie nouvelle et plus légère, introduite apparemment par Philippe, et appelée les sarissophori ou lanciers, employée, comme les cosaques, dans les postes avancés ou pour battre le pays. La sarissa qu'elle portait était probablement plus courte que celle de la phalange, mais elle était longue, comparée au xyston ou pique, faite pour percer, que la grosse cavalerie employait pour le choc d'un combat corps à corps. Arrien, en décrivant l'armée d'Alexandre à Arbèles, énumère huit escadrons distincts de cette grosse cavalerie — ou cavalerie des Compagnons, mais le nombre total compris dans l'armée macédonienne à l'avénement d'Alexandre n'est pas connu. Parmi ces escadrons, plusieurs du moins (sinon tous) étaient nommés d'après des villes particulières ou dis-

---

(1) V. Arrien, V, 14, 1 ; V, 16, 4. Quinte-Curce, VI, 9, 22. « Equitatui, optimæ exercitûs parti, etc. »

(2) On nous dit que Philippe, après son expédition contre les Scythes environ trois années avant sa mort, exigea et envoya en Macédoine vingt mille juments de choix, afin d'améliorer la race des chevaux macédoniens. Les haras royaux étaient dans le voisinage de Pella (Justin, IX, 2; Strabon, XVI, p. 752, passage de Strabon dans lequel les détails s'appliquent aux haras de Seleukus Nikator à Apameia, non à ceux de Philippe à Pella).

tricts du pays : — Bottiæa, Amphipolis, Apollonia, etc. (1);
il y en avait un, ou plus, distingué comme l'Escadron
Royal — l'Agêma ou corps d'élite de cavalerie, — à la tête
duquel Alexandre chargeait généralement, en personne
parmi les premiers des combattants (2).

La distribution de la cavalerie en escadrons fut celle
qu'Alexandre trouva à son avénement, mais il la changea
quand il refondit les arrangements de son armée (en 330
av. J.-C.), à Suse, de manière à subdiviser l'escadron en
deux lochi, et à établir le lochos pour sa division élémen-
taire de la cavalerie, comme il l'avait toujours été de
l'infanterie (3). Ses réformes allaient ainsi à réduire le corps
primitif de cavalerie de l'escadron au demi-escadron ou
lochos, tandis qu'elles tendaient à rassembler l'infanterie
en corps plus considérables, — de cohortes de 500 hommes
chacune à des cohortes de 1,000 hommes chacune.

Parmi les hypaspistæ ou gardes aussi, nous trouvons un
agêma ou cohorte d'élite, qui était appelée plus souvent que
les autres pour commencer le combat. Une troupe plus choisie encore était les gardes du corps, petite compagnie
d'hommes éprouvés et de confiance, connue individuellement d'Alexandre, toujours attachés à sa personne, et agissant en qualité d'adjudants ou de commandants pour un
service spécial. Ces gardes du corps paraissent avoir été des
personnes choisies, tirées des jeunes gens royaux ou pages,
institution établie d'abord par Philippe, et prouvant la peine

---

(1) Arrien, I, 2, 8, 9 (où nous
voyons aussi mentionnés τοὺς ἐκ τῆς
ἄνωθεν Μακεδονίας ἱππέας) ; I, 12,
12; II, 9, 6; III, 11, 12.

Au sujet des ἱππεῖς σαρισσόφοροι,
voir I, 13, 1.

Il est possible qu'il y ait eu seize escadrons de grosse cavalerie et huit
escadrons des sarissophori, chaque escadron de 180 à 250 hommes, — comme
le croient Rüstow et Koechly (p. 243).
Mais il n'y a pas de témoignage suffisant pour le prouver; et je ne puis
croire non plus qu'il soit sans danger

d'admettre, comme ils le font, qu'A-
lexandre emmena avec lui en Asie
juste la moitié des forces macédoniennes
entières.

(2) Arrien, III, 11, 11; III, 13, 1; III,
19, 8. Dans le premier de ces passages,
nous avons ἴλαι βασιλικαὶ au pluriel (III,
11, 12). Il semble aussi que les différentes ἴλαι alternaient les unes avec
les autres dans la première position,
ou ἡγεμονία, pour des jours particuliers (Arrien. I, 14, 9).

(3) Arrien, III, 16, 19.

prise par lui pour amener les principaux Macédoniens à
entrer dans une organisation militaire, aussi bien qu'à dé-
pendre de sa personne. Les jeunes gens royaux, fils des
principaux personnages de toute la Macédoine, étaient pris
par Philippe en service, et tenus en résidence permanente
pour servir sa personne et lui tenir compagnie. Ils
montaient perpétuellement la garde dans son palais, se
partageant tour à tour les heures de service de jour et de
nuit; ils recevaient son cheval des mains des écuyers, l'aidaient à y monter, et l'accompagnaient quand il allait à la
chasse; ils introduisaient les personnes qui venaient solliciter des audiences, et faisaient entrer ses maitresses la nuit
par une porte particulière. Ils jouissaient du privilége de s'as-
seoir à table avec lui, aussi bien que de celui de n'être jamais fouettés que par son ordre spécial (1). Nous ne connaissons pas le nombre exact de la compagnie, mais il ne

---

(I) Arrien, IV, 13, 1. Ἐκ Φιλίππου
ἦν ἤδη καθεστηκὸς, τῶν ἐν τέλει Μακεδόνων τοὺς παῖδας, ὅσοι ἐς ἡλικίαν
ἐμειρακιῶντο, καταλέγεσθαι ἐς· θερα-
πείαν τοῦ βασιλέως. Τὰ δὲ περὶ τὴν
ἄλλην δίαιταν τοῦ σώματος διακονεῖσθαι
βασιλεῖ, καὶ κοιμώμενον φυλάσσειν,
τούτοις ἐπετέτραπτο · καὶ ὅποτε ἐξέ-
λαυνει βασιλεὺς, τοὺς ἵππους παρὰ τῶν
ἱπποκόμων δεχόμενοι ἐκεῖνοι προσῆγον
καὶ ἀνέβαλον οὗτοι βασιλέα τὸν Περ-
σικὸν τρόπον, καὶ τῆς ἐπὶ θήρᾳ φιλοτιμίας βασιλεῖ κοινωνοὶ ἦσαν, etc.
Quinte-Curce, VIII, 6, 1. « Mos erat
principibus Macedonum adultos liberos
regibus tradere, ad munia haud mul-
tum servilibus ministeriis abhorrentia.
Excubabant servatis noctium vicibus
proximi foribus ejus sedis, in quâ rex
acquiescebat. Per hos pellices intro-
ducebantur, alio aditu quam quem ar-
mati obsidebant. Iidem acceptos ab
agasonibus equos, quum rex ascensu-
rus esset, admovebant : comitabantur-
que et venantem, et in præliis, omni-
bus artibus studiorum liberalium
exculti. Præcipuus honor habebatur,

quod licebat sedentibus vesci cum rege.
Castigandi eos verberibus nullius po-
testas præter ipsum erat. Hæc cohors
velut seminarium ducum præfectorum-
que apud Macedonas fuit : hinc ha-
buere posteri reges, quorum stirpibus
post multas ætates Romani opes ade-
merant. » Cf. Quinte-Curce, V, 6, 42;
et Ælien, V. H. XIV, 49.

Ce renseignement est intéressant,
en ce qu'il jette du jour sur les mœurs
et les coutumes macédoniennes, qui
nous sont très-peu connues. Dans les
dernières heures de la monarchie macédonienne, après la défaite à Pydna
(168 av. J.-C.), les pueri regii suivirent le roi vaincu Persée jusqu'au
sanctuaire à Samothrace, et ne le
quittèrent pas avant le moment où il
se livra aux Romains (Tite-Live,
XLV, 5).

Comme explication du fouet, donné
en manière de châtiment à ces jeunes
Macédoniens de rang, V. le cas de De-
kamnichos, remis à Euripide par le
roi Archelaos pour être fouetté (Arist.
Polit. V, 8, 13).

doit pas avoir été petit, puisque cinquante de ces jeunes
gens furent envoyés de Macédoine à la fois, par Amyntas,
pour rejoindre Alexandre et être ajoutés à la compagnie à
Babylone (1). En même temps, la mortalité parmi eux
était probablement considérable, vu qu'en accompagnant
Alexandre ils enduraient même au delà des prodigieuses
fatigues qu'il s'impósait à lui-même (2). L'éducation dans ce
corps était une préparation d'abord pour devenir garde du
corps du roi, — ensuite, pour être nommé à de grands
et importants commandements militaires. En conséquence,
ç'a été le premier degré d'avancement pour la plupart des
diadochi ou grands officiers d'Alexandre, qui, après sa
mort, se découpèrent des royaumes dans ses conquêtes.

Ce fut ainsi que les forces macédoniennes indigènes furent
agrandies et diversifiées par Philippe, comprenant à sa
mort : — 1. La phalange, compagnons de pied, ou masse
générale de l'infanterie pesamment armée, exercée à l'usage
de la longue pique ou sarissa tenue à deux mains. — 2. Les
hypaspistæ, ou troupes de gardes à pied légèrement armés.
— 3. Les Compagnons, ou grosse cavalerie, l'ancienne armée
indigène composée des Macédoniens plus opulents ou plus
aisés. — 4. La cavalerie plus légère, lanciers ou sarissophori. A ces troupes furent joints des auxiliaires étrangers
de grande valeur. Les Thessaliens, que Philippe avait en
partie subjugués et gagnés en partie, lui fournirent un corps
de grosse cavalerie non inférieure à la cavalerie macédonienne indigène. De diverses parties de la Grèce il tira des
hoplites, volontaires pris à sa solde, portant le bouclier de
dimension ordinaire d'une main et la pique de l'autre. Chez
les tribus guerrières des Thraces, des Pæoniens et des Illyriens, etc., qu'il avait réduites autour de lui, il leva des contingents de troupes légères de diverses espèces, peltastes,
archers, akontistæ, etc., tous excellents à leur manière, et
éminemment utiles à ses combinaisons, conjointement avec

(1) Quinte-Curce, V, 6, 42; Diodore,   jeune Philippe, frère de Lysimaque
XVII, 65.   (Quinte-Curce, VIII, 2, 36).
(2) Nous lisons ce détail au sujet du

les masses plus pesantes. En dernier lieu, Philippe avait
complété ses arrangements militaires en organisant ce qu'on
peut appeler un équipage réel de siége pour des siéges aussi
bien que pour des batailles; quantité de projectiles et de
machines à battre en brèche, supérieure à tout ce qui existait à cette époque. Nous voyons Alexandre faire usage de
cette artillerie la première année même de son règne, dans
sa campagne contre les Illyriens (1). Même dans ses marches
en Inde les plus éloignées, il l'emmena avec lui, ou bien
il eut le moyen de construire de nouveaux engins pour l'occasion. Il n'y eut aucune partie de son équipement militaire
plus essentielle à ses conquêtes. Les siéges victorieux
d'Alexandre sont au nombre de ses plus mémorables exploits.

A tout cet appareil varié, considérable et systématisé de
forces effectives, il faut ajouter les établissements civils, les
dépôts, les magasins d'armes, les mesures prises pour les
remontes, les officiers instructeurs et les adjudants, etc.,
indispensables pour maintenir ces forces constamment en
exercice et en activité. A l'époque de l'avénement de Philippe, Pella était une place sans importance (2); à sa mort
non-seulement elle était forte comme lieu fortifié et de dépôt pour le trésor royal, mais encore elle était le centre
permanent des plus grandes forces militaires alors connues;
là se trouvaient les bureaux de la guerre, là se formaient les
soldats. Les registres militaires aussi bien que les traditions
de la discipline macédonienne y furent conservés jusqu'à la
chute de la monarchie (3). Philippe avait employé sa vie à
organiser ce puissant instrument de domination. Ses revenus, quelque considérables qu'ils fussent, fournis par des
mines et par des conquêtes tributaires, avaient été épuisés
dans ce travail, de sorte qu'il avait laissé à sa mort une
dette de cinq cents talents. Mais son fils Alexandre trouva

---

(1) Arrien, I, 6, 17.
(2) Démosth. De Coronâ, p. 247..
(3) Tite-Live, XLIII, 51; XLIV, 46,
et la comparaison dans Strabon, XVI,
p. 752, entre les établissements militaires de Seleukus Nikator à Apameia
en Syrie, et ceux de Philippe à Pella
en Macédoine.

l'instrument tout prêt, avec d'excellents officiers, et de vieux soldats exercés pour les premiers rangs de sa phalange (1).

Cette organisation scientifique des forces militaires, sur une grande échelle, et avec toutes les variétés d'armement et d'équipement propres à concourir à une seule fin, est le grand fait de l'histoire macédonienne. Jamais on n'avait rien vu auparavant du même genre ni d'aussi grand. Les Macédoniens, comme les Épirotes et les Ætoliens, n'avaient pas d'autres aptitudes ou qualités prononcées que celles de l'état militaire. Leurs tribus grossières et éparses ne présentent pas d'institutions politiques déterminées et elles offrent peu de sentiment de fraternité nationale ; leur union était principalement celle d'une association en armes à l'occasion sous le roi comme chef. Philippe, fils d'Amyntas, fut le premier qui organisa cette union militaire en un système fonctionnant d'une manière permanente et efficace ; et grâce à ce système il fit des conquêtes telles qu'il créa dans les Macédoniens un orgueil commun de supériorité dans les armes, qui leur tint lieu d'institutions politiques ou de nationalité. Cet orgueil fut encore porté beaucoup plus haut par la carrière réellement surhumaine d'Alexandre. Le royaume macédonien ne fût plus qu'une machine militaire bien combinée, qui prouva la supériorité irrésistible des hommes les plus grossiers, exercés dans les armes et conduits par un général habile, non-seulement sur des masses sans discipline, mais encore sur des citoyens libres, courageux et disciplinés, doués d'une haute intelligence.

Ce fut pendant l'hiver de 335-334 avant J.-C., après la destruction de Thèbes et le retour d'Alexandre de Grèce à Pella, que se firent ses derniers préparatifs pour l'expédition d'Asie. L'armée macédonienne, avec les contingents auxiliaires destinés pour cette entreprise, fut réunie au

---

(1) Justin, XI, 6. Au sujet de la dette de 500 talents laissée par Philippe, V. les mots d'Alexandre, Arrien, VII, 9, 10. Diodore affirme (XVI, 8) que le revenu annuel fourni à Philippe par les mines d'or était de 1,000 talents, total auquel il ne faut pas beaucoup se fier.

commencement du printemps. Antipater, l'un des plus anciens et des plus habiles officiers de Philippe, fut nommé pour remplir les fonctions de vice-roi de Macédoine pendant l'absence du roi. Des forces militaires, qu'on dit avoir été de douze mille hommes d'infanterie et de quinze cents de cavalerie (1), furent laissées avec lui pour tenir dans le respect les cités de la Grèce, résister aux agressions de la flotte persane, et réprimer les mécontentements à l'intérieur. Il était vraisemblable que de pareils mécontentements seraient provoqués par des Macédoniens de haut rang ou par des prétendants au trône, surtout vu qu'Alexandre n'avait pas d'héritier direct; et on nous dit qu'Antipater et Parmeniôn proposèrent d'ajourner l'expédition jusqu'à ce que le jeune roi pût laisser derrière lui un héritier de sa race (2). Alexandre ne tint pas compte de ces représentations; cependant il ne dédaigna pas de diminuer les périls à l'intérieur en mettant à mort les hommes qu'il craignait ou dont il se défiait principalement, surtout les parents de la dernière épouse de Philippe Kleopatra (3).

---

(1) Diodore, XVII, 17.

(2) Diodore, XVII, 16.

(3) Justin, XI, 5. « Proficiscens ad Persicum bellum, omnes novercæ suæ cognatos, quos Philippus in excelsiorem dignitatis locum provehens imperiis præfecerat, interfecit. Sed nec suis, qui apti regno videbantur, pepercit, ne qua materia seditionis procul se agente in Macedonia remaneret. » Cf. aussi XII, 6, où le Pausanias mentionné comme ayant été mis à mort par Alexandre n'est pas l'assassin de Philippe. Pausanias était un nom macédonien ordinaire (V. Diodore, XVI, 93).

Je ne vois pas de raison pour douter du fait général que Justin affirme ici. Nous savons par Arrien (qui mentionna incidemment le fait dans son ouvrage Τὰ μετὰ Ἀλέξανδρον, bien qu'il n'en dise rien dans son récit de l'expédition d'Alexandre, — V. Photius, Cod. 92, p. 220) qu'Alexandre mit à mort, dans la première période de son règne, son cousin germain et son beau-frère Amyntas. Il dut avoir beaucoup moins de scrupule à tuer les amis ou les parents de Kleopatra. Ni Alexandre ni Antipater ne durent considérer un pareil acte comme autre chose qu'une mesure raisonnable de politique prudente. En vertu de la loi ordinaire macédonienne, quand un homme était reconnu coupable de trahison, tous ses parents étaient condamnés à mourir avec lui (Q.-Curce, VI, 11, 20).

Plutarque (De Fortunâ Alex. Magn. p. 342) renferme une allusion générale à ces exécutions de précaution ordonnées par Alexandre. La Fortune (dit-il) imposa à Alexandre δεινὴν πρὸς ἄνδρας ὁμοφύλους καὶ συγγενεῖς διὰ φόνου καὶ σιδήρου καὶ πυρὸς ἀνάγκην ἐμύνην, ἀτερπέστατον τέλος ἐχουσαν.

Les chefs les plus énergiques des tribus dépendantes
d'alentour accompagnèrent son armée en Asie, soit de leur
propre choix, soit à sa requête. Après ces précautions, la
tranquillité de la Macédoine fut confiée à la prudence et à la
fidélité d'Antipater, qui furent encore plus assurées par le
fait que trois de ses fils accompagnèrent l'armée du roi et sa
personne (1). Bien qu'il fût impopulaire dans sa manière
d'être (2), Antipater s'acquitta avec zèle et talent des devoirs de sa position si pleine de responsabilité; nonobstant
la dangereuse inimitié d'Olympias, contre laquelle il envoya
maintes plaintes à Alexandre en Asie, tandis que de son
côté elle écrivit des lettres fréquentes mais inutiles en vue
de le ruiner dans l'estime de son fils. Après une longue période d'une entière confiance, Alexandre commença dans les
dernières années de sa vie à éprouver de l'éloignement et de
la défiance à l'égard d'Antipater. Il traita toujours Olympias avec le plus grand respect; tout en essayant de l'empêcher de se mêler d'affaires politiques, et se plaignant quelquefois de ses exigences impérieuses et de sa violence (3).

L'armée destinée pour l'Asie, ayant été réunie à Pella,
fut conduite par Alexandre lui-même d'abord à Amphipolis, où elle traversa le Strymôn; puis par la route près de la
côte jusqu'au fleuve du Nestos et aux villes d'Abdèra et de
Maroneia; ensuite par la Thrace, où elle franchit les fleuves
de l'Hebros et du Melas; en dernier lieu, par la Chersonèse
de Thrace jusqu'à Sestos (avril 334 av. J.-C.). Là, elle fut
rejointe par la flotte, qui comprenait cent soixante trirèmes,

---

(1) Kassandre commandait un corps
de Thraces et de Pæoniens; Iollas et
Philippe étaient attachés à la personne
du roi (Arrien, VII, 27, 2; Justin,
XII, 14; Diodore, XVII, 17).

(2) Justin, XVI, 1, 14. « Antipa-
trum — amariorem semper ministrum
regni, quam ipses reges, fuisse, » etc.

(3) Plutarque, Alexand. 25-39; Arrien, VII, 12, 12. Il avait coutume de
dire que sa mère exigeait de lui un

lourd loyer pour son domicile de dix
mois.

Kleopatra également (sœur d'A-
lexandre et fille d'Olympias) exerçait
une influence considérable dans le gouvernement. Denys, despote d'Hèrakleia du Pont, se maintiat contre une
opposition dans son gouvernement pendant la vie d'Alexandre, surtout en
lui faisant une cour assidue (Memnon,
Heracl. c. 4, ap. Photium, Cod. 224).

avec un grand nombre de bâtiments marchands en outre (1),
et était composée en proportions considérables de contingents fournis par Athènes et par d'autres cités grecques (2).
Parmeniôn surveilla le passage de toute l'armée, — infanterie, cavalerie et machines, sur des vaisseaux, à travers le
détroit de Sestos en Europe, à Abydos en Asie, — et ce passage s'accomplit sans difficulté ni résistance. Mais Alexandre
lui-même, se séparant de l'armée à Sestos, se rendit à
Elæonte à l'extrémité méridionale de la Chersonèse. Là se
trouvaient la chapelle et l'enceinte sacrée du héros Protesilaos, qui fut tué par Hektôr; il avait été le premier Grec
(suivant la légende de la guerre Troyenne) qui toucha le rivage de Troie. Alexandre, dont l'imagination était alors
remplie de réminiscences homériques, offrit un sacrifice au
héros, et demanda par des prières que son débarquement
pût s'opérer sous de meilleurs auspices.

Ensuite il traversa le détroit dans la trirème de l'amiral,
gouvernant de sa propre main, vers le lieu de débarquement
voisin d'Ilion appelé le Port des Achæens. Au milieu du détroit il sacrifia un taureau en l'honneur de Poseidôn et des
Néréides, sacrifice qu'il accompagna de libations faites avec
une coupe d'or. Lui-même aussi complétement armé, il fut
le premier (comme Protesilaos) à fouler le rivage asiatique,
mais il ne trouva pas d'ennemi comme Hektôr pour lui tenir
tête. De là, gravissant la colline sur laquelle Ilion était placée, il sacrifia à la déesse protectrice Athènè; et il déposa
dans son temple sa propre armure, prenant en échange
quelques-unes des armes qui, disait-on, avaient été portées
par les héros dans la guerre Troyenne, et qu'il fit porter par
des gardes avec lui dans ses batailles subséquentes. Entre
autres monuments réels ou supposés de cette intéressante
légende, les habitants d'Ilion lui montrèrent la résidence de
Priam avec son autel de Zeus Herkeios, où ce vieux et infortuné roi avait, affirmait-on, été tué par Neoptolemos.

---

(1) Arrien, I, 11, 9.
(2) Les Athéniens fournirent vingt   vaisseaux de guerre, Diodore, XVII,
22.

Comme il comptait ce héros parmi ses ancêtres Alexandre
se crut l'objet de la colère non encore apaisée de Priam; et
en conséquence il lui offrit un sacrifice au même autel, comme
expiation et en vue d'une réconciliation. Sur la tombe et la
colonne monumentale d'Achille, près de Neoptolemos, il
plaça non-seulement une couronne comme ornement, mais
encore il accomplit la cérémonie habituelle en se frottant
d'huile et en courant tout nu jusqu'à cette colonne : et il
s'écria combien il enviait le sort d'Achille, qui avait eu le
bonheur d'avoir pendant sa vie un ami fidèle, et après sa
mort un grand poëte pour célébrer ses exploits. Finalement,
en commémoration de son passage, Alexandre éleva des autels permanents en l'honneur de Zeus, d'Athênê et d'Hêraklês, tant sur le point de l'Europe que son armée avait
quitté que sur celui de l'Asie où elle avait débarqué (1).

Les actes d'Alexandre, sur l'emplacement à jamais mémorable d'Ilion, sont intéressants en ce qu'ils révèlent un
côté de son imposant caractère, — la veine de sympathie
légendaire et de sentiment religieux qui seule constituait
son analogie avec les Grecs. Le jeune prince macédonien

---

(1) Arrien, I, 11; Plutarque,
Alexandre, 15; Justin, XI, 5. La cérémonie de courir jusqu'à la colonne
d'Achille existait encore du temps de
Plutarque : — Ἀλειψάμενος λίπα καὶ
μετὰ τῶν ἑταίρων συναναδραμὼν
γυμνὸς, ὥσπερ ἔθος ἐστιν, etc. Les
mots ici semblent impliquer que cette
colonne monumentale était placée sur
une éminence et qu'elle servait de but
aux coureurs pour *s'y diriger en courant*
dans les luttes aux fêtes. Philostrate,
cinq siècles après Alexandre, fait une
vive peinture des nombreuses associa-
tions d'idées légendaires et religieuses
qui se rattachaient à la plaine de
Troie et à la tombe de Protesilaos à
Elæonte, et du grand nombre de
rites et de cérémonies qu'on y accomplissait même de son temps (Philos-
trat. Heroica, XIX, 14, 15, p. 742,
éd. Olearius : — Δρόμοις δ' ἐρρυθμισ-
μένοις συνηλάλαζον, ἀνακαλοῦντες τὸν
Ἀχιλλέα, etc., et les pages précédentes
et suivantes).

Dicéarque (Fragm. 19, éd. Didot,
ap. Athenæ. XIII, p. 603) avait traité
dans un ouvrage spécial des sacrifices
offerts à Athênê à Ilion (Περὶ τῆς ἐν
Ἰλίῳ θυσίας) par Alexandre, et par
beaucoup d'autres avant lui; par
Xerxès (Hérodote, VII, 43), qui offrit
mille bœufs, — par Mindaros (Xénoph.
Hellen. I, 1, 4, etc.). En décrivant ce
qu'Alexandre fit à Ilion, Dicéarque paraît avoir beaucoup insisté sur la vive
sympathie que le prince témoigna pour
l'affection qui avait régné entre Achille
et Patrocle : sympathie que Dicéarque
expliquait en caractérisant Alexandre
comme φιλόπαις ἐκμανῶς, et en racontant son admiration publique pour
l'eunuque Bagôas : cf. Q.-Curce, X, 1,
25, — au sujet de Bagôas.

n'avait rien de ce sens de droits et d'obligations corrélatifs qui caractérisait les Grecs libres d'une communauté municipale. Mais'il était sous bien des points une reproduction des Grecs héroïques (1), ses belliqueux ancêtres de la légende, Achille et Neoptolemos, et d'autres de cette race Æakide qui n'avaient pas leurs pareils dans les attributs de'la force ; — c'était un homme de mouvement violent dans toutes les directions, quelquefois généreux, souvent vindicatif, — plein d'ardeur dans ses affections individuelles tant d'amour que de haine, mais dévoré surtout d'une disposition inextinguible à combattre, d'un désir de conquêtes, et d'une soif d'établir à tout prix sa supériorité de force sur les autres, — « Jura negat sibi nata, nihil non arrogat armis », — se faisant gloire, non-seulement du talent de général et de la direction donnée aux bras des soldats, mérites couronnés par la victoire, mais encore de l'ardeur personnelle d'un chef homérique, le premier de tous à affronter et le danger et la peine. Aux dispositions qui ressemblaient à celles d'Achille, Alexandre dans le fait ajoutait un attribut d'un ordre beaucoup plus élevé. Comme général, il était au-dessus de son époque en combinaisons prévoyantes et même à longue portée. Avec tout son courage exubérant et son caractère ardent, rien ne fut jamais négligé sous le rapport des précautions militaires systématiques. En cela il emprunta beaucoup, bien qu'avec de nombreux perfectionnements qui lui furent personnels, à l'intelligence grecque en tant qu'appliquée à l'état militaire. Mais le caractère et les dispositions, qu'il possédait en partant pour l'Asie avaient les traits, à la fois frappants et repoussants, d'Achille, plutôt que ceux d'Agésilas ou d'Epaminondas.

L'armée, passée en revue sur le rivage asiatique, après

---

(1) Plutarque, Fort. Alex. M. II, p. 334. Βριθὺς ὁπλιτοπάλας, ὅατος ἀντιπάλοις · — ταύτην ἔχων τέχνην προγονιχὴν ἀπ' Αἰαχιδῶν, etc.

Ἀλκὴν μὲν γὰρ ἔδωκεν Ὀλύμπιος
[Αἰαχίδησι,

Νοῦν δ' Ἀμυθαονίδαις, πλοῦτον δ' ἔπορ' Ἀτρείδησιν.
(Hésiode, Frag. 223, éd. Marktscheffel.)

Comme Achille, Alexandre se distinguait par sa légèreté à la course (Plutarque, Fort. Alex. M. I, p. 331).

qu'elle eut franchi le détroit, présenta un total de trente mille homme d'infanterie et de quatre mille cinq cents de cavalerie, distribués ainsi :

INFANTERIE

Phalange macédonienne et hypaspistæ..........................	12,000
Alliés..	7,000
Mercenaires..	5,000
Sous le commandement de Parmeniôn.......................	24,000
Odrysiens, Triballes (Thraces les uns et les autres), et Illyriens.	5,000
Agrianes et archers......................................	1,000
TOTAL DE L'INFANTERIE..........	30,000

CAVALERIE

Grosse cavalerie macédonienne, sous Philotas, fils de Parmeniôn.	1,500
Thessalienne (également grosse cavalerie), sous Kallas.........	1,500
Divers Grecs, sous Erigyos................................	600
Thraces et Pæoniens (cavalerie légère), sous Kassandre........	900
TOTAL DE LA CAVALERIE..........	4,500

Telle semble être l'énumération la plus croyable de la première armée d'invasion d'Alexandre. Il y eut toutefois d'autres rapports, dont le plus élevé portait le chiffre à quarante-trois mille hommes d'infanterie, avec quatre mille chevaux (1). Outre ces troupes, il a dû y avoir aussi un train puissant de machines à projectiles et d'engins, pour

---

(1) Diodore, XVII, 17. Plutarque (Alexand. 15) dit que les chiffres les plus élevés qu'il avait lus étaient : — 43,000 hommes d'infanterie avec 5,000 de cavalerie; les chiffres les plus bas, 30,000 hommes d'infanterie avec 4,000 de cavalerie (en admettant que la correction de Sintenis, τετρακισχιλίους au lieu de πεντακισχιλίους, soit bien fondée, comme elle l'est probablement; — cf. Plutarque, Fort. Alex. M. I, p. 327).

Selon Plutarque (Fort. Alex. M. I, p. 327), Ptolémée et Aristobule portaient tous deux le nombre de l'infanterie à 3,000; mais suivant Ptolémée, la cavalerie était de 5,000 hommes; selon Aristobule, de 4,000 seulement. Néanmoins, Arrien, — qui déclare suivre surtout Ptolémée et Aristobule toutes les fois qu'ils s'accordent, — affirme que le chiffre de l'infanterie « n'était pas beaucoup au-dessus de 30,000; et que la cavalerie dépassait 5,000 » (Exp. Al. I, 11, 4). Anaximène avançait 43,000 hommes d'infanterie, avec 5,500 de cavalerie. Kallisthène (ap. Polybium, XII, 19) donnait 40,000 fantassins avec 4,500 chevaux. Justin (XI, 6) donne 32,000 hommes d'infanterie, avec 4,500 de cavalerie.

Ce que je dis dans le texte suit Diodore, qui se distingue des autres

batailles et siéges, que nous verrons bientôt en opération. Quant à l'argent, la caisse militaire d'Alexandre, épuisée en partie par des dons accordés en profusion à ses officiers macédoniens (1), était aussi pauvrement garnie que celle de Napoléon Buonaparte quand il entra pour la première fois en Italie, pour ouvrir sa brillante campagne de 1796. Suivant Aristobule, il avait avec lui soixante-dix talents; suivant une autre autorité, il n'avait de ressources pour nourrir son armée que pendant trente jours. Et il n'avait même pu réunir ses auxiliaires ni compléter l'équipement de son armée sans faire une dette de huit cents talents, en plus de celle de cinq cents contractée par son père Philippe (2). Bien que Plutarque (3) s'étonne de la faiblesse de l'armée avec laquelle Alexandre méditait l'exécution de si grands projets, cependant le fait est qu'en infanterie il était beaucoup au-dessus de toutes les forces que les Perses avaient à lui opposer (4), sans parler de la discipline et de l'organisation comparatives, qui surpassaient même celles des Grecs mercenaires, formant la seule bonne infanterie au service de la Perse; tandis que sa cavalerie, bien qu'inférieure en nombre, était supérieure en qualité et pour le choc d'un combat corps à corps.

La plupart des officiers qui exerçaient un commandement important dans l'armée d'Alexandre étaient des Macédoniens indigènes. Son ami personnel, intime, Hephæstión, aussi bien que ses gardes du corps Leonnatos et Lysimachos, étaient natifs de Pella; Ptolemæos, fils de Lagos, et Pithôn étaient Eordiens de la haute Macédoine; Krateros et Perdikkas, du district de la haute Macédoine, appelé Orestis (5); Antipater, avec son fils Kassandre, Kleitos, fils

---

en ce qu'il présente non-seulement le total, mais les articles constitutifs en outre. Par rapport au total de l'infanterie, il s'accorde avec Ptolémée et Aristobule; quant à la cavalerie, son assertion tient le milieu entre ces deux auteurs.

(1) Plutarque, Alexand. 15.
(2) Arrien, VII, 9, 10, — discours

qu'il prête à Alexandre lui-même, — et Q.-Curce, X, 2, 24.
Onésikrite disait qu'Alexandre avait à ce moment une dette de 200 talents (Plut. Alex. 15).
(3) Plutarque, Fort. Alex. M. I, p. 327 ; Justin, XI, 6.
(4) Arrien, I, 13, 4.
(5) Arrien, VI, 28, 6; Arrien, In

de Drôpidès, Parmeniôn, avec ses deux fils Philôtas et Nikanor, Seleukos, Kœnos, Amyntas, Philippe (ces deux derniers noms étaient portés par plus d'une personne), Antigonos, Neoptolemos (1), Meleagros, Peukestès, etc., semblent
tous avoir été des Macédoniens indigènes. Tous ou la plupart d'entre eux avaient été exercés à la guerre sous Philippe, dans le service duquel Parmeniôn et Antipater, en
particulier, avaient occupé un rang élevé.

Des nombreux Grecs qui servaient sous Alexandre, nous
en voyons peu qui eussent un poste important. Medios,
Thessalien de Larissa, était au nombre de ses compagnons
familiers; mais le plus capable et le plus distingué de tous
était Eumenès, natif de Kardia, dans la Chersonèse de
Thrace. Eumenès, combinant une excellente éducation
grecque avec de l'activité corporelle et un esprit entreprenant, avait attiré, étant jeune homme, l'attention de Philippe
et avait été nommé son secrétaire. Après avoir rempli ces
fonctions pendant sept ans, jusqu'à la mort de Philippe, il
fut maintenu par Alexandre dans le poste de premier secrétaire pendant toute la vie de ce roi (2). Il dirigeait la plus
grande partie de la correspondance d'Alexandre et le journal de ses actes, qui était tenu sous le nom d'Éphémérides
royales. Mais, bien que ses devoirs spéciaux eussent ainsi un
caractère civil, il n'était pas moins éminent comme officier
sur le terrain. Chargé à l'occasion d'un commandement militaire élevé, il reçut d'Alexandre des récompenses et des
marques d'estime signalées. Malgré ces grandes qualités —
ou peut être à cause d'elles, — il était l'objet d'une jalousie
et d'une aversion marquées (3) de la part des Macédoniens,
— depuis Hephæstiôn, l'ami, et Neoptolemos, le premier
écuyer d'Alexandre, jusqu'aux principaux soldats de la pha-

---

dica, 28; Justin, XV, 3-4. Porphyre
(Fragm. ap. Syncellum, Frag. Histor.
Græc. vol. III, p. 695-698) parle de
Lysimachos comme étant un Thessa-
lien de Kranôn; mais ce doit être une
erreur : cf. Justin, XV, 3.

(1) Neoptolemos appartenait, comme

Alexandre lui-même, à la gens Æakide
(Arrien, II, 27, 9).

(2) Plutarque, Eumenès, c. 1; Cornélius Népos, Eumen. c. I.

(3) Arrien, VII, 13, 1; Plutarque,
Eum. 2, 3, 8, 10.

lange. Neoptolemos méprisait Eumenès comme un calligraphe peu belliqueux. L'orgueil plein de mépris avec lequel les Macédoniens en étaient venus alors à regarder les Grecs est un trait caractéristique remarquable de l'armée victorieuse d'Alexandre, aussi bien qu'un nouveau trait dans l'histoire; il répondait à l'ancien sentiment hellénique auquel Démosthène, peu d'années auparavant, s'était livré à l'égard des Macédoniens (1).

Bien qu'on eût laissé Alexandre débarquer en Asie sans opposition, une armée était déjà réunie sous les satrapes persans à quelques journées de marche d'Abydos. Depuis que l'Égypte et la Phénicie avaient été reconquises, environ huit ou neuf années auparavant, par le roi de Perse Ochus, la puissance de cet empire avait été rétablie à un point égal à ce qu'elle était à toute époque antérieure depuis l'échec de Xerxès en Grèce. Les succès persans en Égypte avaient été obtenus principalement grâce aux armes des Grecs mercenaires, sous la conduite et par l'habileté du général rhodien Mentor, qui, secondé par l'influence prépondérante de l'eunuque Bagôas, ministre de confiance d'Ochus, reçut non-seulement d'amples présents, mais encore le titre de commandant militaire sur l'Hellespont et le bord de la mer Asiatique (2). Il obtint le rappel de son frère Memnôn, qui, avec son beau-frère Artabazos, avait été obligé de quitter l'Asie à la suite d'une révolte malheureuse contre les Perses, et avait trouvé asile chez Philippe (3). De plus, il réduisit, par force ou par fraude, divers chefs grecs et asiatiques sur la côte d'Asie, entre autres, le remarquable Hermeias, ami d'Aristote et maître du poste fortifié d'Atarneus (4).

---

(1) Démosth. Philipp. III, p. 119, relativement à Philippe : — Οὐ μόνον οὐχ Ἕλληνος ὄντος, οὐδὲ προσήκοντος οὐδὲν τοῖς Ἕλλησιν, ἀλλ' οὐδὲ βαρϐάρου ἐντεῦθεν ὅθεν καλὸν εἰπεῖν, ἀλλ' ὀλέϑρου Μακεδόνος, ὅθεν οὐδ' ἀνδράποδον σπουδαῖον οὐδὲν ἦν πρότερον πρίασθαι.

Cf. ces mots avec les exclamations des soldats macédoniens (appelés Argy-raspides) contre leur chef distingué Eumenès, l'appelant Χεῤῥονησίτης ὄλεϑρος (Plutarque, Eum. 18).

(2) V. par rapport à ces incidents, tome XVII, c. 2.

(3) Diodore, XVI, 32; Q.-Curce, VI, 4, 25, VI, 5, 2. Q.-Curce mentionne également Manapis, autre exilé persan qui avait fui de chez Ochus chez Philippe.

(4) Sur la force de la forteresse d'A-

Ces succès de Mentor semblent avoir été remportés vers 343 avant J.-C. Lui et son frère Memnôn après lui soutinrent avec vigueur l'autorité du roi persan dans les régions voisines de l'Hellespont. Ce fut probablement par eux que des troupes furent envoyées de l'autre côté du détroit, tant pour délivrer la ville de Perinthos assiégée par Philippe que pour agir contre ce prince dans d'autres parties de la Thrace (1) ; qu'un chef asiatique, qui intriguait pour faciliter l'invasion projetée de Philippe en Asie, fut arrêté et envoyé prisonnier à la cour de Perse, et que des ambassadeurs d'Athènes, qui sollicitaient du secours contre Philippe, furent dirigés sur le même endroit (2).

Ochus, bien qu'il réussît à rendre à la domination persane toute son étendue, fut un tyran sanguinaire, qui versa à flots le sang de sa famille et de ses courtisans. Vers l'an 338 avant J.-C., il mourut empoisonné par l'eunuque Bagôas, qui plaça sur le trône Arsès, un des fils du roi, en tuant tous les autres. Toutefois, après deux ans, Bagôas eut de la défiance d'Arsès et le mit aussi à mort avec tous ses enfants ; il ne laissa en vie aucun descendant direct de la famille royale. Alors il éleva au trône un de ses amis nommé Darius Codoman (descendant d'un des frères d'Artaxerxès Mnemôn), qui avait acquis de la gloire dans une guerre récente contre les Kadusiens, en tuant en combat singulier un champion formidable de l'armée ennemie. Toutefois, Bagôas tenta bientôt d'empoisonner aussi Darius ; mais ce dernier, découvrant le piége, le força à boire lui-même le breuvage mortel (3). Malgré ces meurtres et ce changement dans la ligne de succession, qu'Alexandre reprocha plus tard à Darius (4), l'autorité de celui-ci semble avoir été

tarneus, V. Xénophon, Hellen. III, 2, 11 ; Diodore, XIII, 65. Elle avait été occupée au mépris des Perses même avant l'époque d'Hermeias. Cf. aussi Isokrate, Or. IV (Panegyr.), s. 167.

(1) Lettre d'Alexandre adressée à Darius après la bataille d'Issus, ap. Arr. II, 14, 7. Il y est fait allusion à d'autres troupes envoyées en Thrace par les Perses (outre celles expédiées au secours de Perinthos).

(2) Démosth. Philipp. IV, p. 139, 140 ; Epist. Philippi ad Demosth. p. 160.

(3) Diodore, XVII, 5 ; Justin, X, 3 : Q.-Curce. X, 5, 22..

(4) Arrien, II, 14, 10.

reconnue, sans opposition considérable, dans tout l'empire persan.

Succédant au trône dans la première partie de 336 avant J.-C., alors que Philippe organisait l'expédition projetée en Perse, et que la première division macédonienne, sous Parmeniôn et Attalos, faisait déjà la guerre en Asie, — Darius prépara des mesures de défense à l'intérieur et essaya d'encourager des mouvements antimacédoniens en Grèce (1). Lors de l'assassinat de Philippe par Pausanias, le roi de Perse déclara publiquement (faussement sans doute) qu'il avait été l'instigateur du meurtre, et il fit allusion en termes méprisants au jeune Alexandre (2). Croyant le danger passé du côté de la Macédoine, il se relâcha imprudemment de ses efforts et arrêta ses subsides pendant les premiers mois du règne d'Alexandre, quand ce dernier aurait pu être sérieusement embarrassé en Grèce et en Europe par l'emploi efficace des vaisseaux et de l'argent de la Perse. Mais les succès récents d'Alexandre en Thrace, en Illyria et en Bœôtia convainquirent Darius que le danger n'était point passé, de sorte qu'il reprit ses préparatifs de défense. On donna l'ordre d'équiper la flotte phénicienne ; les satrapes en Phrygia et en Lydia réunirent une armée considérable, composée surtout de mercenaires grecs, tandis qu'on fournit à Memnôn, sur le bord de la mer, le moyen de prendre cinq mille de ces mercenaires sous son commandement séparé (3).

Nous ne pouvons retracer avec aucune exactitude le cours de ces événements, pendant les dix-neuf mois qui s'écoulèrent entre l'avénement d'Alexandre et son débarquement en Asie (d'août 336 av. J.-C. à mars ou avril 334 av. J.-C.). Nous apprenons en général que Memnôn fut actif et même agressif sur la côte nord-est de la mer Ægée. S'avançant au nord de son propre territoire (la région d'Assos ou d'Atarneus, bordant le golfe d'Adramyttion) (4), au delà de la chaîne du mont Ida, il

---

(1) Diodore, XVII, 7.
(2) Arrien, II, 14, 11.
(3) Diodore, XVII, 7.

(4) Diodore, XVII, 7 ; cf. Arrien, I, 17, 9. Ἐπὶ τὴν χώραν τὴν Μέμνονος ἔπεμψεν, — ce qui sans doute signifie

arriva soudainement près de la ville de Kyzikos, sur la Propontis. Toutefois, il échoua, quoique de peu seulement, dans la tentative qu'il fit pour la surprendre, et fut forcé de se contenter d'un riche butin, qu'il enleva au district environnant (1). Les généraux macédoniens Parméniôn et Kallas s'étaient rendus en Asie avec des corps de troupes. Parménión, agissant en Æolis, prit Grynion ; mais il fut forcé par Memnôn de lever le siége de Pitanè ; tandis que Kallas, dans la Troade, fut attaqué, défait et obligé de se retirer à Rhœteion (2).

Nous voyons ainsi que, pendant l'hiver qui précéda le débarquement d'Alexandre, les Perses avaient des forces considérables, et que Memnôn était à la fois actif et heureux même contre les généraux macédoniens, sur la région nord-est de la mer Ægée. Cette circonstance peut nous aider à expliquer cette fatale imprudence par laquelle les Perses permirent à Alexandre de transporter sans opposition sa grande armée en Asie, dans le printemps de 334 avant J.-C. Ils possédaient d'amples moyens de garder l'Hellespont, s'ils avaient voulu amener leur flotte, qui, comprenant les forces des villes phéniciennes, était décidément supérieure à tout armement naval dont disposait Alexandre. La flotte persane vint réellement dans la mer Ægée quelques semaines plus tard. Or les desseins, les préparatifs et même le temps projeté de la marche d'Alexandre ont dû être bien connus non-seulement de Memnôn, mais encore des satrapes de l'Asie Mineure, qui avaient rassemblé des troupes pour s'opposer à lui. Ces satrapes, par malheur, se croyaient en état de lui tenir tête en rase campagne, et méprisaient l'opinion prononcée que Memnôn avait du contraire ; et même ils repoussaient son sage avis par des imputations méfiantes et calomnieuses.

Au moment où Alexandre débarqua, une puissante armée

cette région conquise par Mentor sur Hermeias d'Atarneus.

(1) Diodore, XVII, 7 ; Polyen, V, 34, 5.

(2) Diodore, XVII, 7. On nous parle aussi d'opérations militaires près de Magnesia, entre Parméniôn et Memnôn (Polyen, V, 34, 4).

persane était déjà rassemblée près de Zeleia, dans la Phrygia hellespontine, sous le commandement d'Arsitès, le satrape phrygien, appuyé par plusieurs autres Perses de distinction, — Spithridatès (satrape de Lydia et d'Iônia), Pharnakès, Atizyès, Mithridatès, Rheomithrès, Niphatès, Petinès, etc. Quarante de ces hommes étaient de haut rang (appelés parents de Dariûs) et distingués par leur valeur personnelle. Le plus grand nombre de l'armée consistait en cavalerie, comprenant des Mèdes, des Baktriens, des Hyrkaniens, des Kappadokiens, des Paphlagoniens, etc. (1). En cavalerie, ils surpassaient beaucoup Alexandre ; mais leur infanterie était fort inférieure en nombre (2), composée toutefois, en proportion considérable, de mercenaires grecs. Le total persan est donné par Arrien comme étant de 20,000 hommes de cavalerie et de 20,000 fantassins mercenaires environ ; par Diodore, comme étant de 10,000 hommes de cavalerie et de 100,000 d'infanterie ; il est même porté par Justin à 600,000. Les chiffres d'Arrien sont les plus croyables ; dans ceux de Diodore, le total de l'infanterie est certainement beaucoup au-dessus de la vérité, — celui de la cavalerie probablement au-dessous.

Memnôn, qui était présent avec ses fils et avec sa propre division, dissuada fortement les chefs persans de hasarder une bataille. Leur rappelant que les Macédoniens étaient non-seulement supérieurs de beaucoup en infanterie, mais encore encouragés par l'habile direction d'Alexandre, — il insista sur la nécessité d'employer leur nombreuse cavalerie à détruire les fourrages et les provisions, et, s'il était nécessaire, les villes elles-mêmes, afin de rendre impraticable tout progrès considérable de l'armée d'invasion. Tout en restant strictement sur la défensive en Asie, il recommandait de porter la guerre offensive en Macédoine ; d'amener la flotte, d'embarquer une puissante armée de terre et de faire d'énergiques efforts, non-seulement pour attaquer les

---

(1) Diodore, XVII, 18, 19 ; Arrien,   (2) Arrien, I, 12, 16 ; I, 13, 4.
I, 12, 14 ; I, 16, 5.

points vulnérables d'Alexandre dans son royaume, mais encore pour encourager des hostilités actives contre lui de la part des Grecs et de ses autres voisins (1).

Si ce plan eût été énergiquement exécuté, au moyen des armes et de l'argent des Perses, nous ne pouvons guère douter qu'Antipater en Macédoine ne se fût trouvé bientôt pressé par des dangers et des embarras sérieux, et qu'Alexandre n'eût été forcé de revenir et de protéger son propre empire, et peut-être empêché par la flotte persane de ramener toute son armée. En tout cas, ses plans d'invasion en Asie auraient été suspendus pour le moment. Mais il fut tiré de ce dilemme par l'ignorance, l'orgueil et les intérêts pécuniaires des chefs persans. Incapables d'apprécier la supériorité militaire d'Alexandre et ayant en même temps conscience de leur propre valeur personnelle, ils repoussèrent la proposition de retraite comme déshonorante, insinuant que Memnôn désirait prolonger la guerre, afin d'exalter sa propre importance aux yeux de Darius. Ce sentiment de dignité militaire fut encore fortifié par ce fait, que les chefs militaires persans, qui tiraient du sol tous leurs revenus, auraient été appauvris en détruisant les produits de la terre. Arsitès, dans le territoire duquel se trou-

---

(1) Cf. la politique recommandée par Memnôn, telle qu'elle est présentée dans Arrien (I, 12, 16) et dans Diodore (XVII, 18). La supériorité de Diodore est ici incontestable. Il annonce distinctement le côté défensif et le côté offensif de la politique de Memnôn, qui, pris ensemble, forment un plan d'opérations non moins efficace que prudent. Mais Arrien omet toute mention de la politique offensive, et mentionne seulement la défensive, — la retraite et la destruction du pays; politique qui, si elle eût été adoptée seule, n'aurait pu guère servir à un succès en affamant Alexandre, et qui pouvait à bon droit être mise en question par les généraux persans. De plus, nous ne nous formerions qu'une pauvre idée du talent de Memnôn, si dans cette circonstance il eût négligé de profiter de l'irrésistible flotte persane.

Je signale d'autant plus le point de supériorité de Diodore, que des critiques modernes ont manifesté une tendance à accorder à Arrien une confiance trop exclusive, et à discréditer presque toutes les allégations relatives à Alexandre à l'exception de celles qu'Arrien ou certifie ou appuie. Arrien est un historien de beaucoup de valeur; il a le mérite de nous donner un récit clair et précis sans rhétorique, et qui contraste favorablement avec Diodore et avec Q.-Curce; mais il ne doit pas être exalté comme le seul témoin digne de foi.

vait l'armée et qui devait le premier souffrir de l'exécution
du plan, déclara avec hauteur qu'il ne permettrait pas qu'on
y brûlât une seule maison (1). Occupant la même satrapie
que Pharnabazos avait possédée soixante ans auparavant, il
sentait qu'il serait réduit à la même gêne que Pharnabazos
pressé par Agésilas, — « de ne pouvoir se procurer un dîner
dans son propre pays (2) ». La proposition de Memnon fut
rejetée, et il fut résolu qu'on attendrait l'arrivée d'A-
lexandre sur les rives du Granikos.

Ce cours d'eau peu important, célébré dans l'Iliade et immortalisé pour être lié au nom d'Alexandre, sort d'une des
hauteurs du mont Ida près de Skèpsis (3), et il coule vers le
nord pour se jeter dans la Propontis, qu'il atteint à un point
un peu à l'est de la ville grecque de Parion. Il n'a pas une
grande profondeur; près du point où les Perses étaient campés, il semble avoir été guéable en bien des endroits; mais
sa rive droite était quelque peu élevée et escarpée, offrant
ainsi un obstacle à une attaque d'un ennemi. Les Perses,
s'avançant de Zeleia, prirent position près du côté occidental
du Granikos, où les dernières pentes du mont Ida descendent
jusque dans la plaine d'Adrasteia, cité grecque située entre
Priapos et Parion (4).

Cependant Alexandre se dirigea vers cette position, en
partant d'Arisbè (où il avait passé son armée en revue); —
le premier jour il marcha jusqu'à Perkôtè, le second jusqu'au fleuve du Praktios, le troisième jusqu'à Hermôtos; en
route il reçut la reddition spontanée de la ville de Priapos.
Sachant que l'ennemi n'était pas à une grande distance, il
lança en avant un corps d'éclaireurs sous Amyntas, composé
de quatre escadrons de cavalerie légère et d'un de la grosse
cavalerie macédonienne (celle des Compagnons). D'Hermôtos
(le quatrième jour depuis Arisbè), il marcha droit au Grani-

---

(1) Arrien, I, 12, 18.
(2) Xénoph. Hellen. IV, 1, 33.
(3) Strabon, XIII, p. 602. Le Ska-
mandros, l'Æsopos et le Granikos,
sortent tous de la même montagne,
appelée Kotylos. C'est ce que nous

apprend Demetrius, natif de Skèpsis.
(4) Diodore, XVII, 18, 19. Οἱ
βάρβαροι, τὴν ὑπώρειαν κατειλημμέ-
νοι, etc. « Prima congressio in campis
Adrastiis fuit. » Justin, XI, 6;
cf. Strabon, XIII, p. 587, 588.

kos, en ordre régulier, avec la masse de sa phalange en
doubles files, sa cavalerie sur les deux ailes et le bagage à
l'arrière. En approchant du fleuve, il fit ses dispositions
pour une attaque immédiate, bien que Parmeniôn conseillât
d'attendre jusqu'au lendemain matin. Sachant bien, comme
Memnôn, que les chances d'une bataille rangée étaient toutes
contraires aux Perses, il résolut de ne pas leur laisser l'occasion de décamper pendant la nuit.

Dans l'ordre de bataille d'Alexandre, la phalange ou infanterie pesamment armée formait le corps central. Les six
taxeis ou divisions dont elle se composait étaient commandées (en comptant de droite à gauche) par Perdikkas, Kœnos, Amyntas fils d'Andromenès, Philippe, Meleagros et
Krateros (1). Immédiatement à la droite de la phalange
étaient les hypaspistæ, ou infanterie légère, sous Nikanor,
fils de Parmeniôn, — ensuite la cavalerie légère ou lanciers, les Pæoniens, et l'escadron apolloniate de la cavalerie
des Compagnons commandé par l'ilarque Sokratès, tous sous
Amyntas, fils d'Arrhibæos, — en dernier lieu tout le corps
de la cavalerie des Compagnons, les archers et les akontistæ
agrianiens, tous sous Philôtas (fils de Parmeniôn), dont la
division formait l'extrême droite (2). Le flanc gauche de la
phalange était également protégé par trois divisions distinctes de cavalerie ou de troupes légères, — d'abord par
les Thraces, sous Agathôn, — ensuite par la cavalerie des
alliés, sous Philippe, fils de Menelaos, — en dernier lieu

---

(1) Arrien, I, 14, 3. Le texte d'Arrien n'est pas clair. Le nom de Krateros se rencontre deux fois. Diverses
explications sont proposées. Les mots
ἔστε ἐπὶ τὸ μέσον τῆς ξυμπάσης
τάξεως semblent prouver qu'il y avait
trois τάξεις de la phalange (Krateros,
Meleagros et Philippe) comprises dans
la moitié de gauche de l'armée, — et
trois autres (Perdikkas, Kœnos et
Amyntas) dans la moitié de droite;
tandis que les mots ἐπὶ δὲ, ἡ Κρατέρου
τοῦ Ἀλεξάνδρου paraissent insérés à
tort. Il n'y a pas de bonne raison pour

admettre *deux* officiers distingués,
nommés chacun Krateros. Le nom de
Philippe et de sa τάξις est répété deux
fois : une fois en comptant à partir de
la droite des τάξεις, — une fois encore
à partir de la gauche.

(2) Plutarque dit qu'Alexandre entra dans le fleuve avec treize escadrons
(ἴλαι) de cavalerie. Ce total comprend-il
toute la cavalerie présente alors à la
bataille, ou seulement celle des Compagnons, — c'est ce que nous ne pouvons déterminer (Plutarque, Alex.
16).

par la cavalerie thessalienne, sous Kallas, dont la division formait l'extrême gauche. Alexandre lui-même prit le commandement de la droite, donnant celle de la gauche à Parmeniôn; la droite et la gauche signifient les deux moitiés de l'armée, chacune d'elles comprenant trois taxeis ou divisions de la phalange avec la cavalerie sur son flanc, — car il n'y avait pas de centre reconnu sous un commandement distinct. De l'autre côté du Granikos, la cavalerie persane bordait la rive. Les Mèdes et les Baktriens étaient à leur droite, sous Rheomithrès, — les Paphlagoniens et les Hyrkaniens au centre, sous Arsitès et Spithridatès, — à la gauche étaient Memnôn et Arsamenès, avec leurs divisions (1). L'infanterie persane, tant asiatique que grecque, était tenue en arrière en réserve; car on comptait sur la cavalerie seule pour disputer le passage du fleuve.

C'est dans cet ordre que les deux parties restèrent pendant quelque temps, s'observant l'une l'autre dans un silence plein d'anxiété (2). Vu qu'il n'y avait ni feu ni fumée comme dans les armées modernes, tous les détails de chaque côté étaient clairement visibles pour l'autre; de sorte que les Perses reconnurent facilement Alexandre lui-même à l'aile droite macédonienne à l'éclat de son armure et de son costume militaire, aussi bien qu'à la tenue respectueuse de ceux qui l'entouraient. En conséquence, leurs premiers chefs affluèrent à leur propre gauche, qu'ils renforcèrent de la principale force de leur cavalerie, afin de s'opposer à lui personnellement. Bientôt Alexandre adressa quelques mots d'encouragement à ses troupes, et donna l'ordre d'avancer. Il voulut que la première attaque fût faite par l'escadron de la cavalerie des Compagnons dont c'était le tour ce jour-là de prendre la tête — (l'escadron d'Apollonia, dont Sokratès était capitaine, — commandé en ce jour par Ptolemæos, fils de Philippe), appuyé par la cavalerie légère ou lanciers, par les archers pæoniens (infanterie), et par une division d'in-

---

(1) Diodore, XVII, 19.

(2) Arrien, I, 14, 8. Χρόνον μὲν δὴ ἀμφότερα τὰ στρατεύματα, ἐπ' ἄκρου τοῦ ποταμοῦ ἐφεστῶτες, ὑπὸ τοῦ τὸ μέλλον ὀκνεῖν ἡσυχίαν ἦγον · καὶ σιγὴ ἦν πολλὴ ἐφ' ἑκατέρων.

fanterie régulièrement armée, vraisemblablement des hypaspistæ (1). Il entra alors lui-même dans le fleuve, à la tête de la moitié de droite de l'armée, cavalerie et infanterie, qui s'avança au son des trompettes et avec les cris de guerre habituels. Comme les creux que l'eau présentait à l'occasion empêchaient une marche directe avec une seule ligne uniforme, les Macédoniens allaient de biais conformément aux espaces guéables, en maintenant leur front étendu de manière à approcher de la ligne opposée autant que possible en ligne, et non en colonnes séparées avec les flancs exposés à la cavalerie persane (2). Non-seulement la droite sous Alexandre, mais encore la gauche sous Parmeniôn avança et franchit le fleuve d'un mouvement semblable et avec les mêmes précautions.

Le premier détachement sous Ptolemæos et Amyntas, en arrivant à la rive opposée, rencontra une vigoureuse résistance, concentrée comme elle l'était là sur un seul point. Il trouva Memnôn et ses fils avec les meilleurs des cavaliers persans immédiatement devant lui ; quelques-uns sur le haut de la rive d'où ils lançaient en bas leurs javelines, — d'autres en bas sur le bord de l'eau prêts à en venir à un combat corps à corps. Les Macédoniens firent tous leurs efforts pour arriver à terre et se faire jour de vive force à travers les cavaliers persans, mais en vain. Ayant à la fois un terrain plus bas et un pied mal assuré, ils ne purent produire aucun effet ; mais ils furent rejetés en arrière avec quelques pertes, et se retirèrent sur le corps principal

---

(1) Arrien, I, 14, 9. Τοὺς προδρό-
μους ἱππέας veut dire les mêmes cavaliers que ceux qui sont appelés (dans I, 14, 2) σαρισσοφόρους ἱππέας, sous Amyntas, fils d'Arrhibæos.

(2) Arrien, I, 14, 10. Αὐτὸς δὲ (Alexandre) ἄγων τὸ δέξιον κέρας... ἐμβαίνει ἐς τὸν πόρον, λοξὴν ἀεὶ παρατείνων τὴν τάξιν ᾗ παρεῖλχε τὸ ῥεῦμα, ἵνα δὴ μὴ ἐκβαίνοντι αὐτῷ οἱ Πέρσαι κατὰ κέρας προσπίπτοιεν, ἀλλὰ καὶ αὐτὸς, ὡς ἄνυστον, τῇ φάλαγγι προσμίξῃ αὐτοῖς.

Apparemment, ce passage λοξὴν ἀεὶ παρατείνων τὴν τάξιν, ᾗ παρεῖλχε τὸ ῥεῦμα doit être expliqué par la phrase qui suit, et qui décrit le dessein à accomplir.

Je ne puis croire que ces mots impliquent un mouvement en échelon, comme le prétendent Rüstow et Koechly (Geschichte des Griechischen Kriegswesens, p. 271), — ni un passage du fleuve contre le courant pour en briser la force, comme d'autres le croient.

qu'Alexandre amenait alors à travers le fleuve. Quand il
approcha du rivage, la même lutte se renouvela autour de sa
personne avec un redoublement d'ardeur des deux côtés. Il
était lui-même parmi les premiers, et son exemple animait
tous ceux qui étaient auprès de lui. Les cavaliers des deux
côtés se serrèrent les uns contre les autres, et ce fut une
lutte de force physique, et de pression d'hommes et de chevaux ; mais les Macédoniens avaient un grand avantage en
ce qu'ils étaient accoutumés à l'usage de la forte javeline
propre au combat corps à corps, tandis que l'arme des
Perses était la javeline qu'on lançait. A la fin, la résistance
fut surmontée, et Alexandre, avec ceux qui l'entouraient,
refoulant graduellement les défenseurs, finit par gravir la
haute rive jusqu'au terrain uni. Sur d'autres points, la résistance ne fut pas aussi vigoureuse. La gauche et le centre des
Macédoniens, franchissant le fleuve en même temps à tous
les endroits praticables le long de toute la ligne, triomphèrent des Perses postés sur la pente, et gagnèrent le terrain
uni avec une facilité relative (1). Dans le fait, il n'était possible à aucune cavalerie de rester sur le bord pour s'opposer
à la phalange avec sa rangée de longues piques partout où
celle-ci pouvait parvenir au bord en un front quelque peu
continu. Le passage aisé des Macédoniens à d'autres points
servit à forcer ceux des Perses, qui luttaient avec Alexandre
lui-même sur la pente, à se retirer sur le terrain uni au-
dessus.

Ici encore, comme au bord de l'eau, Alexandre fut le premier à lutter en personne. Sa pique ayant été brisée, il se

---

(1) Arrien, I, 15, 5. Καὶ περὶ αὐτὸν
(Alexandre lui-même) ξυνειστήκει μάχη
καρτερά, καὶ ἐν τούτῳ ἄλλαι ἐπ' ἄλλαις
τῶν τάξεων τοῖς Μακεδόσι διέβαινον οὐ
χαλεπῶς ἤδη.

Ces mots méritent attention, parce
qu'ils montrent combien la description
de la bataille donnée par Arrien avait
été incomplète auparavant. Insistant
presque exclusivement sur la présence
et les exploits personnels d'Alexandre,

il avait dit peu de chose même de la
moitié de droite de l'armée, et rien du
tout de la moitié de gauche sous Parmenión. Nous découvrons par ces mots
que *toutes* les τάξεις de la phalange
(non-seulement les trois de la moitié
d'Alexandre, mais aussi les trois de la
moitié de Parmenión) passèrent le
fleuve presque en même temps, et ne
rencontrèrent pour la plupart que peu
ou point de résistance.

tourna vers un soldat près de lui, — Aretis, l'un des gardes
à cheval qui l'aidaient en général à se mettre en selle, — et
lui en demanda une autre. Mais cet homme, qui avait aussi
brisé sa pique, en montra le fragment à Alexandre, le
priant de s'adresser à un autre; alors le Corinthien Demaratos, qui faisait partie de la cavalerie des Compagnons tout
près de là, lui donna son arme à la place. Ainsi armé de
nouveau, Alexandre lança son cheval en avant contre Mithridatès (gendre de Darius) qui amenait une colonne de
cavalerie pour l'attaquer, mais qui lui-même était considérablement en avant de sa colonne. Alexandre lança sa pique
dans le visage de Mithridatès, et le renversa sur le sol; il se
tourna ensuite vers un autre des chefs persans, Rhœsakès,
qui le frappa à la tête d'un coup de cimeterre, fit sauter une
portion de son casque, mais ne pénétra pas au delà. Alexandre
se vengea de ce coup en perçant Rhœsakès, avec sa pique,
de part en part (1). Cependant un troisième chef persan,
Spithridatès, était à ce moment derrière Alexandre et tout
près de lui, la main et le cimeterre levés pour l'abattre.
A cet instant critique, Kleitos, fils de Dropidès, — l'un des
anciens officiers de Philippe, haut placé dans le service macédonien, — frappa de toute sa force le bras levé de Spithridatès et le sépara du corps, sauvant ainsi la vie à
Alexandre. D'autres Persans de marque, parents de Spithridatès, se précipitèrent en désespérés sur Alexandre, qui reçut beaucoup de coups sur son armure et courut un grand
danger. Mais les Compagnons qui étaient à ses côtés redou-
blèrent d'efforts, tant pour défendre sa personne que pour
seconder sa hardiesse aventureuse. Ce fut sur ce point que
la cavalerie persane fut rompue pour la première fois. A la
gauche de la ligne macédonienne, la cavalerie thessalienne
combattit aussi avec vigueur et succès (2), et les fantassins
armés à la légère, généralement mêlés à la cavalerie
d'Alexandre, firent beaucoup de mal à l'ennemi. La déroute

---

(1) Arrien, I, 15, 6-12; Diodore, XVI, 20; Plut. Alex. 16. Ces auteurs diffèrent dans les détails. Je suis Arrien.
(2) Diodore, XVII, 21.

de la cavalerie persane, une fois commencée, ne tarda pas
à devenir générale. Elle s'enfuit dans toutes les directions,
poursuivie par les Macédoniens.

Mais Alexandre et ses officiers arrêtèrent cette ardeur de
poursuite, en rappelant leur cavalerie pour achever la victoire. L'infanterie persane, Asiatiques aussi bien que Grecs,
était restée sans mouvement ni ordres, considérant la bataille
de cavalerie qui venait de se terminer d'une manière si dé-
sastreuse. C'est sur elle qu'Alexandre tourna immédiatement son attention (1). Il fit avancer sa phalange et les hy-
paspistes pour l'attaquer de front, tandis que sa cavalerie
attaqua de tous côtés ses flancs et ses derrières que rien ne
protégeait : il chargea lui-même avec sa cavalerie et eut un
cheval tué sous lui. Son infanterie seule était plus nombreuse
que l'infanterie ennemie ; de sorte que contre une pareille
inégalité le résultat ne pouvait guère être douteux. La plus
grande partie de ces mercenaires, après une vaillante résistance, fut taillée en pièces sur place. On nous dit qu'il n'en
échappa aucun, à l'exception de deux mille qui furent faits
prisonniers et de quelques-uns qui restèrent cachés sur le
champ de bataille au milieu des cadavres (2).

Dans cette défaite complète et signalée, les pertes de
la cavalerie persane ne furent pas très-sérieuses, à ne
considérer que le nombre, — car il n'y eut que mille
hommes tués. Mais le massacre des principaux Persans,
qui s'étaient exposés avec une extrême bravoure dans le
conflit personnel contre Alexandre, fut terrible. Non-seulement Mithridatès, Rhœsakès et Spithridatès, dont les noms
ont été mentionnés déjà, furent tués, — mais encore Pharnakès, beau-frère de Darius ; Mithrobarzanès, satrape de
Kappadokia ; Atizyès, Niphatès, Petinès et autres : tous

---

(1) Arrien, I, 16, 1. Plutarque dit
que l'infanterie, en voyant la cavalerie
en déroute, demanda à capituler en faisant des conditions à Alexandre ; mais
cela ne semble guère probable.

(2) Arrien, I, 16, 4 ; Diodore, XVII,

21. Diodore dit que du côté des Perses
il y eut plus de 10,000 fantassins tués,
avec 2,000 cavaliers, et qu'il y eut
plus de 20,000 hommes faits prisonniers.

Perses de rang et de conséquence. Arsytès, le satrape de Phrygia, dont la témérité avait surtout causé le rejet de l'avis de Memnôn, se sauva du champ de bataille; mais il périt peu après de sa propre main, accablé de douleur et d'humiliation (1). L'infanterie persane ou gréco-persane, bien que probablement il s'en soit échappé plus individuellement que ne l'implique l'exposé d'Arrien, fut un corps irréparablement ruiné. Il ne resta pas d'armée en campagne, et il ne put dans la suite en être réuni dans l'Asie Mineure.

Les pertes du côté d'Alexandre furent, dit-on, très-peu considérables. Vingt-cinq hommes de la cavalerie des Compagnons, appartenant à la division sous Ptolemæos et Amyntas, furent tués dans la première tentative malheureuse faite pour passer le fleuve. De l'autre cavalerie, il y eut soixante hommes tués en tout; de l'infanterie, trente. Voilà ce qu'on nous donne comme la perte entière du côté d'Alexandre (2). C'est seulement le nombre des tués. Celui des blessés n'est pas donné; mais en admettant qu'il soit dix fois le nombre des tués, le total des deux réunis sera mille deux cent soixante-cinq (3). Si cela est exact, la résistance de la cavalerie persane, excepté près du point où Alexandre lui-même et les chefs persans en vinrent aux prises, ne peut avoir été sérieuse ni prolongée longtemps. Mais si nous ajoutons encore la lutte avec l'infanterie, la faiblesse du total assigné pour les Macédoniens tués et blessés paraîtra plus surprenante encore. Le total de l'infanterie persane est porté à près de vingt mille hommes, pour la plupart mercenaires grecs. Il n'y en eut que deux mille faits prisonniers; presque tout le reste (suivant Arrien) fut tué. Or, les Grecs mercenaires étaient bien armés, et il n'est pas probable qu'ils se soient laissé tuer impunément; en outre, Plutarque

---

(1) Arrien, I, 16, 5, 6.

(2) Arrien, I, 16, 7, 8.

(3) Arrien, en décrivant une autre bataille, croit que la proportion de douze à un, entre les blessés et les tués, est au-dessus de ce qu'on pouvait attendre (V, 24, 8). Rüstow et Koechly (p. 273) disent que dans les batailles modernes, la proportion ordinaire des blessés aux tués va depuis 8 : 1 jusqu'à 10 : 1.

affirme expressément qu'ils résistèrent avec une valeur désespérée, et que la plus grande partie des pertes macédoniennes furent subies dans le conflit contre eux. Il n'est donc pas aisé de comprendre comment on peut faire rentrer le nombre total des tués dans celui qu'affirme Arrien (1).

Après la victoire, Alexandre manifesta la plus grande sollicitude pour ses soldats blessés, qu'il visita et consola en personne. Il fit faire en airain, par Lysippos, les statues des vingt-cinq Compagnons tués, statues qui, par son ordre, furent dressées à Dion en Macédoine, où elles étaient encore debout du temps d'Arrien. Il accorda aussi aux parents survivants de tous ceux qui périrent une exemption de taxes et de service personnel. Les corps des hommes tués furent honorablement ensevelis, ceux de l'ennemi aussi bien que de ses propres soldats. Les deux mille Grecs qui étaient devenus ses prisonniers furent chargés de chaînes, et transportés en Macédoine pour y travailler comme esclaves, traitement auquel Alexandre les condamna, sur le motif qu'ils avaient pris les armes en faveur de l'étranger contre la Grèce, en contravention au vote général rendu par le congrès à Corinthe. En même temps, il envoya à Athènes trois cents armures choisies parmi le butin, pour être consacrées à Athênê dans l'Akropolis, avec cette inscription : — « Alexandre, fils de Philippe, et les Grecs, à l'exception des Lacédæmoniens (*consacrent ces offrandes*) des dépouilles des étrangers qui habitent l'Asie (2). » Bien que le vote auquel Alexandre faisait appel ne représentât aucune aspiration grecque réelle, et accordât seulement une sanction qui ne pouvait être refusée sans danger, cependant ce fut pour lui une satisfaction de revêtir son propre désir d'agrandissement personnel du nom d'un dessein panhellénique supposé, ce qui était en même temps utile en forti-

---

(1) Arrien, I, 16, 8; Plutarque, Alexandre, 16. Aristobule (ap. Plutarque, *l. c.*) disait qu'il y avait eu parmi les compagnons d'Alexandre (τῶν περὶ τὸν Ἀλέξανδρον) trente-quatre personnes tuées, dont neuf étaient des fantassins. Cela coïncide avec l'assertion d'Arrien au sujet des vingt-cinq compagnons de cavalerie tués.

(2) Arrien, I, 16, 10, 11.

Mithrinès avec courtoisie et honneur ; il accorda la liberté
aux habitants de Sardes et aux autres Lydiens, en général,
avec l'usage de leurs propres lois lydiennes. Sardes livrée par
Mithrinès fut une bonne fortune signalée pour Alexandre.
En montant à la citadelle, il en contempla avec étonnement
la force prodigieuse ; il se félicita d'une acquisition si aisée
et donna l'ordre d'y construire un temple de Zeus Olym-
pien, sur l'emplacement où avait été situé l'ancien palais
des rois de Lydia. Il nomma Pausanias gouverneur de la
citadelle, avec une garnison de Péloponésiens d'Argos ;
Asander, satrape de la contrée, et Nikias, percepteur du
tribut (1). La liberté accordée aux Lydiens, quelle qu'en
fût la somme, ne les exonéra pas de payer le tribut ha-
bituel.

De Sardes, il ordonna à Kallas, le nouveau satrape de
la Phrygia hellespontine, — et à Alexandre, fils d'Aeropos,
qui avait été promu à la place de Kallas au commandement
de la cavalerie thessalienne, — d'attaquer Atarneus et le
district appartenant à Memnôn, sur la côte asiatique, en
face de Lesbos. Dans l'intervalle, il dirigea lui-même sa
marche vers Ephesos, où il arriva le quatrième jour. Tant à
Ephesos qu'à Milètos, — les deux principales forteresses des
Perses sur la côte, comme Sardes l'était à l'intérieur, — la
catastrophe soudaine subie sur les bords du Granikos avait
répandu une terreur inexprimable. Hegesistratos, gouverneur de la garnison persane (mercenaires grecs) à Milètos,
envoya une lettre à Alexandre pour lui offrir de rendre la
ville à son approche, tandis que la garnison à Ephesos, avec
l'exilé macédonien Amyntas, s'embarqua sur deux trirèmes
qui étaient dans le port et s'enfuit. Il paraît qu'il y avait
eu récemment une révolution politique dans la ville, dirigée
par Syrphax et autres chefs, qui avaient établi un gouvernement oligarchique. Ces hommes, bannissant leurs adversaires politiques, avaient commis des déprédations dans le
temple d'Artemis, renversé la statue de Philippe de Macé-

(1) Arrien, I, 17, 5-9 ; Diodore, XVII, 21.

leurs montagnes pour se soumettre à lui, et il leur fut permis d'occuper leurs terres en payant le même tribut qu'auparavant. Les habitants de Zeleia, cité grecque voisine, dont les troupes avaient servi avec les Perses, se rendirent et obtinrent leur pardon, Alexandre admettant l'excuse qu'ils alléguaient de n'avoir servi que par contrainte. Il envoya ensuite Parmenion attaquer Daskylion, la forteresse et la principale résidence du satrape de Phrygia. Cette place elle-même fut évacuée par la garnison, et livrée sans doute avec un trésor considérable qu'elle renfermait. Toute la satrapie de Phrygia tomba ainsi au pouvoir d'Alexandre, et Kallas fut chargé de l'administrer au nom du roi, en levant le même tribut que celui qui avait été payé auparavant (1). Il se dirigea lui-même, avec ses principales forces, dans la direction du sud, vers Sardes, — la capitale de la Lydia et le poste le plus important des Perses en Asie Mineure. La citadelle de Sardes, — située sur un rocher élevé et escarpé s'avançant du mont Tmolos, fortifiée par une triple muraille avec une garnison suffisante, — était regardée comme imprenable, et, en tout cas, elle n'aurait guère pu être prise que par un long blocus (2), qui aurait donné du temps pour l'arrivée de la flotte et les opérations de Memnôn. Cependant, la terreur qui accompagnait alors le vainqueur macédonien était telle, que quand il arriva à huit milles (près de 13 kilom.) de Sardes, il rencontra non-seulement une députation des principaux citoyens, mais encore le gouverneur persan de la citadelle, Mithrinès. La ville, la citadelle, la garnison et le trésor lui furent livrés sans coup férir. Heureusement pour Alexandre, il n'y eut en Asie aucun gouverneur persan qui déployât le courage et la fidélité qu'avaient montrés Maskamès et Bogès, après que Xerxès avait été chassé de Grèce (3). Alexandre traita

---

(1) Arrien, I, 17, 1, 2.

(2) Au sujet des fortifications et de la position presque imprenables de Sardes, V. Polybe, VII, 15-18; Hérod. I, 84. Elle tint près de deux ans contre Antiochus III (216 av. J.-C.), et ne finit par être prise qu'à cause de l'extrême négligence des défenseurs; même alors la citadelle tint encore.

(3) Hérodote, VII, 106, 107.

sud vers Milêtos, sa flotte sous Nikanor s'y rendant par
mer (1). Il s'attendait probablement à entrer dans Milêtos
et à y trouver aussi peu de résistance que dans Ephesos. Mais
ses espérances furent trompées : Hegesistratos, commandant de la garnison dans cette ville, bien que, sous l'impression immédiate de terreur causée par la défaite subie au Grani-
tos, il eût écrit pour offrir de se soumettre, avait à ce moment
changé de ton et avait résolu de tenir bon. La formidable
flotte persane (2), forte de quatre cents vaisseaux de guerre
phéniciens et cypriens avec des marins bien exercés, approchait.

Cette armée navale qui, quelques semaines plus tôt, aurait empêché Alexandre de passer en Asie, offrait actuellement le seul espoir d'arrêter ses conquêtes rapides et
faciles. Quelles mesures les officiers persans avaient-ils
prises depuis la défaite du Granikos, nous l'ignorons. Beaucoup d'entre eux avaient fui à Milêtos, en même temps que
Memnôn (3), et ils étaient probablement disposés, dans les
circonstances désespérées actuelles, à accepter le commandement de Memnôn, comme leur seul espoir de salut, bien
qu'ils eussent méprisé son conseil le jour de la bataille. Les
villes de la principauté d'Atarneus, soumises à Memnôn,
essayèrent-elles de résister aux Macédoniens, nous ne le
savons pas. Toutefois, ses intérêts étaient si étroitement
identifiés avec ceux de la Perse, qu'il avait envoyé sa
femme et ses enfants comme otages, afin d'amener Darius à
lui confier la direction suprême de la guerre. Bientôt ce
prince envoya des ordres à cet effet (4), mais la flotte, à son
arrivée, ne semble pas avoir été sous le commandement de
Memnôn, qui cependant était probablement à bord.

Elle vint trop tard pour aider à défendre Milêtos. Trois
jours avant son arrivée, Nikanor, l'amiral macédonien, avec
sa flotte de cent soixante vaisseaux, avait occupé l'Île de
Ladè, qui commandait le port de cette cité. Alexandre

---

(1) Arrien, I, 18, 5, 6.   (3) Diodore, XVII, 22.
(2) Arrien, I, 18, 10-13.   (4) Diodore, XVII, 23.

trouva la portion extérieure de Milêtos évacuée, et il s'en empara sans rencontrer de résistance. Il était en train de faire des préparatifs pour assiéger la cité intérieure, et il avait déjà transporté quatre mille hommes de troupes dans l'île de Ladè, quand la puissante flotte persane arriva en vue, mais se trouva exclue de Milêtos, et obligée de s'amarrer sous le promontoire voisin de Mykale. Ne voulant pas renoncer sans une bataille à l'empire de la mer, Parmeniôn conseilla à Alexandre de combattre cette flotte, s'offrant à partager le danger à bord. Mais Alexandre désapprouva sa proposition, affirmant que sa flotte était inférieure non moins en habileté qu'en nombre; que la parfaite éducation militaire des Macédoniens ne servirait de rien à bord, et qu'une défaite navale serait le signal d'une insurrection en Grèce. Outre ces raisons de prudence, objet du débat, Alexandre et Parmeniôn différaient encore au sujet de ce que les dieux promettaient dans la circonstance. Sur le bord de la mer, près de la poupe des vaisseaux macédoniens, Parmeniôn avait vu un aigle, ce qui lui avait inspiré le ferme espoir que les vaisseaux seraient victorieux. Mais Alexandre soutint que cette interprétation était inexacte. Bien que l'aigle lui promît sans doute une victoire, cependant il avait été vu à terre, — et par conséquent ses victoires seraient sur terre : — aussi, le résultat annoncé était-il qu'il triompherait de la flotte persane au moyen d'opérations sur terre (1). Cette partie du débat, entre deux militaires pratiques de talent, n'est pas ce qu'il y a de moins intéressant, en ce qu'elle explique, non-seulement les susceptibilités religieuses de l'époque, mais encore la flexibilité de ce procédé d'interprétation, qui se prêtait également bien à des conséquences totalement opposées. La différence entre un prophète sagace et un prophète lourd d'esprit, adaptant des présages ambigus à des conclusions avantageuses ou funestes, avait une importance très-considérable dans l'antiquité.

----

(1) Arrien, I, 18, 9-15; I, 20, 2.

Alexandre se prépara alors à attaquer vigoureusement Milètos, en repoussant avec dédain une offre que lui fit un citoyen milésien nommé Glaukippos, — à savoir que la cité fût neutre et ouverte à lui aussi bien qu'aux Perses. Sa flotte, sous Nikanor, occupa le port, bloqua son entrée étroite contre les Perses, et fit des démonstrations menaçantes du bord de l'eau, tandis que lui-même amena contre les murs ses engins à battre en brèche, les ébranla ou les renversa en plusieurs endroits, et ensuite prit la cité d'assaut. Les Milésiens, avec la garnison mercenaire grecque, se défendirent vaillamment, mais l'impétuosité de l'attaque triompha de leur résistance. Un nombre considérable d'entre eux furent tués, et il n'y eut pas pour eux d'autre moyen de s'échapper que de sauter dans de petits bateaux ou de flotter sur le creux d'un bouclier. La plupart même de ces fugitifs furent tués par les marins des trirèmes macédoniennes, mais une division de trois cents mercenaires grecs gagna un rocher isolé près de l'entrée du port, et s'y disposa à vendre chèrement sa vie. Alexandre, aussitôt que ses soldats furent complétement maîtres de la cité, alla lui-même, monté sur un vaisseau, pour attaquer les mercenaires sur le roc, prenant avec lui des échelles afin d'y effectuer un débarquement. Mais quand il vit qu'ils étaient résolus à faire une défense désespérée, il préféra leur accorder une capitulation, et il les reçut à son propre service (1). Aux citoyens milésiens qui survivaient il accorda la condition de cité libre, tandis qu'il fit vendre comme esclaves tous les autres prisonniers.

La puissante flotte persane du promontoire voisin de Mykale fut forcée de voir, sans pouvoir l'empêcher, la prise de Milètos, et bientôt elle fut conduite à Halikarnassos. En même temps, Alexandre en arriva à prendre la résolution de licencier sa propre flotte qui, tout en lui coûtant plus qu'il ne pouvait y dépenser à ce moment, n'était néanmoins pas en état de lutter avec l'ennemi en pleine mer. Il comp-

(1) Arrien, I, 19 ; Diodore, XVII, 22.

borna alors au siége d'Halikarnassos. Ses soldats, protégés
contre les traits par des appentis mobiles (appelés tortues),
comblèrent insensiblement le fossé large et profond qui entourait la ville, de manière à pratiquer une route unie pour
que ses engins (tours de bois roulantes) arrivassent tout
près des murailles. Les engins y ayant été amenés, l'œuvre
de démolition se poursuivit avec succès, nonobstant de vi-
goureuses sorties faites par la garnison, repoussées, bien
que non sans pertes et difficultés, par les Macédoniens.
Bientôt les coups de machines à battre en brèche eurent
renversé deux tours du mur de la cité, avec deux largeurs
intermédiaires de murs, et un troisième mur commençait à
menacer ruine. Les assiégés étaient employés à élever un
mur intérieur de briques pour couvrir l'espace ouvert, et une
immense tour de bois de quarante-cinq mètres de hauteur
dans le dessein de lancer des projectiles (1). Il paraît qu'A-
lexandre attendait la démolition complète de la troisième
tour avant de juger la brèche assez large pour qu'il pût
donner l'assaut; mais il en fut donné un prématurément
par deux soldats téméraires de la division de Perdikkas (2).
Ces hommes, échauffés par le vin, s'élancèrent seuls pour
attaquer le poste de Mylasa, et tuèrent les plus avancés des
défenseurs qui vinrent pour s'opposer à eux, jusqu'à ce
qu'enfin des renforts arrivant successivement des deux côtés,
un combat général s'engageât à une faible distance du mur.
A la fin, les Macédoniens furent victorieux, et refoulèrent
les assiégés dans la cité. La confusion fut telle que la cité
aurait pu être emportée, si l'on avait pris à l'avance les
mesures nécessaires. La troisième tour fut bientôt renversée; néanmoins, avant que cela pût se faire, les assiégés
avaient déjà achevé leur demi-lune, contre laquelle conséquemment Alexandre fit pousser le lendemain ses engins.
Toutefois, dans cette position avancée, étant pour ainsi dire

---

(1) Cf. Arrien, I, 21, 7, 8; Diodore,
XVII, 25, 26.
(2) Arrien (I, 21, 5) et Diodore
(XVII, 25) mentionnent tous deux
cette action des deux soldats de Perdikkas, bien que Diodore dise qu'elle
se fit de nuit, ce qui ne peut guère
être vrai.

en dedans du cercle du mur de la cité, les Macédoniens
étaient exposés à des décharges non-seulement des engins
qu'ils avaient en face, mais des tours encore debout de
chaque côté d'eux. De plus, à la nuit, une nouvelle sortie
fut faite avec tant d'impétuosité qu'une partie de l'ouvrage
d'osier destiné à couvrir les machines, et même le boisage
de l'une d'elles, furent brûlés. Ce ne fut pas sans difficulté
que Philôtas et Hellanikos, les officiers de garde, sauvèrent
les autres, et les assiégés ne finirent par être refoulés que
quand Alexandre parut lui-même avec des renforts (1). Bien
que ses troupes eussent été victorieuses dans ces combats
successifs, cependant il ne pouvait enlever ses morts qui
étaient tout près des murs sans solliciter une trêve afin de
les ensevelir. Une pareille requête était habituellement regardée comme un aveu de défaite; néanmoins Alexandre
sollicita la trêve, qui fut accordée par Memnôn, malgré
l'opinion contraire d'Ephialtês (2).

Après quelques jours d'intervalle, consacrés à ensevelir
les morts et à réparer les machines, Alexandre renouvela
une attaque contre la demi-lune, sous sa surveillance personnelle. Parmi les chefs à l'intérieur, la conviction que
la place ne pourrait tenir longtemps gagnait du terrain.
Ephialtês, en particulier, déterminé à ne pas survivre à la
prise, et voyant que la seule chance de salut consistait à
détruire les engins de siége, obtint de Memnôn la permission de se mettre à la tête d'une dernière sortie désespérée (3). Il prit immédiatement près de lui deux mille

---

(1) Arrien, I, 21, 7-12.

(2) Diodore, XVII, 25.

(3) La dernière lutte désespérée des
assiégés est ce qui est décrit dans
I, 22 d'Arrien et dans XVII, 26, 27 de
Diodore, bien que les deux descriptions soient très-différentes. Arrien ne
nomme pas Ephialtês à Halikarnassos.
Il suit les auteurs macédoniens Ptolémée et Aristobule, qui probablement
ne s'occupaient que de Memnôn et des
Perses, comme étant leurs ennemis

réels, considérant les Grecs en général
comme une portion de l'armée de leurs
adversaires. D'autre part, Diodore et
Q.-Curce paraissent avoir suivi, en
grande partie, des auteurs grecs, aux
yeux desquels des exilés athéniens
éminents, comme Ephialtês et Charidèmos, comptaient pour beaucoup plus.

Le fait mentionné ici par Diodore, à
savoir qu'Ephialtês repoussa la jeune
garde macédonienne, et que la bataille
ne fut rétablie que par les efforts ex-

hommes de troupes d'élite, une moitié pour attaquer l'ennemi, l'autre avec des torches pour brûler les engins. Au point du jour, toutes les portes étant soudainement et simultanément ouvertes, les soldats, opérant la sortie, se précipitèrent hors de chacune d'elles contre les assiégeants, les machines de l'intérieur les appuyant par des décharges multipliées de traits. Ephialtès, avec sa division, marchant droit contre les Macédoniens de garde au point principal d'attaque, les assaillit impétueusement, tandis que ses soldats qui portaient les torches essayaient de mettre le feu aux engins. Distingué lui-même non moins par sa force personnelle que par sa valeur, il occupait le premier rang, et il était si bien secondé par le courage et le bon ordre de ses soldats chargeant en colonne profonde que pendant un moment il eut l'avantage. On réussit à incendier quelques machines, et la garde avancée des troupes macédoniennes, consistant en jeunes soldats, lâcha pied et s'enfuit. Elle fut ralliée en partie par les efforts d'Alexandre, mais plus encore par les vieux soldats macédoniens, qui avaient fait ensemble toutes les campagnes de Philippe, et qui, étant exempts des veilles de nuit, étaient campés plus en arrière. Ces vétérans, parmi lesquels le plus remarquable était un soldat nommé Atharrias, faisant honte à leurs camarades de leur lâcheté (1), prirent leur ordre de phalange accoutumé, et dans cet état résistèrent à la charge de l'ennemi victorieux et le repoussèrent. Ephialtès, au premier rang des combattants, fut tué, les autres furent refoulés dans

---

traordinaires de la vieille garde, — a beaucoup d'intérêt, et je ne vois pas de raison pour n'y pas croire, quoique Arrien n'en parle pas. Q.-Curce (V, 2; VIII, 1) y fait allusion dans une occasion subséquente, en nommant Atharrias ; la partie de son ouvrage dans laquelle il aurait dû être raconté est perdue. En cette occasion, comme dans d'autres, Arrien glisse sur les revers, *les obstacles et les pertes partiels de la carrière d'Alexandre.* Ses autorités

faisaient probablement de même avant lui.

(1) Diodore, XVI, 27; Q.-Curce, V, 1; VIII, 2. ...Οἱ γὰρ πρεσβύτατοι τῶν Μακεδόνων, διὰ μὲν τὴν ἡλικίαν ἀπολελυμένοι τῶν κινδύνων, συνεστρατευμένοι δὲ Φιλίππῳ... τοῖς μὲν φυγομαχοῦσι νεωτέροις πικρῶς ὠνείδισαν τὴν ἀνανδρίαν, αὐτοὶ δὲ συναθροισθέντες, καὶ συνασπίσαντες, ὑπέστησαν τοὺς δοκοῦντας ἤδη νενικηκέναι...

la cité, et les machines incendiées furent sauvées avec quelque dommage. Pendant le même temps, un conflit opiniâtre s'était engagé à la porte appelée Trypilon, par laquelle les assiégés avaient fait une autre sortie, sur un pont étroit jeté en travers du fossé. Là les Macédoniens étaient sous le commandement de Ptolemæos (non le fils de Lagos), l'un des gardes du corps du roi. Ce général, avec deux ou trois autres officiers distingués, périt dans la lutte acharnée qui s'ensuivit; mais les soldats qui avaient effectué la sortie furent enfin repoussés et rejetés dans la ville (1). Les assiégés, en essayant de rentrer dans les murs, firent des pertes sérieuses, étant vigoureusement poursuivis par les Macédoniens.

Par ce dernier et malheureux effort, la force défensive d'Halikarnassos fut détruite. Memnôn et Orontobatès, convaincus qu'il n'était plus possible de défendre la ville, profitèrent de la nuit pour mettre le feu à leurs engins à projectiles et à leurs tours de bois, aussi bien qu'à leurs magasins d'armes, ainsi qu'aux maisons voisines du mur extérieur, tandis qu'ils emmenaient les troupes, les provisions et les habitants, en partie à la citadelle appelée Salmakis, — en partie à l'îlot voisin nommé Arkonnesos, en partie à l'île de Kos (2). Cependant, tout en évacuant ainsi la ville, ils maintinrent encore de bonnes garnisons bien approvisionnées dans les deux citadelles qui en dépendaient. L'incendie, stimulé par un vent violent, se répandit au loin. Il fut seulement éteint par ordre d'Alexandre quand il entra dans la ville et mit à mort tous ceux qu'il trouva avec des brandons. Il ordonna que les Halikarnassiens trouvés dans les maisons fussent épargnés, mais que la cité elle-même fût démolie. Il assigna toute la Karia à Ada, comme principauté, sans doute sous condition d'un tribut. Comme les citadelles occupées par l'ennemi étaient assez fortes pour demander un long siége, il ne jugea pas nécessaire de rester

_____

(1) Arrien, I, 22, 5.   (2) Arrien, I, 23, 3, 4; Diodore, XVII, 27.

en personne dans le dessein de les réduire ; mais, les entourant d'un mur de blocus, il laissa Ptolemæos et trois mille hommes pour le garder (1).

Après avoir achevé le siége d'Halikarnassos, Alexandre renvoya son artillerie à Tralles, et ordonna à Parmeniôn, avec une partie considérable de la cavalerie, l'infanterie alliée et les chariots des bagages, de se rendre à Sardes.

Il employa les mois de l'hiver suivant (334-333 av. J.-C.) à la conquête de la Lykia, de la Pamphylia et de la Pisidia. Toute cette côte méridionale de l'Asie Mineure est montagneuse, la chaîne du mont Taurus descendant presque jusqu'à la mer, de manière à laisser peu ou point de largeur intermédiaire de plaine. Malgré une situation d'une aussi grande force, la terreur inspirée par les armes d'Alexandre était telle, que toutes les villes lykiennes, — Hyparna, Telmissos, Pinara, Xanthos, Patara et trente autres, — se soumirent à lui sans coup férir (2). Une seule parmi elles, appelée Marmareis, résista jusqu'à la dernière extrémité (3). En atteignant le territoire nommé Milyas, la frontière phrygienne de la Lykia, Alexandre reçut la reddition de la cité maritime grecque Phasêlis. Il aida les Phasélites à détruire un fort dans la montagne, élevé et muni d'une garnison contre eux par les montagnards pisidiens du voisinage, et il rendit un hommage public à la sépulture de leur concitoyen décédé, le rhéteur Theodektès (4).

Après cette courte halte à Phasêlis, Alexandre dirigea sa course vers Pergê en Pamphylia. La route ordinaire par la montagne, par laquelle il envoya la plus grande partie de son armée, était si difficile qu'il fallut la faire niveler en quelques endroits par des troupes légères thraces envoyées en avant dans ce dessein. Mais le roi lui-même, avec un détachement d'élite, prit une route plus difficile encore, appelée Klimax (échelle), au pied des montagnes, le long du bord de la mer. Quand le vent soufflait du sud, cette

(1) Arrien, I, 23, 3, 4; Diod., XVII, 27.
(2) Arrien, I, 24, 6-9.
(3) Diodore, XVII, 28.
(4) Arrien, I, 24, 11; Plutarque, Alexand. 17.

route était couverte par une eau si profonde qu'elle devenait impraticable ; avant qu'il parvînt à cet endroit, le vent avait soufflé violemment du sud pendant quelque temps, — mais quand il en approcha, la providence spéciale des dieux (c'est ainsi que lui et ses amis le crurent) fit tourner le vent au nord, de sorte que la mer se retira et laissa un passage dont il put profiter, bien que ses soldats eussent de l'eau jusqu'à la ceinture (1). De Pergè il marcha sur Sidè, et il reçut en route des députés d'Aspendos, qui offrirent de livrer leur cité, mais le supplièrent de ne pas y mettre de garnison, ce qu'ils obtinrent en promettant cinquante talents en espèces, en même temps que les chevaux qu'ils menaient comme tribut au roi de Perse. Après avoir laissé une garnison à Sidè, il avança droit vers une place forte appelée Syllion, défendue par des indigènes braves avec un corps de mercenaires qui les soutenait. Ces hommes tinrent bon, et même repoussèrent un premier assaut qu'Alexandre ne s'arrêta pas pour répéter, étant informé que les Aspendiens avaient refusé d'exécuter les conditions imposées, et avaient mis leur cité en état de défense. Revenant rapidement, il les força à se soumettre, et il retourna ensuite à Pergè, d'où il dirigea sa course vers la grande Phrygia (2), à travers les montagnes difficiles et la population presque indomptable de la Pisidia.

Après être resté dans les montagnes pisidiennes assez longtemps pour réduire plusieurs villes ou forts, Alexandre s'avança au nord en Phrygia, passant par le lac salé appelé Askanios, jusqu'à la forteresse escarpée et imprenable de Kelænæ, qui renfermait une garnison de mille Kariens et de cent Grecs mercenaires. Ces hommes, n'ayant aucun secours à espérer des Perses, offrirent de rendre la forte-

---

(1) Arrien, I, 26, 4. Οὐκ ἄνευ τοῦ θείου, ὡς αὐτός τε καὶ οἱ ἀμφ' αὐτὸν ἐξηγοῦντο, etc. Strabon, XIV, p. 666; Q.-Curce, V, 3, 22.

On doit prendre les mots de Plutarque (Alexand. 17) comme signifiant qu'Alexandre ne se vanta pas autant de cette faveur spéciale des Dieux que quelques-uns de ses panégyristes le firent pour lui.

(2) Arrien, I, 27, 1-8.

resse, si un pareil secours n'arrivait pas avant soixante jours (1). Alexandre accepta la proposition, resta dix jours à Kelænæ, et laissa Antigonos (plus tard le plus puissant parmi ses successeurs) comme satrape de Phrygia avec quinze cents hommes. Il se dirigea ensuite au nord, vers Gordion, sur le fleuve Sangarios, où Parmenión avait ordre de le rejoindre, et où se terminait sa campagne d'hiver (2).

---

(1) Q.-Curce, III, 1, 8.   (2) Arrien, I, 29, 1-5.

APPENDICE

Les renseignements donnés ici au sujet de la longueur de la sarissa portée par le phalangite, sont empruntés de Polybe, dont la description est en tout point claire et conséquente avec elle-même. « La sarissa (dit-il) est longue de seize coudées, suivant la théorie originelle; et de quatorze coudées, telle qu'elle est adaptée à la pratique actuelle ». — Τὸ δὲ τῶν σαρισσῶν μέγεθός ἐστι, κατὰ μὲν τὴν ἐξ ἀρχῆς ὑπόθεσιν, ἑκκαίδεκα πηχῶν, κατὰ δὲ τὴν ἁρμογὴν τὴν πρὸς τὴν ἀλήθειαν, δεκατεσσάρων. Τούτων δὲ τοὺς τέσσαρας ἀφαιρεῖ τὸ μεταξὺ τῶν χεροῖν διάστημα, καὶ τὸ κατόπιν σήκωμα τῆς προβολῆς (XVIII, 12).

On peut probablement comprendre que la différence indiquée ici par Polybe entre la longueur en théorie et celle en pratique signifie que les phalangites, dans les exercices, se servaient de piques plus longues; et en service, de plus petites; précisément comme les soldats romains étaient habitués dans leurs exercices à faire usage d'armes plus lourdes que celles qu'ils employaient contre l'ennemi.

Parmi les écrivains modernes sur la Tactique, Léon (Tact. VI, 39) et Constantin Porphyrogénète répètent la double mesure de la sarissa telle que la donne Polybe. Arrien (Tact. c. 12) et Polyen (II, 29, 2) portent sa longueur à seize coudées, — Ælien (Tact. c. 14) donne quatorze coudées. Tous ces auteurs suivent Polybe; ou quelque autre autorité s'accordant avec lui. Aucun d'eux ne le contredit, bien qu'aucun n'expose le cas aussi clairement qu'il le fait.

MM. Rüstow et Koechly (Gesch. des Griech. Kriegswesens, p. 238), auteurs du meilleur ouvrage que je connaisse relativement aux affaires militaires dans l'antiquité, rejettent l'autorité de Polybe telle qu'elle est ici. Ils soutiennent que le passage doit être corrompu, et que Polybe a dû vouloir dire que la sarissa avait seize *pieds* (anglais) de longueur, — non seize *coudées*. Je ne puis souscrire à leur opinion, et je ne crois pas que la critique qu'ils font de Polybe soit juste.

D'abord, ils raisonnent comme si Polybe avait dit que la sarissa du service réel avait *seize* coudées de long. Calculant le poids d'une telle arme par l'épaisseur nécessaire pour le manche, ils déclarent qu'elle ne serait pas maniable. Mais Polybe donne la longueur réelle comme n'étant que de *quatorze* coudées : différence très-considérable. Si nous acceptons l'hypothèse de ces auteurs, à savoir qu'une corruption du texte nous a fait lire des *coudées* là où nous aurions dû lire des *pieds*, — il s'ensuivra que la longueur de la sarissa, telle que la donne Polybe, devait être de *quatorze pieds*, non de *seize pieds*. Or cette longueur n'est pas suffisante pour justifier divers passages dans lesquels il est parlé de sa prodigieuse longueur.

Ensuite, ils imputent à Polybe une contradiction quand il dit que le soldat romain occupait un espace de trois pieds, égal à celui qu'un soldat macédonien occupait, — et cependant que dans le combat, il avait deux soldats macédoniens et dix piques, opposés à lui (XVIII, 13). Mais il n'y a ici aucune contradiction : car Polybe dit expressément que le Romain, bien qu'il occupât trois pieds quand la légion était rangée en ordre, avait besoin, quand il combattait, d'une expansion des rangs et d'un intervalle plus grand jusqu'à la mesure de trois pieds derrière lui et de chaque côté de lui (χάλασμα καὶ διάστασιν ἀλλήλων ἔχειν δεήσει τοὺς ἄνδρας ἐλάχιστον τρεῖς πόδας κατ' ἐπιστάτην καὶ παραστάτην) afin d'avoir libre jeu pour son épée et son bouclier. Il est donc parfaitement vrai que chaque soldat romain, quand il s'avançait réellement pour attaquer la phalange, occupait autant de terrain que deux phalangites, et avait affaire à dix piques.

De plus, il est impossible de supposer que Polybe, en parlant de *coudées*, voulût réellement dire *pieds*; vu que (c. 12) il parle de *trois pieds* comme étant l'intervalle *entre chaque* rang dans la file, et que ces *trois pieds* sont évidemment présentés comme égaux à *deux coudées*. Son calcul ne sera pas juste, si à la place de *coudées* l'on substitue *pieds*.

Nous devons donc prendre l'assertion de Polybe telle que nous la trouvons; à savoir que la pique du phalangite avait quatorze coudées ou vingt et un pieds (anglais) de longueur. Or Polybe avait tous les moyens possibles pour être bien renseigné sur ce point. Il avait plus de trente ans à l'époque de la dernière guerre des Romains contre le roi macédonien Perseus, guerre dans laquelle il servit lui-même. Il connaissait intimement Scipion, fils de Paul Émile, qui gagna la bataille de Pydna. En dernier lieu, il avait donné une grande attention à la tactique, et avait même écrit un ouvrage exprès sur ce sujet.

On pourrait croire à la vérité que l'assertion de Polybe, bien que vraie pour son temps, ne l'était pas pour celui de Philippe et d'Alexandre. Mais il n'y a rien à l'appui d'un pareil soupçon, — qui de plus est expressément désavoué par Rüstow et Koechly.

Sans doute vingt et un pieds est une prodigieuse longueur, maniable seulement par des hommes spécialement exercés, et incommode pour toute évolution. Mais ce sont précisément les termes avec lesquels on parle toujours de la pique du phalangite. C'est ainsi que Tite-Live dit, XXXI, 39 : « Erant pleraque silvestria circa, incommoda phalangi maximè Macedonum ; quæ, nisi ubi *prælongis hastis* velut vallum ante clypeos objicit (quod ut fiat, libero campo opus est) nullius admodum usûs est. » Cf. encore Tite-Live, XLIV, 40, 41, où, entre autres choses qui font comprendre l'immense longueur de la pique, nous trouvons : « Si carptim aggrediendo, circumagere *immobilem longitudine et gravitate hastam* cogas, confusa strue implicatur ; » et XXXIII, 8, 9.

Xénophon nous dit que les Dix Mille Grecs dans leur retraite eurent à se frayer un chemin de vive force à travers le territoire des Chalybes, qui portaient une pique longue de *quinze coudées* avec une courte épée : il ne mentionne pas de bouclier; mais ils avaient des jambières et des casques (Anab. IV, 7, 15). C'est une longueur plus grande que celle que Polybe assigne à la pique du phalangite macédonien. Les Mosynœki défendirent leur citadelle « avec des piques si longues et si grosses qu'un homme pouvait difficilement les porter » (Anabas. V. 4, 26). Dans l'Iliade, quand les Troyens pressaient fort les vaisseaux grecs, et cherchaient à y mettre le feu, Ajax est représenté comme se plaçant sur la poupe, et tenant les assaillants à distance au moyen d'une pique propre à percer de vingt-deux coudées ou trente-trois pieds de longueur (ξυστὸν ναύμαχον ἐν

παλάμῃσιν, — δυωκάιεικοσίπηχυ, Iliade, XV, 678). La lance d'Hektôr a dix ou
onze coudées de longueur, — elle est destinée à être lancée (Iliade, VI, 319;
VIII, 494), — la leçon n'est pas fixée, soit ἔγχος ἐχ' ἐνδεκάπηχυ, soit ἔγχος ἔχεν
δεκάπηχυ.

L'infanterie suisse et les lansquenets allemands, au seizième siècle, étaient à
bien des égards une reproduction de la phalange macédonienne : rangs serrés,
files profondes, longues piques, et les trois ou quatre premiers rangs composés des
hommes les plus forts et les plus braves du régiment, — soit officiers, soit soldats d'élite recevant une double paye. La longueur et la rangée impénétrable de
leurs piques leur permettaient de résister à la charge de la grosse cavalerie ou
gens d'armes : on ne pouvait leur résister de front, à moins que l'ennemi ne pût
trouver le moyen de pénétrer entre les piques, ce qui se faisait quelquefois, bien
que rarement. Leur grande confiance était dans la longueur de la pique. — Ma-
chiavel dit d'eux (Ritratti dell' Alamagna, Opere, t. IV, p. 159; et Dell' Arte
della Guerra, p. 232-236) : « Dicono tenere tale ordine, che non é possibile en-
trare tra loro, né accostarseli, quanto é la picca lunga. Sono ottime genti in
campagna, à far giornata : ma per espugnare terre non vagliono, e poco nel
difenderlo; ed universalmento, done non possano tenere l'ordine loro della mi-
lizia, non vagliono. »

CHAPITRE III

SECONDE ET TROISIÈME CAMPAGNE D'ALEXANDRE EN ASIE. — BATAILLE D'ISSUS. — SIÉGE DE TYR.

Alexandre tranche le nœud gordien. — Il refuse de délivrer les prisonniers athéniens. — Progrès de Memnôn et de la flotte persane; ils acquièrent Chios et une partie considérable de Lesbos; ils assiégent Mitylênê; mort de Memnôn; prise de Mitylênê. — Espérances excitées en Grèce par la flotte persane, mais ruinées par la mort de Memnôn. — La mort de Memnôn, malheur irréparable pour Darius. — Changement dans le plan de Darius causé par cet événement; il se décide à prendre l'offensive sur terre; son immense armée de terre. — Libre langage et jugement sain de Charidêmos; il est mis à mort par Darius. — Darius abandonnait les plans de Memnôn, juste au moment où il avait la meilleure position défensive pour les exécuter avec effet. — Darius rappelle les mercenaires grecs de la flotte. — Critique d'Arrien au sujet du plan de Darius. — Marche d'Alexandre de Gordion à travers la Paphlagonia et la Kappadokia. — Il arrive à la ligne du mont Taurus; difficultés du passage. — Conduite d'Arsamès, le satrape persan; Alexandre franchit le Taurus sans trouver la moindre résistance; il entre dans Tarsos. — Dangereuse maladie d'Alexandre; sa confiance dans le médecin Philippe, qui le guérit. — Opérations d'Alexandre en Kilikia. — Alexandre sort de la Kilikia et se rend par Issus à Myriandros. — Marche de Darius de l'intérieur jusqu'au versant oriental du mont Amanus; nombre immense de son armée; luxe et richesse qu'elle déploie; le trésor et les bagages sont envoyés à Damaskos (Damas). — Position de Darius dans la plaine à l'est du mont Amanus; il ouvre les défilés de la montagne, pour laisser Alexandre la traverser et livrer une bataille rangée. — Impatience que cause à Darius le retard d'Alexandre en Kilikia; il franchit le mont Amanus pour attaquer Alexandre dans les défilés de la Kilikia. — Il arrive sur les derrières d'Alexandre et s'empare d'Issus. — Alexandre revient de Myriandros; son discours à son armée. — Position de l'armée macédonienne au sud du fleuve Pinaros. — Position de l'armée persane au nord du Pinaros. — Bataille d'Issus. — Alarme et fuite immédiate de Darius; défaite des Perses. — Poursuite vigoureuse et destructive exécutée par Alexandre; prise de la mère et de l'épouse de Darius. — Alexandre traite courtoisement les princesses prisonnières. — Complète dispersion de l'armée persane; Darius repasse l'Euphrate; fuite de quelques mercenaires perso-grecs. — Prodigieux effet produit par la victoire d'Issus. — Effets produits en Grèce par la bataille d'Issus; projets antimacédoniens détruits.

— Prise de Damaskos par les Macédoniens, avec le trésor et les prisonniers persans. — Capture et traitement de l'Athénien Iphikratês; changement dans la position relative des Grecs et des Macédoniens. — Alexandre en Phénicie; Arados, Byblos et Sidon lui ouvrent leurs portes. — Lettre de Darius sollicitant la paix et la restitution des royales captives; réponse hautaine d'Alexandre. — Importance de la reddition volontaire des villes phéniciennes à Alexandre. — Alexandre paraît devant Tyr; les Tyriens sont disposés à se rendre, non toutefois sans un point réservé; il se décide à assiéger la cité. — Dispositions exorbitantes et conduite d'Alexandre. — Il s'apprête à assiéger Tyr; situation de la place. — Chances des Tyriens; leur résolution non déraisonnable. — Alexandre construit un môle en travers du détroit entre Tyr et le continent; le projet est ruiné. — Les princes de Kypros se rendent à Alexandre; il devient maître de la flotte phénicienne et kypriote. — Il paraît devant Tyr avec une nombreuse flotte, et bloque la ville du côté de la mer. — Tyr est prise d'assaut; résistance désespérée des citoyens. — Hommes survivants, au nombre de deux mille, pendus par ordre d'Alexandre; le reste des captifs vendu. — Durée du siége pendant sept mois; sacrifice offert par Alexandre à Hêraklês. — Seconde lettre de Darius à Alexandre, qui demande une soumission sans conditions. — La flotte macédonienne l'emporte sur la flotte persane, et devient maîtresse de la mer Ægée avec les îles. — Marche d'Alexandre vers l'Égypte; siége de Gaza. — Ses premiers assauts échouent; il est blessé; il élève une immense levée autour de la ville. — Gaza est prise d'assaut, après un siége de deux mois. — Toute la garnison est tuée, à l'exception du gouverneur Batis, qui devient prisonnier, étant grièvement blessé. — Colère d'Alexandre contre Batis, qu'il fait lier à un char et traîner autour de la ville. — Alexandre entre en Égypte, et l'occupe sans rencontrer de résistance. — Il prend la résolution de fonder Alexandrie. — Sa visite au temple et à l'oracle d'Ammon; l'oracle le déclare fils de Zeus. — Arrangements faits par Alexandre à Memphis; prisonniers grecs amenés de la mer Ægée. — Il s'avance vers la Phénicie; message d'Athènes; fêtes magnifiques; renforts envoyés par Antipater. — Il se dirige sur l'Euphrate, — et le traverse sans opposition à Thapsakos. — Marche à travers le pays depuis l'Euphrate jusqu'au Tigre; Alexandre passe le Tigre à gué au-dessus de Ninive, sans trouver de résistance. — Éclipse de lune; Alexandre s'approche de l'armée de Darius en position. — Inaction de Darius depuis la bataille d'Issus. — La captivité de sa mère et de son épouse eut pour effet de le paralyser. — Bon traitement accordé aux captives par Alexandre; nécessaire pour conserver leur valeur comme otages. — Immense armée réunie par Darius dans les plaines à l'est du Tigre, près d'Arbèles. — Il fixe l'endroit pour camper et attendre l'attaque d'Alexandre — dans une plaine unie près de Gaugamela. — Son équipement et ses préparatifs; armes meilleures; nombreux chars armés de faux; éléphants. — Position et ordre de bataille de Darius. — Mouvements préliminaires d'Alexandre; discussion avec Parmeniôn et les autres officiers; il fait une soigneuse reconnaissance en personne. — Dispositions d'Alexandre pour l'attaque; ordre de ses troupes. — Bataille d'Arbèles. — Lâcheté de Darius; il donne l'exemple de la fuite; défaite des Perses. — Combat à la droite persane entre Mazæos et Parmeniôn. — Fuite de l'armée persane; poursuite énergique opérée par Alexandre. — Darius échappe en personne; prise du camp persan et d'Arbèles. — Pertes dans la bataille; victoire complète; entière et irréparable dispersion de l'armée persane. — Causes de la défaite; lâcheté de Darius; inutilité de son immense quantité d'hommes. — Talent d'Alexandre comme général. — Reddition de Babylone

Ce fut vers février ou mars 333 avant J.-C. qu'Alexandre parvint à Gordion, où il paraît s'être arrêté pendant quelque temps, pour donner aux troupes qui avaient été avec lui en Pisidia un repos sans doute nécessaire. Pendant qu'il était à Gordion, il accomplit le mémorable exploit connu familièrement comme le nœud gordien tranché. On conservait dans la citadelle un ancien chariot de grossière structure, que la légende disait avoir appartenu jadis au paysan Gordios et à son fils Midas, — ces primitifs rois rustiques de la Phrygia, désignés comme tels par les dieux, et choisis par le peuple. La corde (composée de fibres de l'écorce d'un cornouiller) qui attachait le joug de ce chariot au timon était mêlée et entrelacée de manière à former un nœud si compliqué, que jamais personne n'avait pu le défaire. Un oracle avait annoncé que l'empire de l'Asie était destiné à la personne qui le dénouerait. Quand Alexandre monta à la citadelle pour voir cette ancienne relique, la multitude qui l'entourait, Phrygiens aussi bien que Macédoniens, était remplie de l'espoir que le vainqueur du Granikos et d'Halikarnassos triompherait des difficultés du nœud et acquerrait l'empire promis. Mais Alexandre, en examinant le nœud, fut aussi embarrassé que les autres l'avaient été avant lui, jusqu'à ce qu'enfin, dans un mouvement d'impatience, il tirât son épée et séparât la corde en deux. Tout le monde accepta cet acte comme la solution du problème qui rendait ainsi valable son titre à l'empire d'Asie, opinion que

les dieux ratifièrent en envoyant la nuit suivante un orage
mêlé de tonnerre et d'éclairs (1).

A Gordion, Alexandre reçut la visite d'ambassadeurs
d'Athènes, sollicitant la délivrance des Athéniens faits prisonniers au Granikos, qui travaillaient actuellement chargés
de chaînes dans les mines de la Macédoine. Mais il refusa
d'accéder à cette prière jusqu'à un moment plus convenable.
Sachant que les Grecs ne lui étaient attachés que par la
crainte, et que, s'il se présentait une occasion, une fraction
considérable d'entre eux prendrait parti pour les Perses, il
ne jugea pas prudent de lâcher l'étreinte par laquelle il
s'assurait de leur conduite (2).

A ce moment il ne semblait pas invraisemblable qu'une
pareille occasion se présentât. Memnôn, auquel une action
efficace avait été enlevée sur le continent depuis la perte
d'Halikarnassos, était occupé parmi les îles de la mer Ægée
(pendant la moitié de 333 avant J.-C.), dans le dessein de
porter la guerre en Grèce et en Macédoine. Investi du plus
ample commandement, il avait une immense flotte phénicienne et un corps considérable de mercenaires grecs, avec
son neveu Pharnabazos et le Perse Autophradatès. Après
avoir acquis l'importante île de Chios, grâce au concours de
ses habitants, il débarqua ensuite à Lesbos, où quatre des
cinq cités de l'île, soit par peur, soit par préférence, se déclarèrent en sa faveur; tandis que Mitylênê, la plus grande
des cinq, déjà occupée par une garnison macédonienne, lui
résista. Conséquemment Memnôn débarqua ses troupes et
commença le blocus de la cité tant sur mer que sur terre,
l'entourant d'un double mur palissadé d'une mer à l'autre.
Au milieu de cette opération il mourut de maladie; mais
son neveu Pharnabazos, auquel il avait provisoirement
remis le commandement, jusqu'à ce que la volonté de Darius
fût connue, poursuivit ses mesures avec vigueur, et réduisit
la ville à capituler. Il fut stipulé que la garnison introduite

---

(1) Arrien, II, 3; Q.-Curce, III, 2,   (2) Arrien, I, 29, 8.
17; Plutarque, Alex. 18; Justin, XI, 7.

par Alexandre serait renvoyée; que la colonne constatant
une alliance avec lui serait démolie; que les Mitylénéens
deviendraient alliés de Darius, aux conditions de l'ancienne
convention appelée du nom d'Antalkidas, et que les citoyens
bannis seraient rappelés et recouvreraient la moitié de
leurs biens. Mais Pharnabazos, une fois admis, viola immédiatement la capitulation. Non-seulement il extorqua des
contributions, mais il introduisit une garnison sous Lyko-
mèdès, et établit comme despote un exilé de retour nommé
Diogenès (1). Ce manque de foi était peu fait pour servir
l'extension ultérieure de l'influence persane en Grèce.

Si la flotte persane eût été aussi active un an plus tôt,
l'armée d'Alexandre n'aurait jamais pu débarquer en Asie.
Néanmoins, les acquisitions de Chios et de Lesbos, bien
qu'elles ne fussent faites que plus tard, étaient extrêmement
importantes en ce qu'elles promettaient des progrès futurs.
Plusieurs des îles Cyclades envoyèrent offrir leur adhésion
à la cause persane; la flotte était attendue en Eubœa, et les
Spartiates commençaient à compter sur un secours pour un
mouvement antimacédonien (2). Mais toutes ces espérances
furent détruites par la mort inopinée de Memnôn.

Ce ne fut pas seulement le talent supérieur de Memnôn,
mais encore sa réputation établie tant auprès des Grecs que
des Perses, qui firent que sa mort porta un coup fatal aux
intérêts de Darius. Les Perses avaient avec eux d'autres
officiers grecs, — braves et capables, — dont quelques-uns
probablement n'étaient pas impropres à exécuter tous les
plans du général rhodien. Mais aucun d'eux n'avait acquis
la même expérience dans l'art d'exercer le commandement
parmi les Orientaux, — aucun n'avait obtenu la confiance
de Darius au même degré, au point d'être investi de la direction réelle des opérations, et soutenu contre les calomnies de la cour. Bien qu'Alexandre fût devenu actuellement
maître de l'Asie Mineure, cependant les Perses avaient
d'amples moyens, s'ils s'en servaient d'une façon efficace,

---

(1) Arrien, II, 1, 4-2.   (2) Diodore, XVII, 29.

de défendre tout ce qui leur restait encore, et même de
l'inquiéter sérieusement dans son royaume. Mais avec
Memnôn s'évanouit la dernière chance d'employer ces
moyens d'une manière sage et énergique. Toute l'importance de sa perte fut mieux appréciée par l'intelligent ennemi qu'il combattait que par le faible maître qu'il servait.
La mort de Memnôn, en affaiblissant la puissance des
Perses sur mer, donna tout le temps de réorganiser la flotte
macédonienne (1), et d'employer l'armée de terre entière
pour de nouvelles conquêtes dans l'intérieur de l'empire (2).

Si la mort de cet éminent Rhodien servit Alexandre par
rapport à ses opérations, le changement de politique que
cet événement engagea Darius à adopter le servit encore
davantage. Le roi de Perse résolut de renoncer aux plans
défensifs de Memnôn, et de prendre l'offensive contre les
Macédoniens sur terre. Ses troupes, déjà convoquées des
diverses parties de l'empire, étaient arrivées en partie et
étaient en train de venir (3). Leur nombre devint de plus
en plus grand, et il finit par former une armée vaste et immense, dont le total est porté par quelques auteurs à six
cent mille hommes, — par d'autres à quatre cent mille
hommes d'infanterie et à cent mille de cavalerie. Le spectacle de cette masse imposante et brillante, avec toute variété d'armes, de costumes et de langues, remplit de confiance l'âme de Darius, surtout en ce qu'il y avait dans le
nombre de vingt mille à trente mille mercenaires grecs.
Les courtisans persans, fiers eux-mêmes et pleins d'assurance, stimulaient et exagéraient le même sentiment dans
le roi, qui se trouva confirmé dans la conviction qu'il avait
que ses ennemis ne pourraient jamais lui résister. De la
Sogdiane, de la Bactriane et de l'Inde, les contingents

---

(1) Arrien, II, 2, 6; Q.-Curce, III, 3,
19; III, 4, 8. « Nondum enim Mem-
nonem vita excessisse cognoverat
(Alexander), — satis gnarus, cuncta
in expedito fore, si nihil ab eo move-
retur. »

(2) Diodore, XVI, 31.

(3) Diodore, XVII, 30, 31. Diodore
représente le roi de Perse comme
ayant *commencé* à expédier des lettres
de convocation pour les troupes, *après*
qu'il eut appris la mort de Memnôn;
ce qui ne peut être vrai. Ces lettres
ont dû être envoyées auparavant.

n'avaient pas encore eu le temps d'arriver; mais la plupart
de ceux des peuples qui habitaient entre le golfe Persique
et la mer Caspienne étaient venus, — Perses, Mèdes, Arméniens, Derbikes, Barkaniens, Hyrkaniens, Kardakes, etc.,
qui tous, rassemblés dans les plaines de la Mesopotamia,
furent comptés, dit-on, comme les troupes de Xerxès dans
la plaine de Doriskos, au moyen d'une enceinte capable de
contenir exactement dix mille hommes, et dans laquelle on
fit passer tous les soldats successivement (1). Ni Darius lui-
même, ni aucun de ceux qui l'entouraient, n'avaient jamais
vu auparavant une manifestation aussi imposante de la force
souveraine persane. Pour un œil oriental, incapable d'apprécier les conditions réelles de la prépondérance militaire,
— accoutumé seulement au calcul grossier et visible du
nombre et de la force physique, — le roi qui s'avançait à la
tête d'une pareille armée paraissait comme un Dieu sur
la terre, certain de tout fouler aux pieds devant lui, précisément comme les Grecs l'avaient cru de Xerxès (2), et à
plus forte raison Xerxès l'avait cru de lui-même, un siècle
et demi auparavant. Comme tout cela aboutit à une erreur
ruineuse, on se défie souvent comme d'une vaine rhétorique
de la description de ce sentiment, faite par Quinte-Curce
et par Diodore. Cependant il est en réalité l'illusion naturelle d'hommes ignorants, en tant qu'opposée à un jugement
exercé et scientifique.

Mais bien que telle fut la conviction des Orientaux, elle
ne trouva pas d'écho dans le cœur d'un intelligent Athénien. Parmi les Grecs qui étaient en ce moment auprès de
Darius, se trouvait l'exilé athénien Charidêmos, qui, ayant
encouru l'implacable inimitié d'Alexandre, avait été forcé

---

(1) Q.-Curce, III, 2.
(2) Hérodote, VII, 56, — et le col-
loque entre Xerxès et Demaratos, VII,
103, 104, — où le langage qu'Hérodote prête à Xerxès est naturel et
instructif. D'autre part, la pénétration
supérieure de Cyrus le Jeune exprime
un suprême mépris pour l'inefficacité
militaire d'une multitude asiatique.
— Xénoph. Anabas. 1, 7, 4 : cf. le
rude langage de l'Arkadien Antiochos,
— Xénoph. Hellen. VII, 1, 38, et Cyropæd. VIII, 8, 20.

de quitter Athènes après la prise de Thèbes par les Macédoniens, et s'était enfui chez les Perses avec Ephialtès. Darius, fier de la toute-puissance apparente de son armée pendant la revue, et n'entendant qu'une seule voix de concours dévoué de la part des courtisans qui l'entouraient, demanda l'opinion de Charidêmos, dans la pleine confiance qu'il recevrait une réponse affirmative. Les espérances de Charidêmos étaient si intimement liées au succès de Darius, qu'il ne voulut pas étouffer ses convictions, quelque peu agréables qu'elles fussent à connaître, à un moment où il y avait possibilité qu'elles fussent utiles. Il répliqua (avec la même franchise que Demaratos avait jadis montrée à Xerxès) que la vaste multitude qu'il avait actuellement sous les yeux n'était pas propre à lutter contre le nombre relativement petit des envahisseurs. Il conseilla à Darius de ne pas faire fond sur les Asiatiques, mais d'employer ses immenses trésors à soudoyer une plus grande armée de mercenaires grecs. Il offrit ses services dévoués soit pour aider soit pour commander. Ses paroles furent pour Darius à la fois surprenantes et blessantes; mais elles provoquèrent chez les courtisans persans une colère intolérable. Enivrés comme ils l'étaient tous par le spectacle de leur immense rassemblement, ils regardaient que c'était joindre l'insulte à l'absurdité que de déclarer les Asiatiques sans valeur en tant que comparés aux Macédoniens, et que de dire au roi que son empire pouvait être défendu seulement par des Grecs. Ils dénoncèrent Charidêmos comme un traître qui voulait acquérir la confiance du roi, afin de le livrer à Alexandre. Darius, piqué lui-même de la réponse, et plus exaspéré encore par les clameurs de ses courtisans, saisit de ses propres mains la ceinture de Charidêmos, et le remit aux gardes pour qu'il fût exécuté. « Tu reconnaîtras trop tard (s'écria l'Athénien) la vérité de ce que j'ai dit. Celui qui doit me venger tombera bientôt sur toi (1). »

Plein comme il l'était alors d'espérances certaines de

---

(1) Q.-Curce, III, 2, 10-20; Diodore, XVII, 30.

succès et de gloire, Darius résolut de prendre en personne le commandement de son armée, et de s'avancer pour écraser Alexandre. Dès ce moment, son armée de terre devint la force réellement importante et agressive, avec laquelle il devait agir en personne. Ici nous signalons l'abandon distinct qu'il fait des plans de Memnôn, — point capital de sa fortune future. De plus, il les abandonnait au moment précis où ils auraient pu être exécutés de la manière la plus sûre et la plus complète. Car à l'époque de la bataille du Granikos, quand le conseil de Memnôn fut primitivement donné, il n'était pas facile d'agir d'après sa partie défensive, puisque les Perses n'avaient de position ni très-forte ni dominante. Mais actuellement, dans le printemps de 333 avant J.-C., ils avaient une ligne de défense aussi bonne qu'il leur était possible de la désirer ; avantages, dans le fait, qui ne pouvaient guère être égalés ailleurs. En premier lieu, il y avait la ligne du mont Taurus, qui empêchait Alexandre d'entrer en Kilikia ; ligne de défense (comme on le verra bientôt) presque inexpugnable. Puis, si Alexandre avait réussi à forcer cette ligne et à se rendre maître de la Kilikia, il serait encore resté la route étroite entre le mont Amanus et la mer, appelée Portes Amaniennes, et les Portes de Kilikia et d'Assyria, — et après cela, les défilés du mont Amanus lui-même, — qu'Alexandre devait inévitablement franchir tous, et que l'on pouvait garder, avec les précautions convenables, contre l'attaque la plus vigoureuse. Il ne pouvait se présenter une occasion meilleure d'exécuter la partie défensive du plan de Memnôn ; et sans doute il aurait dû compter lui-même que de pareils avantages ne seraient pas perdus.

L'important changement de politique, de la part du roi de Perse, se manifesta par l'ordre qu'il dépêcha à la flotte après avoir reçu la nouvelle de la mort de Memnôn. Confirmant la nomination de Pharnabazos (faite provisoirement par Memnôn mourant) comme amiral, il dépêcha en même temps Thymôdès (fils de Mentor et neveu de Memnôn) pour retirer de la flotte les mercenaires grecs qui servaient à bord, qu'il voulait incorporer dans la principale armée persane (1). C'était une preuve évidente que le fort des opérations offensives allait dorénavant passer de la mer à la terre.

Il est d'autant plus important de signaler ce changement de politique de la part de Darius, au point critique où se nouait le drame gréco-persan, — qu'Arrien et les autres historiens le laissent de côté, et ne nous présentent que peu de chose, à l'exception des points secondaires du cas. Ainsi, par exemple, ils condamnent l'imprudence que commit Darius en venant combattre Alexandre dans l'espace étroit près d'Issus, au lieu de l'attendre dans les spacieuses plaines au delà du mont Amanus. Or, incontestablement, en admettant qu'une bataille générale fût inévitable, cette démarche augmentait les chances en faveur des Macédoniens. Mais c'était une démarche qui ne devait amener aucune conséquence essentielle ; car l'armée persane sous Darius n'était guère moins impropre à une bataille rangée en rase campagne, comme on le vit plus tard à Arbèles. L'imprudence réelle, — mépris pour l'avis de Memnôn, — consistait à livrer bataille. Les montagnes et les défilés étaient la force réelle des Perses, endroits à occuper comme postes de défense contre l'envahisseur. Si Darius se trompa, ce ne fut pas tant en abandonnant la plaine ouverte de Sochi qu'en préférant dès le principe cette plaine avec une bataille rangée aux fortes lignes de défense que présentaient le Taurus et l'Amanus.

Le récit d'Arrien, exact peut-être en ce qu'il affirme, est non-seulement bref et incomplet, mais même il néglige en diverses occasions de mettre en relief les points réellement importants et déterminants.

Tandis qu'il faisait halte à Gordion, Alexandre fut rejoint par ces Macédoniens nouvellement mariés qu'il avait envoyés dans leur pays pour passer l'hiver, et qui revinrent alors avec des renforts au nombre de trois mille hommes d'infanterie et de trois cents de cavalerie, outre deux cents cava-

---

(1) Arrien, II, 2, 1; II, 13, 3; Q.-Curce, III, 3, 1.

liers thessaliens et cent cinquante eleiens (été, 333 av.
J.-C.) (1). Aussitôt que ses troupes eurent pris un repos suffisant, il marcha (probablement vers la seconde moitié de
mai) sur la Paphlagonia et la Kappadokia. A Ankyra, il rencontra une députation des Paphlagoniens qui se remettaient
à sa discrétion, le priant seulement de ne pas conduire son
armée dans leur pays. Acceptant ces conditions, il les plaça
sous le gouvernement de Kallas, son satrape de la Phrygia
hellespontine. S'avançant plus loin, il soumit toute la Kappadokia, même bien au delà de l'Halys, et il y laissa Sa-
biktas comme satrape (2).

   Après avoir établi la sécurité sur ses derrières, Alexandre
s'avança au sud vers le mont Taurus (333 av. J.-C.). Il parvint à un poste appelé le camp de Cyrus, au pied septentrional de cette montagne, près du défilé des Tauri-pylæ, ou
Portes kilikiennes, qui forme la communication régulière
entre la Kappadokia, sur le côté septentrional de cette
grande chaîne, et la Kilikia, sur son côté méridional. La
longue route ascendante et descendante était généralement
étroite, sinueuse et raboteuse, parfois entre deux berges
hautes et escarpées, et elle renfermait, près de son extrémité septentrionale, un endroit particulièrement obstrué et
difficile. Depuis l'antiquité jusqu'à nos jours, la grande route
d'Asie Mineure pour aller en Kilikia et en Syria a passé par
ce défilé. Pendant l'empire romain, elle doit sans doute
avoir été fort améliorée, de manière à rendre le commerce
relativement plus facile. Cependant la description que des
voyageurs modernes en font la représente comme aussi difficile qu'aucune route que jamais une armée ait traversée (3). Soixante-dix ans avant Alexandre, elle avait été

_____

(1) Arrien, I, 29, 6.
   (2) Arrien, II, 4, 2; Q.-Curce, III,
1, 22; Plutarque, Alex. 18.
   (3) Relativement à ce défilé, V. tome
XIII, ch. 1 de cette Histoire. Il y a
aujourd'hui deux défilés sur le Taurus,
d'Erekli sur le côté septentrional de la
montagne : — l'un, le plus oriental,

descendant sur Adana en Kilikia ; —
l'autre, le plus occidental, sur Tarse.
Dans la guerre (1832) entre les Turcs
et Ibrahim-Pacha, le commandant
turc laissa le défilé le plus occidental
sans le défendre, de sorte qu'Ibrahim-
Pacha le franchit sans opposition.
Les troupes turques occupèrent le dé-

traversée par Cyrus le Jeune avec les dix mille Grecs, quand il s'avança vers la haute Asie pour attaquer son frère Artaxerxès, et Xénophon (1), qui la franchit alors, la déclare absolument impraticable pour une armée, à laquelle résisteraient des forces maîtresses du défilé. Cyrus lui-même était si intimement convaincu de ce fait, qu'il avait préparé une flotte, dans le cas où il trouverait le défilé occupé, afin de débarquer ses troupes par mer en Kilikia sur les derrières des défenseurs, et dans le fait il fut grandement étonné de découvrir que la négligence habituelle du gouvernement persan l'avait laissé sans le garder. La partie la plus étroite, qui suffisait à peine pour contenir quatre hommes armés de front, était en outre enfermée par un rocher escarpé de chaque côté (2). Là, plus qu'ailleurs, était l'endroit où la politique défensive de Memnôn aurait pu se pratiquer sûrement. Quant à Alexandre, inférieur comme il l'était par mer, la ressource employée par le jeune Cyrus ne lui était pas ouverte.

Cependant Arsamès, le satrape persan qui commandait à Tarsos en Kilikia, n'ayant vraisemblablement reçu de son maître aucune instruction, ou pis que rien, se conduisit comme s'il ignorait l'existence de son entreprenant ennemi au nord du mont Taurus (333 av. J.-C.). A la première approche d'Alexandre, le peu de soldats persans qui occupaient le défilé s'enfuirent sans coup férir, n'étant vraisemblablement point préparés pour résister à un ennemi plus formidable que des voleurs de montagne. Alexandre devint ainsi maître de cette barrière presque insurmontable sans perdre un seul homme (3). Le lendemain il fit avancer toute

---

filé le plus oriental, mais elles se défendirent mal; de sorte que le passage fut forcé par les Égyptiens (Histoire de Mehemed-Ali, par Cadalvène et Barrault, p. 243).

Alexandre franchit le Taurus par le plus oriental des deux défilés.

(1) Xénoph. Anab. I, 2, 21; Diodore, XIV, 20.

(2) Q.-Curce, III, 4, 11.

(3) Q.-Curce, III, 4, 11. « Contemplatus locorum situm (Alexandre), non alias dicitur magis admiratus esse felicitatem suam, » etc.

V. Plutarque, Demetrius, 47, où Agathoklès (fils de Lysimaque) tient la ligne du Taurus contre Demetrios Poliorkètès.

son armée par le défilé en Kilikia, et arrivant en quelques heures à Tarsos, il trouva la ville déjà évacuée par Arsamês (1).

A Tarsos, Alexandre fit une longue halte, plus longue qu'il n'en avait l'intention (été, 333 av. J.-C.). Soit par suite de fatigues excessives, soit pour s'être baigné ayant chaud dans l'eau froide du Kydnos (Cydnus), il fut saisi d'une fièvre violente, qui bientôt prit un caractère si dangereux qu'on désespéra de sa vie. Au milieu de la douleur et de l'alarme dont ce malheur remplit l'armée, aucun des médecins ne voulut se hasarder à administrer de remèdes, par crainte d'être rendu responsable de ce qui menaçait d'être un résultat fatal (2). Un seul parmi eux, un Akarnanien nommé Philippe, connu depuis longtemps d'Alexandre dont il avait la confiance, s'engagea à le guérir par un breuvage purgatif fort énergique. Alexandre lui ordonna de le préparer; mais avant que le temps de le prendre fût arrivé, il reçut une lettre confidentielle de Parmeniôn, qui le priait de se défier de Philippe que Darius avait gagné pour qu'il l'empoisonnât. Après avoir lu la lettre, il la mit sous son chevet. Bientôt vint Philippe avec la médecine qu'Alexandre reçut et avala sans faire de remarque, en donnant en même temps à Philippe la lettre à lire, et observant l'expression de sa physionomie. L'air, les paroles, les gestes du médecin furent tels qu'ils le rassurèrent complètement. Philippe, repoussant la calomnie avec indignation, répéta qu'il avait pleine confiance dans la médecine, et il s'engagea à subir les conséquences du résultat. D'abord elle agit avec tant de violence que l'état d'Alexandre parut empirer, et qu'il sembla même aux portes du tombeau; mais après un certain intervalle, ses

---

(1) Arrien, II, 4, 3-8; Q.-Curce, III, 4. Quinte-Curce attribue à Arsamês l'intention d'exécuter ce qui avait été recommandé par Memnôn avant la bataille du Granikos, — à savoir de désoler le pays pour arrêter les progrès d'Alexandre. Mais cela ne peut guère être la véritable interprétation de sa conduite. Le récit d'Arrien semble plus raisonnable.

(2) Quand Hephæstion mourut de fièvre à Ekbatane, neuf ans après, Alexandre fit crucifier le médecin qui l'avait soigné (Plutarque, Alex. 72; Arrien, VII, 14).

effets curatifs devinrent manifestes. La fièvre fut vaincue, et
Alexandre déclaré hors de danger, à la joie de toute l'armée (1). Il suffit d'un temps raisonnable pour lui rendre sa
santé et sa vigueur premières.

Sa première opération, après son rétablissement, fut
d'envoyer en avant Parmenión, à la tête des Grecs, des
Thessaliens et des Thraces de son armée, en le chargeant
de nettoyer la route et de s'assurer du défilé appelé les
Portes de Kilikia et de Syria (2). Cette route étroite, bor-
dée par la chaîne du mont Amanus à l'est et par la mer à
l'ouest, avait jadis été barrée par un double mur transversal
avec des portes pour le passage, marquant les limites primi-
tives de la Kilikia et de la Syria. Les Portes, à environ six
journées de marche au delà de Tarsos (3), se trouvèrent
gardées, mais la garde s'enfuit après une faible résistance.
En même temps, Alexandre lui-même, conduisant les troupes
macédoniennes dans une direction sud-ouest en partant de
Tarsos, employa quelque temps à réduire les villes d'Anchialos et de Soli, aussi bien que les montagnards kilikiens,
et à les soumettre à ses lois. Ensuite, retournant à Tarsos,
et recommençant sa marche en avant, il se dirigea avec
l'infanterie et avec son escadron d'élite, d'abord vers Ma-
garsos près de l'embouchure du fleuve Pyramos, puis à Mallos; le corps général de la cavalerie, sous Philôtas, étant
envoyé par une route plus directe à travers la plaine aleïenne.
Mallos, consacrée au prophète Amphilochos en qualité de héros protecteur, était, dit-on, une colonie d'Argos; pour ces
deux motifs, Alexandre était disposé à la traiter avec un

_____

(1) Cette intéressante anecdote est
racontée, avec plus ou moins de rhétorique et d'amplification, dans tous
les historiens, — Arrien, II, 4; Diodore, XVII, 31; Plutarque, Alex. 19;
Q.-Curce, III, 5; Justin, XI, 8.

Pour remarquer la différence produite dans le caractère d'Alexandre
par une série de succès surhumains
pendant quatre ans, — il suffit de
comparer la généreuse confiance qu'il

déploya ici à l'égard de Philippe avec
la cruelle condamnation à l'avance et
la torture infligées à Philotas quatre
ans plus tard.

(2) Arrien, II, 5, 1; Diodore, XVII,
32; Q.-Curce, III, 7, 6.

(3) Cyrus le Jeune fut cinq jours en
route de Tarse à Issus, et un jour de
plus d'Issus aux portes de Kilikia et
de Syria — (Xénoph. Anab. I, 4, 1;
V. tome XIII, ch. I de cette Histoire).

respect particulier. Il offrit un sacrifice solennel à Amphilochos, exempta Mallos de tribut, et apaisa quelque discorde fâcheuse parmi les citoyens (1).

Ce fut à Mallos qu'il reçut pour la première fois une communication directe relativement à Darius et au gros de l'armée persane, qui, disait-on, était campée à Sochi en Syria, sur le côté oriental du mont Amanus, à environ deux journées de marche du défilé dans la montagne appelée aujourd'hui Beylan (333 av. J.-C.). Ce défilé, traversant la chaîne de l'Amanus, forme la continuation de la grande route d'Asie Mineure en Syria, après avoir d'abord franchi le Taurus, ensuite le point difficile de terrain spécifié ci-dessus (appelé les Portes de Kilikia et de Syria) entre le mont Amanus et la mer. Réunissant ses principaux officiers, Alexandre leur fit connaître la position de Darius, actuellement campé dans une plaine spacieuse avec des troupes prodigieusement supérieures en nombre, surtout en cavalerie. Bien que la localité fût ainsi plutôt favorable à l'ennemi, cependant les Macédoniens, pleins d'espérances et de courage, prièrent Alexandre de les conduire sur-le-champ contre lui. En conséquence, Alexandre, charmé de leur ardeur, commença à marcher en avant le lendemain matin. Il passa par Issus, où il laissa quelques malades et quelques blessés sous une garde peu nombreuse, — ensuite par les Portes de Kilikia et de Syria. A deux journées de marche de ces Portes, il parvint au port de mer de Myriandros, la première ville de Syria ou de Phénicie (2).

Là, après avoir été retenu une journée dans son camp par un terrible orage, il reçut une nouvelle qui changea entièrement ses plans. L'armée persane avait été emmenée de Sochi, et était actuellement en Kilikia, le suivant par derrière. Elle avait déjà pris possession d'Issus.

Darius était parti de l'intérieur avec son armée immense et mélangée, que l'on disait être de six cent mille hommes. Sa mère, son épouse, son harem, ses enfants, ses serviteurs

---

(1) Arrien, II, 5, 11.   (2) Arrien, II, 6.

personnels de toute sorte, l'accompagnaient pour assister à
ce que l'on considérait à l'avance comme un triomphe certain. Tout l'appareil du faste et du luxe se trouvait en abondance pour le roi et pour les seigneurs persans. Les bagages
étaient énormes; d'or et d'argent seulement, on nous dit
qu'il y avait assez pour fournir la charge de six cents mulets
et de trois cents chameaux (1). Un pont temporaire étant
jeté sur l'Euphrate, il fallut cinq jours pour le passage de
l'armée entière (2). Toutefois, on ne laissa pas une grande
partie des trésors et des bagages suivre l'armée jusqu'au
voisinage du mont Amanus, mais on l'envoya sous une garde
à Damaskos en Syria.

A la tête de cette armée écrasante, Darius était impatient
d'en venir à une bataille générale (333 av. J.-C.). Il ne lui
suffisait pas d'arrêter un ennemi que, une fois en présence,
il comptait accabler complétement. En conséquence, il
n'avait pas donné d'ordres (comme nous venons de le voir)
pour défendre la ligne du Taurus; il avait admis Alexandre
en Kilikia sans obstacle, et il avait l'intention de le laisser
entrer de la même manière par les autres défilés difficiles,
— d'abord par les Portes de Kilikia et de Syria, entre le
mont Amanus et la mer, — ensuite par le défilé, appelé
aujourd'hui Beylan, dans le mont Amanus lui-même. Il espérait que son ennemi viendrait combattre dans la plaine
afin d'y être écrasé par les innombrables cavaliers de la
Perse, et il le désirait en même temps.

Mais cette espérance ne se réalisa pas immédiatement.
Les mouvements d'Alexandre, jusqu'alors si rapides et si
incessants, semblaient suspendus. Nous avons déjà mentionné la dangereuse fièvre qui menaça son existence, et qui
occasionna non-seulement une longue halte, mais encore
beaucoup d'inquiétude dans l'armée macédonienne. Tout fut
sans doute rapporté aux Perses, avec d'abondantes exagérations, et quand Alexandre, immédiatement après son ré-

---

(1) Q.-Curce, III, 3, 24.
(2) Q.-Curce, III, 7, 1.

(3) Q.-Curce, III, 7, 8.

tablissement, au lieu de s'avancer dans leur direction, s'éloigna d'eux pour soumettre la partie occidentale de la Kilikia, Darius expliqua encore cette circonstance comme une preuve d'hésitation et de crainte. On assure même que Parmeniôn désirait attendre l'attaque des Perses en Kilikia, et qu'Alexandre d'abord y consentit. En tout cas, Darius, après un certain intervalle, acquit la conviction, fortifiée par ses conseillers et ses courtisans asiatiques, que les Macédoniens, bien qu'audacieux et triomphants contre les satrapes des frontières, restaient actuellement en arrière intimidés par la majesté voisine et par toutes les forces de l'empire, et qu'ils ne s'arrêteraient pas pour résister à son attaque. Dans cette idée, Darius résolut de s'avancer en Kilikia avec toute son armée. Thymôdès, à la vérité, et d'autres conseillers grecs intelligents, — avec l'exilé macédonien Amyntas, —combattirent cette nouvelle résolution, le suppliant de persévérer dans son premier dessein. Ils assuraient qu'Alexandre s'avancerait pour l'attaquer partout où il serait, et cela encore promptement. Ils insistèrent sur l'imprudence qu'il y aurait à combattre dans les étroits défilés de la Kilikia, où son grand nombre et, en particulier, son immense cavalerie seraient inutiles. Toutefois leur avis fut non-seulement méprisé par Darius, mais dénoncé comme perfide par les conseillers persans (1). Quelques-uns même des Grecs du camp partagèrent l'aveugle confiance du monarque et la transmirent à Athènes dans leurs lettres. L'ordre fut donné sur-le-champ à toute l'armée de quitter les plaines de Syria et de franchir le mont Amanus pour entrer en Kilikia (2). Franchir par un défilé quelconque une chaîne telle que celle

---

(1) D'après Æschine (cont. Ktesiphont. p. 552), il semble que Démosthène et les hommes d'État antimacédoniens à Athènes reçurent en ce moment des lettres écrites avec toute confiance, donnant à entendre qu'Alexandre était « pris et enfermé de toutes parts » en Kilikia. Démosthène (si nous en pouvons croire Æschine) allait partout montrant ces lettres, et se vantant de la bonne nouvelle qu'elles annonçaient. Josèphe (Ant. Jud. XI, 8, 3) rapporte aussi l'espoir confiant du succès des Perses, conçu par Sanballat à Samaria aussi bien que par tous les Asiatiques alentour.

(2) Arrien, II, 6; Q.-Curce, III, 8, 2; Diodore, XVII, 32.

de l'Amanus, avec une nombreuse armée, de lourds bagages et un train fastueux (comprenant toute la suite nécessaire à la famille royale) a dû être une occupation qui de-
ma··· ·· temps considérable, et les deux seuls défilés dans
··· ··· ·· ···· ··· étroite et facilement

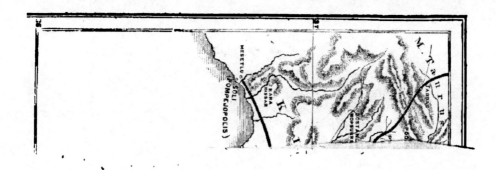

PLAN TO ILLUSTRATE

tinctement l'immense multitude des Perses sur le rivage. Alors, rassemblant les principaux officiers, il leur apprit que l'ennemi était tout près d'eux, et s'étendit sur les auspices favorables sous lesquels une bataille s'engagerait à ce moment (1). Son discours fut accueilli avec acclamation par ses auditeurs, qui ne demandèrent qu'une chose, à savoir d'être conduits contre l'ennemi (2).

Il a dû être éloigné de la position persane d'environ dix-huit milles (près de vingt-neuf kilomètres) (3). Par une marche de soir, après souper, il atteignit à minuit l'étroit défilé (entre le mont Amanus et la mer) appelé les portes de Kilikia et de Syria, qu'il avait franchi deux jours auparavant. Maître de nouveau de cette importante position, il s'y arrêta la dernière partie de la nuit et s'avança à l'aurore dans la direction du nord-est, vers Darius. D'abord la largeur de la route praticable était si limitée qu'elle n'admettait qu'une colonne étroite de marche, avec la cavalerie suivant l'infanterie ; — bientôt la route devint plus large, et elle permit à Alexandre d'élargir son front en faisant avancer successivement les divisions de la phalange. En approchant du fleuve Pinaros (qui coulait à travers le défilé), il adopta son ordre de bataille. A l'extrême droite, il plaça les hypaspistæ ou division légère d'hoplites; ensuite (en comptant de droite à gauche) cinq taxeis ou divisions de la phalange, sous Kœnos, Perdikkas, Meleagros, Ptolemæos et Amyntas. Ces trois dernières divisions ou divisions de gauche étaient commandées par Krateros, soumis lui-même aux ordres de Parmeniôn, qui commandait toute la moitié de gauche de l'armée. La plaine, entre les montagnes à droite et la mer à gauche, n'avait, dit-on, pas plus de

---

(1) Arrien, II, 7, 8.

(2) Arrien, II, 7 ; Q.-Curce, III, 10; Diodore, XVII, 33.

(3) Selon Kallisthenês, la distance était de cent stades (ap. Polyb. XII, 19). Il est vraisemblable que c'est au-dessous de la vérité.

Polybe critique sévèrement la des-cription faite par Kallisthenês de la marche d'Alexandre. N'ayant pas sous les yeux les termes de Kallisthenês lui-même, nous ne sommes guère en état d'apprécier la justesse de la critique, qui en quelques points est cer-tainement exagérée.

quatorze stades de largeur ou un peu plus d'un mille et demi (= 2 kilomètres) (1). Dans la crainte d'être débordé par le nombre supérieur des Perses, il donna à Parmeniôn l'ordre sévère de se tenir tout près de la mer. Ses cavaliers macédoniens, les Compagnons, avec les Thessaliens, furent placés sur son flanc droit, comme le furent également les Agrianes, la principale portion de l'infanterie légère. La cavalerie péloponésienne et alliée, avec l'infanterie légère thrace et krêtoise, fut envoyée sur le flanc gauche de Parmeniôn (2).

Darius, informé qu'Alexandre approchait, résolut de combattre là où il était campé, derrière le fleuve Pinaros. Toutefois, il lança au delà du fleuve un détachement de 30,000 cavaliers et de 20,000 fantassins, pour assurer la formation tranquille du gros de son armée derrière ce fleuve (3). Il composa sa phalange ou ligne principale de bataille de 90,000 hoplites : de 30,000 hoplites grecs au centre et de 30,000 Asiatiques armés ou hoplites (appelés Kardakês) de chaque côté des Grecs. Ces hommes, — non répartis en divisions séparées, mais groupés en un seul corps ou multitude (4), — remplissaient l'espace entre les montagnes et

---

(1) Kallisthenês ap. Polybium, XII, 17.

(2) Arrien, II, 8, 4-13.

(3) Cf. Kallisthenês ap. Polyb. XII, 17, et Arrien, II, 8, 8. En considérant combien l'espace était étroit, des corps nombreux tels que ces 30,000 chevaux et ces 20,000 fantassins ont dû avoir de la peine à se mouvoir. Kallisthenês ne les mentionnait pas, autant que nous pouvons le voir par Polybe.

(4) Arrien, II, 8, 9. Τοσούτους γὰρ ἐπὶ φάλαγγος ἁπλῆς ἐδέχετο τὸ χωρίον, ἵνα ἐτάσσοντο.

La profondeur de cette phalange unique n'est pas donnée, et nous ne connaissons pas non plus la largeur exacte du terrain qu'elle occupait. En admettant une profondeur de seize hommes, et un pas en largeur pour chaque soldat, 4,000 hommes devaient

tenir dans la largeur d'un stade de 250 pas, et par conséquent 80,000 hommes dans une largeur de vingt stades (V. le calcul de Rüstow et Koechly (p. 280) au sujet de la ligne macédonienne). En admettant une profondeur de vingt-six, 6,500 hommes devaient tenir dans la largeur du stade, et conséquemment 90,000 dans une largeur totale de 14 stades, largeur qui est donnée par Kallisthenês. Mais on a dû laisser des intervalles, plus ou moins grands, dont nous ignorons le nombre; les détachements destinés à couvrir l'armée, qui avaient été envoyés devant le fleuve Pinaros, ont dû trouver quelques moyens de passer pour se rendre à l'arrière, quand on les rappela.

M. Kinneir affirme que la largeur entre le mont Amanus et la mer varie

la mer. Sur les montagnes, à sa gauche, il plaça un corps de 20,000 hommes, destiné à agir contre le flanc droit et les derrières d'Alexandre. Mais quant à la masse numérique de son immense armée, il ne put lui trouver de place pour agir ; en conséquence, elle resta inutile à l'arrière de ses hoplites grecs et asiatiques, sans être cependant formée en corps de réserve, ni tenue disponible pour prêter aide en cas de besoin. Quand sa ligne fut complétement formée, il rappela sur la rive droite du Pinaros les 30,000 cavaliers et les 20,000 fantassins qu'il avait envoyés au delà du fleuve pour protéger ses arrangements. Une partie de cette cavalerie fut envoyée à l'extrémité de son aile gauche ; mais on reconnut que le terrain de la montagne ne lui convenait pas pour agir, de sorte qu'elle fut forcée de passer à l'aile droite, où par conséquent la grande masse de la cavalerie persane se trouva réunie. Darius lui-même, dans son char, était au centre de la ligne, derrière les hoplites grecs. Devant toute sa ligne coulait le fleuve ou ruisseau du Pinaros, dont il fit obstruer par des levées en quelques endroits les rives, naturellement escarpées sur beaucoup de points (1).

Aussitôt qu'Alexandre, par la retraite du détachement persan destiné à couvrir l'armée ennemie, put apercevoir les dispositions définitives de Darius, il fit quelques changements dans les siennes, en faisant passer sa cavalerie thessalienne, au moyen d'un mouvement exécuté par derrière, de son aile droite à sa gauche ; et en faisant avancer

---

entre un mille et demi (2 kilom. 1/2) et trois milles (= 4 kilom. 800 mèt.). Les quatorze stades de Kallisthenês sont équivalents à près d'un mille 3/4 (= 2 kilom. 800 mèt.).

Ni dans l'antiquité, ni dans les temps modernes, les armées orientales n'ont jamais été habituées, par des officiers indigènes, à une régularité de marche ou d'arrangement, — V. Malcolm, Hist. of Persia, ch. 23, vol. II, p. 498; Volney, Travels in Egypt and Syria, vol. I, p. 124.

(1) Arrien, II, 10, 2. Kallisthenês paraît avoir calculé les mercenaires composant la phalange persane à 30,000 hommes, — et la cavalerie à 30,000. Il ne semble pas avoir tenu compte des Kardakês. Cependant Polybe, dans sa critique, essaye d'établir qu'il n'y avait pas de place pour déployer même 60,000 hommes, tandis qu'Arrien énumère 90,000 hoplites, sans comprendre la cavalerie (Polybe, XII, 18).

la cavalerie armée de lances ou sarissophori, aussi bien que l'infanterie légère, Pæoniens et archers, sur le front de sa droite. Les Agrianiens, avec quelque cavalerie et un autre corps d'archers, furent détachés de la ligne générale pour former un front oblique contre les 20,000 Perses postés sur la colline, en vue de le déborder. Comme ces 20,000 hommes vinrent assez près pour menacer son flanc, Alexandre ordonna aux Agrianiens de les attaquer et de les refouler plus loin sur les collines. Ils montrèrent si peu de fermeté et lâchèrent pied si facilement, qu'il n'éprouva aucune crainte de quelque mouvement agressif sérieux de leur part. Aussi se contenta-t-il de tenir en réserve contre eux un corps de 300 hommes de grosse cavalerie, tandis qu'il plaça les Agrianiens et le reste à la droite de sa ligne principale, afin de rendre son front égal à celui de ses ennemis (1).

Après avoir ainsi formé son ordre de bataille et donné à ses troupes un moment de repos après leur marche, il avança à pas très-lents, désireux de maintenir son front égal et espérant que l'ennemi franchirait le Pinaros pour venir à sa rencontre. Mais comme ce dernier ne bougea pas, il continua d'avancer, en conservant l'uniformité de front, jusqu'à ce qu'il arrivât à portée de trait, moment où lui-même, à la tête de sa cavalerie, des hypaspistæ et des divisions de la phalange de la droite, hâta sa marche, traversa le fleuve d'un pas rapide et tomba sur les Kardakès ou hoplites asiatiques de l'aile gauche des Perses. Non préparés à la soudaineté et à la véhémence de cette attaque, ces Kardakès résistèrent à peine un moment, mais ils lâchèrent pied aussitôt qu'on en vint à combattre corps à corps et s'enfuirent, vigoureusement pressés par la droite macédonienne. Darius, qui était dans son char au centre, s'aperçut que cette fâcheuse désertion exposait sa personne du côté gauche. Saisi d'une terreur panique, il fit faire un tour à son char et s'en-

---

(1) Arrien, II, 9; Kallisthenês ap. Polyb. XII, 17. La mollesse de ce corps persan sur le flanc, et la facilité avec laquelle Alexandre le refoula, — point essentiel par rapport à la bataille, — sont mentionnées aussi par Q.-Curce, III, 9, 11.

fuit de toute sa vitesse parmi les premiers fugitifs (1). Il resta sur son char aussi longtemps que le terrain le permit : mais il le quitta en arrivant à quelques ravins raboteux, et il monta à·cheval pour assurer sa fuite, dans une terreur telle, qu'il jeta son arc, son bouclier et son manteau royal. Il ne semble pas avoir donné un seul ordre, ni avoir fait le moindre effort pour réparer un premier malheur. La fuite du roi fut pour tous ceux qui la remarquèrent le signal pour fuir aussi, de sorte qu'on put voir l'immense multitude à l'arrière se fouler et s'écraser dans les efforts qu'elle fit pour gagner le terrain difficile hors des atteintes de l'ennemi. Darius était non-seulement le·centre d'union pour tous les contingents mêlés dont l'armée se composait, il était encore l'unique commandant, de sorte qu'après sa fuite il ne resta personne pour donner un ordre général quelconque.

---

(1) Arrien, II, 11, 6. Εὐθὺς, ὡς εἶχεν ἐπὶ τοῦ ἅρματος, σὺν τοῖς πρώτοις ἔφευγε, etc.

Cette simple assertion d'Arrien est beaucoup plus croyable que les détails extrêmement compliqués donnés par Diodore (XVII, 34) et par Quinte-Curce (III, 11, 9) au sujet d'une charge directe d'Alexandre sur le char de Darius et d'un combat meurtrier immédiatement autour du char, combat dans lequel les chevaux furent blessés et devinrent tellement intraitables, qu'ils furent sur le point de le renverser. Charês alla même jusqu'à affirmer qu'Alexandre en était venu à un conflit personnel avec Darius, de qui il avait reçu sa blessure à la cuisse (Plutarque, Alex. 20). Plutarque avait vu la lettre adressée par Alexandre à Antipater, donnant simplement à entendre qu'il avait reçu une légère blessure à la cuisse.

Quant à ce point, aussi bien qu'en beaucoup d'autres, Diodore et Quinte-Curce ont·copié la même autorité.

Kallisthenês (ap. Polyb. XII, 22) di-

sait qu'Alexandre avait formé son plan d'attaque en vue de donner sur la personne de Darius, ce qui n'est pas improbable (cf. Xénoph. Anab. I, 8, 22), et fut en effet réalisé, puisque la première charge heureuse des Macédoniens arriva si près de Darius, qu'elle l'alarma pour la sûreté même de sa personne. A la question posée par Polybe : — comment Alexandre sut-il dans quelle partie de l'armée était Darius? — nous pouvons répondre que le char et la personne de Darius étaient sans doute faciles à reconnaître ; de plus, les rois de Perse étaient habituellement au centre, — et Cyrus le Jeune, à la bataille de Kunaxa, ordonna que l'attaque fût faite exactement contre la personne de son frère Artaxerxês.

Après la bataille de Kunaxa, Artaxerxês s'attribua l'honneur d'avoir tué Cyrus de sa propre main, et il mit à mort ceux qui étaient réellement les auteurs de cet acte, parce qu'ils s'en vantaient (Plutarque, Artax. 16).

Çette grande bataille, — nous pourrions plutôt dire : ce qui aurait dû être une grande bataille, — fut perdue ainsi, peu de minutes après qu'elle eut commencé, — parce que les hoplites asiatiques à la gauche persane lâchèrent pied et que Darius prit immédiatement la fuite. Mais le centre et la droite des Perses, ignorant ces malheurs, se comportèrent avec vaillance. Quand Alexandre exécuta son choc rapide en avant avec la droite, sous son commandement immédiat, la phalange à son centre gauche (qui était sous Krateros et Parmeniôn) ou ne reçut pas le même ordre de presser le pas, ou se trouva elle-même retardée et dérangée par la roideur plus grande des rives du Pinaros. Elle y fut chargée par les Grecs mercenaires, les meilleures troupes au service des Perses. Le combat qui s'engagea fut opiniâtre et les pertes des Macédoniens assez considérables, le général de division Ptolemæos, fils de Seleukos, avec cent vingt hommes du premier rang ou phalangites d'élite, étant tué. Mais bientôt Alexandre, ayant achevé la déroute à la gauche des ennemis, ramena ses troupes victorieuses de la poursuite, attaqua les mercenaires grecs en flanc et donna une supériorité décisive à leurs ennemis. Ces Grecs mercenaires furent battus et forcés de se retirer. En voyant que Darius lui-même avait fui, ils se retirèrent du champ de bataille du mieux qu'ils purent, vraisemblablement toutefois en bon ordre. Il y a même lieu de supposer qu'une partie d'entre eux se fraya un passage de vive force vers les montagnes ou à travers la ligne macédonienne, et s'échappa vers le sud (1).

Pendant ce temps-là, à la droite des Perses, du côté de la mer, la cavalerie persane pesamment armée avait montré beaucoup de bravoure. Elle fut assez hardie pour franchir

---

(1) Telle est la supposition de M. Williams, et elle me paraît probable, bien que M. Ainsworth la révoque en doute, par suite des difficultés de terrain au sud de Myriandros vers la mer. [V. M. Ainsworth's Essay on the Cilician and Syrian Gates, Journal of the Geograph. Society, 1838, p. 194.] Ces Grecs, qui étaient simplement des fugitifs avec des armes dans leurs mains, — sans cavalerie ni bagages, — pouvaient se faire passage sur un terrain très-difficile.

le Pinaros (1) et pour charger vigoureusement les Thessaliens, avec lesquels elle soutint une lutte corps à corps jusqu'à ce que la nouvelle se répandît que Darius avait disparu et que la gauche de l'armée était en déroute. Alors elle tourna le dos et s'enfuit en essuyant un terrible dommage de la part des ennemis pendant sa retraite. Quant aux Kardakès sur le flanc *droit* des hoplites grecs, dans la ligne persane, nous n'en entendons rien dire, non plus que de l'infanterie macédonienne qu'ils avaient devant eux. Peut-être ces Kardakès se mêlèrent-ils peu à l'action, puisque la cavalerie de leur côté du champ de bataille fut si sérieusement engagée. En tout cas, ils prirent part à la fuite générale des Perses, aussitôt qu'ils surent que Darius s'était enfui (2).

La déroute des Perses étant achevée, Alexandre commença une vigoureuse poursuite. La destruction et le massacre des fugitifs furent prodigieux. Au milieu d'une si petite largeur de terrain praticable, resserrée parfois en défilé et interrompue par de fréquents cours d'eau, leur nombre immense ne trouvait pas de place, et ils s'écrasaient les uns les autres. Il en périt autant de cette manière que par l'épée des vainqueurs, au point que Ptolemæos (plus tard roi d'Égypte, le compagnon et l'historien d'Alexandre) raconte que lui-même, dans la poursuite, parvint à un ravin encombré de cadavres, qui lui servirent de pont pour le franchir (3). La poursuite se continua aussi longtemps que le permit la lumière d'un jour de novembre; mais la bataille n'avait commencé qu'à une heure avancée. Le camp de Darius fut pris avec sa mère, son épouse, sa sœur, son fils tout enfant et deux filles. Son char, son bouclier et son arc

---

(1) Arrien, II, 11, 3; Q.-Curce, III, 11, 13. Kallisthenès affirmait la même chose qu'Arrien, — à savoir que cette cavalerie persane avait traversé le Pinaros et chargé les Thessaliens avec bravoure. Polybe l'en blâme, comme s'il avait affirmé quelque chose de faux et d'absurde (XII, 18). Cela prouve que les critiques de Polybe ne doivent pas être acceptées sans réserve. Il raisonne comme si la phalange macédonienne ne *pouvait* pas franchir le Pinaros, — transformant une difficulté en une impossibilité (XII, 22).

(2) Arrien, II, 11; Q.-Curce, III, 11.

(3) Arrien, II, 11, 11; Kallisthenès ap. Polyb. XII, 20.

tombèrent aussi au pouvoir des vainqueurs, et l'on trouva
une somme de trois mille talents en espèces, bien qu'une
grande partie du trésor eût été envoyée à Damaskos. Les
pertes totales des Perses montèrent, dit-on, à 10,000 cavaliers et à 100,000 fantassins ; de plus, il y eut parmi les
morts plusieurs seigneurs perses éminents, — Arsamès,
Rheomithrès et Atizyès, qui avaient commandé au Granikos, — Sabakès, satrape d'Égypte. Du côté des Macédoniens,
on nous dit qu'il y eut 300 fantassins et 150 cavaliers de
tués. Alexandre lui-même fut légèrement blessé à la cuisse
d'un coup d'épée (1).

La mère, l'épouse et la famille de Darius, qui devinrent
prisonnières, furent traitées par ordre d'Alexandre avec la
considération et le respect les plus grands. Quand Alexandre
revint à la nuit de la poursuite, il trouva la tente persane
réservée et préparée pour lui. Dans un compartiment intérieur de cette tente, il entendit des pleurs et des gémissements de femmes. On lui apprit que les personnes qui se
lamentaient étaient la mère et l'épouse de Darius, qui avaient
appris que l'arc et le bouclier de ce prince avaient été
pris et qui donnaient cours à leur douleur dans la conviction que lui-même avait été tué. Immédiatement Alexandre
envoya Leonnatos leur assurer que Darius était encore vivant
et leur promettre, en outre, qu'il leur serait permis de conserver le titre et l'état de reines, — la guerre qu'il faisait
contre Darius étant entreprise non à cause d'aucun sentiment
de haine, mais comme une lutte loyale pour l'empire de
l'Asie (2). Outre cette anecdote, qui repose sur une bonne
autorité, on en racontait beaucoup d'autres, non certifiées
ou fausses, au sujet de sa conduite bienveillante à l'égard de
ces princesses, et Alexandre lui-même, peu après la bataille, semble avoir entendu à ce sujet quelques inventions

---

(1) Arrien, II, 11 ; Diodore, XVII,
36. Q.-Curce (III, 11, 27) dit que les
Macédoniens perdirent 32 fantassins et
50 cavaliers, qui furent tués, avec
504 hommes blessés ; — Justin donne
130 fantassins et 150 chevaux (XI, 9).

(2) Arrien, II, 12, 8, — d'après Ptolémée et Aristobule. Cf. Diodore,
XVII, 36 ; Q.-Curce, III, 11, 24 ; III,
12, 17.

qu'il jugea à propos de contredire dans une lettre. Il est
certain (par l'extrait qui reste aujourd'hui de cette lettre)
qu'il ne vit jamais, ni même qu'il n'eut jamais l'idée de voir,
l'épouse captive de Darius, qui, disait-on, était la plus belle
femme d'Asie ; de plus, il refusa même d'entendre des éloges
de sa beauté (1).

Comment cette immense multitude de fugitifs sortit-elle
des étroites limites de la Kilikia, ou combien d'entre eux
quittèrent-ils ce pays par le même défilé du mont Amanus
qu'ils avaient franchi pour y entrer, — c'est ce que nous ne
pouvons reconnaître. Il est probable qu'un grand nombre,
et Darius lui-même, entre autres, s'échappèrent à travers la
montagne par diverses routes de moindre importance et
par des sentiers détournés qui, bien que non convenables
pour une armée régulière avec bagages, durent être regar-
dés comme une précieuse ressource par des compagnies séparées. Darius vint à bout de réunir quatre mille de ces
fugitifs, avec lesquels il se hâta de se rendre à Thapsakos,
et là il repassa l'Euphrate. Le seul reste de l'armée encore
en état de se défendre après la bataille consistait en huit
mille hommes des Grecs mercenaires, sous Amyntas et
Thymôdès. Ces soldats, se frayant une route hors de la Kilikia (vraisemblablement vers le sud, par Maryandros ou
auprès de ce port), marchèrent jusqu'à Tripolis, sur la côte
de Phénicie, où ils trouvèrent encore les mêmes bâtiments
dans lesquels ils avaient été amenés eux-mêmes de l'armement de Lesbos. S'emparant de moyens suffisants de transport et détruisant le reste pour empêcher toute poursuite,
ils passèrent immédiatement à Kypros (Cypre) et de là en
Égypte (2). A cette seule exception près, l'énorme multitude des Perses disparaît avec la bataille d'Issus. Nous
n'entendons parler d'aucune tentative faite pour rallier on

---

(1) Plutarque, Alex. 22. Ἐγὼ γὰρ
(Alexandre) οὐχ ὅτι ἑωρακὼς ἂν εὑρε-
θείην τὴν Δαρείου γυναῖκα ἢ βεβουλευ-
μένος ἰδεῖν, ἀλλ' οὐδὲ τῶν λεγόντων
περὶ τῆς εὐμορφίας αὐτῆς προσδεδεγ-
μένος τὸν λόγον.

(2) Arrien, II, 13, 2, 3; Diodore,
XVII, 48. Q.-Curce dit que ces Grecs
s'en allèrent par des sentiers détournés
à travers les montagnes (Amanus), —
ce qui peut être vrai (Q.-Curce, III,
11, 19).

pour reformer ces troupes, ni d'aucune nouvelle armée persane sur pied avant deux années plus tard. Le butin acquis
par les vainqueurs fut immense, non-seulement en or et en
argent, mais encore en captifs. destinés à être vendus
comme esclaves. Le lendemain de la bataille, Alexandre
offrit un sacrifice solennel d'actions de grâces et éleva trois
autels sur les bords du Pinaros, en même temps il fit enter-
rer les morts, consola les blessés et récompensa ou com-
plimenta tous ceux qui s'étaient distingués (1).

Aucune victoire enregistrée dans l'histoire ne fut jamais
plus complète en elle-même. aucune n'eut de conséquences
plus étendues que celle d'Issus. Non-seulement l'armée persane fut détruite ou dispersée, mais les efforts de Darius
pour se refaire furent paralysés par la capture de sa famille.
On peut retrouver des portions de cette armée dissipée
d'Issus reparaissant dans différents endroits pour des opérations de détail, mais nous ne trouverons plus de résistance
ultérieure faite à Alexandre pendant près de deux ans, si
ce n'est de la part des courageux citoyens de deux cités
fortifiées. Partout un sentiment écrasant d'admiration et de
terreur était répandu au loin à l'égard de la force, de l'habileté ou de la bonne fortune d'Alexandre, de quelque nom
qu'on pût l'appeler, — avec un mépris pour la valeur réelle
d'une armée persane, malgré une pompe si imposante et un
pareil étalage numérique, mépris qui n'était pas nouveau
pour des Grecs intelligents. mais que communiquait alors
aux esprits vulgaires la récente catastrophe qui était sans
exemple. Dans le fait, tant comme général que comme soldat, la supériorité consommée d'Alexandre ressortait d'une
manière remarquable, non moins que l'incapacité signalée
de Darius. Le tort de ce dernier sur lequel on fait ordinairement le plus de remarques fut de livrer bataille,
non dans une plaine découverte, mais dans une vallée

---

(1) Arrien, II, 12, 1; Q.-Curce, III,
12, 27; Diodore, XVII, 40. Les « Aræ
Alexandri, in radicibus Amani, » sont
mentionnées par Cicéron (ad Famil.
XV, 4). Quand il commandait en Kilikia, il y campa avec son armée pendant quatre jours.

étroite qui rendait inutile le nombre supérieur de ses forces.
Mais (comme je l'ai fait remarquer) ce ne fut qu'une de ses
nombreuses erreurs, et qui n'était en aucune sorte la plus
sérieuse. Le résultat aurait été le même si la bataille eût
été livrée dans les plaines à l'est du mont Amanus. Un
nombre supérieur n'est d'aucune utilité sur aucun terrain,
à moins qu'il n'y ait un général qui sache quel usage en faire,
à moins qu'il ne soit distribué en divisions séparées prêtes
à se combiner pour une action offensive sur bien des points
à la fois, ou, en tout cas, à se prêter appui mutuellement
pour se défendre, de manière que la défaite d'une fraction
ne soit pas la défaite du tout. La confiance de Darius en une
simple multitude était complétement aveugle et puérile (1);
bien plus, cette confiance, bien que présomptueuse antérieurement, disparut dès qu'il reconnut que ses ennemis ne
se sauvaient pas, mais qu'ils lui tenaient hardiment tête, —
comme on le vit par son attitude sur les bords du Pinaros,
où il resta pour être attaqué au lieu d'exécuter sa menace
de fouler aux pieds la poignée d'hommes qu'il avait devant
lui (2). Mais ce ne fut pas seulement comme général que
Darius agit de manière à rendre la perte de la bataille certaine. Quelque habiles que ses dispositions eussent été, sa
lâcheté personnelle, en abandonnant le champ de bataille
et en ne pensant qu'à sa propre sûreté, aurait suffi pour en
rendre l'effet nul (3). Bien que les grands de Perse fussent
en général remarquables par un courage personnel, cependant nous verrons Darius montrer encore ci-après la même

---

(1) Voir cette confiance exposée
dans le discours de Xerxès, — Hérod.
VII, 48 : Cf. le discours d'Achæmenès,
VII, 236.

(2) Arrien, II, 10, 2. Καὶ ταύτῃ
ὡς δῆλος ἐγένετο (Darius) τοῖς
ἀμφ' Ἀλέξανδρον τῇ γνώμῃ δεδουλωμένος (expression remarquable em-
pruntée de Thucydide, IV, 34). Cf.
Arrien, II, 6, 7.

(3) Immédiatement avant la bataille de Kunaxa, quelques-uns des officiers grecs demandèrent à Cyrus le
Jeune s'il pensait que son frère Artaxerxès (qui jusque-là n'avait pas fait
de résistance) combattrait. — « Assurément il le fera (fut la réponse); s'il
est fils de Darius et de Parysatis, et
mon frère, je n'obtiendrai pas la couronne sans combat. » Une lâcheté
personnelle, dans un roi de Perse, à la
tête de son armée, semblait inconce-
vable (Xénoph. Anab. I, 7, 9).

déplorable timidité et la même inhabileté à tirer parti d'un grand nombre à la bataille d'Arbèles, bien qu'elle fût livrée dans une plaine spacieuse choisie par lui-même.

Il fut heureux pour Memnòn qu'il ne vécût pas pour voir l'abandon de ses plans et la ruine qui le suivit. La flotte de la mer Ægée, qui avait été transférée à sa mort à Pharnabazos, bien qu'affaiblie par la perte de ces mercenaires que Darius avait rappelés à Issus, et découragée par une sérieuse défaite que le Perse Orontobatès avait essuyée de la part des Macédoniens en Karia (1), n'était pas néanmoins inactive, et elle essayait d'organiser une manifestation antimacédonienne en Grèce (automne, 333 av. J.-C.). Tandis que Pharnabazos était à l'île de Siphnos avec ses cent trirèmes, il reçut la visite du roi lacédæmonien Agis, qui le pressa d'embarquer pour le Péloponèse des forces aussi considérables qu'il en pourrait détacher, afin de seconder un mouvement projeté par les Spartiates. Mais ces plans agressifs furent immédiatement détruits par la nouvelle terrifiante de la bataille d'Issus. Redoutant une révolte dans l'île de Chios, comme résultat de cette nouvelle, Pharnabazos fit sur-le-champ voile vers cette île avec un détachement considérable. Agis, n'obtenant rien de plus qu'un subside de trente talents et une escadre de dix trirèmes, fut obligé de renoncer à ses projets dans le Péloponèse et de se contenter d'ordonner quelques opérations en Krète, que devait conduire son frère Agésilas, tandis que lui-même resta dans les îles et finit par accompagner le Perse Autophradatès à Halikarnassos (2). Toutefois, il paraît qu'il alla plus tard conduire les opérations en Krète, et qu'il eut un succès considérable dans cette île en amenant plusieurs villes krètoises à se joindre aux Perses (3). Cependant, en somme, la victoire d'Issus abattit tout esprit de liberté d'une extrémité à l'autre de la Grèce et assura de la tranquillité à Alexandre, du moins pour un temps. Le congrès favorable aux Macé-

---

(1) Arrien, 2, 5, 8.
(2) Arrien, II, 13, 4-8.

(3) Diodore, XVII, 48.

doniens, réuni à Corinthe pendant la période de la fête
Isthmique, manifesta sa joie en lui envoyant une ambassade
chargée de le féliciter et de lui remettre une couronne
d'or (1).

Peu après sa victoire (hiver, 333 av. J.-C), Alexandre
s'avança par la Kœle-Syria vers la côte phénicienne, en
détachant en route Parmeniôn pour attaquer Damaskos, où
Darius, avant la bataille, avait envoyé la plus grande partie
de son trésor avec beaucoup d'officiers de confiance, des
femmes persanes de haut rang et des députés. Bien que la
place eût pu soutenir un siége considérable, elle fut livrée
sans résistance par la trahison ou la lâcheté du gouverneur,
qui feignit d'essayer d'enlever le trésor, mais qui prit soin qu'il
tombât dans les mains de l'ennemi (2). Il y fut pris un trésor
considérable — avec une variété et un nombre prodigieux
de serviteurs et de domestiques de luxe appartenant à la
cour et aux seigneurs (3). En outre, il y eut tant de personnes faites prisonnières, que la plupart des grandes
familles de Perse eurent à déplorer la perte de quelque parent, de l'un ou de l'autre sexe. Dans le nombre se trouvaient la veuve et les filles du roi Ochus, le prédécesseur de
Darius; — la fille d'Oxathrès, frère de Darius; — les
femmes d'Artabazos et de Pharnabazos, — les trois filles de
Mentor, et Barsinè, veuve de Memnôn, avec son enfant, que
Memnôn avait envoyée pour servir comme otage, répondant
de sa fidélité. Il y avait aussi plusieurs exilés grecs éminents : Thébains, Lacédæmoniens et Athéniens, qui avaient
fui auprès de Darius, et qu'il avait jugé convenable d'envoyer à Damaskos, au lieu de leur permettre de se servir

---

(1) Diodore, XVII, 48 ; Q.-Curce,
IV, 5, 11. Q.-Curce semble mentionner ce vote plus tard, mais il doit
évidemment avoir été rendu à la première fête Isthmique après la bataille
d'Issus.

(2) Arrien, II, 11, 13; Q.-Curce,
III, 13. Les mots d'Arrien (II, 15, 1)
— ὀπίσω κομίσαντα ἐς Δαμασκὸν, —

confirment l'assertion de Quinte-Curce,
qui dit que Parmeniôn prit ce trésor,
non dans la ville, mais dans les mains
de fugitifs qui l'emportaient de la
ville.

(3) On a conservé un fragment de la
lettre de Parmeniôn à Alexandre,
donnant une liste détaillée des articles
du butin (Athénée, XIII, p. 607).

de leurs piques dans l'armée à Issus. Les exilés thébains et athéniens furent aussitôt relâchés par Alexandre ; les Lacédæmoniens furent emprisonnés pour le moment, mais non détenus longtemps. Parmi les exilés athéniens était un personnage noble de nom et de parenté, — Iphikratès, fils de l'illustre officier athénien de ce nom (1). Le captif Iphikratès non-seulement reçut sa liberté, mais encore un traitement courtois et honorable l'engagea à rester avec Alexandre. Cependant il mourut peu de temps après de maladie, et ses cendres furent recueillies alors, par ordre d'Alexandre, pour être envoyées à sa famille à Athènes.

J'ai déjà dit ailleurs (2) que le premier Iphikratès avait été admis comme fils adoptif, par le grand-père d'Alexandre, dans la famille royale de Macédoine pour avoir sauvé son trône. Ce fut probablement cette circonstance qui détermina la faveur particulière témoignée à son fils, plutôt qu'un sentiment quelconque, soit à l'égard d'Athènes, soit à l'égard du génie militaire du père. La différence de position entre Iphikratès le père et Iphikratès le fils est une des pénibles preuves de la marche descendante de l'hellénisme. Le père, officier distingué se mouvant au milieu d'un cercle d'hommes libres, soutenant par ses armes la sécurité et la dignité de ses concitoyens et même intervenant pour sauver la famille royale macédonienne ; le fils, condamné à être témoin de l'abaissement de sa cité natale par les armes des Macédoniens, et n'ayant plus d'autres moyens de la faire revivre ou de la sauver que ceux qu'il pouvait trouver au service d'un prince oriental, dont la stupidité et la lâcheté perdirent à la fois sa propre sécurité et la liberté de la Grèce.

Maître de Damaskos et de la Kœle-Syria, Alexandre se

---

(1) Arrien, II, 15, 5 ; Q.-Curce, III, 13, 13-16. Il y a quelque différence entre ces deux auteurs (cf. Arrien, III, 24, 7) quant aux noms des députés lacédæmoniens.

(2) V. tome XIV, ch. 4, de cette Histoire ; tome XV, ch. 2 ; et Æschine, Fals. Leg. p. 263, c. 13.

Alexandre lui-même avait consenti à être adopté comme fils par Ada, princesse de Karia (Arrien, I, 23, 12).

mit en marche pour la Phénicie (hiver, 333-332 av. J.-C.).
La première ville phénicienne dont il s'approcha fut Marathos, sur le continent opposé à l'îlot d'Arados, formant avec
cet îlot et quelques autres villes voisines le domaine du
prince aradien Gerostratos. Ce prince servait lui-même en
ce moment avec son contingent naval dans la flotte persane de la mer Ægée ; mais son fils Stratòn, agissant comme
vice-roi du pays, envoya à Alexandre son hommage avec
une couronne d'or et lui remit sur-le-champ Arados avec
les villes voisines comprises dans son domaine. L'exemple
de Stratòn fut suivi d'abord par les habitants de Byblos,
la première ville phénicienne dans une direction méridionale, ensuite par la grande cité de Sidon, la reine de la
Phénicie et la source de toute la prospérité phénicienne.
Les Sidoniens envoyèrent même des députés au-devant de
lui pour l'inviter à venir (1). Leurs sentiments étaient défavorables aux Perses, par souvenir des actes sanglants et
perfides qui (environ dix-huit années auparavant) avaient
marqué la reprise de leur cité par les armées d'Ochus (2).
Néanmoins, les contingents navals tant de Byblos que de
Sidon (aussi bien que ceux d'Arados) naviguaient en ce moment dans la mer Ægée avec l'amiral persan Autophradatès et formaient une proportion considérable de sa flotte
entière (3).

Toutefois, pendant qu'Alexandre était encore à Marathos,
antérieurement à sa marche en avant, il reçut et des députés
et une lettre de Darius demandant la restitution de sa mère,
de son épouse et de ses enfants, — et offrant amitié et
alliance, comme un roi s'adressant à un autre roi. Darius
essayait, en outre, de démontrer que le Macédonien Philippe avait eu les premiers torts envers la Perse, —
qu'Alexandre les avait continués, — et que lui-même (Darius) n'avait agi que pour sa défense personnelle. En réponse, Alexandre écrivit une lettre où il exposait sa posi-

(1). Arrien, II, 14, 11 ; II, 15, 8.   (3) Arrien, II, 15, 8 ; II, 20, 1.
(2) Diodore, XVI, 45.   Q.-Curce, IV, 1, 6-16.

tion à l'égard de Darius, en se proclamant le chef nommé par les Grecs pour venger l'ancienne invasion de Xerxès en Grèce. Il alléguait ensuite diverses plaintes contre Darius, qu'il accusait d'être l'instigateur du meurtre de Philippe, aussi bien que des hostilités des cités antimacédoniennes en Grèce. « Maintenant (continuait-t-il), par la grâce de Dieu, j'ai été vainqueur, d'abord de tes satrapes, ensuite de toi-même. J'ai pris soin de tous ceux qui se sont soumis à moi, et je les ai rendus contents de leur sort. Viens toi-même vers moi également, comme vers le souverain de toute l'Asie. Viens sans crainte de souffrir aucun mal. Demande-le-moi, et je te donnerai ta mère et ton épouse, et tout ce qui te plaira. Toutefois, désormais, quand tu m'écriras, parle-moi non comme à un égal, mais comme au maître de l'Asie et de tout ce qui t'appartient, autrement je te traiterai comme un malfaiteur. Si tu as l'intention de me disputer le royaume, arrête et combats dans ce dessein, et ne te sauve pas. J'avancerai contre toi partout où tu seras (1) ».

Cette mémorable correspondance, qui n'amena aucun résultat, n'a d'importance qu'en ce qu'elle marque le caractère d'Alexandre, pour lequel les combats et les conquêtes étaient l'affaire et le luxe de la vie, et qui considérait comme un tort et une insulte dignes de vengeance toute prétention à l'égalité ou à l'indépendance à son égard, même de la part d'autres rois, et tout ce qui ne ressemblait pas à la soumission et à l'obéissance. L'énumération d'injures comparatives de chaque côté n'était qu'un prétexte insignifiant. La seule, la réelle question (comme Alexandre l'avait posée lui-même dans son message à Sisygambis captive) (2) était de savoir lequel des deux serait maître de l'Asie.

La décision de cette question, déjà suffisamment avancée le lendemain de la bataille d'Issus, fut presque mise hors de

---

(1) Arrien, II, 14; Q.-Curce, IV, 1, 10; Diodore, XVII, 39. Je donne la substance de cette correspondance tirée d'Arrien. Quinte-Curce et Diodore représentent tous deux Darius comme offrant de grandes sommes d'argent et la cession de vastes territoires, en échange de la restitution des captives. Arrien ne dit rien de semblable.

(2) Arrien, II, 12, 9.

doute par les succès qu'Alexandre obtint rapidement et sans opposition dans la plupart des cités phéniciennes. Les dernières espérances de la Perse reposaient surtout en ce moment sur les sentiments de ces Phéniciens. La plus grande portion de la flotte persane dans la mer Ægée se composait de trirèmes phéniciennes, venues en partie de la côte de Syria, en partie de l'île de Kypros. Si les villes phéniciennes faisaient leur soumission à Alexandre, il était certain que leurs vaisseaux et leurs marins ou retourneraient spontanément dans leur patrie ou seraient rappelés, enlevant ainsi au carquois persan sa dernière et meilleure flèche. Mais si les villes phéniciennes tenaient bon résolûment contre lui, jusqu'à la dernière, de manière à le mettre dans la nécessité de les assiéger toutes successivement, — chacune d'elles prêtant assistance aux autres par mer, avec une supériorité de forces navales et beaucoup d'entre elles étant situées sur des îlots, — les obstacles à surmonter auraient été tellement multipliés, que même l'énergie et le talent d'Alexandre auraient difficilement pu suffire; en tout cas, il aurait eu devant lui, pour deux ans peut-être, une pénible besogne, qui eût ouvert la porte à maints accidents et efforts nouveaux. Ce fut donc pour Alexandre une bonne fortune signalée que le prince de l'îlot d'Arados lui livrât spontanément cette cité difficile à prendre, et que cet exemple fût suivi par la cité plus grande encore de Sidon. Les Phéniciens, à les prendre en général, n'avaient aucun lien positif qui les attachât aux Perses; ils n'avaient pas non plus un fort attachement de confédération les uns à l'égard des autres, bien que, comme communautés séparées, ils fussent braves et entreprenants. Parmi les Sidoniens, il y avait même un sentiment dominant d'aversion pour les Perses, à cause du motif mentionné plus haut. Aussi le prince d'Arados, qui était le premier sur lequel s'avançait Alexandre, était-il peu certain d'être secouru par ses voisins, s'il se décidait à tenir bon, et encore moins était-il disposé à résister seul, après que la bataille d'Issus avait révélé la force irrésistible d'Alexandre non moins que l'impuissance de la Perse. Les uns après les autres, tous ces importants ports de mer phéniciens, excepté Tyr, tombèrent entre les mains d'Alexandre sans coup férir. A Sidon, le prince régnant Straton, réputé ami de la Perse, fut déposé, et on nomma à sa place une personne nommée Abdalonymos, — de la famille régnante, bien que dans un état de pauvreté (1).

Avec sa rapidité habituelle, Alexandre marcha droit sur Tyr, la plus puissante des cités phéniciennes, bien qu'apparemment moins ancienne que Sidon. Même en route, il rencontra une députation de Tyr, composée des personnages les plus éminents de la cité et conduite par le fils du prince tyrien Azemilchos, qui était lui-même absent, vu qu'il commandait le contingent tyrien dans la flotte persane. Ces députés apportaient des présents considérables et d'abondantes provisions pour l'armée macédonienne, avec une couronne d'or d'honneur, et ils annonçaient formellement que les Tyriens étaient prêts à faire tout ce que commanderait Alexandre (2). En réponse, ce prince loua les dispositions de la cité, accepta les présents et pria les députés de faire connaître à leurs concitoyens que son désir était d'entrer dans Tyr et d'offrir un sacrifice à Hèraklès. Le dieu phénicien Melkart était supposé identique au Grec Hèraklès, et il était ainsi le premier père des rois macédoniens. Son temple à Tyr était de la plus vénérable antiquité; en outre, l'injonction d'y sacrifier avait, dit-on, été donnée à Alexandre dans un oracle (3). Les Tyriens de la ville, après avoir délibéré sur ce message, firent répondre qu'ils ne pouvaient accéder à la demande, donnant à en-

---

(1) Q.-Curce, IV, 1, 20-25; Justin, XI, 10. Diodore (XVII, 47) raconte l'histoire comme si elle s'était passée à Tyr, et non à Sidon, ce qui est extrêmement improbable.

(2) Arrien, II, 15, 9. Ὡς ἐγνωκότων Τυρίων πράσσειν, ὅ, τι ἂν ἐπαγγέλῃ Ἀλέξανδρος. Cf. Q.-Curce, IV, 2, 3.

(3) Q.-Curce (ut suprà) ajoute ces motifs : Arrien n'insère rien au delà de la simple requête. Le renseignement de Q.-Curce représente ce qui fut vraisemblablement le fait réel et le sentiment réel d'Alexandre.

Il est assurément vrai que Q.-Curce surcharge son récit d'amplifications dramatiques et de rhétorique : mais il n'est pas moins vrai qu'Arrien tombe dans l'extrême opposé, — en pressant son récit au point de ne laisser guère plus que le simple canevas.

tendre qu'ils n'admettraient dans leurs murs ni Macédoniens ni Perses, mais que, sur tous les autres points, ils
obéiraient aux ordres d'Alexandre (1). Ils ajoutèrent que
son désir de sacrifier à Hêraklès pouvait être accompli sans
entrer dans leur cité, puisqu'il y avait dans Palætyros (sur
le continent, vis-à-vis de l'île de Tyr, séparé d'elle seulement par le détroit resserré), un temple de ce dieu encore
plus ancien et plus vénérable que le leur (2). Irrité de cette
adhésion limitée, dans laquelle il ne remarqua que le point
refusé, — Alexandre congédia la députation avec de violentes menaces et résolut immédiatement de prendre Tyr
de vive force (3).

Ceux qui (comme Diodore) considèrent ce refus de la
part des Tyriens comme un entêtement insensé (4) n'ont
pas pleinement considéré tout ce que renfermait la demande. Quand Alexandre offrit un sacrifice solennel à Artemis
à Ephesos, il s'avança vers le temple de la déesse avec toutes
ses forces armées et en ordre de bataille (5). Nous ne pouvons douter que ce sacrifice à Tyr offert à Hêraklès, — héros
dont il tirait son origine et qui avait la force pour attribut, —
n'eût été célébré avec un déploiement de force aussi formidable, et comme, dans le fait, il le fut après la prise de la
ville (6). On demandait ainsi aux Tyriens d'admettre dans
leurs murs des forces militaires irrésistibles, qui, il est
vrai, auraient pu être retirées après l'achèvement du sacrifice, mais qui auraient pu aussi rester, soit en totalité, soit
en partie, comme garnison permanente d'une position
presque imprenable. Ils n'avaient pas enduré un pareil
traitement de la part de la Perse, et ils n'étaient pas disposés à l'endurer de la part d'un nouveau maître. C'était de

---

(1) Arrien, II, 16, 11.

(2) Q.-Curce, IV, 2, 4; Justin, XI,
10. Cet article, à la fois prudent et probable dans la réponse des Tyriens,
n'est pas mentionné par Arrien.

(3) Arrien, II, 16, 11. Τοὺς μὲν
πρέσβεις πρὸς ὀργὴν ὀπίσω ἀπέπεμψεν, etc. Q.-Curce, IV, 2, 5. « Non

tenuit iram, cujus alioqui potens non
erat, etc. »

(4) Diodore, XVII, 40. Οἱ δὲ Τύριοι,
βουλομένου τοῦ βασιλέως τῷ Ἡρακλεῖ
τῷ Τυρίῳ θῦσαι, προπετέστερον διεκώ-
λυσαν αὐτὸν τῆς εἰς τὴν πόλιν εἰσόδου.

(5) Arrien, I, 18, 4.

(6) Arrien, II, 24, 10.

fait risquer leur tout, en se soumettant tout de suite à un sort qui pouvait être aussi mauvais que celui que pourrait leur amener un siége heureux pour l'ennemi. D'autre part, en songeant que les Tyriens promettaient tout, si ce n'est de se soumettre à une occupation militaire, nous voyons qu'Alexandre, s'il eût été dans ces dispositions, aurait pu obtenir d'eux tout ce qui était réellement essentiel à son dessein, sans être obligé d'assiéger la ville. La grande importance des cités phéniciennes consistait en leur flotte, qui agissait actuellement avec les Perses et leur donnait l'empire de la mer (1). Si Alexandre eût demandé que cette flotte fût retirée aux Perses, et mise à son service, on ne peut douter qu'il ne l'eût obtenu facilement. Les Tyriens n'avaient pas de motifs pour se dévouer pour la Perse, et probablement ils n'essayèrent pas (comme Arrien le suppose) de balancer entre les deux parties belligérantes, comme si la lutte était encore indécise (2). Cependant, plutôt que de livrer leur cité aux chances d'une soldatesque macédonienne, ils résolurent de braver les hasards d'un siége. L'orgueil d'Alexandre, ne pouvant supporter l'opposition même à ses demandes les plus extrêmes, le poussa à faire une démarche politiquement peu profitable, afin de déployer son pouvoir, en dégradant et en écrasant, avec ou sans un siége, une des communautés de l'ancien monde les plus remarquables par l'antiquité, le courage, les richesses et l'intelligence.

Tyr était située sur un îlot, à un demi-mille (= 800 mètres) environ du continent (3) ; le canal entre les deux étant

---

(1) C'est une idée exprimée par Alexandre lui-même dans ses discours à l'armée, quand il l'engage à entreprendre le siége de Tyr (Arrien, II, 17, 3-8).

(2) Arrien, II, 16, 12. Q.-Curce dit (IV, 2, 2) : « Tyros facilius *societatem* Alexandri acceptura videbatur, quam *imperium.* » C'est représenter les prétentions des Tyriens comme plus grandes que le fait ne le permet. Ils ne refusèrent pas l'*imperium* d'Alexandre, bien qu'ils refusassent de satisfaire à une demande extrême.

Ptolémée I (fils de Lagus) se rendit plus tard maître de Jérusalem, en entrant dans la ville lors du sabbat, sous prétexte d'offrir un sacrifice (Josèphe, Antiq. Jud. XII, 1).

(3) Q.-Curce, IV, 2, 7, 8. L'emplacement de Tyr aujourd'hui ne présente rien qui soit le moins du monde conforme à la description du temps d'Alexandre.

peu profond du côté de la terre, mais ayant une profondeur
de 5 mètres 40 centimètres dans la partie qui touchait à la
cité. L'îlot était complétement entouré de murs prodigieux
dont la partie la plus haute, du côté faisant face au continent,
ne s'élevait pas à moins de 45 mètres, avec une solidité et
une base correspondantes (1). Outre ces fortifications extérieures, il y avait une population brave et nombreuse à
l'intérieur, aidée par un bon fonds d'armes, de machines,
de vaisseaux, de provisions et d'autres choses essentielles à
la défense.

Ce n'était donc pas sans raison que les Tyriens, poussés
à l'extrémité, nourrissaient l'espoir de résister même à la
formidable armée d'Alexandre ; et dans l'état où ce prince
était alors ils auraient pu lui résister avec succès, car il
n'avait pas encore de flotte et ils pouvaient défier toute
attaque faite simplement par terre. La question reposait sur
les vaisseaux phéniciens et kypriotes, qui étaient pour la
plupart (les Tyriens avec eux) dans la mer Ægée sous
l'amiral persan. Alexandre, — maître comme il l'était
d'Arados, de Byblos, de Sidon et de toutes les cités phéniciennes à l'exception de Tyr, — comptait que les marins
appartenant à ces cités imiteraient leurs compatriotes de
l'intérieur et emmèneraient leurs vaisseaux pour se joindre
à lui. Il espérait aussi, en qualité de potentat victorieux,
attirer à lui l'adhésion volontaire des cités de l'île de
Kypros. Cela n'aurait pu guère manquer d'arriver, s'il eût
traité les Tyriens avec une considération convenable ; mais
ce n'était plus certain, maintenant qu'il s'en était fait des
ennemis.

Ce qui se passa dans la flotte persane sous Autophradatès
dans la mer Ægée, quand elle apprit, d'abord qu'Alexandre
était maître des autres cités phéniciennes, — ensuite qu'il
commençait le siége de Tyr, — nous le savons très-imparfaitement. Le prince tyrien Azemilchos ramena ses vaisseaux pour défendre sa propre cité (2) ; les vaisseaux sido-

---

(1) Arrien, II, 18, 3 ; II, 21, 4 ; II,
22, 8.

(2) Azemilchos était avec Autophradatès quand Alexandre déclara les

niens et aradiens retournèrent également chez eux, ne
servant plus contre une puissance à laquelle leurs propres
cités s'étaient soumises ; mais les Kypriotes hésitèrent plus
longtemps avant de se déclarer. Si Darius, ou même Autophradatès sans Darius, au lieu d'abandonner complétement
Tyr (comme ils le firent réellement l'un et l'autre) avaient
énergiquement aidé la résistance qu'elle fit à Alexandre,
ainsi que le conseillaient les intérêts de la Perse, — il
n'est pas improbable que les vaisseaux kypriotes eussent
été retenus de ce côté de la lutte. En dernier lieu, les
Tyriens pouvaient espérer que leurs frères phéniciens, s'ils
étaient disposés à aider Alexandre contre la Perse, ne lui
serviraient pas d'instruments dévoués pour écraser une cité
de la même famille. Ces éventualités, bien qu'elles finissent
toutes par tourner en faveur d'Alexandre, offraient dans le
commencement assez de chances de succès pour justifier
l'intrépide résolution des Tyriens qui, en outre, furent encouragés par la promesse d'avoir pour auxiliaires les puis-
santes flottes de Carthage, leur colonie. Ils envoyèrent
dans cette ville, dont les députés étaient à ce moment dans
leurs murs pour quelques solennités religieuses, un grand
nombre de leurs épouses et de leurs enfants (1).

Alexandre commença le siége de Tyr sans flotte, les vaisseaux sidoniens et aradiens n'étant pas encore arrivés. Sa
première opération fut de construire un môle massif, large
de soixante mètres, s'étendant en travers du demi-mille
de canal entre le continent et l'îlot. Il fit entrer à son service pour exécuter cet ouvrage des bras par milliers du
voisinage ; il eut des pierres en abondance de Palætyros et

---

hostilités contre Tyr (Arrien, II, 15.
10) ; il était dans Tyr quand cette
ville fut prise (Arrien, II, 24, 8).

(1) Quinte-Curce, IV, 2, 10 ; Arrien
II, 24, 8 ; Diodore, XVII, 40, 41.
Quinte-Curce (IV, 2, 15) dit qu'A-
lexandre envoya des députés aux Tyriens pour les inviter à faire la paix ;
que non-seulement les Tyriens refusèrent ces propositions, mais même

qu'ils mirent les députés à mort, contrairement au droit des gens. Arrien
ne parle pas de cet envoi de députés,
ce qu'il n'aurait pas manqué de faire
s'il l'avait trouvé mentionné dans ses
autorités, puisqu'il tend à justifier les
actes d'Alexandre. De plus, il n'est
pas conforme au caractère de ce prince,
après ce qui s'était passé entre lui et
les Tyriens.

du bois des forêts du Liban. Le travail, bien que poursuivi avec ardeur et persévérance sous les instigations pressantes d'Alexandre, était ennuyeux et fatigant, même près du continent, où les Tyriens pouvaient faire peu de chose pour s'y opposer; et il devint de plus en plus ennuyeux à mesure qu'il avançait dans la mer, de telle sorte qu'il était exposé à être gêné par eux, aussi bien qu'endommagé par les vents et les vagues. Les trirèmes tyriennes et de petits bateaux molestaient perpétuellement les travailleurs et détruisaient des parties de l'ouvrage, malgré toute la protection imaginée par les Macédoniens, qui établirent deux tours devant leur môle qui avançait et lancèrent des projectiles à l'aide de machines disposées dans ce dessein. A la fin, grâce à des efforts incessants, le môle fut poussé en avant, et déjà il arrivait en travers du canal, presque jusqu'au mur de la cité, lorsque soudainement, un jour de vent violent, les Tyriens firent avancer un brûlot chargé de combustibles, qu'ils poussèrent en avant contre le front du môle, et ils mirent le feu aux deux tours. En même temps, toutes les forces navales de la cité, vaisseaux et petits bateaux, furent envoyées pour débarquer des hommes à la fois sur toutes les parties du môle. Cette attaque eut tant de succès, que toutes les machines macédoniennes furent brûlées, le boisage extérieur qui retenait le môle fut arraché en bien des endroits, — et une grande partie de la construction mise en pièces (1).

Alexandre eut ainsi non-seulement à construire de nouveaux engins, mais encore à recommencer le môle presque entièrement. Il résolut de lui donner plus de largeur et de force, dans le dessein d'amener plus de tours de front en tête de la construction et pour la mieux défendre contre des attaques latérales. Mais il était alors convaincu que, tant que les Tyriens seraient maîtres de la mer, aucun effort fait uniquement du côté de la terre ne le mettrait à même de prendre la ville. Laissant donc Perdikkas et Kra-

_____

(1) Arrien, II, 18, 19; Diodore, XVII, 42; Q.-Curce, IV, 3, 6, 7.

teros rebâtir le môle et construire de nouveaux engins, il se retira lui-même à Sidon, dans l'intention de réunir une flotte aussi considérable qu'il pourrait. Il réunit des trirèmes de divers côtés, — deux de Rhodes, dix des ports de mer de Lykia, trois de Soli et de Mallos. Mais il obtint ses forces principales en mettant en réquisition les vaisseaux des villes phéniciennes, Sidon, Byblos et Arados, actuellement soumises à lui. Ces vaisseaux, au nombre de quatrevingts, avaient quitté l'amiral persan et étaient venus à Sidon, et y attendaient les ordres d'Alexandre, tandis que, peu de temps après, les princes de Kypros s'y rendirent également, et lui offrirent leur puissante flotte de cent vingt vaisseaux de guerre (1). Il était alors maître d'une flotte de deux cents voiles, comprenant la plus grande partie, et la meilleure, de la flotte persane. Ce fut l'achèvement du triomphe macédonien, — la dernière arme réelle et efficace arrachée aux mains de la Perse. Le pronostic fourni par l'aigle près des vaisseaux à Milètos, comme l'avait interprété Alexandre, avait été accompli en ce moment, puisque au moyen d'opérations militaires successives par terre il avait vaincu et fait entrer en son pouvoir une flotte persane supérieure en force (2).

Après avoir ordonné que ces vaisseaux complétassent leur équipement et leur éducation, avec des Macédoniens comme soldats à bord, Alexandre se mit à la tête de quelques troupes légères pour une expédition de onze jours contre les montagnards arabes du Liban, qu'il dispersa ou accabla, non sans s'exposer personnellement à quelque danger (3). En revenant à Sidon, il trouva Kleandros qui

---

(1) Arrien, II, 20, 1-4; Q.-Curce, IV, 2, 14. Ce qui prouve combien Arrien voit tout du point de vue d'Alexandre, c'est de l'entendre nous dire que le monarque *pardonna* aux Phéniciens et aux Kypriotes pour leur fidélité et leur ancien service dans la flotte persane, en considérant qu'ils avaient agi par contrainte.

(2) Arrien, I, 18, 15. Pendant le siége de Tyr (quatre siècles auparavant) par le monarque assyrien Salmanasar, Sidon et les autres villes phéniciennes avaient prêté leurs vaisseaux à l'assiégeant (Menander ap. Joseph. Ant. Jud. IX, 14, 2).

(3) Arrien, II, 20, 5; Plutarque, Alex. 21.

était arrivé avec un renfort de quatre mille hoplites grecs, auxiliaires bienvenus pour la poursuite du siège. Ensuite, s'embarquant dans le port de Sidon, il fit voile en bon ordre de bataille jusqu'à Tyr, espérant que les Tyriens sortiraient et combattraient. Mais ils restèrent dans leurs murs, frappés de surprise et de consternation ; car ils n'avaient pas encore su que les Phéniciens, leurs frères, étaient actuellement au nombre des assiégeants. Alexandre, ayant reconnu que les Tyriens n'accepteraient pas un combat sur mer, fit immédiatement bloquer et surveiller les deux ports : celui au nord, du côté de Sidon, par les Kypriotes ; — celui au sud, du côté de l'Égypte, par les Phéniciens (1).

A partir de ce moment, le sort de Tyr était certain. Les Tyriens ne purent plus apporter d'obstacles au môle, qui fut achevé en travers du canal et amené jusqu'à la ville. On établit des machines pour battre les murs en brèche ; on roula des tours mobiles pour les prendre d'assaut ; on fit aussi une attaque du côté de la mer. Toutefois, bien que réduits complétement à la défensive, les Tyriens déployèrent encore une bravoure opiniâtre et épuisèrent toutes les ressources de l'art pour repousser les assiégeants. Si gigantesque était la force du mur faisant face au môle et même de celui du côté septentrional faisant face à Sidon, qu'aucun des engins d'Alexandre ne put y faire brèche ; mais du côté méridional, vers l'Égypte, il fut plus heureux. Une large brèche ayant été pratiquée dans le mur du sud, il l'attaqua avec deux vaisseaux montés par les hypaspistæ et par les soldats de sa phalange : lui-même commandait dans l'un et Admètos dans l'autre. En même temps, il fit menacer la ville tout à l'entour, à tout point accessible, dans le dessein de détourner l'attention des défenseurs. Lui-même et ses deux vaisseaux ayant été amenés à la rame tout près de la brèche faite dans le mur du sud, on jeta de chaque vaisseau des ponts de planches, sur lesquels lui et Admètos se précipitèrent en avant avec leurs troupes respectives chargées

(1) Arrien, II, 20, 9-16.

de donner l'assaut. Admètos monta sur le mur, mais il y fut tué; Alexandre aussi fut un des premiers à monter, et les deux troupes s'établirent sur le mur de manière à triompher de toute résistance. En même temps, ses vaisseaux pénétrèrent aussi de vive force dans les deux ports, de sorte que Tyr tomba de tous les côtés en son pouvoir (1).

Bien que les murs fussent actuellement perdus, et que la résistance fût devenue désespérée, les vaillants défenseurs ne perdirent pas courage. Ils barricadèrent les rues et concentrèrent leur force surtout à un poste défendable appelé l'Agenorion, ou chapelle d'Agenôr. Là, le combat recommença avec une nouvelle fureur jusqu'à ce qu'ils fussent accablés par les Macédoniens, irrités par les longues fatigues éprouvées jusque-là dans le siége, aussi bien que par le meurtre de quelques-uns de leurs prisonniers, que les Tyriens avaient tués publiquement sur les créneaux. Alexandre épargna, par respect pour le sanctuaire, tous ceux qui cherchèrent asile dans le temple d'Hèraklès; dans le nombre se trouvaient le prince Azemilchos, quelques Tyriens éminents, les députés carthaginois et quelques enfants des deux sexes. Les Sidoniens également, montrant un sentiment tardif de parenté et dédommageant en partie de la part qu'ils avaient prise à la capture de la ville, sauvèrent quelques existences de l'épée du vainqueur (2). Mais le plus grand nombre des citoyens adultes périrent les armes à la main, tandis que deux mille qui survécurent, soit à cause des blessures qui les mirent hors d'état de combattre, soit à cause de la fatigue des égorgeurs, furent pendus sur le bord de la mer par ordre d'Alexandre (3). Les femmes, les enfants et les esclaves furent vendus aux marchands d'esclaves. On dit que le nombre fut d'environ trente mille, total plutôt faible, en ce que nous devons supposer que les

---

(1) Arrien, II, 23, 24; Q.-Curce, IV, 4, 11; Diodore, XVII, 46.

(2) Q.-Curce, IV, 4, 15.

(3) Ce fait est mentionné et par Q.-Curce (IV, 4, 17) et par Diodore (XV, 46). Il ne l'est pas par Arrien, t il se peut qu'il n'ait trouvé place ni dans Ptolémée ni dans Aristobule; mais je ne vois pas de raison pour n'y pas croire.

esclaves y étaient compris; mais on nous dit qu'il en avait
été envoyé préalablement un grand nombre à Carthage.

Ainsi maître de Tyr, Alexandre entra dans la cité et
accomplit son sacrifice tant désiré en l'honneur d'Hèraklès
(juillet-août 332 av. J.-C.). Toute son armée de terre et de
mer, complétement armée et en ordre de bataille, prit part
à la procession (1). Jamais une hécatombe plus coûteuse
n'avait été offerte à ce dieu, si nous considérons qu'elle
avait été achetée par toutes les fatigues d'un siége inutile,
et par l'extermination de ces citoyens libres et généreux,
ses premiers adorateurs. Quelles avaient été les pertes des
Macédoniens, c'est ce que nous ne pouvons dire. Arrien
donne quatre cents pour le nombre de leurs hommes tués,
ce qui doit être bien au-dessous de la vérité, car le courage
et l'habileté des assiégés avaient prolongé le siége jusqu'à
la période prodigieuse de sept mois, bien qu'Alexandre
n'eût négligé aucun moyen pour le terminer plus tôt (2).

Vers la fin du siége de Tyr, Alexandre reçut et rejeta
une seconde proposition de Darius, qui offrait dix mille
talents avec la cession de tout le territoire à l'ouest de l'Euphrate, comme rançon de sa mère et de son épouse, et qui
demandait qu'Alexandre devînt son gendre aussi bien que
son allié. — « Si j'étais Alexandre (dit Parmeniôn), j'accep-
terais ces conditions, au lieu de me jeter dans de nouveaux
dangers. » — « Je le ferais (répliqua Alexandre) si j'étais
Parmeniôn; mais puisque je suis Alexandre, je dois faire
une réponse différente. » Voici celle qu'il fit à Darius : —
« Je n'ai besoin ni de ton argent ni de ta cession de territoire. Tout ton argent et tout ton royaume m'appartiennent
déjà, et tu m'offres une partie en place du tout. Si je veux
épouser ta fille, je *l'épouserai*, — que tu me la donnes ou
non. Viens me trouver, si tu désires avoir de moi quelque
marque d'amitié (3). » Alexandre pouvait épargner les

---

(1) Arrien, IV, 24, 9; Diodore,
XVII, 46.

(2) Ce qui prouve la force renais-
sante de l'industrie commerciale, c'est

ce fait que, malgré cette destruction
totale, Tyr redevint une cité opulente
et florissante (Strabon, XVI, p. 757).

(3) Arrien, II, 25, 5; Q.-Curce, IV,

humbles et les vaincus à terre, mais il ne pouvait souffrir ni un égal ni un compétiteur, et son langage à leur égard était plein d'une brutale insolence. Naturellement ce fut le dernier message envoyé par Darius, qui vit alors, s'il ne l'avait pas vu auparavant, qu'il ne lui restait d'autre chose que de renouveler la guerre.

Étant ainsi entièrement maître de la Syrie, de la Phénicie et de la Palestine, et ayant accepté la soumission volontaire des Juifs, Alexandre se mit en marche pour conquérir l'Égypte. Il avait résolu, avant d'entreprendre toute nouvelle expédition dans l'intérieur de l'empire persan, de se rendre maître de tous les pays des côtes qui tenaient ouverte la communication des Perses avec la Grèce, de manière à assurer ses derrières contre toute hostilité sérieuse. Ce qu'il craignait surtout, c'était que l'or persan ne soulevât contre lui des cités ou des soldats grecs (1), et l'Égypte était la dernière possession au pouvoir des Perses qui leur donnait les moyens d'agir sur la Grèce. Dans le fait, ces moyens étaient en ce moment diminués d'une manière prodigieuse par la faible condition de la flotte persane dans la mer Ægée, incapable de lutter avec la flotte croissante des amiraux macédoniens Hegelochos et Amphoteros, forte actuellement de cent soixante voiles (2). Pendant l'été de 332 avant J.-C., tandis qu'Alexandre poursuivait le siège de Tyr, ces amiraux recouvrèrent toutes les acquisitions importantes, — Chios, Lesbos et Ténédos, — que Memnon avait faites dans l'intérêt des Perses. Les habitants de Ténédos les appelèrent et assurèrent leur succès; ceux de Chios tentèrent de faire de même, mais ils en furent empêchés par Pharnabazos, qui garda la cité au moyen de ses partisans insulaires, Apollonidès et autres, avec des forces militaires. Les amiraux macédoniens assiégèrent la ville

---

5. La réponse est plus insolente dans la simplicité nue d'Arrien que dans la pompe de Q.-Curce. Plutarque (Alex. 27) l'abrége et l'adoucit. Diodore aussi donne la réponse différemment (XVII, 54) — et représente l'ambassade comme venant un peu plus tard, après qu'Alexandre était revenu d'Égypte.

(1) Arrien, II, 17, 4.
(2) Q.-Curce, IV, 5, 14.

et ils furent bientôt en état de l'emporter, grâce aux amis qu'ils avaient à l'intérieur. Pharnabazos y fut pris avec toute son armée, douze trirèmes complétement armées et garnies d'hommes, trente transports de vivres et de munitions, plusieurs corsaires et trois mille mercenaires grecs. Aristonikos, despote de Methymna, ami des Perses, —arrivant peu de temps après à Chios, dont il ignorait la prise, — tomba dans le port comme dans un piége et fut fait prisonnier. Il ne restait plus que Mitylènè, qui était tenue pour les Perses par l'Athénien Charès, avec une garnison de deux mille hommes : cet officier cependant, ne conservant aucun espoir de tenir contre les Macédoniens, consentit à évacuer la cité à condition qu'on le laisserait partir librement. Les Perses furent ainsi chassés de la mer, privés de tout point d'appui dans les îles grecques, et éloignés du voisinage de la Grèce et de la Macédoine (1).

Ces succès étaient en pleine voie de progrès, quand Alexandre lui-même dirigea sa marche de Tyr vers l'Égypte, en s'arrêtant en route pour assiéger Gaza. Cette ville considérable, la dernière avant d'entrer dans le chemin du désert, entre la Syria et l'Égypte, était située à un ou deux milles de la mer. Elle était bâtie sur une haute levée artificielle et entourée d'un mur élevé; mais elle tirait sa principale défense des sables profonds qui l'entouraient, aussi bien que de la vase et des sables mouvants qui se trouvaient sur sa côte. Elle était défendue par un homme brave, l'eunuque Batis, avec une forte garnison d'Arabes et d'abondantes provisions de toute sorte. Confiant dans la force de la place, Batis refusa de recevoir Alexandre. De plus, son opinion fut confirmée par les ingénieurs macédoniens eux-mêmes qui, à la première inspection des murs que fit Alexandre, déclarèrent la place imprenable, surtout à cause de la hauteur de la levée qui lui servait de support. Mais Alexandre ne put supporter l'idée d'avouer tacitement qu'il lui était impossible de prendre Gaza. Plus l'entreprise

---

(1) Q.-Curce, IV, 5, 14-22; Arrien, III, 2, 4-8.

était difficile, plus elle avait de charme pour lui, et plus
grand serait l'étonnement produit tout alentour quand on
verrait qu'il avait triomphé (1).

Il commença par faire faire une levée au sud de la cité,
tout près du mur, dans le dessein d'y placer ses machines à
battre en brèche. Cette levée extérieure fut achevée, et
les engins avaient déjà commencé à battre le mur, quand
une sortie bien combinée de la garnison mit les assaillants
en déroute et détruisit les engins. Alexandre arriva à
propos au secours avec ses hypaspistæ et protégea leur retraite; mais lui-même, après avoir échappé à un piége tendu
par un prétendu déserteur arabe, reçut dans l'épaule, à
travers son bouclier et sa cuirasse, une grave blessure faite
par un dard qu'avait lancé une catapulte, comme l'avait
prédit le prophète Aristandros, — qui assurait en même
temps que Gaza tomberait en son pouvoir (2). Pendant qu'on
soignait sa blessure, il ordonna qu'on amenât par mer les
engins employés à Tyr, et il fit mener sa levée autour de
toute la circonférence de la ville, de manière à la rendre
accessible de tous les points. Ce travail d'Hercule, dont
nous lisons la description avec étonnement, avait soixante-
quinze mètres de hauteur tout autour et deux stades
(= 372 mètres) de largeur (3); le sable sans consistance à
l'entour n'a guère pu être convenable, de sorte qu'on a dù
apporter les matériaux de loin. L'entreprise fut achevée à
la longue. Dans quelle longueur de temps, c'est ce que

---

(1) Arrien, II, 26, 5. Οἱ δὲ μηχανο-
ποιοὶ γνώμην ἀπεδείκνυντο, ἄπορον
εἶναι βίᾳ ἑλεῖν τὸ τεῖχος, διὰ ὕψος τοῦ
χώματος· ἀλλ' Ἀλεξάνδρῳ ἐδόκει αἱ-
ρετέον εἶναι, ὅσῳ ἀπορώτερον· ἐκ-
πλήξειν γὰρ τοὺς πολεμίους τὸ ἔργον
τῷ παραλόγῳ ἐπὶ μέγα, καί τὸ μὴ ἑλεῖν
αἰσχρὸν εἶναι οἱ, λεγόμενον ἔς τε τοὺς
Ἕλληνας καὶ Δαρεῖον.
Au sujet de la fidélité et du courage
opiniâtre à se défendre, montrés plus
d'une fois par les habitants de Gaza,
— V. Polybe, XVI, 40.
(2) Arrien, II, 26, 27; Q.-Curce,

IV, 6, 12-18; Plutarque, Alexandre, 25.
(3) Arrien, II, 27, 5. Χῶμα χωννύ-
ναι ἐν κύκλῳ παντόθεν τῆς πό-
λεως. Il est certainement possible,
comme Droysen le fait remarquer
(Gesch. Alex. des Grossen, p. 199),
que παντόθεν ne doive pas être expliqué avec une rigueur littérale, mais
seulement comme signifiant dans
maintes portions différentes de l'enceinte
garnie d'un mur. Cependant si telle
avait été l'intention, Arrien aurait assurément dit χώματα au pluriel, et
non χῶμα.

nous ignorons, mais elle a dû être considérable, — bien que, sans doute, des milliers d'hommes doivent avoir été forcés d'y travailler de la contrée circonvoisine (1).

Gaza fut alors attaquée sur tous les points à l'aide de béliers, de mines et d'engins à projectiles avec toute sorte de traits. Bientôt des brèches furent pratiquées sur plusieurs points des murs, bien que les défenseurs fissent des efforts incessants pour réparer les parties endommagées. Alexandre essaya trois assauts généraux distincts; mais, dans les trois, il fut repoussé par la bravoure des habitants. Enfin, après avoir fait dans le mur une brèche encore plus grande, il renouvela sa tentative d'assaut pour la quatrième fois. Toute la phalange macédonienne étant amenée pour attaquer sur des points différents, la plus grande émulation régna parmi les officiers. L'Æakide Neoptolemos fut le premier à gravir le mur, mais les autres divisions ne montrèrent guère moins d'ardeur, et à la fin la ville fut prise. Ses vaillants défenseurs résistèrent avec un courage non affaibli jusqu'au dernier, et tous tombèrent à leur poste, la soldatesque dans sa colère n'étant nullement disposée à faire de quartier.

Il n'y eut qu'un seul prisonnier qu'on réserva pour un traitement spécial, — ce fut le prince ou le gouverneur lui-même, l'eunuque Batis, qui, après avoir montré l'énergie et la valeur les plus grandes, fut pris grièvement blessé, vivant toutefois encore. C'est dans cet état qu'il fut amené par Leonnatos et Philôtas en présence d'Alexandre, qui jeta sur lui des regards de vengeance et de fureur. Le prince macédonien avait entrepris le siége surtout en vue de prouver au monde qu'il pouvait triompher de difficultés insurmontables pour les autres. Mais il avait éprouvé tant de pertes, dépensé tant d'efforts et de peines et subi tant d'échecs avant de réussir, que la palme de l'honneur appartenait plutôt à la minorité vaincue qu'à la multitude des vainqueurs. A ce désappointement, qui dut piquer Alexandre

---

(1) Diodore (XVII, 48) dit que la durée du siége fut de deux mois. Cela semble plutôt au-dessous qu'au-dessus de la vérité probable.

à l'endroit le plus sensible, il faut ajouter ce fait qu'il avait lui-même couru un grand danger personnel, reçu une blessure grave, outre qu'il avait échappé de bien peu au poignard du prétendu déserteur arabe. Il y avait là un ample motif pour une violente colère, qui fut, en outre, exaspérée plus encore par la vue de Batis, — un eunuque, — un noir, — grand et robuste, mais en même temps gras et gros, — et sans doute en ce moment couvert de sang et de poussière. Ces circonstances visibles, repoussantes pour ses yeux familiers avec la gymnastique grecque, contribuèrent à enflammer la colère d'Alexandre et à la porter à son plus haut point. Après le siége de Tyr, il avait rassasié son indignation en faisant pendre les deux mille combattants qui survivaient; à Gaza, pour assouvir un sentiment encore plus fort qui l'oppressait, il ne restait que ce seul captif, auquel il résolut d'infliger un châtiment aussi nouveau qu'il était cruel. Il ordonna de percer les pieds de Batis et d'y passer des anneaux d'airain; ensuite le corps de cet homme brave, survivant encore, fut attaché avec des cordes derrière un char conduit par Alexandre lui-même, et traîné à toute vitesse au milieu des sarcasmes et des cris triomphants de l'armée (1). Par là, Alexandre, jaloux même dès l'enfance des exploits d'Achille, son ancêtre légendaire, copiait l'ignominieux traitement décrit dans l'Iliade comme infligé au cadavre d'Hektôr (2).

---

(1) Q.-Curce, IV, 6, 25-30; Denys d'Halikarn. De Comp. Verb. p. 123-125, — avec la citation qui y est donnée d'Hegesias de Magnesia. Diodore (XVII, 48, 49) mentionne simplement Gaza dans deux phrases, mais il ne donne de détails d'aucun genre.

Arrien ne parle pas du traitement de Batis, et probablement il ne trouva rien à ce sujet dans Ptolémée ni dans Aristobule. Il y a des raisons assignables pour lesquelles ils durent le passer sous silence, comme honteux pour Alexandre. Mais Arrien, en même temps, ne dit rien qui soit incompatible avec l'assertion de Q.-Curce ni

qui la contredise, tandis que lui-même reconnaît combien Alexandre était jaloux des actes d'Achille (VII, 14, 7).

Le passage où cette scène est décrite, cité de l'auteur perdu Hegesias par Denys d'Halikarnasse, comme exemple de mauvais rhythme et de mauvais goût, a le mérite de donner les détails relatifs à la personne de Batis, détails bien faits pour inspirer du dégoût à Alexandre et augmenter sa colère. Le mauvais goût d'Hegesias comme écrivain ne diminue pas sa crédibilité comme témoin.

(2) Arrien, VII, 14, 7.

Cette conduite d'Alexandre, produit de réminiscences homériques agissant sur une nature irascible et vindicative, est, sous le rapport de la barbarie, en dehors de tout ce que nous lisons relativement au traitement de villes conquises dans l'antiquité. Ses autres mesures furent conformes à l'usage reçu. Les femmes et les enfants des habitants de Gaza furent vendus comme esclaves. On admit de nouveaux habitants venus du voisinage et on y plaça une garnison chargée de tenir la ville pour les Macédoniens (1).

Les deux siéges de Tyr et de Gaza, qui occupèrent ensemble neuf mois (2), furent les luttes les plus pénibles que jusqu'alors Alexandre eût soutenues ou qu'il eût jamais à soutenir dans tout le cours de sa vie. Après de pareilles fatigues, la marche vers l'Égypte qu'il commença alors (octobre 332 av. J.-C.) ne fut plus qu'une fête et un triomphe. Mazakès, satrape d'Égypte, qui avait peu de troupes persanes et une population indigène mal intentionnée, n'était nullement disposé à résister au vainqueur qui approchait. Sept journées de marche amenèrent Alexandre et son armée de Gaza à Pelusion, forteresse frontière de l'Égypte, commandant le bras oriental du Nil, où sa flotte, sous le commandement d'Hephæstión, était venue également. Là il trouva nonseulement les portes ouvertes et un gouverneur prêt à se soumettre, mais encore une multitude d'Égyptiens réunis pour le recevoir (3). Il mit une garnison dans Pelusion, fit remonter le fleuve à sa flotte jusqu'à Memphis et se dirigea vers la même ville par terre. Le satrape Mazakès se rendit avec tout le trésor de la cité, qui montait à huit cents talents, et avec une quantité d'objets précieux. Là Alexandre se reposa pendant quelque temps et offrit de magnifiques sacrifices aux dieux en général, et en particulier au dieu égyptien Apis, en l'honneur duquel il ajouta des luttes de gym-

---

(1) Arrien, II, 27, 11. Au sujet des moyens de défense et du siége de Gaza, V. l'ouvrage de Stark, Gaza und die Philistaeische Küste, p. 242. Leipz. 1852.

(2) Diodore, XVII, 48; Josèphe, Antiq. XI, 4.

(3) Arrien, III, 1, 3; Q.-Curce, IV, 7, 1, 2; Diodore, XVII, 49.

nastique et de musique, en appelant de Grèce les artistes les plus distingués.

De Memphis, il descendit le bras le plus occidental du Nil jusqu'à Kanôpos à son embouchure, d'où il fit voile à l'ouest, le long du rivage, pour examiner l'île de Pharos, célébrée dans Homère, et le lac Mareôtis. Comptant l'Égypte comme faisant actuellement partie de son empire et considérant que la tâche de maintenir une population inquiète aussi bien que de recueillir un tribut considérable serait à accomplir par ses forces étrangères de terre et de mer, il reconnut la nécessité de retirer le siège du gouvernement de Memphis, où les Perses et les indigènes l'avaient maintenu, et de fonder une nouvelle cité à lui sur le bord de la mer, commode pour les communications avec la Grèce et la Macédoine. Son imagination, sensible à toutes les impressions homériques et influencée par un rêve, fixa d'abord l'île de Pharos comme un endroit convenable pour la cité projetée (1). Toutefois, remarquant bientôt que cette petite île était insuffisante seule, il la comprit comme partie d'une cité plus considérable à fonder sur le continent adjacent. On consulta les dieux, et l'on obtint des réponses encourageantes; puis Alexandre marqua lui-même le circuit des murs, la direction des principales rues et l'emplacement de nombreux temples en l'honneur des dieux grecs aussi bien qu'égyptiens (2). Ce fut ainsi que fut posée la première pierre de la puissante, populeuse et active Alexandrie, et toutefois le fondateur lui-même ne vécut pas assez pour la voir et il était destiné à y reposer seulement comme cadavre. L'emplacement de la ville entre la mer et le lac Mareôtis fut reconnu aéré et sain, aussi bien que commode pour les vaisseaux et le commerce. L'île protectrice de Pharos fournit le moyen de former deux bons ports pour les vaisseaux venant par mer, sur une côte qui en était dépourvue ailleurs, tandis que le lac Mareôtis, qui communiquait par divers canaux avec le Nil, recevait facilement

(1) Q.-Curce, IV, 8, 1-4; Plutarque, Alexand. 26.

(2) Arrien, III, 1, 8; Q.-Curce, IV, 8, 2-6; Diodore, XVII, 52.

les produits de l'intérieur propres à l'exportation (1). Aussitôt que des maisons furent prêtes, l'intendant Kleomenès commença à peupler la cité, en y transportant en masse la population de la ville voisine de Kanôpos, et probablement d'autres villes encore (2).

Alexandrie devint plus tard la capitale des Ptolémées. Elle acquit une grandeur et une population immenses pendant leur règne de deux siècles et demi, où leurs énormes revenus furent consacrés en grande partie à son amélioration et à son embellissement. Mais nous ne pouvons raisonnablement attribuer à Alexandre aucune connaissance à l'avance d'un avenir si imposant. Il la destinait à être une place d'où il pourrait commodément gouverner l'Égypte, considérée comme une portion de son empire étendu tout autour de la mer Ægée, et si l'Égypte fût restée une fraction au lieu de devenir un tout souverain et indépendant, probablement Alexandrie ne se serait pas élevée au-dessus de la médiocrité (3).

L'autre incident très-remarquable, qui distingua les quatre ou cinq mois de séjour d'Alexandre en Égypte, fut sa marche à travers les sables du désert jusqu'au temple de Zeus Ammon. Il est surtout mémorable en ce qu'il marque les progrès de cette adoration de soi-même et de cet orgueil au-dessus des limites de l'humanité. Ses exploits pendant les trois dernières années avaient tellement dépassé l'attente de tout le monde, lui-même compris, — les dieux lui avaient accordé une bonne fortune si constante et avaient tellement paralysé ou abattu ses ennemis, — que l'hypothèse d'une personnalité surhumaine semblait l'explication naturelle d'une carrière aussi surhumaine (4). Il lui fallait jeter

---

(1) Strabon, XVII, p. 793. Cependant d'autres auteurs parlent de la salubrité d'Alexandrie moins favorablement que Strabon : V. Sainte-Croix, Examen des Hist. d'Alexandre, p. 287.

. (2) Pseudo - Aristote , Œconomic. II, 32.

(3) Arrien, III, 5, 4-9. Tacite (Annal. I, 11) dit au sujet de l'Égypte sous les Romains : — « Provinciam aditu difficilem, annonæ fecundam, superstitione et lasciviâ discordem et mobilem, insciam legum, iguaram magistratuum, etc. » Cf. Polyb. ap. Strabon. XVII, p. 797.

(4) Diodore, XVII, 51. Τεχμήρια

un regard en arrière sur les légendes héroïques et sur ses
ancêtres Perseus et Hèraklès, pour trouver un digne pro-
totype (1). Croyant être (comme eux) fils de Zeus, avec seulement une parenté humaine nominale, il résolut d'aller
s'assurer du fait en questionnant l'oracle infaillible de Zeus
Ammon. Sa marche de plusieurs jours, à travers un désert
sablonneux, — toujours fatigante, parfois périlleuse, — fut
marquée par des preuves manifestes de la faveur des dieux.
Une pluie inattendue tomba précisément quand les soldats
altérés demandaient de l'eau. Lorsque les guides s'égarèrent,
soudain deux serpents parlants, ou deux corbeaux, parurent,
précédant la marche et indiquant la vraie direction. Telles
furent les assertions avancées par Ptolémée, Aristobule et
Kallisthène, compagnons du prince et ses contemporains;
tandis qu'Arrien, quatre siècles plus tard, déclare la conviction positive qu'il y eut une intervention divine en
faveur d'Alexandre, bien qu'il ne puisse arriver à la per-
suasion quant aux détails (2). Le prêtre de Zeus Ammon
parla à Alexandre comme étant le fils du dieu et l'assura,
en outre, que sa carrière serait une suite non interrompue
de victoires, jusqu'à ce qu'il allàt rejoindre les dieux,
tandis que ses amis aussi, qui consultèrent l'oracle pour
leur propre satisfaction, reçurent pour réponse que rendre
à Alexandre des honneurs divins serait agréable à Zeus.
Après avoir offert d'abondants sacrifices et de riches présents, Alexandre quitta l'oracle, pleinement et sincèrement
convaincu qu'il était en réalité fils de Zeus Ammon, conviction qui fut encore confirmée par des déclarations qu'on
lui transmit d'autres oracles, — de celui d'Erythræ en
Iônia et de celui des Branchidæ, près de Milètos (3). Bien

δ' ἔσεσθαι τῆς ἐκ τοῦ θεοῦ γενέσεως τὸ
μέγεθος τῶν ἐν ταῖς πράξεσι κατορθω-
μάτων (réponse du prêtre d'Ammon à
Alexandre).

(1) Arrien, III, 3, 2.

(2) Arrien, III, 3, 12. Καὶ ὅτι μὲν
θεῖόν τι ξυνεπέλαβεν αὐτῷ, ἔχω ἰσχυ-
ρίσασθαι, ὅτι καὶ τὸ εἰκὸς ταύτῃ
ἔχει · τὸ δ' ἀτρεκὲς τοῦ λόγου ἀφεί-

λοντο οἱ ἄλλῃ καὶ ἄλλῃ ὑπὲρ αὐτοῦ ἐξη-
γησάμενοι.
Cf. Q.-Curce, IV, 7. 12-15; Diodore,
XVII, 49-51; Plutarque, Alex. 27;
Kallisth. ap. Strabon. XVII, p. 814.

(3) Kallisthenès, Fragm. XVI, ap.
Alex. Magni Histor. Script. éd. Geier.
p. 257; Strabon, XVII, p. 814.

qu'il n'ordonnât pas directement lui-même qu'on lui parlât
comme au fils de Zeus, il était content de ceux qui le reconnaissaient volontairement comme tel, et fâché contre
les sceptiques ou les railleurs qui n'ajoutaient pas foi à
l'oracle d'Ammon. Plutarque pense que ce fut une pure
manœuvre politique d'Alexandre, dans le dessein d'imposer
à la population non hellénique sur laquelle il étendait son
empire (1). Mais il semble plutôt que ce fut une croyance
sincère, — une simple exagération de cette vanité exorbitante qui, dès le principe, régna si largement dans son
cœur. Effectivement il n'ignorait pas qu'elle répugnait aux
principaux Macédoniens à bien des égards, mais surtout
comme une insulte calculée faite à la mémoire de Philippe.
Tel est le sujet toujours touché dans des moments de mécontentement. Parmeniôn, Philôtas, Kleitos et les autres
officiers d'un haut grade regardaient comme extrêmement
blessante l'insolence du roi, qui reniait Philippe et se
mettait au-dessus du niveau de l'humanité. Le mécontentement à ce sujet parmi les officiers macédoniens, bien que
condamnés au silence par la crainte et l'admiration que leur
inspirait Alexandre, devint sérieux, et on le verra reparaître ci-après (2).

Le dernier mois du séjour d'Alexandre en Égypte fut
passé à Memphis (janvier 331 av. J.-C.). Tandis qu'il nommait divers officiers pour l'administration permanente du
pays, il reçut aussi une visite d'Hegelochos, son amiral,
qui amenait comme prisonniers Aristonikos de Methymna
et d'autres despotes des diverses cités grecques insulaires.
Alexandre ordonna qu'ils fussent remis à leurs cités respectives pour y être traités au gré des citoyens; tous, excepté
Apollonidès de Chios, qui fut envoyé à Elephantinê, au sud
de l'Égypte, pour y être détenu. Dans la plupart des cités,
ces despotes s'étaient attiré une haine si violente, qu'une

---

(1) Plutarque, Alex. 28. Arrien
fait allusion à la même explication.
(2) Q.-Curce, IV, 10, 3 : — « Fas-
tidio esse patriam, abdicari Philippum
patrem, cœlum vanis cogitationibus
petere. » Arrien, III, 26, I; Q.-Curce,
VI, 9, 18; VI, 11, 23.

fois livrés, ils furent torturés et mis à mort (1). Pharnabazos avait été également au nombre des prisonniers, mais il avait trouvé moyen d'échapper à ses gardes quand la flotte toucha à Kos (2).

Au commencement du printemps, après avoir reçu des renforts de Grecs et de Thraces, Alexandre s'avança en Phénicie (février-mars 331 av. J.-C.). Ce fut là qu'il régla les affaires de Phénicie, de Syrie et de Grèce, avant son expédition projetée dans l'intérieur contre Darius. Il punit les habitants de Samarie, qui s'étaient révoltés et avaient brûlé vif le préfet macédonien Andromachos (3). Outre toutes les affaires qu'il avait accomplies, Alexandre fit de riches présents au dieu Tyrien Héraklès, et offrit de magnifiques sacrifices aux autres dieux. On célébra aussi de belles fêtes, accompagnées de tragédies analogues aux Dionysia à Athènes, avec les acteurs et les choristes les plus habiles qui rivalisaient pour le prix. Les princes de Kypros se disputèrent l'honneur de rendre hommage au fils de Zeus Ammon, chacun d'eux se chargeant du devoir de chorége, montant à ses frais un drame avec un chœur et des acteurs distingués, et s'efforçant d'obtenir le prix de juges nommés à l'avance, — comme cela se faisait dans les dix tribus à Athènes (4).

Au milieu de ces fêtes religieuses et de ces représentations théâtrales, Alexandre réunissait des magasins pour sa marche dans l'intérieur (juin-juillet 331 av. J.-C.) (5). Il avait déjà envoyé en avant à Thapsakos, le gué ordinaire de l'Euphrate, un détachement chargé de jeter des ponts sur le fleuve. Le Perse Mazæos était en garde de l'autre côté avec une petite armée de trois mille hommes, dont deux mille Grecs, insuffisante pour s'opposer à la construction des ponts, mais qui devait seulement empêcher qu'ils ne fussent complétement menés jusqu'à la rive gauche. Après onze journées de marche en partant de Phé-

---

(1) Q.-Curce, IV, 8, 11.
(2) Arrien, III, 2, 8, 9.
(3) Q.-Curce, IV, 8, 10.

(4) Plutarque, Alexand. 29 ; Arrien, l. c.
(5) Arrien, III, 6, 12.

nicie, Alexandre et toute son armée parvinrent à Thapsakos. Mazæos, de l'autre côté, voyant arriver le gros de
l'armée, retira sa petite troupe sans délai et fit retraite
jusqu'au Tigre; de sorte que les deux ponts furent achevés,
et qu'Alexandre traversa le fleuve sur-le-champ (1).

Une fois l'Euphrate franchi, Alexandre avait la faculté
de descendre la rive gauche de ce fleuve jusqu'à Babylone, la capitale de l'empire persan, et l'endroit naturel
pour trouver Darius (2). Mais cette marche (comme nous le
savons par Xénophon, qui la fit avec les Dix Mille Grecs)
devait entraîner d'extrêmes souffrances et se faire à travers
un pays désert où l'on ne devait pas trouver de provisions.
De plus, Mazæos; en se retirant, avait pris une direction
nord-est, vers la partie supérieure du Tigre, et quelques
prisonniers racontèrent que Darius, avec sa principale
armée, était derrière le Tigre, ayant l'intention de défendre le passage de ce fleuve contre Alexandre. Le Tigre
paraît n'être pas guéable au-dessous de Ninive (Mossoul).
En conséquence, il dirigea sa marche d'abord presque au
nord, ayant l'Euphrate à sa gauche; ensuite à l'est, à
travers la Mesopotamia septentrionale, ayant à sa gauche
les montagnes arméniennes. En arrivant au gué du Tigre,
il le trouva absolument sans défense. Pas un seul ennemi
n'étant en vue, il passa le fleuve à gué aussitôt que possible, avec toute son infanterie, sa cavalerie et ses bagages.
Les difficultés et les périls du passage furent extrêmes, à
cause de la profondeur de l'eau, qui s'élevait au-dessus de
la poitrine des soldats, à cause de la rapidité du courant et
du fond glissant (3). Un ennemi résolu et vigilant aurait pu

---

(1) Arrien, III, 7, 1-6; Q.-Curce,
IV, 9, 12 : — « Undecimis castris
pervenit ad Euphratem. »
(2) C'est ainsi qu'Alexandre consi-
dère Babylone (Arrien, II, 17, 3-10) :
— Προχωρησάντων ξὺν τῇ δυνάμει ἐπὶ
Βαβυλῶνά τε καὶ Δαρεῖον... τόν τε ἐπὶ
Βαβυλῶνος στόλον ποιησόμεθα , etc.
C'est l'explication d'une remarque
d'Arrien, III, 7, 6, — où il assigne la

raison pour laquelle Alexandre, après
avoir passé l'Euphrate à Thapsakos ,
n'alla pas droit à Babylone. Cyrus le
Jeune y alla directement pour attaquer Artaxerxês. Suse, Ekbatane et
Persépolis étaient plus éloignées et
moins exposées à un ennemi venant de
l'ouest.
(3) Arrien, III, 7, 8; Diodore, XVII,
55; Q.-Curce, IV, 9, 17-24. « Magna

rendre ce passage presque impossible. Mais la bonne fortune d'Alexandre était non moins remarquable dans ce que ses ennemis négligeaient de faire que dans ce qu'ils faisaient réellement (1).

Après ce passage fatigant, Alexandre se reposa deux jours. Pendant la nuit (20 septembre 331 av. J.-C.), il y eut une éclipse de lune presque totale, ce qui répandit dans l'armée la consternation, à laquelle s'ajoutèrent des plaintes contre son insolence présomptueuse et de la défiance au sujet des régions inconnues dans lesquelles elle entrait. Alexandre, en offrant des sacrifices solennels au Soleil, à la Lune et à la Terre, combattit le découragement régnant par des déclarations de son propre prophète Aristandros et d'astrologues égyptiens, qui déclarèrent que Hêlios favorisait les Grecs et Sèlênè les Perses; ainsi l'éclipse de lune présageait une victoire pour les Macédoniens, et même une victoire (ainsi le promettait Aristandros) avant la nouvelle lune prochaine. Après avoir ainsi rassuré ses soldats, Alexandre marcha quatre jours dans la direction sud-est, à travers le territoire appelé Aturia, avec le Tigre à sa droite et les monts Gordyées ou montagnes Kourdes à sa gauche. Rencontrant une petite garde avancée des Perses, il y apprit de prisonniers que Darius, avec le gros de son armée, n'était pas bien éloigné (2).

Près de deux ans s'étaient écoulés depuis la ruineuse défaite d'Issus. Qu'avait fait Darius pendant ce long intervalle, et surtout pendant la première moitié de cette période, c'est ce qu'il nous est impossible de dire (septembre 331 av. J.-C.). Nous n'entendons parler que d'un seul acte, — ses missions, deux fois répétées, à Alexandre pour offrir ou demander la paix, spécialement en vue de recouvrer sa famille captive. Il paraît n'avoir rien fait, soit pour réparer

---

mnnimenta regni Tigris et Euphrates erant, » est une partie du discours prêté à Darius avant la bataille d'Arbèles par Q.-Curce (IV, 14, 10). Ces deux grandes défenses furent abandonnées.

(1) Q.-Curce, IV, 9, 23; Plutarque, Alexand. 39.

(2) Arrien, III, 7, 12; III, 8, 3. Q.-Curce, IV, 10, 11-18.

les pertes du passé, soit pour détourner les périls de
l'avenir; rien pour empêcher sa flotte de passer dans les
mains du vainqueur; rien pour délivrer Tyr ou Gaza, dont
les siéges occupèrent collectivement Alexandre pendant
près·de dix mois. La fuite honteuse de Darius à Issus lui
avait déjà perdu la confiance de ses serviteurs les plus précieux. L'exilé macédonien Amyntas, homme brave et énergique, abandonna, avec les meilleurs des mercenaires grecs,
la cause persane comme perdue (1), et essaya d'agir pour
son compte, tentative dans laquelle il échoua, et périt en
Égypte. Le satrape d'Égypte, rempli de mépris pour la
timidité de son maître, fut amené, par cette raison aussi
bien que par d'autres, à ouvrir le pays à Alexandre (2).
Ayant fait une perte si déplorable, sous le rapport de la
réputation aussi bien que du territoire, Darius avait les plus
forts motifs pour la réparer en redoublant d'énergie.

Mais il était paralysé par cette circonstance que sa mère,
son épouse et plusieurs de ses enfants étaient tombés dans
les mains du vainqueur. Parmi les incalculables avantages
que produisit la victoire d'Issus, cette acquisition ne fut pas
la moindre. Elle plaça Darius dans la situation d'un homme
qui a donné des otages à son ennemi pour répondre de sa
bonne conduite. Les rois persans étaient souvent dans l'habitude d'exiger de satrapes ou de généraux le dépôt de
leurs épouses et de leurs familles comme gage de fidélité,
et Darius lui-même avait reçu cette garantie de Memnôn,
comme condition pour lui confier la flotte persane (3). Lié
lui-même par les mêmes chaînes, à l'égard d'un homme qui
était devenu actuellement son supérieur, Darius n'osait pas
agir avec énergie, dans la crainte que le succès n'attirât du
mal à sa famille captive. En laissant Alexandre soumettre

---

(1) Arrien, II, 13; Q.-Curce, IV,
1, 27-30 : — « Cum in illo statu re-
rum id quemque, quod occupasset, ha-
biturum arbitraretur » (Amyntas).

(2) Arrien, III, 1, 3. Τήν τε ἐν Ἰσσῷ
μάχην ὅπως συνέβη κεπυσμένος (le sa-

trape d'Égypte) καὶ Δαρεῖον ὅτι αἰσχρᾷ
φυγῇ ἔφυγε, etc.

(3) Diodore, XVII, 23. Cf. Xénophon, Anab. I, 4, 9; Hérodote, VII,
10.

sans opposition tout le territoire à l'ouest de l'Euphrate, il espérait qu'il lui serait permis de conserver son empire à l'est, et de racheter sa famille au prix d'une énorme rançon. Ces propositions satisfaisaient Parmeniôn, et elles auraient probablement satisfait même Philippe, si Philippe eût été le vainqueur. La nature insatiable d'Alexandre n'avait pas encore entièrement été mise à l'épreuve. Ce ne fut que quand ce prince rejeta avec mépris tout ce qui n'était pas une reddition à discrétion, que Darius commença à prendre des mesures à l'est de l'Euphrate pour défendre ce qui lui restait encore.

La conduite d'Alexandre à l'égard des otages royaux, quelque honorable qu'elle fût pour ses sentiments, prouvait en même temps qu'il connaissait toute leur valeur comme sujet d'une négociation politique (1). Il était essentiel qu'il les traitât avec toute la déférence due à leur rang, s'il désirait conserver leur prix comme otages aux yeux de Darius aussi bien que de sa propre armée. Il les transporta avec ses troupes, de la côte de Syria, sur le pont de l'Euphrate, et même à travers les eaux du Tigre. Pour les prin-

---

(1) L'éloge accordé à la continence d'Alexandre, pour son refus de visiter Statira, épouse de Darius, est exagéré même jusqu'à l'absurde.

Par rapport aux femmes, Alexandre était froid par tempérament, le contraire de són père Philippe. Pendant sa jeunesse, son développement fut si tardif, qu'on soupçonna même quelque incapacité physique (Hieronymus ap. Athenæ. p. 435). Quant aux plus belles personnes des deux sexes, il n'eut qu'à refuser les offres nombreuses qui lui furent faites par ceux qui désiraient gagner sa faveur (Plut. Alex. 22). De plus, après la prise de Damaskos, il choisit pour lui-même, parmi les femmes captives, Barsinê, la veuve de son illustre rival Memnôn, femme belle, de manières séduisantes et qui, par son éducation hellénique, se distinguait à son avantage des femmes du simple harem oriental de Darius (Plut. Alex. 21). En adoptant la veuve de Memnôn pour maîtresse, Alexandre peut probablement avoir eu présent à l'imagination l'exemple de son ancêtre légendaire Neoptolemos, dont les tendres relations avec Andromachê, veuve de son ennemi Hektôr, ne devaient être oubliées d'aucun lecteur d'Euripide. Alexandre eut de Barsinê un fils appelé Hêraklês.

En dernier lieu, Alexandre était si absorbé par l'ambition, — si surchargé par les devoirs et les difficultés du commandement, dont il s'acquittait toujours lui-même, — et si continuellement engagé dans des efforts corporels fatigants, — qu'il lui restait peu de temps pour les plaisirs; et ce temps qu'il avait, il préférait le consacrer à des réunions bachiques égayées par la conversation de ses officiers.

cesses, ce doit avoir été une cruelle fatigue ; et, dans le fait, la reine Statira finit par être si épuisée qu'elle mourut peu de temps après le passage du Tigre (1) ; pour Alexandre aussi, ce doit avoir été une obligation onéreuse, puisque non-seulement il cherchait à leur assurer toute leur pompe accoutumée, mais qu'il a dû assigner une garde considérable pour les surveiller, à un moment où il s'avançait dans un pays inconnu et avait besoin que toutes ses ressources militaires fussent disponibles. Pour être détenus simplement en sûreté, ces otages auraient été mieux gardés et auraient pu être traités avec plus de cérémonie encore dans une cité ou dans une forteresse. Mais Alexandre désirait probablement les avoir près de lui, en cas de l'éventualité possible de revers sérieux accablant son armée sur la rive orientale du Tigre. En admettant qu'un pareil malheur arrivât, leur reddition pouvait assurer une retraite sans danger dans des circonstances qui autrement auraient été fatales à son accomplissement.

Étant à la fin convaincu qu'Alexandre ne se contenterait d'aucun prix autre que tout l'empire de Perse, Darius convoqua toutes ses forces pour défendre ce qui lui restait encore. Il réunit une armée qui, dit-on, était supérieure en nombre à celle qui avait été défaite à Issus (2). Il arriva des contingents des extrémités les plus éloignées de l'immense territoire persan, — de la mer Caspienne, des fleuves de l'Oxus et de l'Indus, du golfe Persique et de la mer Rouge. Les plaines à l'est du Tigre, vers la latitude de la ville moderne de Mossoul, entre ce fleuve et les monts Gordyées (Zagros), furent fixées pour le lieu de réunion de cette multitude prodigieuse, amenée en partie de Babylone par Darius lui-même, y arrivant en partie par différentes

---

(1) Q.-Curce, IV, 10, 19. « Itineris continui labore animique ægritudine fatigata, etc. »

Q.-Curce et Justin mentionnent une troisième ambassade envoyée par Darius (immédiatement après qu'il eut appris la mort et les obsèques honorables de Statira) à Alexandre, pour demander la paix. Les autres auteurs font allusion seulement à deux tentatives de cette sorte, et la troisième ne semble nullement probable.

(2) Arrien, III, 7, 7.

routes du nord, de l'est et du sud. Arbèles, — ville considérable à environ vingt milles (= 32 kilom. 1/4) à l'est de
la rivière du Grand Zab, connue encore sous le nom d'Erbil,
comme station pour les caravanes sur la route ordinaire
entre Erzeroum et Bagdad, — fut fixée comme quartier
général, où les principaux magasins furent réunis et les
lourds bagages logés, et près de laquelle on rassembla
d'abord les troupes et où on les exerça (1).

Mais le lieu déterminé à l'avance pour une bataille rangée
fut le voisinage de Gaugamela, près de la rivière de Bu-
môdos, à environ trente milles (= 48 kilom. 1/4) à l'ouest
d'Arbèles, vers le Tigre, et à environ autant à l'est de Mossoul, — plaine spacieuse et unie, n'ayant rien de plus que
quelques ondulations de terrain et sans aucun arbre. Cette
plaine, par sa nature, présentait de grands avantages pour
ranger une armée nombreuse, surtout pour faire manœuvrer
librement la cavalerie et lancer des chars armés de faux ;
de plus, les officiers persans avaient eu soin de niveler arti-
ficiellement à l'avance celles des pentes qu'ils jugeaient
incommodes (2). Tout dans le terrain semblait favoriser
l'opération tant du total immense que des forces spéciales
de Darius, qui s'imaginait que sa défaite à Issus avait été
entièrement occasionnée parce qu'il s'était aventuré dans
les défilés étroits de la Kilikia, — et que, sur un terrain
ouvert et uni, son nombre supérieur devait être triom-
phant. Il désirait même qu'Alexandre vînt l'attaquer dans la
plaine. Voilà pourquoi il ne s'était pas opposé au passage
du Tigre.

Pour ceux qui ne considéraient que le nombre, l'armée
assemblée à Arbèles pouvait bien inspirer de la confiance ;
car on dit qu'elle se composait de 1 million d'hommes
d'infanterie (3), — de 40,000 de cavalerie, — de 200 chars

---

(1) Diodore, XVII, 53 ; Q.-Curce,
IV, 9, 9.
(2) Arrien, III, 8, 12. Καὶ γὰρ καὶ
ὅσα ἀνώμαλα αὐτοῦ ἐς ἱππασίαν, ταῦτά
τε ἐκ πολλοῦ οἱ Πέρσαι τοῖς τε ἅρ-

μασιν ἐπελαύνειν εὐπετῆ πεποιήκεσαν
καὶ τῇ ἵππῳ ἱππάσιμα.
(3) C'est le total donné par Arrien
comme étant ce qu'il trouva exposé
(ἐλέγετο), probablement le meilleur

armés de faux, — et de 15 éléphants, animaux dont nous entendons parler pour la première fois dans une bataille. Mais, outre le nombre, Darius avait pourvu ses troupes d'armes plus efficaces : au lieu de simples javelines, il leur avait donné de fortes épées et de courtes piques propres à percer, telles que celles que la cavalerie macédonienne maniait si admirablement dans un combat corps à corps, — avec des boucliers pour l'infanterie et des cuirasses pour les cavaliers (1). Il comptait beaucoup aussi sur la terrible charge des chars, dont chacun avait un timon qui s'avançait devant les chevaux et se terminait en une pointe aiguë, avec trois lames de sabre partant du joug de chaque côté et des faux s'étendant aussi latéralement des moyeux des roues (2).

Informé de l'approche d'Alexandre, vers le temps où l'armée macédonienne arriva sur les bords du Tigre, Darius quitta Arbèles, où il laissa ses bagages et son trésor, — traversa à l'aide de ponts la rivière de Lykos ou Grand Zab, opération qui occupa cinq jours, — et s'avança pour se poster sur le terrain préparé près de Gaugamela (septembre 331 av. J.-C.). Son ordre de bataille était formé — des Baktriens à l'extrême gauche, sous le commandement de Bessus, satrape de la Baktriane ; ensuite des Dahæ et des Arachôti, sous les ordres de Barsaentès, satrape de l'Arachosia ; puis des Perses indigènes, cavaliers et fantassins alternant, — des Susiens, sous Oxathrès, — et des Kadusiens. A l'extrême droite étaient les contingents de la

---

renseignement que purent se procurer Ptolémée et Aristobule (Arrien, III, 8, 8).

Diodore (XVII, 53) donne 800,000 fantassins, 200,000 chevaux et 200 chars armés de faux. Justin (XI, 12) donne 400,000 fantassins et 100,000 chevaux. Plutarque (Alex. 31) parle en général d'un million d'hommes. Q.-Curce dit que l'armée était presque deux fois aussi considérable que celle qui avait combattu en Kilikia (IV, 9, 3) ; il

donne le total comme étant de 200,000 fantassins et de 45,000 chevaux (IV, 12, 13).

(1) Diodore, XVII, 53 ; Q.-Curce, IV, 92.

(2) Q.-Curce, IV, 9, 3 ; Diodore, XVII, 53. Nonobstant la note instructive de Mützell sur ce passage de Q.-Curce, la manière dont ces chars étaient armés n'est pas claire en tout point.

Syria tant à l'est qu'à l'ouest de l'Euphrate, sous Mazæos; ensuite les Mèdes, sous Atropatès; puis les Parthes, les Sakæ, les Tapyriens et les Hyrkaniens. tous cavaliers, sous Phrataphernès; enfin les Albaniens et les Sakesinæ. Darius lui-même était au centre, avec les troupes choisies près et autour de lui, — les gardes à cheval persans d'élite, appelés les parents du roi, — les gardes à pied persans, portant des piques avec une pomme d'or au gros bout, — un régiment de Kariens, ou de descendants de Kariens, qui avaient été enlevés à leurs demeures, et établis comme colons dans l'intérieur de l'empire, — le contingent des Mardi, bons archers, et, en dernier lieu, les Grecs mercenaires, dont le nombre est inconnu, et dans lesquels Darius plaçait sa plus grande confiance.

Telle était la première ou principale ligne des Perses. Derrière elle se trouvaient les masses profondes des Babyloniens, — des habitants de la province de Sittakè jusqu'au golfe Persique, — des Uxiens, du territoire contigu à la Susiane à l'est, — et d'autres dont la multitude est inconnue. Devant elle étaient postés les chars armés de faux, avec de petits corps avancés de cavalerie, — les Scythes et les Baktriens à la gauche, avec cent chars, — les Arméniens et les Kappadokiens à la droite, avec cinquante chars, — et les cinquante autres chars étaient devant le centre (1).

Alexandre s'était avancé à environ sept milles (11 kilom. 1/4) de l'armée persane, et il avait marché quatre jours depuis qu'il avait traversé le Tigre, — quand il apprit pour

---

(1) L'ordre de bataille des Perses donné ici par Arrien (III, 11) est emprunté d'Aristobule, qui affirmait qu'il était présenté ainsi dans le plan officiel de la bataille, dressé par les officiers persans, et pris plus tard avec les bagages de Darius. Bien qu'il soit ainsi authentique autant qu'il peut l'être, il n'est pas complet, même quant aux noms, — tandis qu'il ne dit rien ni du nombre, ni de la profondeur, ni de l'étendue du front. Plusieurs noms de divers contingents, qu'on affirme avoir été présents à la bataille, ne se trouvent pas dans le relevé officiel, — ainsi les Sogdiens, les Ariens et les montagnards indiens sont mentionnés par Arrien comme ayant rejoint Darius (III, 8); les Kossæens, par Diodore (XVII, 59); les Sogdiens, les Massagetæ, les Belitæ, les Kossæens, les Gortyæ, les Phrygiens et les Katæoniens, par Q.-Curce (IV, 12).

la première fois de prisonniers persans la faible distance
qui le séparait de ses ennemis (septembre 331 av. J.-C.). Il
fit halte immédiatement, établit à l'endroit un camp avec
un fossé et une palissade, et y resta pendant quatre jours,
afin que les soldats pussent se reposer. La nuit du quatrième
jour, il marcha en avant, laissant toutefois sous une garde
dans le camp les bagages, les prisonniers et les non-com-
battants. Il commença par s'avancer sur une chaîne de collines peu élevées qui le séparaient de l'ennemi, espérant
l'atteindre et l'attaquer au point du jour. Mais sa marche
fut si retardée, que le jour parut, et les deux armées furent
pour la première fois en vue au moment où il était encore
sur la pente descendante du terrain, à une distance de plus
de trois milles. En voyant l'ennemi, il s'arrêta, et convoqua
ses principaux officiers, afin de les consulter pour savoir
s'il ne devait pas continuer d'avancer et commencer l'attaque sur-le-champ (1). Bien que la plupart d'entre eux se
prononçassent pour l'affirmative, cependant Parmenion
prétendit qu'il serait téméraire d'agir ainsi ; que le terrain
devant eux, avec toutes ses difficultés, naturelles ou arti-
ficielles, était inconnu, et que la position de l'ennemi, qu'ils
voyaient alors pour la première fois, devait être reconnue
avec soin. Adoptant cette dernière idée, Alexandre s'arrêta
pendant toute la journée, tout en conservant son ordre de
bataille et faisant un nouveau camp retranché, où l'on amena
alors du campement du jour précédent les bagages et les
prisonniers (2). Lui-même consacra la journée, avec une

---

(1) Arrien, III, 9, 5-7.

(2) Arrien, III, 9, 2-8. Il n'est pas
mentionné expressément par Arrien
que les bagages, etc., aient été amenés du premier camp au second. Mais
nous voyons qu'il a dû en être ainsi,
par ce qui se passa pendant la bataille.
Les bagages d'Alexandre, qui furent
pillés par un corps de cavalerie persane, ne peuvent avoir été aussi loin
derrière l'armée que le demanderait la
distance du premier camp. Cela coïncide également avec Q.-Curce, IV,

13, 35. Les mots ἔγνω ἀπολείπειν
(Arr. III, 9, 2) indiquent la pensée
d'un dessein qui n'était pas accompli,
— ὡς ἅμ' ἡμέρᾳ προσμίξαι τοῖς πολε-
μίοις (III, 9, 3). Au lieu « d'entrer en
lutte » avec l'ennemi à l'aurore, —
Alexandre arriva seulement en vue de
lui à l'aurore ; il s'arrêta alors toute
la journée et toute la nuit en vue de la
position des Perses, et naturellement fit
ramener ses bagages, n'ayant aucun
motif pour les laisser si loin en arrière.

escorte de cavalerie et de troupes légères, à reconnaître et le terrain intermédiaire et l'ennemi, qui ne l'interrompit pas, malgré son immense supériorité en cavalerie. Parmeniôn, avec Polysperchôn et autres, lui conseillaient d'attaquer les Perses pendant la nuit, ce qui promettait quelques avantages, vu que les armées persanes étaient notoirement difficiles à diriger la nuit (1) et que leur camp n'avait pas de défense. Mais, d'autre part, ce plan renfermait tant de désavantages et de périls, qu'Alexandre le rejeta, déclarant, — avec une force d'expression qu'il augmenta avec intention, vu que ses paroles pouvaient être entendues de bien d'autres personnes, — qu'il dédaignait ce qu'il y avait de bas à dérober une victoire; qu'il voulait et pouvait vaincre Dariús loyalement et en plein jour (2). Après avoir adressé ensuite à ses officiers quelques brefs encouragements, auxquels il fut répondu avec enthousiasme, il les congédia pour qu'ils pussent prendre leur repas du soir et du repos.

Le lendemain matin, il rangea en deux lignes son armée, qui se composait de 40,000 fantassins et de 7,000 chevaux (3). La première ou principale ligne était composée, à la droite, de 8 escadrons de sa cavalerie des Compagnons, chacun avec son capitaine séparé, mais tous sous le commandement de Philôtas, fils de Parmeniôn. Ensuite (en allant de droite à gauche) venait l'Agêma ou troupe d'élite des hypaspistæ, — ensuite le reste des hypaspistæ, sous Nikanôr, — puis la phalange proprement appelée ainsi, distribuée en six divisions, sous le commandement de Kœnos, de Perdikkas, de Meleagros, de Polysperchôn, de Simmias et de Krateros, respectivement (4). Ensuite à la gauche de la phalange était. disposée la cavalerie grecque alliée, Lokriens et Phokiens, Phthiotes, Maliens et Péloponésiens; après lesquels, à l'extrême gauche, venaient les Thessaliens, sous Philippe, — au nombre des meilleurs cavaliers de l'armée, à peine inférieurs aux Compagnons

---

(1) Xénóph. Anabas. III, 4, 35.
(2) Arrien, III, 10, 3; Q.-Curce, IV, 13, 4-10.

(3) Arrien, III, 12, 1-9.
(4) Arrien, III, 11; Diodore, XVII, 57; Q.-Curce, IV, 13, 26-30.

macédoniens. Comme dans les deux premières batailles, Alexandre lui-même prit le commandement de la moitié de droite de l'armée, confiant la gauche à Parmenión.

Derrière cette ligne principale était placée une seconde ligne ou corps de réserve, destinée à repousser des attaques en flanc et par derrière, que le nombre supérieur des Perses rendait probables. Dans ce dessein, Alexandre réserva, — sur la droite, la cavalerie légère ou lanciers, — les Pæoniens, sous Aretès et Ariston, — la moitié des Agrianes, sous Attalos, — les archers macédoniens, sous Brisón, — et les mercenaires depuis longtemps au service, sous Klearchos; à la gauche, divers corps de cavalerie thrace et alliée, sous leurs officiers séparés. Tous ces différents régiments furent tenus prêts à repousser une attaque en flanc ou par derrière. Devant la ligne principale étaient quelques escadrons avancés de cavalerie et de troupes légères, — de la cavalerie grecque, sous Menidas, à la droite, et sous Andromachos, à la gauche, — une brigade d'akontistæ, sous Balakros, avec des akontistæ agrianiens, et quelques archers. En dernier lieu, l'infanterie thrace fut laissée pour garder le camp et les bagages (1).

Prévenu par un déserteur, Alexandre évita les endroits où l'on avait planté des pointes de fer pour nuire à la cavalerie macédonienne (2). Lui-même, à la tête de l'Escadron Royal, à l'extrême droite, conduisit la marche obliquement dans cette direction, tenant sa droite un peu en avant. Comme il approchait de l'ennemi, il vit Darius lui-même avec le centre gauche persan immédiatement en face de lui, — gardes persans, Indiens, Albaniens et Kariens. Alexandre continua en inclinant sur la droite, et Darius étendant son front vers la gauche pour contrecarrer ce mouvement, mais débordant encore beaucoup les Macédoniens à la gauche. Alexandre, à ce moment, s'était avancé si loin à sa droite, qu'il dépassait presque le terrain nivelé par Darius pour les opérations de chars qui étaient devant

---

(1) Arrien, III, 12, 2-6; Q.-Curce,   (2) Q.-Curce, IV, 13, 36; Polyen,
IV, 13, 30-32; Diodore, XVII, 57.   IV, 3, 17.

sa ligne. Pour arrêter tout nouveau mouvement dans cette direction, on donna ordre aux 1,000 cavaliers baktriens et aux Scythes qui étaient sur le front de la gauche persane d'exercer un mouvement tournant et d'attaquer le flanc droit macédonien. Alexandre détacha contre eux son régiment de cavalerie sous Menidas, et l'action commença ainsi (1).

La cavalerie baktrienne, apercevant le mouvement de Menidas, abandonna sa marche tournante pour l'attaquer, et d'abord elle le repoussa jusqu'à ce qu'il fût appuyé par les autres détachements avancés, — Pæoniens et cavalerie grecque. Les Baktriens, défaits à leur tour, furent soutenus par le satrape Bessus avec le corps principal des Baktriens et des Scythes de la partie gauche de la ligne de Darius. Ici l'action fut chaudement disputée pendant quelque temps, avec pertes pour les Grecs qui, à la fin cependant, par un ordre plus compacte contre des ennemis qui combattaient d'une manière décousue et irrégulière, réussirent à les pousser hors de leur place dans la ligne, et à y faire ainsi une ouverture partielle (2).

Pendant que cette lutte durait encore, Darius avait ordonné à ses chars armés de faux de charger, et à sa ligne principale de les suivre, comptant sur le désordre qu'il espérait qu'ils occasionneraient. Mais il se trouva que les chars furent de peu d'utilité. Les chevaux furent terrifiés, arrêtés ou blessés par les archers et les akontistæ macédoniens placés sur le devant, qui trouvèrent même moyen de saisir les rênes, de faire descendre les conducteurs et de tuer les chevaux. Des cent chars du front de la ligne persane, destinés à renverser les rangs macédoniens par une pression simultanée le long de leur ligne entière, beaucoup furent complétement arrêtés ou mis hors de service ; quelques-uns tournèrent tête, les chevaux refusant d'affronter les piques tendues en avant, ou étant épouvantés par le bruit des boucliers et des piques qu'on heurtait les uns

---

(1) Arrien, III, 13, 1-5.   (2) Arrien, III, 13, 9.

contre les autres ; quelques-uns parvinrent jusqu'à la ligne macédonienne ; mais les soldats macédoniens, ouvrant leurs rangs, les laissèrent passer sans qu'ils fissent aucun mal ; il n'y eut qu'un petit nombre d'entre eux qui firent des blessures ou causèrent du dommage (1).

Aussitôt que les chars eurent été employés ainsi, et que le gros de l'armée persane fut mis à découvert en avançant derrière eux, Alexandre donna ordre aux troupes de sa ligne principale, qui jusqu'alors avaient observé un silence absolu (2), de pousser le cri de guerre et de charger au pas accéléré ; en même temps il enjoignit à Aretès avec les Pæoniens de repousser les assaillants sur son flanc droit. Lui-même, discontinuant son mouvement oblique vers la droite, se tourna vers la ligne persane, et se précipita, à la tête de toute la cavalerie des Compagnons, dans l'ouverture partielle qui y avait été faite par le mouvement de flanc des Baktriens. Étant entré en partie par cette ouverture dans l'intérieur de la ligne, il poussa droit vers la personne de Darius, sa cavalerie engageant un combat corps à corps le plus acharné, et frappant de ses courtes piques les Perses au visage. Ici, comme au Granikos, ces derniers furent troublés par ce mode de combattre, — accoutumés qu'ils étaient à compter sur l'emploi de traits, et à faire rapidement tourner leurs chevaux pour recommencer l'attaque (3).

---

(1) Au sujet des chars, Arrien, III, 13, 11 ; Q.-Curce, IV, 15, 14 ; Diodore, XVII, 57, 58.

Arrien ne mentionne distinctement que les chars qui furent lancés à la gauche de Darius, immédiatement en face d'Alexandre. Mais il est évident que les chars le long de toute la ligne ont dû être lancés au seul et même signal. — ce que nous pouvons comprendre comme impliqué dans ces mots de Q.-Curce : — « Ipse (Darius) ante se falcatos currus habebat, quos signo dato universos in hostem effudit » (IV, 14, 3).

Les chars armés de faux d'Artaxerxès, à la bataille de Kunaxa, ne firent aucun mal (Xénoph. Anab. I, 8, 10-20). A la bataille de Magnesia, gagnée par les Romains (190 av. J.-C.) sur le roi syrien Antiochus, non-seulement ses chars furent repoussés, mais encore ils jetèrent le désordre parmi ses propres troupes (Appien, Reb. Syriac. 33).

(2) V. le remarquable passage du discours d'Alexandre à ses soldats avant la bataille, au sujet de la nécessité d'un silence absolu jusqu'au moment favorable pour pousser le terrible cri de guerre (Arrien, III, 9, 14) : Cf. Thucyd. II, 89, — ordre semblable donné aux Athéniens par Phormión.

(3) Arrien, III, 15, 4. Οὔτε ἀκον-

Ils ne purent empêcher Alexandre et sa cavalerie de gagner du terrain et de se rapprocher de plus en plus de Darius; tandis qu'en même temps, la phalange macédonienne placée en tête, avec son ordre compacte et ses longues piques tendues en avant, pressait la ligne persane qu'elle avait en face d'elle. Pendant un court espace de temps, le combat dans cet endroit fut acharné et opiniâtre; et il aurait pu se prolonger encore, — vu que les meilleures troupes de l'armée de Darius, — Grecs, Kariens, gardes perses, parents du roi, etc., étaient postées là, — si le courage du roi eût égalé celui de ses soldats. Mais ici, même pis qu'à Issus, la fuite de l'armée commença par Darius lui-même. Ç'avait été la recommandation de Cyrus le Jeune, en attaquant l'armée de son frère Artaxerxès à Kunaxa, de frapper le principal coup à l'endroit où son frère était en personne,—attendu qu'il savait que vaincre là c'était vaincre partout. Ayant déjà suivi une fois ce plan heureusement à Issus, Alexandre le répéta avec un succès plus signalé encore à Arbèles. Darius, qui avait éprouvé longtemps de la crainte, dès l'instant qu'il aperçut pour la première fois son formidable ennemi sur les collines voisines, devint plus alarmé encore quand il vit les chars armés de faux subir un échec, et quand les Macédoniens, rompant soudain un silence absolu pour pousser un cri de guerre universel, en vinrent à un combat corps à corps avec ses troupes, s'approchant du char remarquable sur lequel il se tenait et le menaçant (1). La vue et le bruit de cette terrible « *mêlée*, » combinés avec le prestige attaché déjà au nom d'Alexandre, abattirent complétement le courage de Darius. N'étant plus maître de lui, il fit faire volte face à son char, et donna lui-même le signal de la fuite (2).

τισμῷ ἔτι, οὔτε ἐξελιγμοῖς τῶν ἵππων, ᾗπερ ἱππομαχίας δίκη, ἐχρῶντο, — au sujet de la cavalerie persane quand elle était réduite au désespoir.

(1) Arrien, III, 14, 2. Ἦγε δρόμῳ τε καὶ ἀλαλαγμῷ ὡς ἐπὶ αὐτὸν Δαρεῖον — Diodore, XVII, 60. Alexandre μετὰ τῆς Βασιλικῆς Ἴλης καὶ τῶν ἄλλων τῶν

ἐπιφανεστάτων ἱππέων ἐπ' αὐτὸν ἤλαυνε τὸν Δαρεῖον.

(2) Arrien, III, 14, 3. Καὶ χρόνον μέν τινα ὀλίγον ἐν χερσὶν ἡ μάχη ἐγένετο. Ὡς δὲ οἵ τε ἱππεῖς οἱ ἀμφ' Ἀλέξανδρον καὶ αὐτὸς Ἀλέξανδρος εὐρώστως ἐνέκειντο, ὠθισμοῖς τε χρώμενοι, καὶ τοῖς ξυστοῖς τὰ πρόσωπα τῶν Περσῶν

A partir de ce moment, la bataille, bien qu'elle eût duré si peu de temps, fut irréparablement perdue. La fuite du roi, suivie aussitôt naturellement de celle de la nombreuse escorte qui l'entourait, répandit le découragement parmi toutes ses troupes en ne leur laissant ni centre de commandement ni chef à défendre. Les meilleurs soldats de son armée, étant ceux qui l'entouraient immédiatement, furent dans ces circonstances les premiers à lâcher pied. Le choc furieux d'Alexandre avec la cavalerie des Compagnons, et la pression incessante de la phalange en tête de l'armée, ne furent guère arrêtés par autre chose que par une masse de fugitifs en désordre. Dans le même temps, Aretès avec ses Pæoniens avait défait les Baktriens au flanc droit (1), de sorte qu'Alexandre fut libre de poursuivre le corps principal mis en déroute, — ce qu'il fit avec la plus grande énergie. Le nuage de poussière que souleva cette multitude serrée fut, dit-on, si épais, qu'on ne pouvait rien voir clairement, et que la trace de Darius lui-même ne put être distinguée par ceux qui poursuivaient les vaincus. Au milieu de cette obscurité, les cris et le bruit qui s'éle-

---

κόπτοντες, ἥ τε Φάλαγξ ἡ Μακεδονικὴ, πυκνὴ καὶ ταῖς σαρίσσαις πεφρικυῖα, ἐμβέβληκεν ἤδη αὐτοῖς, καὶ πάντα ὁμοῦ τὰ δεινὰ καὶ πάλαι ἤδη φοβερῷ ὄντι Δαρείῳ ἐφαίνετο, πρῶτος αὐτὸς ἐπιστρέψας ἔφευγεν. A Issus, Arrien dit que « Darius s'enfuit un des premiers » (II, 11, 6); à Arbèles, il dit que « Darius fut le premier à tourner le dos et à fuir », expression encore plus forte et plus distincte. Q.-Curce et Diodore, qui semblent ici comme ailleurs suivre en général les mêmes autorités, donnent, relativement à la conduite de Darius, des détails qui ne peuvent se concilier avec Arrien, et qui sont décidément moins croyables que le récit de cet auteur. Le fait que les deux rois furent ici (comme à Issus) près l'un de l'autre, et visibles l'un à l'autre, a servi de thème pour plus d'une broderie. Le renseignement qui affirme que Darius, debout sur son char, lança sa lance contre les Macédoniens qui avançaient, — et qu'Alexandre lança également la sienne sur Darius, mais le manqua et tua le conducteur du char, — ce renseignement, dis-je, est pittoresque et homérique, mais n'a aucun air de réalité. Q.-Curce et Diodore nous disent que cette chute du conducteur du char fut prise par erreur pour la chute du roi, frappa l'armée persane de consternation, la poussa à fuir sur-le-champ, et finit par forcer Darius à prendre aussi la fuite (Diodore, XVII, 60; Q.-Curce, IV, 15, 26-32). Mais cela n'est nullement probable, puisque le combat réel qui se continuait alors était une lutte corps à corps, et avec des armes de main.

(1) Arrien, III, 14, 4.

vaient de tous les côtés ne produisaient que plus d'impression, en particulier le son des fouets des conducteurs, qui poussaient leurs chevaux à toute vitesse (1). Ce fut la poussière seule qui empêcha que Darius ne fût atteint par la cavalerie envoyée à sa poursuite.

Tandis qu'Alexandre était ainsi heureux à sa droite et au centre, la scène à sa gauche sous les ordres de Parmeniôn était différente. Mazæos, qui commandait la droite persane, après avoir lancé ses chars armés de faux (qui peuvent avoir causé plus de dommage que ceux qui furent lancés à la gauche persane, bien que nous n'ayons pas d'information directe à leur sujet), chargea ensuite avec vigueur la cavalerie grecque et thessalienne qu'il avait devant lui et envoya aussi un détachement de cavalerie pour l'attaquer sur son flanc gauche (2). Sur ce point, la bataille fut disputée avec opiniâtreté, et le succès fut douteux pendant quelque temps. Même après la fuite de Darius, Parmeniôn se trouva pressé tellement qu'il envoya un message à Alexandre. Ce prince, bien que très-mortifié d'abandonner la poursuite, arrêta ses troupes, et les ramena au secours de sa gauche, par le chemin le plus court à travers le champ de bataille. Les deux divisions de gauche de la phalange, sous Simmias et Krateros, s'étaient déjà arrêtées court dans la poursuite, en recevant le même message de Parmeniôn; laissant les quatre autres divisions suivre le mouvement avancé d'Alexandre (3). Il en résulta une lacune au milieu

---

(1) Diodore, XVII, 60; Q.-Curce, IV, 15, 32, 33. Le nuage de poussière et le son des fouets sont spécifiés et par Diodore et par Q.-Curce.

(2) Q.-Curce, IV, 16, 1; Diodore, XVII, 59, 60; Arrien, III, 14, 11. Les deux premiers auteurs sont supérieurs ici à Arrien, qui mentionne à peine cette charge vigoureuse de Mazæos, bien qu'il fasse allusion aux effets qu'elle produisit.

(3) Arrien, III, 14. 6. Il ne parle ici directement que de la τάξις sous le commandement de Simmias, mais il est évident que ce qu'il dit doit être également compris de la τάξις commandée par Krateros. De ces six τάξις ou divisions de la phalange, celle de Krateros était à l'extrême gauche; — celle de Simmias (qui commandait en ce jour la τάξις d'Amyntas, fils d'Andromenês) venait ensuite (III, 11, 16). Si donc la τάξις de Simmias fut arrêtée dans la poursuite, à cause du danger que courait la gauche macédonienne en général (III, 14, 6) — à fortiori, la τάξις de Krateros doit avoir été arrêtée de la même manière.

de la phalange, entre les quatre autres divisions de droite,
et les deux de gauche, lacune dans laquelle se lança une
brigade de cavalerie indienne et persane, galopant à travers
le milieu de la ligne macédonienne pour parvenir à l'arrière
et attaquer les bagages (1). D'abord ce mouvement réussit,
la garde ne se trouva pas prête, et les prisonniers persans se
levèrent immédiatement pour reprendre leur liberté; bien
que Sisygambis, que ces prisonniers désiraient avant tout
délivrer, refusât d'accepter leur secours, soit par défiance
de leur force, soit par reconnaissance pour le bon traitement
qu'elle avait reçu d'Alexandre (2). Mais pendant que ces
assaillants étaient occupés à piller les bagages, ils furent
attaqués par derrière par les troupes formant la seconde
ligne macédonienne, qui bien que prises d'abord à l'improviste, avaient eu alors le temps de faire volte-face et d'arriver
au camp. Un grand nombre d'hommes de la brigade persane
furent tués, les autres se sauvèrent comme ils purent (3).

Mazæos lutta pendant un certain temps à chances égales,
de son côté de la bataille, même après la fuite de Darius.
Mais lorsque, à l'effet paralysant de cette fuite seule s'ajouta
le spectacle de ses conséquences désastreuses sur la moitié
de gauche de l'armée persane, ni lui ni ses soldats ne
purent persévérer avec une entière vigueur dans un combat
inutile. Les cavaliers thessaliens et grecs, d'autre part,
animés par le changement de la fortune en leur faveur,
pressèrent leurs ennemis avec un redoublement d'énergie,
et finirent par les mettre en fuite; de sorte que Parmenión

---

(1) Arrien, III, 14, 7.

(2) Q.-Curce, IV, 15, 9-11; Diodore,
XVII, 59. Q.-Curce et Diodore représentent la brigade de cavalerie qui
pilla le camp et délivra les prisonniers
comme ayant été envoyée par Mazæos
de la droite persane; tandis qu'Arrien
affirme, plus probablement, qu'elle pénétra par la brèche laissée accidentellement dans la phalange et traversa la
ligne macédonienne.

(3) Arrien, III, 14, 10. Q.-Curce représente cette brigade comme ayant
été chassée par Aretês et par un détachement qu'Alexandre envoya lui-
même exprès. Selon Diodore, elle ne
fut pas défaite du tout, mais elle retourna vers Mazæos après avoir pillé
les bagages. Ni l'un ni l'autre de ces
récits n'est aussi probable que celui
d'Arrien.

fut vainqueur, de son côté et avec ses propres forces, avant
que les secours d'Alexandre lui arrivassent (1).

Pendant qu'il amenait ces secours, en revenant de la
poursuite, Alexandre traversa tout le champ de bataille, et
il se trouva ainsi face à face avec quelques-uns des meilleurs
cavaliers perses et parthes, qui étaient des derniers à se
retirer. La bataille était déjà perdue, et ils ne cherchaient
qu'à s'échapper. Comme ils ne pouvaient retourner en
arrière et qu'ils n'avaient de chances de sauver leur vie
qu'en se faisant jour de vive force à travers sa cavalerie
des Compagnons, le combat en cet endroit fut désespéré et
meurtrier; entièrement corps à corps, d'estoc et de taille
avec des armes de main des deux côtés, contrairement à la
coutume persane. Soixante hommes de la cavalerie macédonienne furent tués; et un plus grand nombre, y compris
Hephæstiôn, Kœnos et Menidas, fut blessé, et Alexandre
lui-même courut un grand danger personnel. Il fut, dit-on,
victorieux : toutefois il est probable que la plupart de ces
braves gens se firent un chemin de vive force et s'échappèrent, bien qu'ils laissassent beaucoup des leurs sur le
champ de bataille (2).

Après avoir rejoint sa gauche, et s'être assuré qu'elle était
non-seulement hors de danger, mais victorieuse, Alexandre
se remit à poursuivre les Perses qui fuyaient, tâche à laquelle
Parmeniôn prit part maintenant (3). L'armée de Darius
n'était qu'une multitude de fugitifs en désordre, cavaliers
et fantassins mêlés ensemble. La plus grande partie d'entre
eux n'avait pas participé à la bataille. Ici, comme à Issus, ils
restèrent accumulés en masses stationnaires inutiles, prêtes
à gagner la contagion de la terreur et à grossir le nombre des
fuyards, aussitôt que la proportion relativement petite des

---

(1) Diodore, XVII, 60. Ὁ Παρμε-
νίων... μόλις ἐτρέψατο τοὺς βαρβάρους,
μάλιστα καταπλαγέντας τῇ κατὰ τὸν
Δαρεῖον φυγῇ. Q.-Curce, IV, 16, 4-7.
« Interim ad Mazæum fama superati
regis pervenerat. Itaque, quanquam
validior erat, tamen fortunâ partium

territus, perculsis languidius insta-
bat. » Arrien, IV, 14, 11; IV, 15, 8.
(2) Arrien, III, 15, 6. Q.-Curce fait
aussi allusion à ce combat, mais avec
maints détails très-différents du récit
d'Arrien (IV, 16, 19-25).
(3) Arrien, III, 15, 9.

combattants réels sur le devant aurait été battue. En recommençant la poursuite, Alexandre poussa en avant avec tant de célérité, que beaucoup des fugitifs furent tués ou .pris, surtout au passage du Lykos (1), où il fut obligé de s'arrêter pendant quelque temps, vu que ses hommes aussi bien que leurs chevaux étaient épuisés. A minuit, il poussa de nouveau en avant, avec la cavalerie qui put le suivre, jusqu'à Arbèles, dans l'espoir de prendre Darius en personne. Son espérance fut trompée, bien qu'il arrivât à Arbèles le lendemain. Darius n'avait fait que la traverser, laissant une ville sans défense, avec son arc, son bouclier, son char, un trésor considérable et un riche équipage, comme proie pour le vainqueur. Parmenión avait aussi occupé sans trouver de résistance le camp persan près du champ de bataille, s'emparant des bagages, des chameaux et des éléphants (2).

Affirmer quelque chose qui ressemble à un nombre positif d'hommes tués ou de prisonniers, est impossible. Suivant Arrien, il y eut 300,000 Perses tués, et un beaucoup plus grand nombre d'entre eux faits prisonniers. Diodore donne 90,000 pour le nombre des hommes tués, Quinte-Curce, 40,000. Du côté des Macédoniens, il n'y eut, suivant Arrien, pas plus de 100 hommes tués, — suivant Quinte-Curce, 300; Diodore porte le nombre à 500, outre une grande quantité de blessés (3). L'estimation d'Arrien est évidemment trop grande d'un côté, et trop faible de l'autre ; mais quelle que puisse être la vérité numérique, il est certain que la prodigieuse armée de Darius fut tout entière ou tuée, ou prise, ou dispersée à la bataille d'Arbèles. Aucune tentative faite subséquemment pour former une nouvelle armée ne réussit; on ne nous parle de rien qui soit plus fort que des divisions ou des détachements. Les contingents mêlés de cet empire

---

(1) Arrien, III, 15, 10. Q.-Curce (IV, 16, 12-18) donne des détails aggravés au sujet des souffrances des fugitifs en passant le Lykos, — ce qui est probablement fondé en fait. Mais il commet l'erreur de supposer qu'Alexandre était allé jusqu'à cette rivière dans sa première poursuite, d'où il fut rappelé pour secourir Parmenión.

(2) Arrien, III, 15, 14; Q.-Curc V, 1, 10.

(3) Arrien, III, 15, 16; Q.-Curce, IV, 16, 27 ; Diodore, XVII, 61.

jadis puissant, ceux d'entre eux du moins qui survécurent, se dispersèrent pour regagner leurs demeures respectives et ne purent jamais être réunis de nouveau en masse.

La défaite d'Arbèles fut effectivement le coup mortel donné à l'empire des Perses. Elle fit d'Alexandre le Grand le Roi, et de Darius rien de plus qu'un prétendant fugitif. Parmi toutes les causes de la défaite, — ici comme à Issus, — la plus saillante et la moins contestable fut la lâcheté de Darius lui-même. Sous un roi qui manquait non-seulement des vertus d'un général, mais même de celles d'un simple soldat, et qui néanmoins voulait absolument commander en personne, — il ne pouvait s'ensuivre que la ruine. Ces Perses pleins de bravoure, qu'il entraînait avec lui dans sa perte et qui connaissaient les faits réels, durent le considérer comme un traître qui avait livré l'empire. Nous aurons à rappeler cet état de sentiment, quand nous décrirons ci-après la conspiration formée par le satrape baktrien Bessus. Toutefois, Darius se fût-il conduit avec un courage irréprochable, il n'y a guère lieu de croire que la défaite d'Arbèles, encore moins que celle d'Issus, aurait pu se changer en victoire. La simple immensité de nombre, même avec l'immensité d'espace, était de peu d'utilité sans l'habileté aussi bien que sans la bravoure dans le commandement. Les trois quarts de l'armée persane ne furent que de simples spectateurs, qui ne firent rien et ne produisirent absolument aucun effet. Le mouvement de flanc contre la droite d'Alexandre, au lieu d'être fait par une division non employée, eut pour résultat de distraire les troupes baktriennes de leur place dans la première ligne, et de créer ainsi une fatale brèche, dont Alexandre profita pour sa formidable charge de front. Malgré la vaste étendue de l'espace, — condition qui manquait à Issus, — les attaques des Perses sur les flancs et les derrières d'Alexandre furent faibles et inefficaces. Après tout, Darius comptait principalement sur la première ligne de bataille, fortifiée par les chars armés de faux; ces derniers s'étant trouvés impuissants, il ne resta que le conflit direct, qui était le point fort des Macédoniens.

D'autre part, autant que nous pouvons suivre les dispositions d'Alexandre, elles paraissent l'exemple le plus remarquable dans l'antiquité de génie militaire et de combinaison sagace. Il eut en réalité des forces utiles aussi grandes que ses ennemis, parce que chaque compagnie de son armée fut utilisée, soit en combat réel, soit comme réserve contre des éventualités déterminées et raisonnables. Tous ces succès, et celui-là surtout, furent glorieusement obtenus par son propre génie et ses infatigables efforts, combinés avec l'admirable organisation de son armée. Mais sa bonne fortune ne fut pas moins remarquable dans les fautes continuelles que ses ennemis commirent. Si ce n'est pendant la courte période du commandement de Memnôn, le roi de Perse ne montra qu'une témérité ignorante alternant avec une honteuse apathie ; en ne profitant pas de son vaste et réel pouvoir de résistance en détail, en retenant ses trésors pour qu'ils finissent par devenir la proie de l'ennemi, — en laissant périr sans secours les cités qui résistaient avec courage, et en abandonnant tout le sort de l'empire, dans deux occasions successives, à ce hasard même qu'Alexandre désirait le plus.

Le caractère décisif de la victoire se manifesta immédiatement par la reddition des deux grandes capitales de l'empire persan, — Babylone et Suse (octobre-novembre, 331 av. J.-C.). Alexandre se rendit à Babylone en personne ; à Suse, il envoya Philoxenos. Comme il approchait de Babylone, le satrape Mazæos vint à sa rencontre avec les clefs de la cité ; Bagophanès, le percepteur du revenu, orna la route qu'il suivait d'autels, de sacrifices et de fleurs semées ; tandis que la population babylonienne en général et ses prêtres chaldæens se pressaient en foule avec des acclamations et des présents. Suse fut remise à Philoxenos avec la même facilité que Babylone à Alexandre (1). Le trésor acquis à Babylone fut grand ; il suffit pour fournir aux troupes une gratification considérable, — 600 drachmes par

(1) Arrien, III, 16, 5-11 ; Diodore, XVII, 64 ; Q.-Curce, V, 1, 17-20.

homme à la cavalerie macédonienne, 500 à la cavalerie
étrangère, 200 à l'infanterie macédonienne, et un peu moins
à l'infanterie étrangère (1). Mais le trésor qu'on trouva à
Suse et qu'on s'appropria était encore plus grand. Il est
porté à 50,000 talents (2) (= environ 287,500,000), somme
que nous aurions jugée incroyable, si nous ne la trouvions
excédée de beaucoup par ce qui est rapporté subséquemment
au sujet des trésors de Persépolis. Les quatre cinquièmes de
ce trésor de Suse étaient, dit-on, en or et argent non monnayés, le reste en dariques-d'or (3) ; accumulations intactes
de plusieurs rois précédents, qui les avaient mises en réserve
contre une époque de malheur imprévu. Une portion médiocre de ces immenses richesses, employée par Darius trois
années plus tôt à pousser les opérations de sa flotte, à fournir
des subsides à d'habiles officiers grecs, et à organiser une
résistance antimacédonienne, — aurait sauvé et sa vie et
sa couronne.

Alexandre fit reposer ses troupes pendant plus de trente
jours au milieu des somptueuses jouissances de Babylone
(novembre-décembre, 331 av. J.-C.). Il charma les sentiments de la population et des prêtres chaldæens par des
sacrifices solennels à Belus, aussi bien qu'en ordonnant que
le temple de ce dieu, et les autres temples détruits dans le
siècle précédent par Xerxès, fussent rebâtis (4). Considérant
l'empire de Perse comme étant actuellement une conquête
établie, il nomma les divers satrapes. Il confirma le Persan
Mazæos dans la satrapie de Babylone, mais il mit avec lui
deux Grecs comme aides et garants, — Apollodôros d'Amphipolis, en qualité de commandant des forces militaires, —
Asklepiodôros comme percepteur du revenu. Il récompensa
le traître persan Mithrinès, qui avait livré à son approche

---

(1) Q.-Curce, V, 1, 45; Diodore,
XVII, 64.

(2) Arrien affirme ce total de cinquante mille talents (III, 16, 12).

Je les ai pris comme talents attiques: si c'étaient des talents ægi-

néens, leur valeur serait plus grande
dans la proportion de cinq à trois.

(3) Q.-Curce, V, 2, 11 ; Diodore,
XVII, 66.

(4) Arrien, III, 16, 6-9 : Cf. Strabon, XVI, p. 738.

la forte citadelle de Sardes, en lui confiant la satrapie
d'Armenia. Pour celle de Syrie et de Phénicie, il désigna
Menès, qui prit avec lui trois mille talents, qu'il devait
transmettre à Antipater pour lever de nouvelles troupes
contre les Lacédæmoniens dans le Péloponèse (1). La
marche d'Alexandre de Babylone à Suse occupa vingt jours;
route facile à travers un pays abondamment fourni. A Suse
il fut rejoint par Amyntas fils d'Andromenès, avec un renfort considérable d'environ quinze mille hommes, — Macédoniens, Grecs et Thraces. Il y avait et de la cavalerie et
de l'infanterie, — et ce qui n'est pas le moins remarquable,
cinquante jeunes Macédoniens de familles nobles, demandant
à être admis dans le corps des pages d'Alexandre (2). L'in-
corporation de ces nouveaux venus dans l'armée lui fournit
l'occasion de refondre sur plusieurs points l'organisation
de ses différentes divisions, petites aussi bien que grandes (3).

Après quelque délai à Suse, — et après avoir confirmé
dans sa satrapie le Persan Abulitès, qui avait livré la cité,
non toutefois sans deux officiers grecs comme garants, l'un
commandant les forces militaires, l'autre gouverneur de la
citadelle, — Alexandre traversa le fleuve Eulæos ou Pasitigris, et se dirigea au sud-est vers la Persis propre, l'ancien
foyer ou siége primitif d'où étaient partis les premiers con-
quérants persans (4). Entre Suse et la Persis se trouvait

---

(1) Arrien, III, 16, 16; Q.-Curce, V,
1, 44; Diodore, XVII, 64. Q.-Curce et
Diodore ne coïncident pas exactement
avec Arrien; mais la différence ici
n'est pas très-importante.

(2) Q.-Curce, V, 1, 42 : Cf. Diodore,
XVII, 65; Arrien, III, 16, 18.

(3) Arrien, III, 16, 20; Q.-Curce,
V, 2, 6; Diodore, XVII, 65. Relativement à cette réorganisation, commencée alors à Suse et continuée pendant
l'année suivante à Ekbatane, V. Rüstow et Koechly, Griechisches Kriegs-
wesen, p. 252 seq.
L'un des changements opérés à ce
moment fut que les divisions de cava-

lerie — qui, ayant coïncidé jusque-là
avec divers districts locaux ou villes
en Macédoine, avaient eu des officiers
en conséquence, — furent distribuées
de nouveau et mêlées ensemble (Q.-
Curce, V, 2, 6).

(4) Arrien, III, 17, 1. Ἄρας δὲ ἐκ
Σούσων, καὶ διαβὰς τὸν Πασιτίγρην
ποταμὸν, ἐμβάλλει εἰς τὴν Οὐξίων γῆν.
La Suse de Perse était située entre
deux fleuves : le Choaspes (aujourd'hui
Kherkha) à l'ouest, l'Eulæos ou Pasitigris (aujourd'hui Karun) à l'est;
deux fleuves distingués pour leur eau
excellente. L'Eulæos paraît avoir été
appelé Pasitigris dans la partie infé-

une région montagneuse occupée par les Uxii, — bergers grossiers mais belliqueux, auxquels le Grand Roi lui-même avait toujours été obligé de payer un tribut toutes les fois qu'il allait de Suse à Persépolis, ne pouvant avec son organisation militaire impuissante surmonter les difficultés d'un pareil défilé occupé par un ennemi. Les Uxii demandèrent à ce moment le même tribut à Alexandre, qui répondit en les invitant à venir le trouver à leur défilé et à recevoir ce tribut. Pendant ce temps-là on lui avait fait connaître un sentier dans la montagne, nouveau et peu fréquenté : il conduisit par là, en personne, un détachement de troupes si rapidement et si secrètement qu'il surprit les montagnards dans leurs propres villages. Non-seulement il ouvrit ainsi le défilé ordinaire de la montagne pour le passage du gros de son armée, mais encore il tailla en pièces les Uxii et les humilia si bien qu'ils furent forcés de demander pardon. Alexandre était d'abord disposé à les anéantir ou à les chasser; mais à la fin, à la requête de sa captive Sisygambis, il leur permit de rester comme sujets du satrape de Suse, leur imposant un tribut de moutons, de chevaux et de bétail, seul payement que leur permettait leur pauvreté (1).

Mais quelque mauvais que le défilé uxien eût été, il en restait un autre plus mauvais encore, — appelé les Portes susiennes ou persanes (2), dans les montagnes qui entouraient

---

rieure de son cours. — Pline, H. N. XXXI, 21 : « Parthorum reges ex Choaspe et Eulæo tantum bibunt. »

Ritter a donné une exposition élaborée relativement à ces deux fleuves et à l'emplacement de la Suse persane (Erdkunde, part. IX, liv. III, West-Asien, p. 291-320).

(1) Arrien, III, 17; Q.-Curce, V, 3, 5-12; Diodore, XVII, 67; Strabon, XV, p. 729. Il semblerait que la route prise par Alexandre dans cette marche fût celle que décrit Kinneir, par Bebahan et Kala-Sefid jusqu'à Schiraz (Geographical Memoir of the Persian

Empire, p. 72). Rien ne peut dépasser ces difficultés du territoire pour des opérations militaires.

Toutefois, on ne peut arriver à aucune certitude relativement à l'ancienne géographie de ces contrées. La carte de la Perse ancienne de M. Long prouve combien peu il est possible d'établir.

(2) V. les notes instructives de Mützel — sur Q.-Curce, V, 10, 3, et V, 12, 17, où est discutée la topographie de cette région, autant qu'elle est connue de voyageurs modernes. Il suppose que les Portes Susiennes étaient

la plaine de Persépolis, centre de la Persis propre. Ariobarzanès, satrape de la province, occupait ce défilé; passage
étroit fermé par un mur, avec des positions sur les montagnes des deux côtés, d'où les défenseurs, hors d'atteinte
eux-mêmes, pouvaient accabler de traits un ennemi qui
approchait. Après quatre journées de marche, Alexandre
arriva le cinquième jour aux Portes susiennes, qu'il attaqua
le lendemain matin, quelque inexpugnables qu'elles pa-
russent. Toutefois, malgré tout le courage de ses soldats, il
essuya des pertes sans faire de mal à son ennemi, et il fut
obligé de retourner à son camp. On lui apprit qu'il n'y avait
pas d'autre sentier par lequel ce défilé difficile pût être
tourné; mais qu'il y avait une longue marche détournée de
plusieurs jours qui permettait de l'esquiver, et donnait une
autre entrée dans la plaine de Persépolis. Renoncer à une
entreprise comme impraticable, était une humiliation
qu'Alexandre n'avait jamais encore endurée. Sur une nouvelle demande, un captif lykien, qui pendant bien des
années avait gardé les moutons comme esclave sur les montagnes, lui fit connaître l'existence d'un sentier connu de
lui seul, par lequel il pourrait venir sur le flanc d'Ariobarzanès. Laissant Krateros en qualité de commandant du
camp, avec ordre d'attaquer le défilé de front, quand il
entendrait la trompette donner le signal, Alexandre s'a-
vança de nuit à la tête d'un détachement léger, sous la
conduite du Lykien. Il eut à surmonter des peines et des
difficultés incroyables, d'autant plus qu'on était au milieu
de l'hiver, et que la montagne était couverte de neige;
toutefois les efforts de ses soldats et la rapidité de ses mouvements furent tels, qu'il surprit tous les avant-postes persans, et tomba sur Ariobarzanès tout à fait à l'improviste.
Attaquées en même temps aussi par Krateros, les troupes
du satrape furent forcées d'abandonner les Portes, et furent
pour la plupart taillées en pièces. Beaucoup d'hommes pé-

près de Kala-Sefid, à l'ouest de la
plaine de Merdasht ou Persépolis. En
cela il diffère de Ritter, sur de bonnes
raisons à ce qu'il semble, autant qu'on
peut se former une opinion.

rirent dans leur fuite au milieu des rochers et des précipices ; le satrape lui-même fut du petit nombre de ceux qui
échappèrent (1).

Bien que la citadelle de Persépolis soit représentée
comme l'une des places les plus fortes (2), cependant après
cette conquête inattendue d'un défilé jusqu'alors jugé inexpugnable, peu de gens eurent le courage de songer à la
défendre contre Alexandre. Néanmoins Ariobarzanès, s'y
rendant en toute hâte du défilé conquis, essaya encore d'organiser une défense, et du moins d'enlever le trésor royal,
que quelques individus de la ville se préparaient déjà à
piller. Mais Tiridatès, commandant de la garnison, craignant
la colère du vainqueur, s'opposa à cette tentative et envoya
un message pour presser Alexandre de hâter sa marche.
En conséquence Alexandre, à la tête de sa cavalerie,
s'avança avec la plus grande rapidité, et arriva à temps pour
retenir et s'approprier le tout. Ariobarzanès, essayant en
vain de résister, fut tué avec tous ses compagnons. Pérsé-
polis et Pasargadæ, — les deux capitales propres de la race
persane, la dernière mémorable en ce qu'elle contenait le
sépulcre du grand Cyrus, tombèrent toutes deux entre les
mains du vainqueur (3).

En approchant de Persépolis, la compassion de l'armée
fut puissamment émue par la vue d'environ huit cents captifs grecs, tous mutilés de quelque manière effrayante et
douloureuse, par la perte des jambes, des bras, des oreilles,
des yeux, ou de quelques autres membres (janvier, 330
av. J.-C.). La mutilation était une punition infligée ordinairement à cette époque par les gouverneurs orientaux, même
par ceux qui ne passaient pas pour cruels. Ainsi Xénophon,
en vantant la justice rigoureuse de Cyrus le Jeune, fait remarquer que dans les grandes rues de son gouvernement,
on voyait souvent des hommes qui avaient été privés de
leurs bras ou de leurs jambes, ou mutilés autrement, par

---

(1) Arrien, III, 18, 1-14 ; Q.-Curce,
V, 4, 10-20 ; Diodore, XVII, 68.
(2) Diodore, XVII, 71.

(3) Arrien, III, 18, 16 ; Q.-Curce,
V, 4, 5 ; Diodore, XVII, 69.

autorité pénale (1). Beaucoup de ces captifs réduits à cet état à Persépolis étaient âgés, et avaient vécu pendant des années dans leur malheureuse condition. Ils avaient été amenés de diverses cités grecques par ordre de quelques-uns des rois persans précédents; mais sur quels prétextes avaient-ils été ainsi traités cruellement, c'est ce qu'on ne nous dit pas. Alexandre, ému jusqu'aux larmes à ce spectacle, leur offrit de les rendre à leurs demeures respectives, avec des ressources de bien-être pour l'avenir. Mais la plupart d'entre eux éprouvèrent tant de honte à l'idée de retourner chez eux, qu'ils demandèrent qu'on leur permit de rester tout à fait en Persis, avec des terres qui leur seraient assignées, et des cultivateurs dépendants, chargés d'en récolter le produit pour eux. Alexandre accéda à leur demande dans la plus grande mesure, et accorda à chacun d'eux en outre un ample présent d'argent, de vêtements et de bétail (2).

---

(1) Xénoph. Anab. I, 9, 13. Des habitudes semblables ont toujours dominé chez les Orientaux. « La partie la plus atroce du système de punition chez les mahométans est celle qui regarde le larcin et le vol. La mutilation, consistant à couper la main ou le pied, est le remède prescrit pour tous les degrés plus élevés du délit. » (Mill, History of British India, b. III, ch. 5, p. 447.)
« Tippo-Saeb avait coutume de couper la main droite et le nez à ceux que l'armée anglaise traînait à sa suite, et qui tombaient en son pouvoir. » (Elphinstone, Hist. of India, vol. I, p. 380, ch. 11.)
Un voyageur moderne mentionne le grand nombre de personnes mutilées, des deux sexes, que l'on pouvait voir dans la partie septentrionale du Scinde (Burton, Scenes in Scinde, vol. II, p. 281).
(2) Diodore, XVII, 60; Q.-Curce, V, 5; Justin, XI, 14. Arrien ne mentionne pas ces captifs mutilés; mais je ne vois pas de raison pour douter de la

déposition des trois auteurs qui certifient le fait. Quinte-Curce parle de quatre mille captifs, les deux autres en mentionnent huit cents. Diodore les appelle — Ἕλληνες ὑπὸ τῶν πρότερον βασιλέων ἀνάστατοι γεγονότες, ὀκτακόσιοι μὲν σχεδὸν τὸν ἀριθμὸν ὄντες, ταῖς δ' ἡλικίαις οἱ πλεῖστοι μὲν γεγηρακότες, ἠκρωτηριασμένοι δὲ πάντες, etc. Quelques-uns ἀνάρπαστοι πρὸς βασιλέα διὰ σοφίαν sont mentionnés dans Xénoph. Mem. IV, 2, 33 : Cf. Hérodote, III, 93; IV, 204. J'ai déjà mentionné la mutilation des malades macédoniens, pris à Issus par Darius.
Probablement à ces captifs grecs était mêlé un certain nombre d'autres captifs, asiatiques et autres, qui avaient été traités de la même manière. Il était vraisemblable que des captifs grecs seuls se présenteraient à Alexandre et à son armée, parce qu'eux seuls devaient espérer obtenir de la sympathie d'une armée de Macédoniens et de Grecs. Il aurait été intéressant de savoir quels étaient ces captifs, ou com-

La vue de ces Grecs mutilés était bien faite pour exciter
non-seulement de la sympathie pour eux, mais encore de la
rage contre les Perses, dans le cœur de tous les spectateurs.
Alexandre saisit cette occasion, aussi bien pour satisfaire la
colère et la cupidité de ses soldats, que pour se montrer
dans son prétendu rôle de vengeur de la Grèce contre les
Perses, chargé de punir le dommage causé par Xerxès un
siècle et demi auparavant. Il était actuellement au milieu
des tribus indigènes et des demeures des Perses, les descendants de ces guerriers grossiers qui, sous le premier Cyrus,
s'étaient répandus sur l'Asie occidentale depuis l'Indus
jusqu'à la mer Ægée. Dans leur propre séjour les rois de
Perse avaient accumulé leurs édifices nationaux, leurs sépulcres royaux, les inscriptions commémoratives de leur
sentiment religieux ou légendaire, avec un grand nombre
de trophées et d'acquisitions, fruits de leurs conquêtes. Pour
les desseins de l'empire du Grand Roi, Babylone, ou Suse, ou
Ekbatane, était une résidence plus centrale et plus commode;
mais Persépolis était encore regardée comme le cœur de la
nationalité persane. C'était le magasin principal, bien que
non pas le seul, de ces accumulations annuelles du revenu
impérial, que chaque roi augmentait successivement, et
qu'aucun ne semble avoir jamais diminuées. De plus les seigneurs et officiers persans, qui occupaient les gouvernements et les postes lucratifs de l'empire, envoyaient continuellement des richesses chez eux en Persis, pour
eux-mêmes ou pour leurs parents. Nous pouvons donc raisonnablement croire ce que nous trouvons affirmé, que Persépolis possédait à cette époque plus de richesses, publiques
et privées, qu'aucune ville connue des Grecs ou des Macédoniens (1).

Convoquant ses principaux officiers, Alexandre dénonça
Persépolis comme la plus hostile de toutes les cités asia-

---

ment ils en vinrent à être ainsi traités
cruellement. Les deux personnes de ce
nombre, nommées par Quinte-Curce
comme orateurs dans l'entrevue avec
Alexandre, sont : — Euktemôn, un

Kymæen, — et Theætètos, un Athénien.

(1) Diodore, XVII, 70. Πλουσιωτά-
της οὔσης τῶν ὑπὸ τὸν ἥλιον, etc.
Q.-Curce, 6, 2, 3.

tiques, la patrie de ces impies envahisseurs de la Grèce, qu'il était venu attaquer. Il déclara son intention de la livrer au pillage, aussi bien que de brûler la citadelle. Il persista dans cette résolution, nonobstant les remontrances de Parmeniôn, qui lui rappela que par cet acte il se ferait simplement tort à lui-même en ruinant ce qui lui appartenait, et que les Asiatiques l'expliqueraient comme une preuve de l'intention de se retirer promptement, sans fonder de domination permanente dans le pays (1). Après s'être approprié le trésor royal, — qui montait, dit-on, à cent vingt mille talents en or et en argent (= 690,000,000 fr.) (2), Alexandre

---

(1) Arrien, III, 18, 18; Diodore, XVII, 70; Quinte-Curce, V, 6, 1; Strabon, XV, p. 731.

(2) Ce total est donné tant par Diodore (XVII, 71) que par Quinte-Curce (V, 6, 9). Nous voyons toutefois par Strabon qu'il y avait différentes assertions quant au total. Ces chiffres écrasants ne méritent pas de confiance sur toute preuve autre qu'un relevé officiel. En même temps nous devions nous attendre à une très-grosse somme, en songeant à la longue série d'années qui avait été consacrée à l'amasser. Des lettres d'Alexandre lui-même (Plutarque, Alex. 37) disent qu'on enleva assez de trésors pour charger dix mille chariots traînés par des mulets et cinq mille chameaux.

Pour expliquer le fait d'un trésor accumulé considérable dans les capitales persanes, il faut remarquer que ce que nous sommes accoutumés à considérer comme dépenses du gouvernement n'était pas payé par le trésor royal. Les forces militaires, généralement parlant, n'étaient pas soldées par le Grand Roi, mais appelées par réquisition des provinces, sur lesquelles pesait la charge de nourrir les soldats, outre le tribut ordinaire. Les nombreux serviteurs et domestiques du roi ne recevaient pas de paye en argent, mais en nature; les provinces fournissaient les provisions pour nourrir la

cour avec sa suite, outre le tribut. V. Hérodote, I, 192, et III, 91, — et un bon passage de Heeren, qui présente les faibles déboursés publics du trésor royal, dans son exposé de la constitution intérieure de l'ancien empire persan (Ideen über die Politik und den Verkehr der Voelker der alten Welt, part. I, abth. I, p. 511-519).

Relativement à la Perse moderne, Jaubert fait les remarques suivantes (Voyage en Arménie et en Perse, Paris, 1821, p. 272, ch. 30) : — « Si les sommes que l'on verse dans le trésor du shah ne sont pas exorbitantes, comparativement à l'étendue et à la population de la Perse, elles n'en sortent pas non plus que pour des dépenses indispensables qui n'en absorbent pas la moitié. Le reste est converti en lingots, en pierreries et en divers objets d'une grande valeur et d'un transport facile en cas d'événement, ce qui doit suffire pour empêcher qu'on ne trouve exagérés les rapports que tous les voyageurs ont faits de la magnificence de la cour de Perse. Les Perses sont assez clairvoyants pour pénétrer les motifs réels qui portent Futteh-Ahi-Shah à thésauriser. »

Quand Nadir-Shah vainquit l'empereur mogol Mahomed et entra dans Delhi en 1739, — le trésor impérial et les effets qui tombèrent entre ses

mit le feu à la citadelle. On fit venir de Mesopotamia et d'ailleurs une multitude de mulets, avec cinq mille chameaux, pour emporter ce prodigieux trésor, qui fut transporté tout entier hors de la Persis propre, en partie pour accompagner Alexandre dans ses marches ultérieures, en partie pour être déposé dans Suse et dans Ekbatane. On ajouta au butin six mille talents en plus, trouvés dans Pasargadæ (1). Les personnes et les biens des habitants furent abandonnés à la licence des soldats, qui obtinrent un immense butin, non-seulement en or et en argent, mais encore en vêtements et en meubles riches, et en ornements somptueux de toute sorte. Les habitants mâles furent tués (2), les femmes traînées en servitude, excepté celles qui durent leur salut à la fuite, ou qui se brûlèrent dans leurs maisons avec ce qu'elles possédaient. Parmi les soldats eux-mêmes, il y eut plus d'une violente dispute pour la possession d'articles précieux, non sans que le sang coulât à l'occasion (3).

---

mains montaient, dit-on, à huit cent millions de francs, outre de lourdes contributions levées sur les habitants (Mill, History of British India, vol. II, B. III, ch. 4, p. 403). — Runjeet-Sing laissa à sa mort (1839) un trésor de quarante millions de francs, avec des joyaux et d'autres effets montant à plusieurs millions en plus (The Punjaub, by Col. Steinbach, p. 16. London, 1845).

M. Mill fait remarquer, dans un autre endroit, que « dans l'Hindostan l'or, l'argent et les pierres précieuses sont le plus ordinairement amassés, et non consacrés à la production » (vol. I, p. 254, B. II, ch. 5).

Hérodote (III, 96) nous dit que l'or et l'argent apportés au trésor royal persan étaient fondus et coulés dans des vases de terre; quand le métal était refroidi, on retirait le vase de terre et on laissait la masse métallique telle qu'elle était; on en coupait une partie quand l'occasion exigeait des déboursés. Cet usage autorise à supposer

qu'une grande partie en était habituellement accumulée, et non dépensée.

(1) Arrien, III, 18, 17. Il ne donne pas le total, que je transcris de Quinte-Curce, V, 6, 10.

(2) Diodore, XVII, 70. Οἱ Μακεδόνες ἐπῄεσαν, τοὺς μὲν ἄνδρας πάντας φονεύοντες, τὰς δὲ κτήσεις διαρπάζοντες, etc. Q.-Curce, V, 6, 6.

(3) Diodore, XVII, 70, 71; Q.-Curce, V, 6, 3-7. Ces deux auteurs se rencontrent dans les traits principaux du massacre et du pillage commis dans Persépolis, et permis aux soldats par Alexandre. Arrien ne les mentionne pas; il mentionne seulement la délibération arrêtée d'Alexandre de brûler le palais ou citadelle, pour se venger du nom persan. Et ce sentiment, si l'on admet qu'il existât, devait naturellement aussi dicter la licence générale accordée pour le pillage et le massacre. Nourrissant lui-même ce sentiment de vengeance, et le regardant comme légitime, Alexandre dut ou présumer qu'il existait, ou aimer à l'allumer dans

Aussitôt que leur férocité et leur cupidité eurent été assouvies, Alexandre arrêta le massacre. L'encouragement et la sanction qu'il y donna ne furent pas l'explosion d'une fureur passagère provoquée par une résistance longue et inattendue, semblable à celle qui lui fit pendre les deux mille Tyriens et traîner Batis à Gaza, — mais un acte calculé, destiné en partie à récompenser et à satisfaire la soldatesque, mais plus encore à servir de manifestation imposante de punition vengeresse infligée aux descendants des anciens envahisseurs persans. Dans ses propres lettres que vit Plutarque, Alexandre représentait le massacre des Perses indigènes comme ayant été ordonné par lui sur des motifs de politique d'État (1).

Comme on était alors en hiver ou tout au commencement du printemps (hiver-printemps, 330 av. J.-C.), il permit au gros de son armée de jouir d'un mois de repos ou plus à Persépolis ou auprès de cette ville. Mais lui-même, à la tête d'une division marchant rapidement, traversa l'intérieur de la Persis propre, se rendant maître des diverses villes et des villages (2) ou recevant leur soumission. La résistance la plus grande qu'il éprouva lui fut faite par la tribu grossière et belliqueuse appelée les Mardi; mais ce qui fut pire que tout ennemi, ce furent la rigueur de la saison et l'âpre

---

ses soldats, qui dans le fait durent assez bien accueillir la permission de piller avec ou sans un sentiment antérieur de vengeance.

L'anecdote (racontée par Diodore, par Quinte-Curce et par Plutarque, Alex. 38) suivant laquelle Alexandre, dans l'ivresse d'un banquet, fut excité d'abord par la courtisane Thaïs à mettre le feu au palais de Persépolis, et l'accompagna pour commencer à le faire de ses propres mains, — cette anecdote, dis-je, peut être vraie en ce sens qu'il se montra réellement sur le théâtre de l'incendie et qu'il y prêta la main. Mais que sa résolution de brûler le palais ait été prise de propos délibéré, et même maintenue contre l'op-

position d'officiers estimés, c'est ce qui est établi sur l'autorité d'Arrien.

(1) Plutarque, Alexand. 37. Φόνον μὲν οὖν ἐνταῦθα πολὺν τῶν ἁλισκομένων γενέσθαι συνέπεσε · γράφει γὰρ αὐτός, ὡς νομίζων αὐτῷ τοῦτο λυσιτελεῖν ἐκέλευσεν ἀποσφάττεσθαι τοὺς ἀνθρώπους · νομίσματος δὲ εὑρεῖν πλῆθος ὅσον ἐν Σούσοις, τὴν δὲ ἄλλην κατασκευὴν καὶ τὸν πλοῦτον ἐκκομισθῆναί φησι μυρίοις ζεύγεσι, καὶ πεντακισχιλίαις καμήλοις. Que ce mot ἐνταῦθα signifie Persépolis, c'est ce que prouve la comparaison qui suit immédiatement avec le trésor trouvé à Suse.

(2) Diodore , XVII, 73; Q.-Curce, V, 6, 12-20.

dénûment d'une contrée glacée. Toutefois, ni difficultés physiques, ni ennemis humains, ne purent arrêter la marche d'Alexandre. Il revint de son expédition, complétement maître de la Persis, et au printemps, il quitta cette province, pour suivre Darius en Médie. Il laissa seulement une garnison de trois mille Macédoniens à Persépolis, en conservant à Tiridatès, qui lui avait remis la ville, le titre de satrape(1).

Darius était à ce moment un fugitif, n'ayant que le titre de roi, et une simple garde du corps plutôt qu'une armée. En quittant Arbèles après la défaite, il s'était rendu en Médie dans la direction de l'est en traversant les montagnes; il n'avait autour de lui que quelques serviteurs, et s'estimait trop heureux d'échapper à l'ennemi infatigable qui le poursuivait (2). Il comptait qu'une fois au delà de ces montagnes, Alexandre resterait quelque temps sans l'inquiéter, pressé qu'il devait être d'aller au sud pour s'approprier les prix grands et réels de la campagne, — Babylone, Suse et Persépolis. Les dernières luttes de ce prince né sous une si mauvaise étoile seront racontées dans un autre chapitre.

---

(1) Q.-Curce, V, 6, 11.   (2) Arrien, III, 16, 1-4.

APPENDICE

SUR ISSUS ET SON VOISINAGE, EN TANT QUE SE RATTACHANT A LA BATAILLE.

Le champ de bataille exact d'Issus ne peut être assigné d'une manière certaine d'après les témoignages qui nous sont accessibles. Mais il peut être déterminé à quelques milles près au nord ou au sud; et, ce qui est même plus important, — les traits généraux de la localité, aussi bien que les mouvements préliminaires des armées opposées, peuvent être clairement conçus et représentés. Le plan, annexé, du pays autour du golfe d'Issus permettra au lecteur de suivre aisément ce qui est certain, et de comprendre le débat au sujet de ce qui est matière à hypothèse.

Que la bataille ait été livrée dans quelque partie de l'espace étroit situé entre la côte orientale du golfe d'Issus et le flanc occidental du mont Amanus, — que la gauche d'Alexandre et la droite de Darius s'appuyassent sur la mer, et leur droite et leur gauche respectivement sur la montagne; — que Darius vînt sur Alexandre inopinément par derrière, le forçant ainsi à revenir de Myriandros par une journée de marche et à occuper de nouveau le défilé qu'il avait déjà franchi et quitté, — ce sont des points qui sont présentés clairement et ne me paraissent donner lieu à aucun doute. Nous savons que le Pinaros, sur lequel la bataille fut livrée, était à une certaine distance au *sud* d'Issus, la dernière ville de Kilikia avant d'entrer en Syria (Arrien, II, 7, 2), — ἐς τὴν ὑστεραίαν προύχώρει (Darius partant d'Issus) ἐπὶ τὸν ποταμὸν τὸν Πίναρον. — Ritter affirme par erreur qu'Issus était *sur* le Pinaros, qu'il appelle même *le fleuve d'Issus* (Erdkunde, Theil IV. Abth. 2, p. 1797-1806). Nous savons aussi que ce fleuve était à quelque distance *au nord* du défilé maritime appelé les Portes de Kilikia et d'Assyria, par lequel passa et repassa Alexandre.

Mais quand nous voulons, au delà de ces données (dont la dernière n'est que vague et relative), fixer le champ de bataille exact, nous sommes réduit aux conjectures. Le docteur Thirlwall, dans un Appendice annexé au sixième volume de son Histoire, a réuni et discuté très-habilement les différentes opinions de divers géographes.

A ceux qu'il a cités, on peut ajouter — l'« Essay on the Cilician and Syrian Gates, » de M. Ainsworth (dans les « Transactions of the Geographical Society for 1837) »; les « Topographical Notes, » de Mützel, sur le troisième livre de Quinte-Curce, — et le dernier volume de « l'Erdkunde, » de Ritter, publié seulement cette année (1855), ch. xxvii, p. 1778 *seq.*

Nous savons par Xénophon qu'Issus était une ville considérable tout près de la mer, — à deux journées de marche du Pyramos et à une journée de marche au nord du défilé maritime appelé les Portes de Kilikia et de Syria. Qu'elle fût près de l'extrémité nord-est du golfe, c'est ce que l'on peut conclure de Strabon, qui calcule la ligne la plus courte à travers l'Asie Mineure comme s'étendant de Sinôpê ou d'Amisus *à Issus*, — et qui donne la mer d'Égypte comme se terminant au nord *à Issus* (Strabon, XIV, p. 677 ; XVI, p. 749). L'emplacement probable d'Issus a été différemment déterminé par différents auteurs ; Rennell (Illustrations of the Geography of the Anabasis, p. 42-48) la place près d'Oseler ou Yusler ; autant que j'en puis juger, ce semble être trop éloigné de l'entrée du golfe, vers le sud.

Quant au défilé maritime appelé les Portes de Kilikia et de Syria, il y a beaucoup de différence entre Xénophon et Arrien. Il est évident que, du temps de Xénophon, ce défilé et la route qui le traversait étaient entre les montagnes et la mer, — et que les obstacles (murs fermant le passage), qu'il appelle insurmontables par la force, étaient surtout de création artificielle. Mais quand Alexandre passa, il n'existait pas de murs. Les obstacles artificiels avaient disparu pendant les soixante-dix ans qui s'écoulèrent entre Xénophon et Alexandre, et nous pouvons assigner une raison probable à ce fait. Du temps de Xénophon, la Kilikia était occupée par le prince indigène Syennesis qui, bien que tributaire, conservait un certain degré d'indépendance même à l'égard du Grand Roi, et conséquemment entretenait un mur gardé par ses propres soldats sur sa frontière du côté de la Syria. Mais du temps d'Alexandre, la Kilikia était occupée, comme la Syria, par un satrape persan. Des murs frontières artificiels, entre deux satrapies limitrophes sous le même maître, n'étaient pas nécessaires ; et on a dû même les trouver incommodes pendant les grandes opérations militaires collectives des satrapes persans contre Evagoras révolté dans Kypros (opérations faites principalement en partant de Kilikia comme base, vers 380 av. J.-C., Diodore, XV, 2), — aussi bien que dans les opérations subséquentes contre les villes phéniciennes (Diodore, XVI, 42). Par là nous pouvons découvrir une raison qui explique pourquoi on a pu enlever tous les obstacles artificiels avant le temps d'Alexandre, en ne laissant que les difficultés naturelles du terrain environnant dont Xénophon n'a pas parlé.

L'endroit conserva encore son ancien nom : — « les Portes de Kilikia et de Syria, » — même après que murs et portes avaient disparu. Mais ce nom, dans la description d'Arrien, désigne un point difficile et étroit de la route *sur des collines et des rochers*, point que le major Rennell (Illustrations, p. 54) suppose avoir été à environ un mille au sud du fleuve et des murs décrits par Xénophon. Quoi qu'il en soit, il semble probable qu'on doit chercher le lieu que désigne Xénophon à environ sept milles (= 11 kilom. 1/4) de Scanderoun, près des ruines connues aujourd'hui sous le nom de Colonnes de Jonas (ou Sakal Tutan) et du Château de Merkes, par lesquels un fleuve appelé Merkes, Mahersy ou Kara-su coule de la montagne à la mer. Que ce fleuve soit le même que le Kersos de Xénophon, c'est l'opinion de Rennell, d'Ainsworth et de Mützel, aussi bien que du colonel Callier, qui releva le pays quand il accompagnait l'armée d'Ibrahim Pacha comme ingénieur (cité par Ritter, Erdk., p. 1792). A l'endroit mentionné ici, le golfe rentre dans les terres à l'est, tandis que le flanc occidental de l'Amanus s'en rapproche de très-près et y descend avec une raideur non ordinaire. Aussi la route suivie maintenant ne passe-t-elle pas entre la montagne et la mer, mais gravit-elle une portion de la montagne et descend-elle ensuite jusqu'au terrain bas qui borde la mer. Au nord de Merkes, l'espace entre la montagne et la mer s'élargit insensiblement vers Bayas. A quelque distance au nord de Bayas se trouve le fleuve appelé aujourd'hui Delle Tschai, que l'on regarde, avec probabilité, je crois, comme le Pinaros où se livra la bataille entre Darius et Alexandre. Toutefois cette opinion n'est pas unanime ; Kinneir

identifie le *Merkes* avec le Pinaros. De plus, il y a plusieurs cours d'eau différents qui traversent l'espace entre le mont Amanus et la mer. Des Monceaux
signale six cours d'eau comme ayant été traversés entre le Château de Merkes
et Bayas, et cinq autres cours d'eau entre Bayas et Ayas (Mützel, ad Curtium,
p. 105). Lequel d'entre eux est le Pinaros, c'est ce qu'on ne peut établir sans
plus ou moins de doute.

Outre les Portes de Kilikia et de Syria, signalées par Xénophon et par Arrien
dans les passages ci-dessus, il y a encore d'autres portes, appelées les *Portes
Amaniennes*, dont il est parlé d'une manière embarrassante. Le docteur Thirlwall
insiste avec raison sur la nécessité de distinguer les passages *maritimes*, entre le
mont Amanus et la mer, — des passages *intérieurs* qui traversaient la chaîne
même du mont Amanus. Mais cette distinction ne semble pas uniformément
observée par les auteurs anciens, quand nous comparons Strabon, Arrien et
Kallisthenès. Strabon se sert de la phrase Portes Amaniennes deux fois (XIV,
p. 676; XVI, p. 751), désignant dans les deux cas un *passage maritime*, et non
un passage *sur* la montagne, — indiquant toutefois un passage maritime dans
la page à laquelle nous nous en référons d'abord, et un autre dans la seconde.
Dans XIV, p. 676, — il entend par αἱ Ἀμανίδες πύλαι, l'endroit appelé par des
voyageurs modernes Demir Kapu, entre Ægæ et Issus, ou entre Mopsuestia et
Issus; tandis que dans XVI, 751, il entend par les mêmes mots celui que j'ai expliqué comme étant les Portes de Kilikia et de Syria, sur le côté oriental du golfe
d'Issus. Dans le fait, Strabon semble concevoir comme un tout la bande de terre
entre le mont Amanus et le golfe, commençant à Demir Kapu et finissant aux
Portes de Kilikia et de Syria, — et appeler le commencement et la fin de cette
bande du même nom, — les Portes Amaniennes. Mais il ne se sert pas de cette
dernière phrase pour désigner le passage sur ou à travers le mont Amanus;
Arrien ne le fait pas non plus; Arrien qui, en décrivant la marche de Darius
s'avançant de Sochi en Kilikia, dit (II, 7, 1): — Ὑπερβαλὼν δὴ τὸ ὄρος Δαρεῖος
τὸ κατὰ τὰς πύλας τὰς Ἀμανικὰς καλουμένας, ὡς ἐπὶ Ἰσσον προῆγε, καὶ ἐγένετο
κατόπιν Ἀλεξάνδρου λαθών. Ici, faut-il remarquer, nous ne lisons pas ὑπερβαλὼν
τὰς πύλας, — et je ne crois pas non plus que les mots signifient, — comme le
traducteur les rend : — « Transiit Amanum, *eundo per Pylas Amanicas*. » Les
mots signifient plutôt que Darius « franchit la montagne là où elle était attenante aux Portes Amaniennes, » — *i. e.* là où elle était attenante à la bande de
terre bordant le golfe, et située entre ces deux points extrêmes que Strabon
appelle *Portes Amaniennes*. Arrien emploie cette dernière phrase d'une manière
moins précise que Strabon, cependant encore par rapport à la bande maritime,
et non à un « col » sur la crête de la montagne.

D'autre part, Kallisthenès (s'il est exactement reproduit par Polybe, qui répète
son assertion, mais non ses expressions, XII, 17) emploie les mots Portes Amaniennes pour signifier le passage par lequel Darius entra en Kilikia, — c'est-
à-dire le passage *sur* la montagne. Celui que Xénophon et Arrien appellent les
Portes de Kilikia et de Syria, — et que Strabon appelle *Portes Amaniennes*, — est
représenté par Polybe comme τὰ στενὰ, καὶ τὰς λεγομένας ἐν τῇ Κιλικίᾳ πύλας.

J'ai marqué sur le Plan le défilé par lequel Darius franchit le mont Amanus,
comme il est sur la carte de Kiepert et sur celle de Chesney, dans la ligne
allant d'Aintab à l'entrée du golfe, près du trente-septième parallèle. Il semble
assez certain que ce doit avoir été la ligne de marche de Darius, parce qu'il
descendit immédiatement sur Issus, et qu'il s'avança ensuite vers le Pinaros.
S'il était entré en Kilikia par le défilé de Beylan, il aurait dû passer le Pinaros
avant d'arriver à Issus. Les raisons positives pour admettre un défilé praticable près du trente-septième parallèle sont, il est vrai, révoquées en doute par

Mützel (ad Curtium, p. 102, 103), et ne sont pas concluantes en elles-mêmes; cependant je les regarde comme suffisantes, réunies aux probabilités du cas. Toutefois, ce défilé, nous pouvons le supposer, était moins fréquenté que la ligne maritime de route à travers les Portes de Kilikia et de Syria, et que le défilé de Beylan, ligne qui, comme la plus ordinaire, fut préférée et par les soldats de Cyrus et par Alexandre.

Relativement à la marche de ce prince, le docteur Thirlwall soulève ici une question dans le sens qui suit : « Puisque Alexandre avait l'intention de passer par le défilé de Beylan dans le dessein d'attaquer le camp des Perses à Sochi, qu'est-ce qui aurait pu le faire aller à Myriandros, qui était plus au sud que Beylan et hors de sa route? » Cette difficulté paraît si considérable au docteur Thirlwall, que, pour la faire disparaître, il incline à accepter l'hypothèse de M. Williams, qui place Myriandros à Bayas, et les Portes kiliko-syriennes à Demir Kapu, hypothèse qui me paraît inadmissible pour diverses raisons et contre laquelle M. Ainsworth (dans son « Essay on the Cilician and Syrian Gates ») a avancé plusieurs objections très-fortes.

J'avoue que je ne sens pas cette difficulté sur laquelle insiste le docteur Thirlwall. Quand nous voyons que Cyrus et les Dix Mille allèrent à Myriandros, en se rendant au défilé de Beylan, nous pouvons raisonnablement conclure que, cette ville fût-elle dans la ligne directe ou non, elle était au moins dans la route *habituelle* de marche, — qui ne coïncide pas toujours avec la ligne directe. Mais, pour ne pas insister sur cette supposition, toutefois, — admettons qu'il existait une autre route plus courte conduisant à Beylan sans passer par Myriandros, — il a dû y avoir assez de motifs pour engager Alexandre à se détourner un peu de son chemin, afin de visiter Myriandros. Car c'était une chose importante pour lui de s'assurer des ports de mer sur ses derrières, en cas d'un revers possible. Supposez-le repoussé et forcé de se retirer, — ce devait être une aide essentielle pour sa retraite de s'être assuré à l'avance de Myriandros, aussi bien que des autres ports de mer.

Dans les mois suivants, nous le verrons précisément aussi soigneux de s'assurer des cités phéniciennes sur la côte avant de pénétrer dans l'intérieur pour attaquer Darius à Arbèles.

En outre, Alexandre, s'avançant pour attaquer Darius, n'avait rien à gagner en se hâtant, et rien à perdre en arrivant à Sochi trois jours plus tard. Il savait que l'énorme armée persane n'essayerait pas de s'échapper; ou elle l'attendrait à Sochi, ou bien elle avancerait en Kilikia pour l'y attaquer. Plus il tardait, plus il était vraisemblable qu'elle prendrait le dernier parti, ce qui était ce qu'il désirait. Il n'avait donc rien à perdre en aucune manière, et avait quelque chance d'avantage en prolongeant sa marche vers Sochi aussi longtemps qu'il était nécessaire pour s'assurer de Myriandros. Il n'y a pas plus de difficulté, je pense, à comprendre pourquoi il alla à Myriandros que pourquoi il alla à l'ouest de Tarsos (encore plus en dehors de sa ligne de marche), à Soli et à Anchialos.

Il semble probable (comme Rennell (p. 56) et autres le pensent) que l'emplacement de Myriandros est aujourd'hui à quelque distance à l'intérieur des terres; qu'il y a eu un accroissement de terre nouvelle et de marécages sur la côte.

La ville nouvelle de Scanderoun occupe l'emplacement de Ἀλεξανδρεία κατ' Ἰσσον, fondée (probablement par ordre d'Alexandre lui-même) en commémoration de la victoire d'Issus. Suivant Ritter (p. 1791), « Alexandre eut la grande idée d'y établir un marché pour le trafic de l'Orient avec l'Égypte. » L'importance de l'emplacement de Scanderoun, dans l'antiquité, est ici grandement exagérée. Je ne connais rien qui prouve qu'Alexandre eût l'idée que Ritter lui attribue; et il est certain que ses successeurs n'eurent pas une idée semblable, vu qu'ils fondèrent les grandes cités d'Antioche et de Seleukeia (en Pieria) qui toutes deux amenaient le commerce vers le cours supérieur de l'Oronte, et conséquemment le détournaient de Scanderoun. Cette dernière ville n'a d'importance qu'en ce qu'elle sert de port à Alep, cité (Berœa) de peu de conséquence dans l'antiquité, tandis qu'Antioche devint la première cité de l'Orient, et Seleukeia une des premières : V. Ritter, p. 1152.

CHAPITRE IV

OPÉRATIONS MILITAIRES ET CONQUÊTES D'ALEXANDRE APRÈS
SES QUARTIERS D'HIVER EN PERSIS JUSQU'A SA MORT A
BABYLONE.

Les quatre premières campagnes d'Alexandre en Asie ont de l'importance par
rapport à l'histoire grecque; leur effet direct. — Les sept dernières années,
plus à l'est, n'ont pas un effet semblable sur la Grèce. — Darius à Ekbatane;
il cherche à s'enfuir en Baktriane, en apprenant l'approche d'Alexandre. —
Alexandre entre dans Ekbatane; il y établit son dépôt et sa base d'opérations.
— Alexandre renvoie dans son pays la cavalerie thessalienne; nécessité où il
est de faire actuellement une guerre moins régulière. — Alexandre poursuit
Darius jusqu'aux Portes Caspiennes, mais il ne peut réussir à le rejoindre.
— Conspiration formée contre Darius par Bessus et autres, qui s'emparent de
sa personne. — Efforts prodigieux d'Alexandre pour les atteindre et se rendre
maître de Darius; il surprend la troupe des Perses, mais Bessus met Darius à
mort. — Désappointement d'Alexandre pour n'avoir pas pu prendre Darius
vivant. — Funérailles royales accordées à Darius; son sort et sa conduite. —
Repos d'Alexandre et de son armée à Hekatompylos en Parthie; sa conduite
commence à changer; il prend les manières asiatiques et devient despotique.
— Aggravation graduelle de ces nouvelles habitudes, à partir du moment
actuel. — Alexandre conquiert les montagnes immédiatement au sud de la
mer Caspienne; il demande aux mercenaires grecs de se rendre à discrétion.
— On lui amène des députés de Sparte et d'autres cités grecques; manière
dont il les traite. — Marche d'Alexandre plus à l'est; ses succès en Aria et
en Drangiane. — Mesures prises contre Philôtas, fils de Parmeniôn, en Drangiane; grandeur militaire et considération de la famille. — Révélation d'une
conspiration projetée faite par Kebalinos à Philôtas, afin qu'elle fût communiquée à Alexandre; Philôtas ne la fait pas connaître au prince, auquel elle est
communiquée par un autre canal. — Alexandre est d'abord irrité contre Philôtas, mais il accepte son explication, et déclare passer par-dessus le fait. —
Ancienne rancune contre Philôtas; Alexandre profite de l'incident pour le
perdre. — Krateros et autres sont jaloux de Philôtas et de Parmeniôn; on
persuade Alexandre de les mettre tous deux à mort. — Arrestation de Philôtas; Alexandre l'accuse devant les soldats assemblés; il est condamné. —
Philôtas est mis à la torture et forcé de faire des aveux, tant contre lui-
même que contre Parmeniôn. — Parmeniôn est tué à Ekbatane, par l'ordre et
les artifices d'Alexandre. — Mutinerie des soldats quand ils apprennent l'as-

sassinat de Parmeniôn; apaisée par la production de l'ordre d'Alexandre. — Crainte et dégoût causés par le meurtre de Parmeniôn et de Philôtas. — Conquête des Paropamisadæ, etc.; fondation d'Alexandrie ad Caucasum. — Alexandre traverse l'Hindou-Koh et conquiert la Baktriane; Bessus est fait prisonnier. — Massacre des Branchidæ et de leurs familles commis par Alexandre en Sogdiane. — Alexandre à Marakanda et sur l'Iaxarte. — Fondation d'Alexandrie ad Iaxartem; limite de la marche d'Alexandre vers le nord. — Alexandre à Zariaspa en Baktriane; il fait mutiler et tuer Bessus. — Nouvelle réduction de la Baktriane et de la Sogdiane; halte à Marakanda. — Banquet à Marakanda; caractère et position de Kleitos. — Vanteries d'Alexandre et de ses flatteurs; répugnance qu'éprouvent des officiers macédoniens, sans l'exprimer; Scène du banquet; véhémentes remontrances de Kleitos. — Furieuse colère d'Alexandre: il tue Kleitos. — Vif remords d'Alexandre, immédiatement après ce meurtre. — Actives et houreuses cpérations d'Alexandre en Sogdiane. — Prise de deux positions inexpugnables; le rocher sogdien; le rocher de Choriênes; passion d'Alexandre pour Roxanê. — Alexandre à Baktra; son mariage avec Roxanê; il exige que tout le monde se prosterne devant lui et l'adore. — Harangue publique d'Anaxarchos pendant le banquet, exhortant tout le monde à lui rendre ce culte. — Réponse publique de Kallisthenês, qui s'y oppose; caractère et histoire de Kallisthenês. — La réponse de Kallisthenês est favorablement écoutée par les convives; on laisse tomber la proposition du culte à rendre au roi. — Froideur et déplaisir d'Alexandre à l'égard de Kallisthenês. — Franchise et courage honorables de Kallisthenês. — Il devient odieux à Alexandre. — Conspiration des pages royaux contre la vie d'Alexandre; elle est divulguée; ils sont mis à la torture, mais ils n'impliquent personne autre; ils sont mis à mort. — Kallisthenês est arrêté comme complice; antipathie manifestée par Alexandre contre lui et aussi contre Aristote. — Kallisthenês est mis à la torture et pendu. — Alexandre soumet le pays entre l'Hindou-Koh et l'Indus. — Conquêtes des tribus sur la rive de l'Indus; le rocher d'Aornos. — Alexandre franchit l'Indus; il force le passage de l'Hydaspes, en défaisant Porus, — qu'il traite avec générosité. — Ses nouvelles conquêtes dans le Punjab; Singala la dernière de ses conquêtes. — Il arrive à l'Hyphasis (Sutledge), le dernier des fleuves du Punjab; son armée refuse d'avancer plus loin. — Alexandre retourne à l'Hydaspes. — Il construit une flotte et descend l'Hydaspes et l'Indus; il est blessé dangereusement en attaquant les Malli. — Nouvelles cités et nouveaux postes à établir sur l'Indus; Alexandre arrive à l'Océan; effet de la marée vue pour la première fois. — Marche d'Alexandre par terre à l'ouest par le désert de la Gedrosia; souffrances et pertes éprouvées par son armée. — Alexandre et l'armée reviennent en Persis; conduite d'Alexandre à Persépolis; punition du satrape Orsinês. — Il marche vers Suse; jonction avec la flotte commandée par Nearchos, après qu'elle eut fait un voyage de circumnavigation à partir de l'embouchure de l'Indus. — Alexandre à Suse comme Grand Roi; sujets d'inquiétude pour lui; les satrapes; les soldats macédoniens. — Conduite passée des satrapes; plusieurs d'entre eux sont punis par Alexandre; alarme parmi eux tous; fuite d'Harpalos. — Mécontentement des soldats macédoniens au sujet de mariages avec des femmes asiatiques favorisés par Alexandre. — Leur mécontentement à propos des nouveaux soldats asiatiques levés et disciplinés par Alexandre. — Intérêt d'Alexandre pour la flotte qui remonte le Tigre jusqu'à Opis. — Notification d'un renvoi partiel faite aux soldats macédoniens; leur mutinerie; colère d'Alexandre; il les licencie tous. — Remords et humiliation des soldats; Alexandre est apaisé; réconciliation; licenciement partiel; corps de vétérans placés sous le commandement de Krateros pour le retour. — Nouveaux projets de conquête médités par Alexandre; mesures prises pour augmenter sa flotte. — Visite à Ekbatane; mort d'Hephæstion; violente douleur d'Alexandre. — Alexandre extermine les Kossæi. — Marche d'Alexandre vers Babylone; nombreuses ambassades qui viennent à sa rencontre en route. — Alexandre à Babylone; ses grands préparatifs pour la circumnavigation et la conquête de l'Arabie. — Alexandre à bord de sa flotte, sur l'Euphrate et dans les marais adjacents; ses plans pour améliorer la navigation et le cours du fleuve. — Arrivée de renforts considérables, grecs et asiatiques; nouvel ordre commandé par Alexandre pour les Macédoniens et les Perses dans les mêmes files et les mêmes compagnies. — Magnifiques obsèques d'Hephæstion. — Régal général et intempérance dans l'armée; Alexandre est saisi d'une fièvre dangereuse; détails de sa maladie. — Son état désespéré; consternation et douleur de l'armée; dernière entrevue avec ses soldats; sa mort. — Effet produit sur l'imagination des contemporains par la carrière et la mort d'Alexandre. — Si Alexandre eût vécu, il aurait pu accomplir des choses plus grandes encore. — Question soulevée par Tite-Live, au sujet des chances qu'aurait eues Alexandre, s'il eût attaqué les Romains. — Supériorité sans pareille d'Alexandre comme militaire. — Alexandre nomme gouvernant, les affaires militaires à part; il ne mérite pas d'estime. — Alexandre aurait continué le système de l'empire persan, sans autre amélioration qu'une forte organisation. — Absence de nationalité dans Alexandre; dessein de fondre les différentes variétés de l'humanité en un seul type commun de sujétion. — Erreur de supposer qu'Alexandre avait l'intention de répandre la civilisation grecque; ses idées comparées avec celles d'Aristote. — Nombre de cités nouvelles fondées en Asie par Alexandre. — L'Asie ne fut pas hellénisée par Alexandre, elle le fut surtout par les Diadochi après lui. — Dans quelle mesure l'Asie fut réellement hellénisée; le grand fait fut que la langue grecque se répandit universellement. — Cités gréco-asiatiques. — Accroissement des moyens de communication entre les diverses parties du monde. — Intérêt que portait Alexandre aux sciences et aux lettres.

A partir de cette époque (printemps, 330 av. J.-C.) jusqu'à la fin de la vie d'Alexandre, — période de sept ans environ, — son temps fut consacré à conquérir la moitié orientale de l'empire des Perses, avec diverses tribus indépendantes situées au delà de son extrême frontière. Mais il n'était pas destiné à revoir jamais ni la Grèce, ni l'Asie Mineure, ni aucune de ses précédentes conquêtes à l'Occident.

Or, par rapport à l'histoire de la Grèce, — sujet de ces volumes, — la première partie des campagnes asiatiques d'Alexandre (depuis le moment où il traversa l'Hellespont jusqu'à celui où il conquit la Persis, période de quatre années, de mars 334 à mars 330 av. J.-C.), bien qu'elle n'ait pas une influence directe, est cependant d'une impor-

tance considérable. Après avoir achevé dans sa première
année de réduire le monde hellénique, il l'avait par ces
campagnes subséquentes absorbé comme une petite fraction
dans le vaste empire des Perses, renouvelé sous son sceptre
souverain. Il était parvenu à un résultat semblable en substance à celui qu'aurait produit l'invasion de la Grèce par
Xerxès, destinée, un siècle et demi auparavant, à incorporer
la Grèce dans la monarchie persane, si elle avait réussi au
lieu d'échouer (1). A l'égard des rois de Macédoine seuls, la
réduction de la Grèce n'aurait jamais été complète, — tant
qu'elle aurait pu recevoir du secours des rois persans indigènes, — qui suffisaient parfaitement comme force tutélaire
et comme contre-poids, s'ils avaient su jouer leur jeu. Mais
toute espérance du dehors pour la Grèce fut anéantie,
quand Babylone, Suse et Persépolis furent soumises au
même maître que Pella et Amphipolis, — maître encore qui
était le général le plus habile et le plus insatiable agresseur
de son époque, et au nom duquel était attaché le prestige
d'un succès presque surhumain. Cependant, même contre ce
pouvoir écrasant, quelques-uns des plus braves des Grecs
dans leur patrie essayèrent d'opérer leur délivrance avec
l'épée. Nous verrons bientôt quelle fut la triste issue de leur
tentative.

Mais bien que les quatre premières années de l'expédition
d'Alexandre en Asie, pendant lesquelles il conquit la moitié
occidentale de l'empire persan, eussent ainsi un effet important sur la condition et les destinées des cités grecques, —
ses sept dernières années, dans lesquelles nous sommes actuellement sur le point d'entrer, employées surtout à conquérir la moitié orientale, touchèrent à peine ces cités en
quelque manière. Ses marches prodigieuses jusqu'aux
fleuves de l'Iaxarte, de l'Indus et de l'Hyphasis, qui menèrent ses armées victorieuses sur un si vaste espace de

---

(1) Cf. les paroles adressées par
Alexandre à ses soldats fatigués, sur
les rives de l'Hyphasis (Arrien, V, 26),
avec celles qu'Hérodote prête à Xerxès,
quand ce prince annonce son expédition projetée contre la Grèce (Hérodote, VII, 8).

l'Asie centrale, non-seulement n'ajoutèrent rien à son pouvoir sur les Grecs, mais même l'éloignèrent de tout rapport avec eux et firent de lui pour eux presque un inconnu. Aussi un historien de la Grèce ne peut-il guère regarder ces dernières campagnes comme comprises dans le cercle de son sujet. Elles méritent qu'on en parle comme d'exemples de talent et d'énergie militaires et comme jetant du jour sur le caractère du général le plus illustre de l'antiquité, — homme qui, bien qu'il ne fût pas Grec, était devenu le maître de tous les Grecs. Mais je ne juge pas nécessaire de les raconter en détail comme les batailles d'Issus et d'Arbèles.

Six ou sept mois environ s'étaient écoulés depuis la bataille d'Arbèles jusqu'au moment où Alexandre se préparait à quitter sa conquête la plus récente, — la Persis propre (mai-juin 330 av. J.-C.). Pendant tout ce temps, Darius était resté à Ekbatane (1), capitale de la Médie, se rattachant à l'espoir qu'Alexandre, une foïs maître des trois capitales méridionales et de la meilleure partie de l'empire persan, finirait par être rassasié et le laisserait sans l'inquiéter dans la partie plus stérile de l'Orient. Aussitôt qu'il apprit qu'Alexandre était en marche pour venir vers lui, il envoya en avant son harem et ses bagages en Hyrkania; sur le bord sud-est de la mer Caspienne. Lui-même, avec la petite armée qui l'entourait, suivit la même direction, emportant avec lui le trésor de la cité (7,000 talents = 40,200,000 fr.), et passa par les Portes Caspiennes pour entrer dans le territoire de la Parthie. Sa seule chance

---

(1) Il n'y a pas lieu, à mon avis, de douter que l'Ekbatane indiquée ici ne soit la moderne Hamadan. V. un important Appendice ajouté par le docteur Thirlwall au sixième volume de l'Histoire de la Grèce, dans laquelle cette question est soutenue contre M. Williams.

Sir John Malcolm fait observer : — « On ne peut guère dire qu'il y ait des routes en Perse, et elles ne sont pas fort nécessaires; car l'usage des voitures à roues n'a pas encore été introduit dans ce royaume. Il ne peut y avoir rien de plus difficile et de plus raboteux que les sentiers que l'on a ouverts sur les montagnes qui limitent et coupent ce pays » (ch. 24, vol. II, p. 525).

Dans le fait, à cet égard, comme à d'autres, l'état moderne de la Perse doit être inférieur à l'ancien, témoin la description faite par Hérodote de la route entre Sardes et Suse.

était de s'enfuir jusqu'en Baktriane à l'extrémité orientale
de l'empire, en ruinant le pays sur sa route afin de retarder
ceux qui le poursuivaient. Mais cette chance diminuait
chaque jour, par suite de la désertion parmi le petit nombre
de ceux qui l'accompagnaient et du dégoût plein de colère
parmi beaucoup de ceux qui restaient auprès de lui (1).

Huit jours après que Darius eut quitté Ekbatane, Alexandre
y entra. Combien de jours lui avait pris sa marche depuis
Persépolis, c'est ce que nous ne pouvons dire : marche longue
par elle-même, elle avait encore été prolongée, en partie
par la nécessité de soumettre les montagnards intermédiaires appelés Parætakeni (2), en partie par des rumeurs
qui exagéraient les forces persanes à Ekbatane, et l'engagèrent à avancer avec précaution et en bon ordre. Maître
d'Ekbatane, — la dernière forteresse importante des rois
persans et leur résidence ordinaire pendant les mois d'été,
— il s'arrêta pour faire reposer ses troupes et y établit une
nouvelle base d'opérations pour ses entreprises futures à
l'est. Il fit d'Ekbatane son dépôt principal et déposa dans
la citadelle, sous les soins d'Harpalos comme trésorier, avec
une garnison de six à sept mille Macédoniens, les trésors
accumulés de ses conquêtes passées, et tirés de Suse et de
Persépolis, montant, nous dit-on, à l'énorme somme de
180,000 talents = 1,040,000,000 fr. (3). Parmenión fut investi du commandement suprême de ce poste important, et
des forces militaires laissées en Médie, territoire dont Oxo-
datès, Persan qui avait été emprisonné à Suse par Darius,
fut nommé satrape (4).

A Ekbatane Alexandre fut rejoint par une nouvelle armée
de six mille mercenaires grecs (5), qui étaient venus de

---

(1) Arrien, III, 19, 2-9; III, 20, 3.
(2) Arrien, III, 19, 5.
(3) Arrien, III, 19, 14; Diodore,
XVII, 80. Diodore avait dit auparavant (XVII, 66, 71) que le trésor de
Suse était de 49,000 talents, et celui
de Persépolis de 120,000. Arrien déclare le trésor de Suse comme mon-

tant à 50,000 talents; — Quinte-Curce
porte à 50,000 talents l'or et l'argent
non monnayés seuls (V, 8, 11). Le
trésor des deux villes fut transporté à
Ekbatane.
(4) Arrien, III, 20, 4.
(5) Q.-Curce, V, 23, 12.

Kilikia dans l'intérieur, en traversant probablement l'Euphrate et le Tigre aux mêmes points où Alexandre lui-même les avait franchis (juin-juillet 330 av. J.-C.). Ce renfort lui permit de congédier sa cavalerie thessalienne, avec d'autres Grecs qui avaient servi pendant les quatre années de guerre asiatique et qui désiraient actuellement rentrer dans leur patrie (1). Il distribua parmi eux la somme de deux mille talents, outre leur solde entière, et leur donna le prix de leurs chevaux, qu'ils vendirent avant leur départ. Les opérations qu'il était alors sur le point de commencer contre les territoires orientaux de la Perse n'étaient pas dirigées contre des armées régulières, mais contre des corps volants et des tribus indigènes distinctes, comptant pour être défendus surtout sur les difficultés que les montagnes, les déserts, les privations, ou la distance seule devaient jeter sur la route d'un assaillant. Pour ces desseins il avait besoin d'un plus grand nombre de troupes légères, et il était obligé d'imposer même à sa grosse cavalerie les marches les plus rapides et les plus fatigantes, telles qu'aucun cavalier, si ce n'est les Compagnons macédoniens, n'aurait été content de les exécuter; de plus, il était appelé à agir moins avec des masses considérables, et plus avec des divisions petites et partagées. Aussi établit-il alors pour la première fois une taxis régulière, ou division d'archers à cheval (2).

Ne restant pas à Ekbatane plus qu'il n'était suffisant pour ces nouveaux arrangements, Alexandre se remit à la poursuite de Darius. Il espérait arriver avant ce prince aux Portes Caspiennes, à l'extrémité nord-est de la Médie, Portes (3) par lesquelles on désignait un défilé de montagne,

---

(1) Arrien, III, 19, 10; cf. V, 27, 7.

(2) Arrien, III, 24. 1. Ἤδη γὰρ αὐτῷ καὶ ἱπποτοξόται ἦσαν τάξις. V. les remarques de Rüstow et de Koechly sur le changement fait par Alexandre dans son organisation militaire vers cette époque, aussitôt qu'il trouva qu'il n'avait plus de chance

qu'une armée persane collective considérable lui tînt tête en campagne (Geschichte der Griech. Kriegswesens, p. 252 seq.) Le changement qu'ils signalent fut réel, — mais je crois qu'ils l'exagèrent en degré.

(3) Les défilés appelés les Portes Caspiennes me paraissent être ceux que décrivent Morier, Fraser et d'autres

ou plutôt une route de plusieurs heures de marche, comprenant plusieurs défilés difficiles qui s'étendaient à l'est le long du côté méridional de la grande chaîne du Taurus vers la Parthie. Il s'avança avec sa cavalerie des Compagnons, la cavalerie légère, les Agrianiens et les archers, — la plus grande partie de la phalange suivant de son mieux, vers Rhagæ, à environ cinquante milles (= 80 kilom. 1/2) au nord des Portes Caspiennes, ville à laquelle il arriva en onze jours au moyen d'efforts si grands, qu'un grand nombre d'hommes aussi bien que de chevaux furent en route mis hors d'état de servir. Mais malgré toute cette célérité, il apprit que Darius avait déjà passé par les Portes Caspiennes. Après cinq jours de halte à Rhagæ, indispensables à son armée, Alexandre les franchit également. A un jour de marche au delà, il fut rejoint par deux Perses éminents, Bagistanès et Antibêlos, qui lui apprirent que Darius était déjà détrôné et dans un danger imminent de perdre la vie (1).

Les conspirateurs qui avaient accompli cet acte étaient Bessus, satrape de la Baktriane, — Barsaentès, satrape de

---

voyageurs modernes, comme étant la série de vallées et de défilés resserrés nommés Ser-Desch, Sirdari, ou Serdara-Khan, — sur la plus méridionale des deux routes qui mènent à l'est de Teheran vers Damaghan, et de là plus loin à l'est vers Mesched et Herat. V. la note de Mützel dans son édition de Quinte-Curce, V, 35, 2, p. 489; de même Morier, Second Journey through Persia, p. 363; Fraser's Narrative of a Journey into Khorasan, p. 291.

La longue chaîne de montagnes, appelée Taurus par les anciens, s'étend de la Médie inférieure et de l'Arménie dans une direction orientale le long de la côte méridionale de la mer Caspienne. Son versant septentrional, couvert de forêts prodigieuses avec des vallées et des plaines de peu de largeur s'étendant jusqu'à la mer Caspienne, comprend les territoires humides et fertiles nommés aujourd'hui Ghilan et Mazanderan. La portion orientale du Mazanderan était connue dans l'antiquité comme l'Hyrkania, alors productive et populeuse, tandis que la chaîne elle-même était occupée par des tribus grossières et belliqueuses, — les Kadusii, les Mardi, les Tapyri, etc. La chaîne appelée aujourd'hui Elburz comprend, entre autres éminences élevées, le pic très-haut de Demavend.

La route qui menait d'Ekbatane en Baktriane, par laquelle s'effectuaient la fuite de Darius et la poursuite d'Alexandre, passait le long du terrain entrecoupé bordant le flanc méridional de la chaîne de l'Elburz. Les Portes Caspiennes formaient la portion la plus mauvaise et la plus difficile de ce terrain entrecoupé.

(1) Arrien, III, 20, 21.

la Drangiane et de l'Arachosia, — et Nabarzanès, général des gardes du roi (juillet 330 av. J.-C.). La petite armée de Darius ayant été affaiblie par des désertions journalières, la plupart de ceux qui restaient étaient les contingents des territoires encore non conquis, — la Baktriane, l'Arachosia et la Drangiane, sous les ordres de leurs satrapes respectifs. Les mercenaires grecs, au nombre de quinze cents, et Artabazos, avec une troupe sous son commandement spécial, restèrent inflexiblement attachés à Darius ; mais les soldats de l'Asie orientale suivaient leurs propres satrapes. Bessus et ses collègues avaient l'intention de faire leur paix avec Alexandre en livrant Darius, si Alexandre les poursuivait avec assez de vigueur pour ne leur laisser aucun espoir d'échapper ; mais s'ils pouvaient avoir le temps de gagner la Baktriane et la Sogdiane, ils étaient décidés à organiser une résistance énergique, sous leur commandement réuni, pour la défense de ces provinces orientales, — habitées par la population la plus grossière de l'empire (1). Dans leur situation désespérée, ce plan était peut-être le moins ingrat qu'on pût se proposer. La chance de résister à Alexandre, quelque faible qu'elle fût dans le meilleur cas, devenait absolument nulle sous le commandement de Darius ; qui deux fois avait donné l'exemple de fuir du champ de bataille, abandonnant et ses amis et son empire, même quand il était entouré de toutes les forces de la Perse. Pour des Persans braves et énergiques, à moins qu'ils ne fussent disposés à se soumettre immédiatement à l'envahisseur, il n'y avait pas autre chose à faire qu'à mettre Darius de côté ; et il ne paraît pas que les conspirateurs aient eu d'abord une intention plus funeste. A un village appelé Thara en Parthie, ils le chargèrent de chaînes d'or, — le placèrent dans un char couvert entouré par les troupes baktriennes, — et le menèrent ainsi en avant, en battant en retraite aussi vite qu'ils purent ; Bessus avait pris le commandement. Artabazos, avec

---

(1) Masistês, après l'outrage blessant fait à son épouse par la reine Amestris, se rendit en Baktriane pour organiser une révolte : V. Hérodote, IX, 113, — sur l'importance de cette satrapie.

les mercenaires grecs, trop faible pour prévenir cet acte, quitta l'armée plein de dégoût, et chercha un refuge dans les montagnes des Tapyri bordant l'Hyrkania vers la mer Caspienne (1).

En apprenant cette nouvelle, Alexandre redoubla d'efforts pour atteindre les fugitifs et se rendre maître de la personne de Darius. A la tête de sa cavalerie des Compagnons, de sa cavalerie légère et d'un corps d'infanterie choisi à cause de sa vigueur et de son activité, il se mit instantanément en marche, n'ayant que des armes et des provisions de deux jours pour chaque homme; il laissa Krateros pour amener le corps principal à petites journées. Une marche forcée de deux nuits et d'un jour, interrompue seulement par un court repos à midi (on était alors dans le mois de juillet) l'amena au point du jour au camp persan qu'avait quitté Bagistanès de qui il tenait ses renseignements. Mais Bessus et ses troupes étaient déjà bien loin, ayant gagné une avance considérable dans leur fuite; alors Alexandre, nonobstant l'épuisement et des hommes et des chevaux, poussa en avant avec un redoublement de vitesse pendant toute la nuit jusqu'au lendemain à midi. Là il se trouva dans le village où Bessus avait campé le jour précédent. Cependant apprenant de déserteurs que ses ennemis avaient résolu de hâter leur retraite par des marches de nuit, il désespéra de les atteindre, à moins de pouvoir trouver quelque route plus courte. On lui apprit qu'il y en avait une, mais qui passait par un désert sans eau. Partant par cette route à une heure avancée du jour avec sa cavalerie, il ne fit pas moins de quarante-cinq milles (= 72 kilom. 1/2 environ)

(1) Arrien, III, 21-23. Justin (XI, 15) spécifie le nom de l'endroit, — Thara. Lui et Quinte-Curce mentionnent les *chaînes d'or* (Q.-Curce, V, 34, 20). Probablement les conspirateurs firent usage de quelques chaînes qui avaient fait partie des ornements de la garde-robe royale. Parmi les présents donnés par Darius, fils d'Hys-

taspès, au chirurgien Demokêdès, il y avait deux paires de chaînes d'or : — Δωρέεται δή μιν Δαρείος πεδέων χρυσέων δύο ζεύγεσιν, — Hérod. III, 130: cf. III, 15. Le roi et les grands de Perse portaient habituellement des chaînes d'or autour du cou et des bras.

pendant la nuit, de manière à tomber sur Bessus et à le surprendre complétement le matin suivant. Les Perses, qui
marchaient en désordre sans armes, et sans s'attendre à voir
un ennemi, furent frappés d'une telle panique à l'apparition
soudaine de leur infatigable vainqueur, qu'ils se dispersèrent
et s'enfuirent sans essayer de résister. Dans ce moment critique, Bessus et Barsaentès pressèrent Darius de quitter son
char, de monter à cheval et de les accompagner dans leur
fuite. Mais il refusa d'accéder à leur demande. Toutefois ils
étaient déterminés à ne pas le laisser tomber vivant entre
les mains d'Alexandre, qui se serait servi de son nom contre
eux, ce qui aurait considérablement diminué leur chance
de défendre les provinces orientales; de plus ils étaient
irrités de son refus, et ils avaient conçu un sentiment de
haine et de mépris qu'ils étaient contents de satisfaire.
Lançant sur lui leurs javelines, ils le laissèrent mortelle-
ment blessé, puis continuèrent leur fuite (1). Son char, que
ne distinguait aucune marque visible, et que les soldats
persans eux-mèmes ne connaissaient pas, resta quelque
temps sans être découvert par les ennemis. A la fin un soldat
macédonien nommé Polystratos le trouva expirant, et reçut,
dit-on, ses dernières paroles, par lesquelles il remerciait
Alexandre de la bonté avec laquelle il avait traité ses pa-
rentes captives, et exprimait sa satisfaction que le trône de
Perse, perdu pour lui-même, fût sur le point de passer à un
vainqueur aussi généreux. Il est au moins certain qu'il ne
vécut pas assez pour voir Alexandre lui-même (2).

---

(1) « Rarus apud Medos regum
[cruor; unaque cuncto
Pœna manet generi, quamvis cru-
[delibus æque
Paretur dominis. »
(Claudien, in Eutrop. II, p. 478.)
Toutefois, des conspirations de cour
et des assassinats de princes n'étaient
inconnus ni chez les Achæmenidæ ni
chez les Arsakidæ.
(2) Ce récit des remarquables incidents qui précédèrent immédiatement

la mort de Darius est pris principalement d'Arrien (III, 21), et semble l'un
des chapitres les plus authentiques de
son ouvrage. Il dit très-peu de chose
au sujet de ce qui se passa dans le
camp persan; dans le fait, il ne mentionne que les communications faites
par les déserteurs persans à Alexandre.
Quinte-Curce (V, 27-34) donne le
récit d'une manière beaucoup plus
vague et beaucoup moins précise

Alexandre avait fait les marches prodigieuses et infatigables des quatre derniers jours, non sans perdre beaucoup d'hommes et de chevaux, dans le dessein exprès de prendre Darius vivant. C'eût été une satisfaction pour sa vanité de montrer le Grand Roi comme un captif sans ressources, sauvé de ses propres serviteurs par l'épée de son ennemi, et épargné pour occuper quelque commandement subordonné comme signe d'une fastueuse indulgence. En outre, à part ces sentiments, c'eût été un avantage réel de s'emparer de la personne de Darius, dont le nom aurait servi à Alexandre pour étouffer toute résistance ultérieure dans les régions étendues et connues imparfaitement à l'est des Portes Caspiennes. Les satrapes de ces régions y étaient allés actuellement les bras libres, afin d'allumer autant de sentiment asiatique et de lever des forces aussi considérables qu'ils pourraient, contre le vainqueur macédonien, qui était obligé de les suivre, s'il voulait achever la réduction de l'empire. Aussi pouvons-nous comprendre qu'Alexandre fut profondément mortifié en ne tirant aucun résultat de cette marche fatigante et ruineuse, et d'autant mieux expliquer cette colère sauvage que nous le verrons ci-après manifester contre le satrape Bessus.

Alexandre fit ensevelir le corps de Darius, avec toute la pompe et tout le cérémonial convenables, dans les sépulcres royaux de la Persis. Les derniers jours de ce prince infortuné ont été décrits par les historiens avec un pathétique presque tragique, et il y a dans l'histoire peu de sujets mieux faits pour exciter un pareil sentiment, si nous regardons simplement la grandeur de sa chute, qui le précipita du point le plus élevé de la puissance et de l'éclat dans la défaite, la dégradation et la mort par un assassinat. Mais un examen impartial ne nous permettra pas d'oublier que la

---

qu'Arrien, mais avec d'amples détails sur ce qui se fit dans le camp persan. Nous aurions été content de savoir de qui ces détails étaient empruntés. En général ils ne contredisent pas la narration d'Arrien, mais plutôt ils l'amplifient et la délayent.

Diodore (XVII, 73), Plutarque (Alexand. 42, 43) et Justin (XI, 15) ne donnent aucun renseignement nouveau.

principale cause de cette ruine fut son propre aveuglement,
— sa longue apathie après la bataille d'Issus et l'abandon
de Tyr et de Gaza, dans le fol espoir de racheter des reines
qu'il avait lui-même exposées à la captivité, — en dernier
lieu, ce qui est moins pardonnable, sa lâcheté personnelle
dans les deux batailles décisives que lui-même a livrées
de propos délibéré. Si nous suivons sa conduite dans toute
la lutte, nous ne trouvons guère de ce qui rend un prince
défait ou respectable ou intéressant. Ceux qui eurent le plus
de raisons pour le dénoncer et le mépriser furent ses amis
et ses compatriotes, qu'il avait d'amples moyens de défendre,
moyens que cependant il gaspilla. D'autre part, personne
n'eut plus de motifs pour se montrer indulgent à son égard
que son vainqueur, pour lequel il avait gardé sans les employer les trésors incalculables des trois capitales, et diminué de toute manière les difficultés d'une conquête, qui en
elle-même n'était guère moins qu'impraticable (1).

La récente marche forcée, entreprise par Alexandre dans
le dessein de faire Darius prisonnier, avait été extrêmement
fatigante pour ses soldats, qui avaient besoin d'une certaine
période de repos et de compensation (juillet 330 av. J.-C.).
Elle leur fut accordée à la ville d'Hekatompylos en Parthie,
où toute l'armée se trouva réunie. Outre d'abondantes provisions de la région voisine, les soldats y reçurent une gratification provenant du butin considérable fait dans le camp
de Darius (2). Alexandre lui-même prit part aux réjouissances
et aux plaisirs qui régnèrent universellement dans l'armée.
Les banquets et les parties de table, auxquels il s'était tou-

----

(1) Arrien (III, 22) fait une critique
indulgente de Darius, en insistant surtout sur ses malheurs, mais en l'appelant ἀνδρὶ τὰ μὲν πολέμια, εἴπερ τινὶ
ἄλλῳ, μαλθακῷ τε καὶ οὐ φρενήρει, etc.
(2) Q.-Curce, VI, 5, 10; VI, 6, 15.
Diodore, XVII, 74. Hekatompylos était
une position importante, où se réunis-
saient plusieurs routes (Polybe, X, 28).
Elle était située sur l'une des routes
allant à l'est des Portes Caspiennes,

sur le flanc méridional du mont Taurus (Elburz). Son emplacement ne peut
être fixé avec certitude : Ritter (Erdkunde, part. VIII, 465, 467) avec
d'autres croit qu'elle était près de Damaghan ; Forbiger (Handbuch der Alten Geographie, vol. II, p. 549) la
place plus loin à l'est, près de Jai-
Jerm. M. Long la signale sur sa carte
comme *emplacement inconnu*.

jours adonné quand il en avait le loisir, se multiplièrent alors
et se prolongèrent d'une manière extraordinaire. Des solennités publiques furent célébrées, en même temps que des représentations théâtrales données par des artistes qui étaient
venus de Grèce rejoindre l'armée. Mais le changement le
plus important dans la conduite d'Alexandre fut qu'il commença à ce moment à sentir et à agir d'une manière manifeste comme successeur de Darius sur le trône persan; à
dédaigner la simplicité comparative des habitudes macédoniennes, et à adopter la pompe, l'appareil fastueux de luxe,
et même le costume d'un roi persan.

Aux yeux d'un grand nombre des soldats d'Alexandre, la
conquête de la Perse paraissait achevée et la guerre finie,
par la mort de Darius (septembre 330 av. J.-C.). Ils répugnaient à échanger le repos et les jouissances d'Hekatompylos contre de nouvelles fatigues; mais Alexandre, réunissant
les régiments d'élite, leur adressa un appel expressif qui fit
renaître l'ardeur générale (1). Sa première marche à travers
l'un des défilés du sud au nord du mont Elburz le mena en
Hyrkania, région bordant l'extrémité sud-est de la mer Caspienne. Là il ne trouva pas de résistance : le satrape hyrca-
nien Phrataphernès, Nabarzanès, Artabazos et d'autres
Perses éminents se rendirent à lui, et furent favorablement
reçus. Les mercenaires grecs, au nombre de quinze cents, qui
avaient servi sous Darius, mais qui s'étaient retirés quand ce
monarque avait été arrêté par Bessus, envoyèrent des députés pour demander qu'il leur fût permis de se rendre en
vertu d'une capitulation. Mais Alexandre, leur reprochant
de s'être rendus coupables en prenant du service chez les
Perses, en contravention au vote rendu par le congrès hellénique, — exigea d'eux qu'ils se livrassent à discrétion; ce
qu'ils se dirent prêts à faire, en priant qu'on leur dépêchât
un officier pour les conduire vers lui en sûreté (2). Le Macédonien Andronikos fut envoyé dans ce dessein, tandis qu'A-

(1) C'est ce qu'attestaient ses propres lettres à Antipater, lettres que
Plutarque avait vues (Plutarque, Alex.

47). Quinte-Curce compose un long
discours pour Alexandre (VI, 7, 9).
(2) Arrien, III, 23, 15.

lexandre entreprit une expédition dans les montagnes des
Mardi ; nom vraisemblablement porté par plusieurs tribus
distinctes dans des endroits éloignés les uns des autres, mais
tous montagnards pauvres et braves. Ces Mardi occupaient
des parties du versant septentrional de la chaîne du mont
Elburz, à quelques milles de la mer Caspienne (Mazanderan
et Ghilan). Alexandre les poursuivit dans toutes leurs retraites, — en triompha, quand ils résistaient, en en faisant
un grand massacre, — et réduisit le reste des tribus à moitié
détruites à demander la paix (1).

De cette marche, qui l'avait mené dans une direction
occidentale, il retourna en Hyrkania. A la première halte
il rencontra les Grecs mercenaires qui venaient se rendre,
aussi bien que divers députés grecs de Sparte, de Chalkedôn
et de Sinopê, qui avaient accompagné Darius dans sa fuite.
Alexandre fit emprisonner les Lacédæmoniens, mais il laissa
libres les autres députés, en considérant que Chalkedôn et
Sinopê avaient été sujettes de Darius, et non membres du
congrès hellénique. Quant aux mercenaires, il fit une distinction entre ceux qui s'étaient enrôlés dans le service
persan avant la reconnaissance de Philippe comme chef de
la Grèce, et ceux dont l'enrôlement était d'une date postérieure. Il délivra les premiers sur-le-champ ; quant aux
seconds, il leur demanda de rester à son service sous le
commandement d'Andronikos, avec la même solde qu'ils
avaient reçue jusque-là (2). Telle fut la malencontreuse fin
du service militaire grec en Perse ; système à l'aide duquel
les monarques persans, s'ils avaient su l'employer avec un

---

(1) Arrien, III, 24, 4. Par rapport
aux tribus de montagnes appelées
Mardi, qui sont mentionnées dans plusieurs localités différentes, — sur les
parties du mont Taurus au sud de la
mer Caspienne, en Armenia, sur le
mont Zagros, et en Persis propre
(V. Strabon, XI, p. 508-523, Hérodote,
I, 125), nous pouvons faire remarquer
que les tribus nomades, qui consti-
tuent une fraction considérable de la
population de l'empire persan moderne, se trouvent aujourd'hui sous le
même nom dans des endroits très-
éloignés les uns des autres. V. Jaubert, Voyage en Arménie et en Perse,
p. 254.

(2) Arrien, III, 24. 8 ; Q.-Curce, VI,
5. 9. Un officier athénien nommé De-
mokratès se tua de désespoir, dédai-
gnant de se rendre.

talent passable, auraient bien pu conserver leur empire même contre un ennemi tel qu'Alexandre (1).

Après quinze jours de repos et de plaisirs à Zeudrakarta, la capitale de l'Hyrkania, Alexandre s'avança à l'est avec son armée réunie par la Parthie jusqu'en Aria, — contrée contiguë à l'Hérat moderne, avec son fleuve connu aujourd'hui sous le nom d'Herirood (septembre 330 av. J.-C.). Satibarzanès, satrape de l'Aria, vint vers lui près de la frontière, à une ville nommée Susia (2), se soumit, et fut autorisé à conserver son gouvernement; tandis qu'Alexandre, qui ne dépassa pas la frontière septentrionale de l'Aria, marcha dans une direction à peu près à l'est vers la Baktriane contre Bessus, qui, disait-on, s'était proclamé roi de Perse. Mais on découvrit, après trois ou quatre jours, que Satibarzanès était ligué avec Bessus; alors Alexandre suspendit pour le moment ses plans contre la Baktriane, et se dirigea à marches forcées sur Artakoana, capitale de l'Aria (3). Son retour fut si rapide et si inattendu que les Ariens furent frappés de terreur, et que Satibarzanès fut obligé de s'enfuir. Quelques jours lui suffirent pour écraser les Ariens mal disposés et pour attendre l'arrivée de sa division d'arrière-garde sous Krateros. Il s'avança ensuite au

---

(1) V. un curieux passage sur ce sujet, à la fin de la Cyropædie de Xénophon.

(2) Arrien, III, 25, 3-8. Droysen et le docteur Thirwall identifient Susia avec la ville appelée aujourd'hui Tùs ou Tous, à quelques milles au nord-ouest de Mesched. Le professeur Wilson (Ariana Antiqua, p. 177) pense que cette ville est trop à l'ouest et trop loin d'Hérat; il croit que Susia est Zuzan, sur le côté désert des montagnes à l'ouest d'Hérat. M. Prinsep (Notes on the historical results deducible from discoveries in Affghanistan, p. 14) la place à Subzawar, au sud d'Hérat et dans la région fertile.

Tùs semble être dans la ligne de la marche d'Alexandre plus que les au-tres villes indiquées. Subzawar est trop loin au sud. Alexandre paraît avoir d'abord dirigé sa marche de Parthie en Baktriane (dans la ligne d'Asterabad à Balkh par Margiana), en touchant seulement les frontières de l'Aria dans sa route.

(3) Wilson suppose qu'Artakoana, aussi bien que la cité subséquente d'Alexandrie in Ariis, coïncide avec la localité d'Hérat (Wilson, Ariana Antiqua, p. 152-177).

Il y a deux routes d'Hérat à Asterabad, à l'extrémité sud-est de la mer Caspienne, une par Schahroud, qui a 533 milles anglais; l'autre par Mesched, qui a 688 milles anglais (Wilson, p. 149).

sud dans le territoire des Drangi, ou Drangiane (le Seiestan moderne), où il ne trouva pas de résistance, — le satrape Barsaentês ayant cherché un asile chez quelques-uns des Indiens(1).

C'est dans la capitale de la Drangiane que se passa la tragédie révoltante dont Philôtas fut la première victime et son père Parmeniôn la seconde (octobre 330 av. J.-C.). Parmeniôn, âgé alors de soixante-dix ans, et par conséquent peu propre à la fatigue inséparable de l'invasion des satrapies orientales, avait été laissé dans le poste important de commandant du grand dépôt et du trésor à Ekbatane. Sa longue expérience militaire et sa position de confiance même sous Philippe en faisaient la seconde personne de l'armée macédonienne, après Alexandre lui-même. Ses trois fils étaient tous soldats. Le plus jeune, Hektôr, s'était accidentellement noyé dans le Nil, quand il accompagnait Alexandre en Égypte; le second, Nikanôr, avait commandé les hypaspistæ ou infanterie légère, mais il était mort de maladie, heureusement pour lui, peu de temps auparavant(2); l'aîné, Philôtas, occupait le rang élevé de général de la cavalerie des Compagnons, en communication journalière avec Alexandre, de qui il recevait des ordres personnels.

Il vint à Philôtas une révélation de Kebalinos, frère d'un jeune homme nommé Nikomachos, qui lui dit qu'un soldat, nommé Dimnos de Chalastra, s'était vanté à Nikomachos, son ami intime ou objet de son amour, sous le sceau du secret, d'une conspiration projetée contre Alexandre, l'invitant à devenir son complice (3). Nikomachos, d'abord frappé d'horreur, finit par feindre d'entrer dans ses vues; il demanda quels étaient les complices de Dimnos, et apprit quel-

---

(1) Arrien, III, 25; Q.-Curce, VI, 24, 36. Le territoire des Drangi, ou Zarangi, au sud de l'Aria, coïncide en général avec le moderne Seiestan, contigu au lac appelé aujourd'hui Zareh, qui reçoit les eaux du fleuve Hilmend.

(2) Arrien, III, 25, 6; Q.-Curce, IV, 8, 7; VI, 6, 19.

(3) Q.-Curce, VI, 7, 2. « Dimnus, modicus apud regem auctoritatis et gratiæ, exoleti, cui Nicomacho erat nomen, amore flagrabat, obsequio uni sibi dediti corporis vinculo. » Plutarque, Alexand. 49; Diodore, XVII, 79.

ques noms, qu'il se hâta de communiquer tous à son frère Kebalinos, pour qu'ils fussent divulgués. Kebalinos révéla les faits à Philôtas, le priant de les mentionner à Alexandre. Mais Philôtas, bien qu'étant tous les jours en communication avec le roi, négligea de le faire pendant deux jours; alors Kebalinos commença à le soupçonner de connivence, et fit faire la révélation à Alexandre par un des pages du nom de Metrôn. Dimnos fut immédiatement arrêté, mais il se perça de son épée, et expira sans faire de révélation (1).

De cette conspiration, réelle ou prétendue, tout reposait sur le témoignage de Nikomachos. Alexandre, indigné, fit venir Philôtas et lui demanda pourquoi il avait négligé pendant deux jours de communiquer ce qu'il avait appris. Philôtas répondit que la source d'où venait le renseignement était trop méprisable pour mériter attention, — qu'il aurait été ridicule d'attacher de l'importance aux simples déclarations d'un jeune homme tel que Nikomachos, racontant les folles vanteries que faisait un amant auprès de lui. Alexandre reçut ou affecta de recevoir l'explication, donna la main à Philôtas, l'invita à souper, et lui parla avec sa familiarité habituelle (2).

Mais bientôt il parut qu'on allait tirer parti de cet incident pour la disgrâce et la ruine de Philôtas, dont les libres critiques sur la prétendue paternité divine, — jointes à des vanteries dans lesquelles il disait que lui et son père Parmeniôn avaient été les principaux agents à qui était due la conquête de l'Asie, — n'avaient jamais été ni oubliées ni pardonnées. Ces louanges qu'il faisait de lui-même et d'autres encore, pour amoindrir la gloire d'Alexandre, avaient été divulguées par une maîtresse à laquelle Philôtas était attaché ; belle femme macédo-

---

(1) Q.-Curce, VI, 7, 29; Plutarque, Alex. 49. Ce dernier dit que Dimnos résista à l'officier envoyé pour l'arrêter, et fut tué par lui dans la lutte.

(2) Q.-Curce, VI, 7, 33. « Philotas respondit, Cebalinum quidem scorti sermonem ad se detulisse, sed ipsum tam levi auctori nihil credidisse, — veritum ne jurgium inter amatorem et exoletum non sine risu aliorum detulisset. »

nienne, nommée Antigonè, qui, après avoir été prise une première fois en visitant Samothrace par l'amiral persan Autophradatès, le fut plus tard dans le butin de Damaskos par les Macédoniens victorieux à Issus. Les rapports d'Antigonè, relativement à quelques paroles peu mesurées que lui avait adressées Philôtas, étaient venus à la connaissance de Krateros, qui la conduisit auprès d'Alexandre et les lui fit répéter. Le roi la pria de prendre note secrètement des expressions confidentielles de Philôtas et de les lui rapporter de temps en temps à lui-même (1).

Il se trouvait ainsi qu'Alexandre, tout en conservant à Philôtas son haut rang militaire, et lui parlant constamment avec une confiance apparente, l'avait pendant au moins dix-huit mois, toujours depuis sa conquête d'Égypte et même peut-être plus tôt, haï et soupçonné, et l'avait surveillé perpétuellement par l'entremise subornée et secrète d'une maîtresse perfide (2). Quelques-uns des généraux qui entouraient Alexandre, — en particulier Krateros, le premier suborneur d'Antigonè, — fomentaient ces soupçons, par jalousie pour le grand ascendant de Parmeniôn et de sa famille. De plus, Philôtas lui-même était plein de faste et d'arrogance dans sa conduite, au point de s'être fait de nombreux ennemis parmi les soldats (3). Mais quels qu'aient pu être ses défauts sous ce rapport, — défauts qu'il partageait avec les autres généraux macédoniens, tous gorgés de présents et de butin (4), — sa fidélité et ses mérites militaires sont attestés par ce fait qu'Alexandre avait con-

---

(1) Plutarque, Alexand. 48.

(2) Plutarque, Alexandre, 48, 49. Πρὸς δὲ αὐτὸν Ἀλεξάνδρον ἐκ πάνυ πολλῶν χρόνων ἐτύγχανε διαβεβλημένος (Philôtas). ... Ὁ μὲν οὖν Φιλώτας ἐπιβουλευόμενος οὕτως ἠγνόει, καὶ συνῆν τῇ Ἀντιγόνῃ πολλὰ καὶ πρὸς ὀργὴν καὶ μεγαλαυχίαν ῥήματα καὶ λόγους κατὰ τοῦ βασιλέως ἀνεπιτηδείους προϊέμενος.

Ptolémée et Aristobule reconnaissaient ces communications antérieures faites à Alexandre contre Philôtas en

Égypte; mais ils affirmaient qu'il ne les croyait pas (Arrien, III, 26, 1).

(3) Plutarque, Alex. 40-48; Q.-Curce, VI, 11, 3.

(4) Phylarque, Fragm. 41, éd. Didot, ap. Athenæ. XII, p. 539; Plutarque, Alex. 39, 40. Eumenès même s'enrichit beaucoup, bien qu'étant seulement secrétaire, et Grec, il ne pût prendre les mêmes libertés que les grands généraux macédoniens indigènes (Plutarque, Eumenès, 2).

tinué à l'employer dans le commandement de confiance le plus élevé pendant tout le long intervalle subséquent, et que Parmeniôn était à ce moment général à Ekbatane, le poste militaire le plus important auquel le roi pût nommer. Même en admettant que la déposition de Nikomachos fût digne de foi, il n'y avait rien pour impliquer Philôtas, dont le nom n'avait pas été compris parmi les complices qui, disait-on, avaient été énumérés par Dimnos. Il n'y avait pas la moindre preuve contre lui, si ce n'est le fait que la déposition lui avait été révélée, et qu'il avait vu Alexandre deux fois sans la lui communiquer. Toutefois, c'est sur ce seul fait que Krateros et les autres ennemis de Philôtas travaillèrent d'une manière si efficace qu'ils excitèrent les soupçons et le mauvais vouloir antérieur d'Alexandre, et les transformèrent en une rancune farouche. Le roi arrêta dans son esprit la disgràce, la torture et la mort pour Philôtas, — et la mort pour Parmeniôn en outre (1).

Cependant, afin d'exécuter ce projet contre les deux officiers les plus élevés dans le service macédonien, dont l'un jouissait d'un commandement séparé et éloigné, il fallait de l'artifice. Alexandre fut obligé d'entraîner avec lui les sentiments des soldats, et d'obtenir de l'armée une condamnation, suivant une ancienne coutume macédonienne, par rapport aux crimes capitaux, bien que (à ce qu'il semble) elle ne fût pas uniformément pratiquée. Non-seulement il tint la résolution secrète, mais il invita même, dit-on, Philôtas à souper avec les autres officiers, conversant avec lui comme d'ordinaire (2). Au milieu de la nuit, Philôtas fut arrêté tandis qu'il dormait dans son lit; — on le chargea de chaînes, — et on le couvrit d'un habillement ignoble. On convoqua à l'aurore une assemblée militaire, devant laquelle Alexandre parut avec les principaux officiers qui étaient dans la confidence. S'adressant aux soldats d'un ton véhé-

(1) Plutarque, Alexand. 49; Q.-Curce, VI, 8.

(2) Q.-Curce, VI, 8, 16. « Invitatus est etiam Philotas ad ultimas sibi epu-las; et rex non cœnare modo, sed etiam familiariter colloqui, cum eo quem damnaverat, sustinuit. »

ment où se mêlaient la douleur et la colère, il leur déclara
que sa vie venait d'être sauvée par un hasard providentiel
d'une conspiration dangereuse qu'avaient organisée deux
hommes qu'il croyait ses meilleurs amis, — Philôtas et
Parmeniôn, — complot dont l'exécution convenue devait
être confiée à un soldat nommé Dimnos, qui s'était tué
quand on l'avait arrêté. On présenta alors le cadavre de
Dimnos à l'assemblée, tandis qu'on produisit Nikomachos et
Kebalinos pour qu'ils fissent leur récit. On lut aussi aux
assistants une lettre de Parmeniôn à ses fils Philôtas et Nikanôr, trouvée dans les papiers saisis lors de l'arrestation.
Les termes en étaient tout à fait vagues et insignifiants ;
mais Alexandre se plut à les interpréter dans le sens qui·
convenait à son dessein (1).

Nous pouvons facilement comprendre l'impression produite sur ces soldats assemblés par ces dénonciations d'A-
lexandre lui-même, — révélations de son danger personnel,
et reproches contre de ´perfides amis. Amyntas et même
Kœnos, beau-frère de Philôtas, furent encore moins me-
surés dans leurs invectives contre l'accusé (2). Eux, aussi
bien que les autres officiers avec lesquels l'arrestation avait
été concertée, donnèrent l'exemple d'une violente manifestation contre lui et d'une sympathie ardente pour le danger
du roi. On entendit la défense de Philôtas, qui, dit-on, fut
faible, bien qu'il niât énergiquement l'accusation. Dans le
fait, il devait en être à coup sûr ainsi, venant d'un homme
arrêté si soudainement et accablé de désavantages, tandis
qu'il aurait fallu à tout autre un courage absolument héroïque pour se lever et oser critiquer les preuves. Un soldat nommé Bolôn harangua ses camarades et leur parla de
l'insolence insupportable de Philôtas, qui toujours (disait-il)
traitait les soldats avec mépris, leur faisant quitter leurs
quartiers pour faire place à sa suite innombrable d'esclaves.
Bien que cette allégation (probablement assez bien fondée)

---

(1) Arrien, III, 26, 2. Λέγει δὲ Πτο-
λεμαῖος εἰσαχθῆναι ἐς Μακεδόνας Φιλώταν, καὶ κατηγορῆσαι αὐτοῦ ἰσχυρῶς

Ἀλέξανδρον, etc. Q.-Curce, VI, 9, 13;
Diodore, XVII, 80.
  (2) Q.-Curce, VI, 9, 30.

ne se rattachât en aucune sorte à l'accusation de trahison
contre le roi, elle était complétement en harmonie avec les
dispositions de l'assemblée, et porta les assistants au plus
haut point de fureur. Les pages royaux poussèrent les premiers le cri, auquel des échos répondirent tout alentour,
qu'ils devaient de leurs propres mains déchirer le parri-
cide (1).

C'eût été un bonheur pour Philôtas si leur colère eût été
assez effrénée pour les pousser à exécuter sur-le-champ une
pareille sentence. Mais ce procédé ne s'accordait pas avec le
dessein de ses ennemis. Sachant qu'il avait été condamné
sur la parole royale, avec rien de plus que la plus faible
raison négative de soupçon, ils résolurent de lui arracher un
aveu tel qu'il justifierait leurs propres plans, non-seulement
contre lui, mais contre son père Parmeniôn, — qu'il n'y
avait jusqu'alors rien pour impliquer. En conséquence, la
nuit suivante, Philôtas fut mis à la torture. Hephæstiôn,
Krateros et Kœnos, — le dernier des trois étant beau-frère
de Philôtas (2), — surveillèrent les agents chargés d'infliger la souffrance physique. Alexandre lui-même était à
portée, mais caché par un rideau. On dit que Philôtas montra peu de fermeté pendant la torture, et qu'Alexandre,
témoin invisible, se livra à des sarcasmes contre la lâcheté
d'un homme qui avait combattu à ses côtés dans tant de
batailles (3). Tous ceux qui étaient là étaient des ennemis,
et il est probable qu'ils représentaient la conduite de Philôtas de manière à justifier leur propre haine. Les tortures
infligées (4), extrèmement cruelles et continuées long-

---

(1) Q.-Curce, VI, 11, 8. « Tum vero
universa concio accensa est, et a corporis custodibus initium factum, cla-
mantibus, discerpendum esse parrici-
dam manibus eorum. Id quidem Philotas, qui graviora supplicia metuebat,
haud sane iniquo animo audiebat. »

(2) Q.-Curce, VI, 9, 30; VI, 11,
11.

(3) Plutarque, Alexand. 49.

(4) Q.-Curce, VI, 11, 15. « Per ul-
timos deinde cruciatus, utpote et
damnatus et inimicis in gratiam regis
torquentibus, laceratur. Ac primo quidem, quanquam hinc ignis, illinc ver-
bera, jam non ad quæstionem, sed ad
pœnam, ingerebantur, non vocem
modo, sed etiam gemitus habuit in po-
testate; sed postquam intumescens
corpus ulceribus flagellorum ictus nu-
dis ossibus incussos ferre non pote-
rat, » etc.

temps, lui arrachèrent enfin un aveu qui impliquait son père avec lui-même. Il fut mis à mort; et en même temps, tous ceux dont les noms avaient été indiqués par Nikomachos furent tués également, — lapidés, à ce qu'il paraît, sans torture préliminaire. Philôtas avait dans l'armée un grand nombre de parents qui servaient, et qui tous furent frappés de consternation en apprenant qu'il avait été mis à la torture. La loi macédonienne ordonnait que les parents d'un homme coupable de trahison fussent condamnés à mort avec lui. En conséquence, quelques-uns d'entre eux se tuèrent, d'autres s'enfuirent du camp, cherchant un refuge partout où ils purent. La terreur et le trouble dans le camp furent tels, qu'Alexandre fut obligé de proclamer une suspension de cette loi sanguinaire pour l'occasion (1).

Il restait actuellement à tuer Parmeniôn, qu'on ne pouvait pas sans danger laisser vivre après les atrocités qu'on avait commises à l'égard de Philôtas, et en outre à le tuer avant qu'il pût avoir le temps de les apprendre, vu que non-seulement il était le plus âgé, le plus respecté et le plus influent de tous les officiers macédoniens, mais qu'il avait le commandement séparé du grand dépôt à Ekbatane. Alexandre appela en sa présence un des Compagnons nommé Polydamas, ami particulier, camarade ou « *aide de camp* » de Parmeniôn. Tout ami de Philôtas sentait à ce moment que sa vie tenait à un fil, de sorte que Polydamas se présenta devant le roi dans une terreur extrême, d'autant plus qu'il avait l'ordre d'amener avec lui ses deux jeunes frères. Alexandre lui parla en dénonçant Parmeniôn comme traître et en donnant à entendre qu'on aurait besoin de Polydamas pour porter à Ekbatane un message rapide et confidentiel, l'ordre de l'exécuter. On choisit Polydamas comme ami attaché à Parmeniôn, et conséquemment comme le mieux fait pour le tromper. On lui remit entre les mains deux lettres adressées à Parmeniôn : l'une d'Alexandre lui-même, transmettant ostensiblement des communications

---

(1) Q.-Curce, VI, 11, 20.

et des ordres militaires ; l'autre, scellée du cachet de Philôtas décédé et censée adressée par le fils au père. Avec ces lettres, Polydamas reçut la réelle et importante dépêche adressée par Alexandre à Kleandros et à Menidas, officiers immédiatement sous les ordres de Parmeniôn à Ekbatane, dépêche qui déclarait Parmeniôn coupable de haute trahison et leur ordonnait de le tuer immédiatement. On offrit à Polydamas des récompenses considérables s'il s'acquittait de cette commission avec succès, tandis qu'on retint ses deux frères comme otages contre des scrupules ou de vifs remords. Il promit plus qu'on ne lui demandait, trop heureux d'acheter ce sursis à ce qui avait semblé une mort imminente. Pourvu de guides indigènes et de légers dromadaires, il alla par la route la plus directe à travers le désert du Khorasan, et arriva à Ekbatane le onzième jour, — distance qui demandait ordinairement plus de trente jours à traverser (1). Entrant dans le camp de nuit, à l'insu de Parmeniôn, il remit sa dépêche à Kleandros, avec lequel il concerta des mesures. Le matin, il fut admis auprès de Parmeniôn, pendant qu'il se promenait dans son jardin avec Kleandros et les autres officiers désignés par l'ordre d'Alexandre pour l'exécuter. Polydamas courut embrasser son vieil ami et fut cordialement reçu par le vétéran sans soupçons, auquel il présenta les lettres qui, d'après son dire, venaient d'Alexandre et de Philôtas. Tandis que Parmeniôn était absorbé dans la lecture, il reçut soudainement un coup mortel de la main et de l'épée de Kleandros. Ses autres officiers l'accablèrent d'autres blessures quand il tomba, — les dernières lui furent faites même après que la vie l'avait abandonné (2).

---

(1) Strabon, XV, p. 724; Diodore, XVII, 80; Q.-Curce, VII, 2, 11-18.

(2) Q.-Curce, VII, 2, 27 Les actes relatifs à Philôtas et à Parmeniôn sont racontés dans le plus grand détail par Quinte-Curce ; mais ses détails s'accordent en général avec les points principaux donnés brièvement par Arrien d'après Ptolémée et Aristobule. — si ce n'est quant à un point essentiel. Plutarque (Alex. 49), Diodore (XVII, 79, 80), et Justin (XII, 5) présentent aussi les faits de la même manière.

Ptolémée et Aristobule, suivant le récit d'Arrien, paraissent avoir cru que Philôtas était réellement impliqué dans

Les soldats, dans Ekbatane, en apprenant cet acte san-
glant, éclatèrent en une mutinerie furieuse, entourèrent
le mur du jardin et menacèrent d'y pénétrer de vive force

---

une conspiration contre la vie d'A-
lexandre. Mais si nous analysons ce
que, suivant Arrien, ils ont dit, on
verra que leur opinion ne mérite guère
d'être prise au sérieux. D'abord, ils
disent (Arrien, III, 26, 1) que la conspiration de *Philôtas avait été révélée auparavant à Alexandre tandis qu'il était
en Égypte*, mais qu'il ne la crut pas
alors. Or dix-huit mois s'étaient écoulés depuis le séjour en Égypte, et
l'idée d'une conspiration se continuant
pendant dix-huit mois est absurde.
Que Philôtas eût des dispositions telles
qu'on pût le supposer capable de
conspirer, c'est là une assertion; qu'il ait
conspiré réellement, c'en est une autre;
Arrien et ses autorités réunissent les
deux ensemble comme s'il n'y en avait
qu'une. Quant à la preuve qui prétend
démontrer que Philôtas conspira, Arrien nous dit que « les dénonciateurs
s'avancèrent devant les soldats assemblés et convainquirent Philôtas et les
autres par d'autres *indicia* non obscurs, *mais surtout par celui-ci*, — à savoir que Philôtas avouait avoir entendu parler d'une conspiration qui se
tramait sans en faire mention à
Alexandre, bien qu'il le vit deux fois
le jour. » — Καὶ τοὺς μηνυτὰς τοῦ ἔργου παρελθόντας ἐξελέγξαι Φιλώταν τε
καὶ τοὺς ἀμφ' αὐτὸν ἄλλοις τε ἐλέγ-
χοις οὐκ ἀφανέσι, καὶ μάλιστα
δὴ ὅτι αὐτὸς Φιλώτας πεπύσθαι μὲν —
συνέφη, etc. Quels étaient ces autres
indicia, c'est ce qu'on ne nous dit pas;
mais nous pouvons voir combien faible
était leur valeur, quand on nous dit
que la non-révélation reconnue par
Philôtas était plus forte qu'aucun
d'eux. La non-révélation, quand nous
nous rappelons que Nikômachos était
le *seul* dénonciateur (Arrien parle va-
guement de μηνυτὰς, comme s'il y en

avait davantage), ne prouve absolument rien quant à la complicité de
Philôtas, bien qu'elle puisse prouver
quelque chose quant à son imprudence.
Même sur cette accusation secondaire,
Quinte-Curce lui prête une justifica-
tion suffisante. Mais si Alexandre avait
vu les choses différemment et l'avait
éloigné, ou même emprisonné pour ce
tort, il n'y aurait eu guère lieu de le
remarquer.

Le point sur lequel Arrien est en désaccord avec Quinte-Curce, c'est qu'il
dit que « Philôtas fut tué avec les autres par les traits des Macédoniens, »
— contredisant ainsi vraisemblablement, ou du moins d'une manière im-
plicite, le fait de la torture à laquelle il
fut appliqué. Or Plutarque, Diodore et
Justin s'accordent tous avec Q.-Curce
pour affirmer qu'il fut torturé. Sur ce
point, je préfère leur autorité réunie à
celle de Ptoléméc et d'Aristobule. Ces
deux derniers auteurs se contentèrent
probablement de croire à la complicité
de Philôtas sur l'autorité d'Alexandre
seul, sans se donner la peine de critiquer les preuves. Ils nous disent qu'A-
lexandre dénonça avec véhémence (κατηγορῆσαι ἰσχυρῶς) Philôtas devant les
soldats assemblés. Après cela, une
simple apparence ou prétexte de
preuve devait suffire. De plus, rappe-
lons-nous que Ptolémée dut son avancement, pour être un des *gardes du
corps* de confiance (σωματοφύλακες), à
cette conspiration même, réelle ou fic-
tive ; il fut promu au poste de Démétrius, qui avait été condamné (Arrien,
III, 27, 11)

On peut voir combien peu Ptolémée
et Aristobule se souciaient de rendre
justice à tous ceux que haïssait
Alexandre, par ce qu'ils dirent plus
tard au sujet du philosophe Kallisthe-

dans le dessein de venger leur général, si on ne leur livrait Polydamas et les autres meurtriers. Mais Kleandros, admettant quelques-uns des meneurs, leur montra les ordres écrits d'Alexandre, auxquels les soldats se soumirent, non sans des murmures de répugnance et d'indignation. La plupart d'entre eux se dispersèrent ; cependant il en resta quelques-uns, qui demandèrent la permission d'ensevelir le corps de Parmeniôn, ce qui fut même refusé longtemps par Kleandros, par crainte du mécontentement du roi. A la fin cependant, jugeant prudent de céder en partie, il trancha la tête et leur remit le tronc pour l'ensevelir. La tête fut envoyée à Alexandre (1).

Parmi les nombreux actes tragiques racontés dans tout le cours de cette histoire, il n'y en a aucun de plus révoltant que le sort de ces deux généraux. Alexandre, violent dans tous ses mouvements, déploya en cette occasion une rancune personnelle digne de sa féroce mère Olympias, exaspérée plutôt qu'adoucie par la grandeur d'anciens services (2). Quand nous voyons les plus grands officiers de l'armée macédonienne diriger en personne et sous les yeux d'Alexandre la lacération et le brûlement du cadavre nu de leur collègue Philôtas et assassiner de leurs propres mains le vétéran Parmeniôn, — nous sentons combien nous avons

---

nés. Ils affirmaient tous deux que les pages, condamnés pour avoir conspiré contre Alexandre, déposèrent contre Kallisthenês comme les ayant poussés à cette action (Arrien, IV, 14, 1). Or nous savons, par l'autorité d'Alexandre lui-même, dont Plutarque cite les lettres (Alex. 55), que les pages niaient que quelque autre eût connaissance du complot, — soutenant que le projet avait été conçu absolument par eux seuls. A leur grand honneur les pages persistèrent dans cette déposition, même au milieu des dernières tortures, — bien qu'ils sussent qu'une déposition contre Kallisthenês était désirée d'eux.

Mon opinion est que Diodore, Plutarque, Quinte-Curce et Justin sont exacts en affirmant que Philôtas fut torturé. Ptolémée et Aristobule se sont crus autorisés à omettre ce fait, auquel ils avaient probablement peu de plaisir à penser. Si Philôtas ne fut pas torturé, il n'y aurait pu avoir de preuve contre Parmeniôn, — car la seule preuve contre ce dernier fut l'aveu arraché à Philôtas.

(1) Q.-Curce, VII, 2, 32, 33.
(2) Comparez la conduite d'Alexandre à l'égard de Philôtas et de Parmeniôn avec celle de Cyrus le Jeune à l'égard du conspirateur Orontès, telle que la décrit Xénophon, Anabas. I, 6.

passé de la région du sentiment civique grec dans celle du
guerrier illyrien, plus sauvage, devenu oriental en partie.
Il n'est pas surprenant de lire qu'Antipater, vice-roi de
Macédoine, qui avait partagé avec Parmenión la faveur et
la confiance de Philippe aussi bien que d'Alexandre, trem-
blât en apprenant de pareils actes et songeât à un refuge
pour lui-même contre de semblables possibilités. Cette
affaire alarma à la fois et dégoûta beaucoup d'autres officiers (1). Aussi Alexandre, en ouvrant et en examinant les
lettres envoyées par son armée en Macédoine, découvrit-il
de telles expressions d'indignation qu'il crut prudent de
transférer un grand nombre des mécontents déclarés dans
une division particulière, les séparant du reste de l'armée (2).
Au lieu de nommer un officier en remplacement de Philótas au
commandement de la cavalerie des Compagnons, il fit de ce
corps deux divisions, en nommant Hephæstión commandant
de l'une et Kleitos commandant de l'autre (3).

L'automne et l'hiver (330-329 av. J.-C.) furent consacrés
par Alexandre à réduire la Drangiane, la Gedrosia, l'Arachosia et les Paropamisadæ, le Seiestan, l'Afghanistan et la
partie occidentale du Kaboul des temps modernes, situés
entre Ghazna au nord, Kandahar ou Kélat au sud et Furrah
à l'ouest. Il n'éprouva pas de résistance combinée, mais ses
troupes souffrirent cruellement du froid et des privations (4).
Près de l'extrémité méridionale de l'un des défilés de
l'Hindou-Koh (apparemment au nord-est de la ville de
Kaboul), il fonda une nouvelle cité, appelée Alexandrie ad
Caucasum, où il établit sept mille vieux soldats macédo-

---

(1) Plutarque, Alexand. 49.
(2) Q.-Curce, VII, 2, 36; Diodore,
XVII, 80; Justin, XII, 5.
(3) Arrien, III, 27, 8.
(4) Arrien, III, 28, 2. Au sujet de
la géographie, cf. Ariana Antiqua, de
Wilson, p. 173-178. « Par odomêtre,
la distance d'Hérat à Kandahar est de
371 milles; de Kandahar à Kaboul, de
309 milles: total, 680 milles (anglais). »
La principale cité de la Drangiane

(Seiestan) mentionnée par les géographes grecs subséquents est Prophtha-
sia; elle existait vraisemblablement
avant l'arrivée d'Alexandre. V. les
fragments des *Mensores*, ap. Didot,
Fragm. Hist. Alex. Magn. p. 135;
Pline, H. N. VI, 21. La quantité de
restes d'anciennes cités, qu'on peut
trouver encore dans ce territoire, est
remarquable. C'est ce que fait observer
Wilson (p. 154).

niens et autres comme colons (1). Vers la fin de l'hiver, il franchit l'immense chaîne de l'Hindou-Koh, marche de quinze jours à travers des régions de neige et pleine de fatigues pour son armée. En arrivant sur le côté septentrional de ces montagnes, il se trouva en Baktriane.

Le chef baktrien Bessus, qui avait pris le titre de roi, ne put réunir qu'une petite armée, avec laquelle il dévasta le pays, et ensuite il se retira en Sogdiane, en franchissant l'Oxus, où il détruisit tous les bateaux. Alexandre parcourut la Baktriane sans rencontrer à peine de résistance, les villes principales, Baktres (Balkh) et Aornos, se rendant à lui à la première démonstration d'une attaque. Après avoir nommé Artabazos satrape de Baktriane et mis Archelaos avec une garnison dans Aornos (2), il se dirigea au nord vers l'Oxus, frontière entre la Baktriane et la Sogdiane. Ce fut une marche extrêmement pénible, s'étendant pendant deux ou trois jours à travers un désert sablonneux dénué

---

(1) Arrien, III, 28, 6; Q.-Curce, VII, 3, 23; Diodore, XVII, 83. Alexandrie in Ariis est probablement Hérat; Alexandrie in Arachosia est probablement Kandahar. Mais ni l'une ni l'autre ne sont mentionnées comme ayant été fondées par *Alexandre*, ni dans Arrien, ni dans Quinte-Curce, ni dans Diodore. Le nom d'Alexandrie ne prouve pas qu'elles aient été fondées par lui; car plusieurs des Diadochi donnèrent ce nom à plusieurs de leurs propres fondations (Strabon, XIII, p. 593). A considérer combien Alexandre passa peu de temps dans ces régions, ce qu'il y a d'étonnant, c'est qu'il ait pu en trouver pour établir les fondations qui lui sont expressément attribuées par Arrien et par ses autres historiens. L'autorité de Pline et d'Étienne de Byzance est à peine suffisante pour nous autoriser à lui en attribuer davantage. L'emplacement exact d'Alexandrie ad Caucasum ne peut être déterminé, faute de données topographiques suffisantes. Il semble très-probable qu'elle était à l'endroit appelé Beghram, à vingt-cinq milles (= 40 kilom. 1/4) au nord-est de Kaboul, — dans la route entre Kaboul sur le côté méridional de l'Hindou-Koh, et Anderab sur le côté septentrional. Le nombre prodigieux de monnaies et de restes, grecs aussi bien que mahométans, découverts par M. Masson à Beghram, fournissent une preuve meilleure pour identifier l'emplacement avec celui d'Alexandrie ad Caucasum, qu'on n'en peut soutenir en faveur de toute autre localité. V. Masson's Narrative of Journeys in Affghanistan, etc., vol. III, ch. 7, p. 148, *seq.*

En franchissant l'Hindou-Koh du sud au nord, Alexandre passa probablement par le défilé de Bamian, qui semble le seul des quatre défilés ouvert à une armée pendant l'hiver. V. Wood's Journey to the Oxus, p. 195.

(2) Arrien, III, 29, 3; Q.-Curce, VII, 5, 1.

d'eau et avec un temps très-chaud. L'Oxus, large de douze cents mètres, profond et rapide, était le fleuve le plus formidable que les Macédoniens eussent encore vu (1). Alexandre transporta son armée à l'autre bord sur les peaux des tentes enflées et bourrées de paille. Il semble surprenant que Bessus n'ait pas profité de cette occasion favorable pour s'opposer à un passage en lui-même si difficile; toutefois ses cavaliers baktriens l'avaient abandonné au moment où il quittait leur territoire. Quelques-uns de ses compagnons, Spitamenès et autres, terrifiés à la nouvelle qu'Alexandre avait franchi l'Oxus, désirèrent faire leur paix séparée en livrant leur chef (2). Ils envoyèrent une proposition à cet effet ; alors Ptolemæos, avec une division légère, fut dépêché en avant par Alexandre et put, grâce à une extrême rapidité de mouvements, surprendre et saisir Bessus dans un village. Alexandre ordonna qu'il fût tenu enchaîné, nu et avec un collier autour du cou, sur le côté de la route que l'armée suivait. En arrivant à l'endroit, Alexandre arrêta son char et demanda durement à Bessus sur quel prétexte il avait d'abord arrêté, puis tué Darius, son roi et bienfaiteur. Bessus répondit qu'il ne l'avait pas fait seul ; d'autres y étaient

---

(1) Arrien, III, 29, 4 ; Strabon, XI, p. 509. Évidemment Ptolémée et Aristobule furent beaucoup plus effrayés de l'Oxus que du Tigre ou de l'Euphrate. Arrien (IV, 6, 13) prend son terme de comparaison, par rapport à des fleuves, du Peneios en Thessalia.

(2) Q.-Curce, VII, 5, 19. L'exactitude de Quinte-Curce, en décrivant les traits généraux de la Baktriane et de la Sogdiane est attestée dans le langage le plus fort par des voyageurs modernes. V. Burne's, Travels into Bokhara, vol. II, ch. 8, p. 211, 2ᵉ éd., et Morier, Second Journey in Persia, p. 282.

Mais pour les détails géographiques du pays, nous sommes en défaut. Nous n'avons pas de données suffisantes pour identifier plus d'une ou de deux localités mentionnées, dans le récit des opérations d'Alexandre, soit par Quinte-Curce, soit par Arrien. Que Marakanda soit la moderne Samarkand, — le fleuve Polytimetos le moderne Kohik, — et Baktra ou Zariaspa la moderne Balkh, — c'est ce qui paraît certain; mais les tentatives faites par les commentateurs pour fixer l'emplacement d'autres endroits ne sont pas de nature à produire la conviction.

De fait, ces contrées, au moment actuel, ne sont connues que superficiellement quant à leur aspect général : sous le rapport du mesurage et de la géographie, elles sont presque inconnues, comme peut le voir quiconque lit l'Introduction à la traduction des Mémoires du sultan Baber d'Erskine.

intéressés avec lui, qui cherchaient à obtenir pour eux-
mêmes d'Alexandre un traitement favorable. Le roi n'ajouta
pas un mot ; mais il ordonna qu'on fouettât Bessus et qu'ensuite on le renvoyât comme prisonnier à Baktres (1), — où
nous entendrons parler encore de lui.

Dans sa marche en avant, Alexandre arriva à une petite
ville, habitée par les Branchidæ, descendants de ces Branchidæ, près de Milêtos, sur la côte d'Iônia, qui avaient
administré le grand temple et l'oracle d'Apollon, sur le cap
Poseidion, et qui avaient livré les trésors de ce temple au
roi de Perse Xerxès, cent cinquante ans auparavant. Cette
action avait attiré sur eux tant de haine que, quand la domination de Xerxès fut renversée sur la côte, ils se retirèrent avec lui dans l'intérieur de l'Asie. Il leur assigna des
terres dans la lointaine région de la Sogdiane, où leurs
descendants étaient toujours demeurés depuis, parlant deux
langues et ayant en partie perdu le caractère hellénique,
attachés toutefois encore à leurs traditions et à leur origine.
Charmés de se trouver une fois de plus en commerce avec
des Grecs, ils s'avancèrent au-devant de l'armée, qu'ils
accueillirent bien, en lui offrant tout ce qu'ils possédaient.
Alexandre, apprenant qui ils étaient et quelle était leur
extraction, pria les Milésiens qu'il avait dans son armée de
déterminer la manière dont ils devaient être traités. Mais
comme les Milésiens n'étaient ni décidés ni unanimes,
Alexandre déclara qu'il le déterminerait pour eux. Ayant
d'abord occupé la cité en personne avec un détachement
d'élite, il posta son armée tout autour des murs, et alors il
donna l'ordre non-seulement de la piller, mais de massacrer
la population entière, — hommes, femmes et enfants. Ils
furent tués sans qu'ils prissent des armes ou essayassent de
résister, ayant recours seulement à des prières et à des

---

(1) Arrien, III, 30, 5-19. Ces détails sont particulièrement authentiques, en ce qu'ils viennent de Ptolemæos, la personne surtout intéressée.
Aristobule s'accordait pour la description de la manière dont Bessus fut
exposé, mais il disait qu'il avait été
amené dans cet état par Spitamenès et
Dataphernès. Quinte-Curce (VII, 24,
36) suit cette version. Diodore donne
aussi un récit tout à fait pareil, sans
rien dire de Ptolemæos (XVII, 83).

manifestations suppliantes. Alexandre commanda ensuite de raser les murailles et de couper les bosquets sacrés, afin qu'il ne restât aucun endroit habitable, rien que la solitude et la stérilité (1). Telle fut la vengeance tirée de ces infortunées victimes pour les actions de leurs ancêtres dans la quatrième ou la cinquième génération précédente. Sans doute Alexandre se considérait comme chargé d'exécuter les desseins d'Apollon irrité contre une race maudite qui avait pillé le temple du dieu (2). On avait proclamé que l'expédition macédonïenne était entreprise primitivement dans le dessein de venger sur les Perses contemporains les anciens torts faits à la Grèce par Xerxès, de sorte qu'Alexandre se conformait à ce même sentiment en vengeant

---

(1) Q.-Curce, VII, 23 ; Plutarque, De Serâ Numinis Vindictâ, p. 557 B ; Strabon, XI, p. 518 : cf. aussi XIV, p. 634, et XVII, p. 814. Ce dernier passage de Strabon nous aide à comprendre la ferveur pieuse et particulièrement forte avec laquelle Alexandre regardait le temple et l'oracle des Branchidæ. A l'époque où Alexandre se rendit à l'oracle d'Ammon en Égypte, dans le dessein de s'affilier à Zeus Ammon, il lui vint des députés de Miletôs annonçant que l'oracle des Branchidæ, qui s'était toujours tu depuis le temps de Xerxès, avait précisément recommencé à rendre des prophéties, et avait certifié le fait qu'Alexandre était fils de Zeus, outre beaucoup d'autres prédictions encourageantes.

Le massacre des Branchidæ par Alexandre était décrit par Diodore, mais il était contenu dans la partie du dix-septième livre qui est perdue ; il y a dans les MSS. une grande lacune après le chapitre 83. Le fait est distinctement indiqué dans la table des matières qui précède le livre XVII.

Arrien ne fait aucune mention de ces descendants des Branchidæ en Sogdiane, ni de la destruction de la ville et de ses habitants par Alexandre. Peut-être ni Ptolémée ni Aristobule n'en disaient-ils rien. Leur silence n'est nullement difficile à expliquer, et il n'empêche pas, à mon sens, la crédibilité du récit. Ils ne se croient pas dans l'obligation de donner de la publicité aux pires actes de leur héros.

(2) L'oracle de Delphes déclara, en expliquant la défaite et la ruine de Krésus, roi de Lydia, qu'il avait expié par là le péché de son ancêtre à la cinquième génération précédente (Hérodote, I, 91 : cf. VI, 86). Immédiatement avant l'explosion de la guerre du Péloponèse, les Lacédæmoniens invitèrent les Athéniens à chasser les descendants de ceux qui avaient pris part au sacrilège kylonien, cent quatre-vingts années auparavant ; ils firent cette injonction en vue d'obtenir le bannissement de Periklès, toutefois encore τοῖς θεοῖς πρῶτον τιμωροῦντες (Thucyd. I, 125-127).

L'idée que les péchés commis par des pères étaient punis sur leurs descendants, même à la troisième et à la quatrième génération, était très-répandue dans l'antiquité.

sur les Branchidæ contemporains les actes de leurs ancêtres,
— encore plus coupables que Xerxès à ses yeux. Le massacre de cette infortunée population fut en effet un exemple
de sacrifice humain sur la plus grande échelle, offert aux
dieux par les dispositions religieuses d'Alexandre, et digne
d'être comparé à celui du général carthaginois Hannibal,
quand il sacrifia trois mille prisonniers grecs sur le champ
de bataille d'Himera, où son grand-père Hamilkar avait été
tué, soixante-dix ans auparavant (1).

Alexandre continua ensuite sa marche jusqu'à Marakanda
(Samarkand), capitale de la Sogdiane, — puis jusqu'à
l'Iaxarte, que lui et ses compagnons, dans leurs notions
géographiques imparfaites, prenaient pour le Tanaïs, la
limite entre l'Asie et l'Europe (2). Pendant sa marche, il
laissa des garnisons dans diverses villes (3); mais il n'éprouva
aucune résistance, bien que des corps détachés d'indigènes
voltigeassent sur ses flancs. Quelques-uns de ces corps,
après avoir coupé un petit nombre de ses fourrageurs, se
réfugièrent ensuite sur une montagne escarpée et raboteuse, que l'on croyait inattaquable. Toutefois, Alexandre
les y poursuivit, à la tête de ses troupes les plus légères et
les plus actives. Bien que repoussé d'abord, il réussit à escalader et à prendre la place : de ses défenseurs, qui étaient
au nombre de trente mille, les trois quarts ou furent passés
au fil de l'épée ou périrent en sautant des précipices. Plusieurs de ses soldats furent blessés par des flèches et lui-
même eut la jambe traversée de l'une d'elles (4). Mais ici,

---

(1) Diodore, XIII, 62. V. tome XV,
ch. 4 de cette Histoire.

(2) Pline, H. N. VI, 16. Dans les
Meteorologica d'Aristote (I, 13, 15-18),
nous lisons que le Baktros, le Choaspes
et l'Araxes descendaient de la haute
montagne du Parnasos (Paropamisos?)
en Asie, et que l'Araxes se bifurquait,
une des deux branches formant le Tanaïs, qui se jetait dans le Palus Mæotis. Pour ce fait, il s'en réfère aux γῆς
περίοδοι ayant cours à son époque. Il
semble évident que par l'Araxes Aris-

tote devait entendre l'Iaxarte. Nous
voyons donc qu'Alexandre et ses compagnons, en identifiant l'Iaxarte avec
le Tanaïs, ne faisaient que suivre les
descriptions et les idées géographiques
répandues à leur époque. Humboldt
fait remarquer plusieurs cas dans lesquels les géographes aimaient à supposer une bifurcation de fleuves (Asie
Centrale, vol. II, p. 291).

(3) Arrien, IV, 1, 5.

(4) Arrien, III, 30, 17.

comme ailleurs, nous remarquons que presque tous les Orientaux que soumettait Alexandre étaient des hommes peu propres à un combat corps à corps, — sachant combattre seulement avec des traits.

En ce lieu, comme sur l'Iaxarte, Alexandre projeta (été 329 av. J.-C.) de fonder une cité nouvelle qui porterait son nom, et destinée en partie à servir de protection contre les incursions des Scythes nomades sur l'autre côté du fleuve, en partie à lui faciliter le passage pour les soumettre, ce qu'il avait l'intention de faire aussitôt qu'il en pourrait trouver l'occasion (1). Toutefois il fut rappelé pour le moment par la nouvelle d'une révolte répandue au loin parmi les habitants récemment vaincus de la Sogdiane et de la Baktriane. Il réprima cette révolte avec sa vigueur et sa célérité habituelles, en distribuant ses troupes de manière à prendre cinq municipes en deux jours et Kyropolis ou Kyra, la plus considérable des villes sogdiennes voisines (fondée par le Perse Cyrus) immédiatement après. Il passa au fil de l'épée tous les défenseurs et tous les habitants. Retournant ensuite vers l'Iaxarte, il acheva en vingt jours les fortifications de sa nouvelle ville d'Alexandrie (peut-être à Khodjend ou auprès de cette place), avec les sacrifices et les fêtes convenables en l'honneur des dieux. Il y établit quelques vétérans macédoniens et quelques mercenaires grecs, avec des colons volontaires pris dans les indigènes d'alentour (2). Une armée de nomades scythes, se montrant de l'autre côté du fleuve, piqua sa vanité et l'engagea à y passer et à les attaquer. Transportant une division sur des peaux enflées, il les défit avec peu de difficulté et les poursuivit vivement dans le désert. Mais la chaleur était extrême et l'armée souffrait beaucoup de la soif, tandis que le peu d'eau qu'on pouvait trouver était si mauvaise qu'elle causa à Alexandre une diarrhée qui compromit sa vie (3). Cette chasse de quelques milles sur la rive droite de l'Iaxarte

---

(1) Arrien, IV, 1, 3.
(2) Arrien, IV, 3, 17; Q.-Curce, VII, 6, 25.
(3) Arrien, IV, 5, 6; Q.-Curce, VII, 9.

(vraisemblablement dans le khanat actuel de Kokand) marqua la limite extrême de la marche d'Alexandre au nord.

Peu de temps après, un détachement macédonien, inhabilement conduit, fut détruit en Sogdiane par Spitamenès et les Scythes (hiver 329-328 av. J.-C.), malheur rare qu'Alexandre vengea en dévastant la région (1) près du fleuve Polytimètos (le Kohik) et en passant au fil de l'épée les habitants de toutes les villes qu'il prit. Il repassa ensuite l'Oxus, afin de se reposer pendant le temps extrême de l'hiver à Zariaspa, en Baktriane, d'où ses communications avec la Macédoine étaient plus faciles, et où il reçut divers renforts de troupes grecques (2). Bessus, qui y avait été retenu comme prisonnier, fut alors amené au milieu d'une assemblée publique, dans laquelle Alexandre, après lui avoir reproché d'abord sa trahison à l'égard de Cyrus, lui fit couper le nez et les oreilles, — puis il l'envoya dans cet état à Ekbatane, pour y être enfin tué par les Mèdes et les Perses (3). Sa mutilation était une pratique tout à fait orientale et non hellénique. Arrien lui-même, bien que plein d'admiration et d'indulgence à l'égard de son héros, blâme cet ordre sauvage, l'un des nombreux faits qui prouvent combien Alexandre avait pris des dispositions orientales. Nous pouvons faire remarquer que son extrême colère en cette occasion fut fondée en partie sur le désappointement qu'il éprouva en voyant que Bessus avait fait échouer ses pénibles efforts pour prendre Darius vivant, — en partie sur le fait que le satrape avait commis une trahison contre la personne du roi, qu'il était dans la politique aussi bien que dans les sentiments d'Alexandre d'entourer d'une auréole (4). En effet, quant aux

---

(1) Arrien, IV, 6. 11; Q.-Curce, VII, 9, 22. Le fleuve appelé par les Macédoniens Polytimètos (Strabon, XI, p. 518) porte aujourd'hui le nom de Kohik ou de Zurufshan. Il prend sa source dans les montagnes à l'est de Samarkand, et coule vers l'ouest au nord de cette cité et de Bokhara. Il ne va pas jusqu'à l'Oxus; pendant une grande partie de l'année, il se jette dans un lac appelé Karakul; pendant les mois de sécheresse, il se perd dans les sables, comme le dit Arrien (Burne's, Travels, vol. II, ch. 11, p. 299, 2e éd.).

(2) Arrien, IV, 7, 1; Q.-Curce, VII, 10, 12.

(3) Arrien, IV, 7, 5.

(4) Après avoir décrit la scène à Rome, où l'empereur Galba fut déposé et assassiné dans le Forum, Tacite fait

traîtres contre la Perse, comme cause et comme pays,
Alexandre ne les avait jamais découragés, et il les avait
quelquefois récompensés d'une manière signalée. Mithrinès,
le gouverneur de Sardes, qui lui avait ouvert les portes de
cette forteresse presque imprenable immédiatement après
la bataille du Granikos, — le traître qui, peut-être après
Darius lui-même, avait fait le plus de mal à la cause persane,
obtint de lui une haute faveur et un avancement considérable (1).

Les tribus grossières mais courageuses de la Baktriane et
de la Sogdiane n'étaient encore qu'imparfaitement soumises,
secondée comme l'était leur résistance par de vastes espaces
d'un désert sablonneux, par le voisinage des nomades scythes
et par la présence de Spitamenès comme chef. Alexandre,
distribuant son armée en cinq divisions, traversa le pays et
abattit toute résistance, tandis qu'il prit aussi des mesures
pour établir plusieurs postes militaires ou villes nouvelles
dans des lieux convenables (2) (été 328 av. J.-C.). Après
quelque temps, toute l'armée fut réunie dans la capitale de
la Sogdiane, — Marakanda, — où on lui accorda une halte
et quelque repos (3).

---

observer : — « Plures quam centum et
viginti libellos præmia exposcentium,
ob aliquam notabilem illa die operam,
Vitellius postea invenit, omnesque
conquiri et interfici jussit : *non honore
Galbæ, sed tradito principibus more, mu-
nimentum ad præsens, in posterum ul-
tionem* » (Tacite, Hist. I, 44).

(1) Arrien, I, 17, 3; III, 16, 8., Q.-
Curce, III, 12, 6; V, 1, 44.

(2) Quinte-Curce (VII, 10, 15) mentionne six villes (oppida) fondées par
Alexandre dans ces régions; apparemment quelque part au nord de l'Oxus,
mais on ne peut établir les emplace-
ments. Justin (XII, 5) fait allusion à
douze fondations en Baktriane et en
Sogdiane.

(3) Arrien, IV, 16, 4; Q.-Curce,
VII, 10, 1. « Sogdiana regio magna ex
parte deserta est; octingenta fere sta-
dia in latitudinem vastæ solitudines
tenent. »

Relativement au même pays (Sogdiane et Baktriane), M. Erskine fait
observer (Introduction to the Memoirs
of Sultan Baber, p. 43) :

« Le sol du pays est extrêmement
entrecoupé et divisé par de hautes
collines, même les plaines sont diversifiées par de grandes variétés de ter-
rains, — quelques districts étendus le
long du Kohik, presque tout le territoire de Ferghana (le long de l'Iaxarte),
la plus grande partie de Kwarizm le
long du bras de l'Oxus, avec les portions considérables de Balkh, de Badakshan, de Kesh et d'Hissar, étant
d'une rare fertilité; tandis que la
plus grande partie du reste est une
terre désolée et stérile, et en quelques
endroits un désert sablonneux. Dans le

. Ce fut pendant cette halte à Marakanda (Samarkand) que fut donné le mémorable banquet dans lequel Alexandre tua Kleitos (Clitus) (328 av. J.-C.). Il a déjà été dit que Kleitos lui avait sauvé la vie à la bataille du Granikos, en coupant le bras armé du Persan Spithridatès quand déjà il le levait pour frapper le roi par derrière. Depuis la mort de Philôtas, l'importante fonction de général de la cavalerie des Compagnons avait été partagée entre Hephæstiôn et Kleitos. De plus, la famille de Kleitos avait été attachée à Philippe par des liens si anciens, que sa sœur, Lanikè, avait été choisie pour élever Alexandre lui-même quand il était enfant. Deux de ses fils avaient déjà péri dans les batailles en Asie. Si donc il y avait un homme qui fût haut placé dans le service, ou qui eût droit de dire librement sa façon de penser à Alexandre, c'était Kleitos.

Dans ce banquet à Marakanda, où, suivant l'habitude macédonienne, on avait bu du vin en abondance, et où Alexandre, Kleitos et la plupart des autres convives étaient déjà à peu près ivres, des enthousiastes ou des flatteurs accumulèrent des éloges sans mesure sur les exploits passés du roi (1). Ils l'élevèrent au-dessus de tous les héros légendaires les plus vénérés; ils déclarèrent que ses actions surhumaines prouvaient sa paternité divine, et qu'il avait mérité une apothéose comme Hèraklès, que l'envie seule pourrait lui refuser même de son vivant. Alexandre lui-même se joignit à ces vanteries, et même se fit honneur des dernières victoires du règne de son père, dont il déprécia les talents et la gloire. Pour les vieux officiers macédoniens, une pareille insulte lancée sur la mémoire de Philippe était profondément blessante. Mais parmi eux tous, aucun n'avait vu avec plus d'indignation que Kleitos l'insolence croissante d'A-

---

fait, tout le pays au nord de l'Oxus a une tendance décidée à dégénérer en désert, et beaucoup de ses espaces les plus fertiles sont presque entourés de sables stériles; de sorte que la population de tous ces districts se compose encore, comme au temps de Baber, des habitants fixes des cités et des terres fertiles, et de rôdeurs non établis et errants du désert, qui habitent dans des tentes de feutre, et vivent du produit de leurs troupeaux. »

(1) Arrien, IV, 8, 7.

lexandre, — sa prétendue filiation de Zeus Ammon, qui écartait Philippe comme indigne, — sa préférence pour des serviteurs persans, qui accordaient ou refusaient l'accès auprès de sa personne, — l'application qu'il faisait à des soldats macédoniens du traitement méprisant enduré d'ordinaire par des Asiatiques, et même l'autorisation qu'il donnait de les fouetter au moyen de mains persanes et de verges persanes (1). L'orgueil d'un général macédonien dans les prodigieux succès des cinq dernières années était effacé par sa mortification, quand il voyait qu'ils tendaient seulement à confondre ses compatriotes au milieu d'une foule d'Asiatiques serviles, et à remplir le prince de ces aspirations exagérées transmises de Xerxès ou d'Ochus. Mais quelles que fussent les pensées intérieures d'officiers macédoniens, ils se taisaient devant Alexandre, dont le formidable caractère et l'estime exorbitante qu'il faisait de lui-même ne toléraient aucune critique.

Au banquet de Marakanda, cette répugnance longtemps comprimée se fit jour, accidentellement il est vrai et sans préméditation, mais pour cette raison même d'autant plus violente et dénuée de mesure. Le vin, qui rendait Alexandre plus vantard et ses flatteurs désagréables à l'excès, triompha complétement de la réserve de Kleitos. Il blâma l'impiété de ceux qui dégradaient les anciens héros afin de faire un piédestal pour Alexandre, Il protesta contre l'injustice qu'il y avait à rabaisser la renommée élevée et légitime de Philippe, dont il vanta hautement les exploits, en les déclarant égaux, sinon supérieurs, à ceux de son fils. Car ceux d'Alexandre, quelque brillants qu'ils fussent, avaient été accomplis, non pas par lui seul, mais par cette armée macédonienne invincible qu'il avait trouvée toute prête pour en

---

(1) Plutarque, Alexandre, 51. Rien ne peut être plus touchant que les mots placés par Plutarque dans la bouche de Kleitos : — Ἀλλ' οὐδὲ νῦν χαίρομεν, Ἀλέξανδρε, τοιαῦτα τέλη τῶν πόνων κομιζόμενοι, μακαρίζομεν δὲ τοὺς ἤδη τεθνηκότας πρὶν ἐπιδεῖν Μηδικαῖς ῥάβδοις ξαινομένους Μακεδόνας, καὶ Περσῶν δεομένους ἵνα τῷ βασιλεῖ προσέλθωμεν.

faire usage (1); tandis que ceux de Philippe lui avaient été personnels, — puisqu'il avait trouvé la Macédoine abattue et désorganisée, et avait eu à se créer et des soldats et un système militaire. Les grands instruments des victoires d'Alexandre avaient été les vieux soldats de Philippe qu'il méprisait actuellement, — et parmi eux Parmenión, qu'il avait mis à mort.

Des remarques telles que celles-ci, exprimées dans le grossier langage d'un vétéran macédonien à moitié ivre, provoquèrent une bruyante contradiction de la part de beaucoup des assistants, et blessèrent vivement Alexandre, qui entendait alors pour la première fois l'explosion franche de la désapprobation, dissimulée auparavant et qu'il ne connaissait que par conjecture. Mais la colère et la contradiction, tant de son côté que de celui des autres, ne firent que donner à Kleitos plus d'insouciance dans l'expression de ses propres sentiments qui se déchargeaient actuellement avec délices après avoir été si longtemps renfermés. Il passa des vieux soldats macédoniens à lui-même individuellement. Étendant sa main droite vers Alexandre, il s'écria : — « Souviens-toi que tu me dois la vie; cette main t'a sauvé au Granikos. Sache entendre le langage sincère de la vérité, ou autrement abstiens-toi d'inviter à souper des hommes libres, et borne-toi à la société d'esclaves barbares. » Tous ces reproches piquèrent Alexandre au vif. Mais rien ne lui fut aussi intolérable que la respectueuse sympathie pour Parmenión, qui rappelait à sa mémoire un des plus sombres actes de sa vie, — et le souvenir de sa vie sauvée au Granikos, qui le mettait dans la position inférieure d'un débiteur à l'égard du censeur même dont les reproches lui faisaient en ce moment éprouver une vive douleur. A la fin, la colère et l'ivresse réunies le jetèrent dans une fureur dont il ne fut pas maître. Il s'élança de son lit, et chercha son poignard pour s'élancer sur Kleitos; mais le poignard avait été mis

---

(1) Arrien, IV, 8, 8. Οὐκουν μόνον γε (Ἀλέξανδρον) καταπρᾶξαι αὐτά, ἀλλὰ τὸ γὰρ πολὺ μέρος Μακεδόνων εἶναι τὰ ἔργα, etc.

hors de sa portée par l'un des assistants. A haute voix et avec le mot macédonien de commandement, il appela les gardes du corps et ordonna aux trompettes de sonner l'alarme. Mais personne n'obéit à un ordre aussi grave, donné dans son état d'ivresse. Ses principaux officiers, Ptolemæos, Perdikkas et autres, s'attachèrent à sa personne, tinrent ses bras et son corps, et le supplièrent de s'abstenir de violence; d'autres en même temps essayèrent de faire taire Kleitos et de l'entraîner hors de la salle, qui était actuellement devenue un théâtre de tumulte et de consternation. Mais Kleitos n'était pas d'humeur à s'avouer coupable en se retirant; tandis qu'Alexandre, furieux de l'opposition faite alors, pour la première fois, à sa volonté, s'écriait que ses officiers le tenaient enchaîné comme Bessus avait tenu Darius, et ne lui laissaient que le nom de roi. Bien que désireux de retenir ses mouvements, sans doute ils n'osèrent pas employer beaucoup de force physique; de sorte que sa grande vigueur personnelle et ses efforts continus le dégagèrent bientôt. Alors il arracha une pique à un des soldats, se jeta sur Kleitos, et le perça sur place, en s'écriant : « Va maintenant rejoindre Philippe et Parménión (1). »

---

(1) Arrien, IV, 8; Q.-Curce, VIII, 1; Plutarque, Alexandre, 50, 51; Justin, XII, 6. La description faite par Diodore était contenue dans la partie perdue de son dix-septième livre; la table des matières, mise en tête de ce livre, signale l'incident brièvement.

Tous les auteurs décrivent de la même manière générale le commencement, les progrès et le résultat de cette scène frappante dans la salle du banquet de Marakanda; mais ils diffèrent essentiellement dans les détails. En donnant ce qui me semble le récit le plus probable, j'ai emprunté à tous en partie, tout en suivant surtout le récit donné par Arrien d'après Ptolémée, lui-même présent. Car on peut bien présumer que le récit d'Arrien jusqu'à la section 14 du ch. 8 (avant les mots Ἀριστόβουλος δὲ) est tiré de Ptolémée.

Plutarque et Quinte-Curce décrivent tous deux la scène d'une manière plus déshonorante pour Alexandre qu'Arrien, et en même temps (à mon avis) moins probable. Plutarque dit que la querelle commença à l'occasion d'un poëte nommé Pieriôn chantant une chanson qui tournait en ridicule ces Macédoniens qui avaient été récemment défaits en Sogdiane; qu'Alexandre et ceux qui l'entouraient applaudirent fortement cette satire; que Kleitos protesta contre une insulte faite à des soldats qui, bien que malheureux, s'étaient comportés avec une bravoure inattaquable; qu'Alexandre se tourna alors vers Kleitos, en disant qu'il cherchait une excuse pour lui-même, en atténuant la lâcheté chez les autres;

Le meurtre ne fut pas plus tôt commis, que les sentiments d'Alexandre subirent une révolution complète. La vue de Kleitos, — cadavre saignant sur le sol, — les marques de stupéfaction et d'horreur visibles dans tous les spectateurs, et la réaction qui suivit un mouvement furieux rassasié instantanément, le plongèrent à la fois dans l'extrême opposé du remords et du repentir. Sortant précipitamment de la salle, et se retirant dans sa chambre à coucher, il passa trois jours dans les angoisses de la douleur, sans boire ni manger. Il éclata en larmes et en exclamations multipliées sur son acte de folie ; il répéta les noms de Kleitos et de Lanikè et en

---

que Kleitos répondit en lui rappelant qu'il lui avait sauvé la vie au Granikos. De cette manière, c'est Alexandre qui provoque la querelle en noircissant le courage de Kleitos, ce que je ne crois nullement probable ; et il ne serait pas non plus vraisemblable qu'il eût encouragé un chant pareil.

Quinte-Curce s'accorde avec Arrien pour attribuer l'origine du malheur aux vanteries extravagantes d'Alexandre et de ses flatteurs, et à la dépréciation qu'ils firent de Philippe. Il nous dit ensuite que Kleitos, en entendant leur langage malséant, se tourna de côté et murmura à l'oreille de son voisin quelques vers de l'Andromachê d'Euripide (vers que Plutarque lui attribue également, bien qu'à un moment postérieur) ; qu'Alexandre, n'entendant pas les mots, demanda ce qui avait été dit, mais que personne ne voulut le lui dire ; qu'à la fin, Kleitos répéta la pensée dans son propre langage. Cela conviendrait à un Grec lettré ; mais un vieil officier macédonien à moitié ivre, animé par un sentiment violent, devait difficilement l'exprimer en murmurant à son voisin une citation poétique grecque. Il devait ou retenir sa langue, ou exprimer ce qu'il pensait ouvertement et directement. Néanmoins, Quinte-Curce a avancé deux points très-essentiels au cas, qui ne

paraissent pas dans Arrien. 1. Ce fut Alexandre lui-même qui vilipenda Philippe, et non ses flatteurs ; du moins les flatteurs ne le firent qu'après lui, et en suivant son exemple. Il devait être dangereux pour eux de faire naître ce sujet, et il pouvait être mené trop loin.-2. Parmi tous les sujets touchés par Kleitos, aucun ne fut aussi insupportable que l'expression déclarée de sympathie, de regret et d'amitié pour Parmeniôn. Cela toucha Alexandre dans la partie la plus sensible de sa conscience ; il a dû savoir que plus d'un assistant partageait ce sentiment, et ce fut probablement la principale cause qui le porta jusqu'à la frénésie. De plus, nous pouvons bien être sûrs que Kleitos, en s'étendant sur Philippe, ne dut pas oublier Parmeniôn, le général en chef de ce prince et son vieil ami à lui.

Je ne puis croire l'assertion d'Aristobule, qui dit que Kleitos fut entraîné par ses amis hors de la salle, et qu'il y revint ensuite de son propre mouvement pour défier Alexandre une fois de plus. Il semble évident, d'après Arrien, que Ptolémée ne disait rien de pareil. Le mouvement meurtrier d'Alexandre fut satisfait sur-le-champ, aussitôt qu'il se fut débarrassé de l'étreinte peu forte des amis qui l'entouraient.

insistant sur sa dette de reconnaissance à l'égard de chacun d'eux, il se déclara indigne de vivre après avoir récompensé de pareils services par un meurtre infâme (1). A la fin ses amis le décidèrent à prendre de la nourriture, et à revenir à l'activité. Tous se réunirent pour essayer de lui rendre le' repos de la conscience. L'armée macédonienne déclara, par un vote public, que Kleitos avait été tué justement, et que son corps resterait sans sépulture, ce qui fournit à Alexandre l'occasion d'infirmer le vote, et d'ordonner qu'il fût enseveli par son ordre (2). Les prophètes le consolèrent en lui assurant que ce mouvement meurtrier était né, non de son esprit naturel, mais d'une perversion et d'une folie causées par le dieu Dionysos, pour venger l'omission d'un sacrifice qui lui était dû le jour du banquet, mais qui lui avait été refusé (3). En dernier lieu, le sophiste ou philosophe grec, Anaxarchos d'Abdera, ranima le courage d'Alexandre par une flatterie faite à propos, en traitant sa sensibilité comme n'étant rien de plus qu'une généreuse faiblesse; en lui rappelant que dans sa position élevée de vainqueur et de Grand Roi, il avait droit de prescrire ce qui était légitime et juste, au lieu de se soumettre à des lois dictées du dehors (4). Kallisthenês le philosophe fut également convoqué, avec Anaxarchos, en présence du roi, et chargé de même de lui adresser des réflexions consolantes. Mais il adopta, dit-

---

(1) Arrien, IV, 9, 4; Quinte-Curce, VIII, 2, 2.

(2) Quinte-Curce, VIII, 2, 12. « Quoque minus cædis puderet, jure interfectum Clitum Macedones decernunt : sepulturâ quoque prohibituri, ni rex humari jussisset. »
Pour expliquer ce monstrueux verdict des soldats, nous devons nous rappeler qu'on sentait que le salut de toute l'armée (alors à Samarkand, presque au delà des limites des pays habités, ἔξω τῆς οἰκουμένης) dépendait de la vie d'Alexandre. Cf. Justin, XII, 6, 15.

(3) Arrien, IV, 9, 6. Alexandre s'i-

maginait avoir encouru le déplaisir de Dionysos pour avoir saccagé et détruit la cité de Thêbes, lieu de naissance et localité favorite supposés de ce dieu (Plutarque, Alex. 13).
L'illusion et la folie causées à des hommes par la colère de Dionysos sont décrites d'une manière effrayante dans les Bacchæ d'Euripide. Sous l'influence de cette illusion, Agavê, mère de Pentheus, met son fils en morceaux et porte sa tête en triomphe, sans savoir ce qu'elle a dans les mains. Cf. aussi Euripide, Hippolyt. 340-1412.

(4) Arrien, IV, 9, 10; Plutarque, Alex. 52.

on, un ton de discours complétement différent, et blessa plutôt qu'il ne satisfît Alexandre.

Le remords d'Alexandre finit par céder à ces influences réparatrices et plus encore probablement à l'absolue nécessité d'agir. Comme les autres émotions de son âme ardente, il fut violent et accablant tant qu'il dura. Mais on ne peut démontrer qu'il ait laissé aucune trace durable sur son caractère, ni aucun effet qui justifie l'admiration sans bornes d'Arrien; cet auteur, en effet, n'a que des blâmes à donner à Kleitos, la victime, tandis qu'il exprime la plus vive sympathie pour la souffrance morale du meurtrier.

Après dix jours (1), Alexandre remit son armée en mouvement pour achever de réduire la Sogdiane (328 av. J.-C.). Il ne trouva pas d'ennemi capable de lui tenir tête en bataille rangée; cependant Spitamenès, avec les Sogdiens et quelques alliés scythes, soulevèrent beaucoup d'hostilités de détail, qu'il fallut une autre année pour réprimer. Alexandre eut à souffrir la fatigue et les peines les plus grandes dans ses marches à travers les parties montagneuses de cette contrée vaste, raboteuse et pauvrement fournie, avec des positions sur des rochers, naturellement fortes, que ses ennemis cherchaient à défendre. Un de ces forts, occupé par un chef indigène nommé Sisymithrès, semblait presque inattaquable, et dans le fait il fut pris plutôt par intimidation que réellement de vive force (2). Les Scythes après un succès partiel sur un petit détachement macédonien, finirent par être si complétement battus et terrifiés, qu'ils tuèrent Spitamenès, et envoyèrent sa tête au vainqueur comme offrande propitiatoire (3).

Après un court moment de repos à Naütaka, au cœur de l'hiver, Alexandre reprit les opérations, en attaquant un poste très-fort, appelé le Rocher Sogdien, où s'était réuni un nombre considérable de fugitifs, avec d'amples

---

(1) Q.-Curce, VIII, 2, 13 : — « De-cem diebus ad confirmandum pudo-rem apud Maracanda consump-tis, etc. »

(2) Q.-Curce, VIII, 2, 20-30.
(3) Arrien, IV, 17, 11. Quinte-Curce (VIII, 3) fait un récit différent de la mort de Spitamenès.

provisions (hiver-printemps 328-327 av. J.-C.). C'était un précipice qu'on supposait inexpugnable ; et vraisemblablement il l'eût été, malgré l'énergie et les talents d'Alexandre, si les occupants n'eussent complétement négligé leur garde, et n'eussent cédé à la vue seule d'une poignée de Macédoniens qui avait gravi le précipice. Au nombre des prisonniers faits par Alexandre sur le rocher, se trouvaient l'épouse et la famille du chef baktrien Oxyartès ; dont l'une des filles, nommée Roxanè, captiva tellement Alexandre par sa beauté qu'il résolut de l'épouser (1). Il passa ensuite de Sogdiane dans le territoire voisin de la Parætakènè, où il y avait un autre site inexpugnable appelé le Rocher de Choriènes, qu'il fut également assez heureux pour réduire (2).

De là Alexandre se rendit à Baktra (327 av. J.-C.). Envoyant Krateros avec une division pour achever de soumettre la Parætakènè, il resta lui-même à Baktra, où il prépara son expédition qui devait franchir l'Hindou-Koh pour conquérir l'Inde. Comme garantie de la tranquillité de la Sogdiane et de la Baktriane pendant son absence, il leva dans ces contrées trente mille jeunes soldats qui devaient l'accompagner (3).

Ce fut à Baktra qu'Alexandre célébra son mariage avec la captive Roxanè (printemps, 327 av. J.-C.). Au milieu du repos et des fêtes qui accompagnèrent cet événement, le caractère oriental qu'il était en train d'acquérir se montra avec plus de force que jamais. Il ne put plus se satisfaire sans obtenir que les Grecs et les Macédoniens, aussi bien que les Perses, se prosternassent devant lui, c'est-à-dire l'adorassent ; reconnaissance publique et unanime de sa divine origine et de sa dignité surhumaine. Quelques-uns des Grecs et des Macédoniens lui avaient déjà rendu cet hommage. Néanmoins aux yeux du plus grand nombre, malgré la déférence et l'admiration extrême qu'ils avaient

---

(1) Arrien, IV, 18, 19.
(2) Arrien, IV, 21. Nos informations géographiques ne nous permettent pas de vérifier les localités, ni de suivre Alexandre dans ses marches de détail.
(3) Q.-Curce, VIII, 5, 1 ; Arrien, IV, 22, 2.

pour lui, il était répugnant et dégradant. L'impérieux Alexandre lui-même recula devant la pensée de donner des ordres publics et formels sur un pareil sujet ; mais une manœuvre fut concertée, au su du prince, par les Perses et par certains sophistes ou philosophes grecs complaisants, dans le dessein d'obtenir ce résultat par surprise.

Dans un banquet à Baktra, le philosophe Anaxarchos, adressant à l'assemblée une harangue préparée à l'avance, vanta les exploits d'Alexandre comme surpassant de beaucoup ceux de Dionysos et d'Hêraklês. Il déclara qu'Alexandre avait déjà fait plus qu'il ne fallait pour lui établir un titre à des honneurs divins de la part des Macédoniens, qui (dit-il) adoreraient assurément Alexandre après sa mort et qui devaient en toute justice l'adorer pendant sa vie, sur-le-champ (1).

On applaudit à cette harangue, et d'autres personnes, favorables au plan, appuyèrent sur des sentiments semblables ; elles se mirent en devoir de donner l'exemple d'un consentement immédiat et furent elles-mêmes les premières à rendre un culte au roi. La plupart des officiers macédoniens restèrent immobiles, dégoûtés de ce discours. Mais, malgré leur dégoût, ils ne dirent rien. Pour répondre à un discours bien tourné et coulant sans doute, il fallait quelque talent oratoire ; de plus, on savait bien que quiconque oserait répliquer était désigné à l'antipathie d'Alexandre. Le sort de Kleitos, qui avait accusé les mêmes sentiments dans la salle de banquet de Marakanda, était frais dans le souvenir de tout le monde. La répugnance que beaucoup éprouvaient, mais que personne n'osait exprimer, finit par trouver un organe dans Kallisthenès d'Olynthos.

Ce philosophe, dont le sort lamentable attache à son nom un intérêt particulier, était neveu d'Aristote et avait, par l'entremise de son oncle, connu de bonne heure Alexandre

---

(1) Arrien, IV, 10, 7-9. Selon Quinte-Curce (VIII, 5, 9-13), le discours proposant des honneurs divins fut prononcé non par Anaxarchos, mais par un autre Grec lettré, un Sicilien nommé Kleôn. La teneur du discours est la même en substance, telle que la donnent les deux auteurs.

pendant l'enfance de ce dernier. A la recommandation
d'Aristote, Kallisthenês avait accompagné Alexandre dans
son expédition en Asie. C'était un homme doué, comme
littérateur et rhéteur, d'un grand talent, qu'il appliqua à
la composition de l'histoire, — et à l'histoire des temps
récents (1). Alexandre, plein d'ardeur pour les conquêtes,
désirait en même temps que ses exploits fussent célébrés
par des poëtes et des hommes de lettres (2); il y avait aussi
des moments où il jouissait de leur conversation. Pour ces
deux raisons, il invita quelques-uns d'entre eux à accompagner l'armée. Les plus prudents refusèrent; mais Kallisthenês
obéit, en partie dans l'espoir d'obtenir le rétablissement de
sa cité natale, Olynthos, comme Aristote avait eu la même
faveur pour Stageira (3). Kallisthenês avait composé un récit
(non conservé) des exploits d'Alexandre, qui certainement
allait jusqu'à la bataille d'Arbèles et qui peut-être a pu
s'étendre plus loin. Le peu de fragments de ce récit qui
restent semblent indiquer une extrême admiration pour
Alexandre, non-seulement à cause de sa bravoure et de son
talent, mais encore à cause de sa bonne fortune supérieure
et non interrompue, — et ils le désignent comme le favori
chéri des dieux. Ce sentiment était parfaitement naturel au
milieu d'événements d'une telle grandeur. Autant que nous
en pouvons juger par un spécimen ou deux, Kallisthenês
payait un ample tribut d'éloges au héros de son histoire.
Mais le caractère d'Alexandre lui-même avait éprouvé un
changement considérable pendant les six années qui s'écoulèrent entre son premier débarquement en Asie et sa cam-

---

(1) Kallisthenês avait composé trois
ouvrages historiques : — 1. Hellenica,
— de l'an 387 à l'an 357 avant J.-C.
2. Histoire de la Guerre Sacrée, —
de 357 à 346 avant J.-C. 3. Τὰ
κατ' Ἀλεξανδρου. Suivant Cicéron, son
style était oratoire; mais les critiques
alexandrins le comprirent dans leur
Canon d'historiens. V. Didot, Fragm.
Hist. Alex. Magn. p. 6-9.

(2) V. l'observation qu'on lui attribue, enviant à Achille l'honneur d'a-
voir été immortalisé par Homère (Arrien, I, 12, 2).

(3) Ephore, Xenokratês et Menedêmos, dit-on, refusèrent tous l'invi-
tation d'Alexandre (Plutarque, De
Stoicorum Repugnantiis, p. 1043). Relativement à Menedêmos, il ne peut guère
en être ainsi; il doit avoir été alors
trop jeune pour être invité.

pagne en Sogdiane. Toutes ses plus mauvaises qualités avaient été développées par un succès sans pareil et par l'exemple asiatique. Il avait besoin de plus grandes doses de flatterie et en était venu actuellement à désirer, non-seulement la réputation d'une paternité divine, mais les manifestations réelles du culte comme à l'égard d'un dieu.

Pour les Grecs lettrés qui accompagnaient Alexandre, ce changement dans son caractère doit avoir été particulièrement palpable et gros de conséquences sérieuses, vu qu'il se manifestait surtout, non à des périodes de devoir militaire actif, mais à ses heures de loisir, quand il se récréait dans leur conversation et leurs discours. Plusieurs de ces Grecs, — Anaxarchos, Kleôn, le poëte Agis d'Argos, — s'accommodèrent à ce changement et élevèrent peu à peu leurs flatteries au point voulu. Kallisthenês ne put en faire autant. C'était un homme d'un caractère calme, d'habitudes simples, sévères et presque insociables, — à la sobriété duquel répugnaient les libations macédoniennes prolongées. Aristote disait de lui que c'était un grand et puissant orateur, mais qu'il n'avait pas de jugement; suivant d'autres rapports, c'était un homme vain et arrogant, qui disait avec jactance que la réputation et l'immortalité d'Alexandre dépendaient de la composition et du ton de *son* histoire (1). Quant à la

---

(1) Arrien, IV, 10, 2 ; Plutarque, Alex. 53, 54. Il est à remarquer que Timée dénonçait Kallisthenês comme ayant, dans son ouvrage historique, flatté Alexandre jusqu'à l'excès (Polybe, XII, 12). Kallisthenês semble avoir reconnu diverses interventions spéciales des dieux pour aider aux succès d'Alexandre. — V. Fragments 25 et 36 des Fragmenta Callisthenis dans l'édition de Didot.

En lisant la critique que fait Arrien des arrogantes prétentions de Kallisthenês, nous devons en même temps lire celles qu'élève Arrien en son propre nom comme historien (I, 12, 7-9) : — Καὶ ἐπὶ τῷδε οὐκ ἀπαξιῶ ἐμαυτὸν τῶν πρώτων ἐν τῇ φωνῇ τῇ Ἑλλάδι, εἴπερ καὶ Ἀλέξανδρος τῶν ἐν τοῖς ὅπλοις, etc. Je doute beaucoup que Kallisthenês ait porté si haut l'estime de lui-même. Dans ce chapitre, Arrien raconte qu'Alexandre enviait à Achille le bonheur d'avoir eu un poëte tel qu'Homère pour panégyriste; Arrien déplore qu'Alexandre n'eût pas encore trouvé un historien à la hauteur de ses mérites. C'est, de fait, une nouvelle assertion de la même vérité affirmée par Kallisthenês, et pour laquelle on le condamne, — à savoir que la renommée même du plus grand guerrier dépend de ceux qui la célèbrent. La jactance d'un poëte est du moins pardonnable, quand il s'écrie, comme Théokrite, Idyll. XVI, 73 :

vanité personnelle, — qualité commune parmi les Grecs lettrés, — Kallisthenès en avait probablement sa bonne part. Mais il n'y a pas de motifs pour croire que *son* caractère eût changé. Quelle qu'ait pu être sa vanité, elle n'avait pas offensé Alexandre pendant les premières années, et elle ne l'aurait pas offensé en ce moment si Alexandre lui-même ne fût pas devenu un homme différent.

A l'occasion de la démonstration mise en train par Anaxarchos au banquet, Kallisthenès avait été invité par Hephæstiôn à se joindre au culte qu'on avait l'intention de proposer à l'égard d'Alexandre, et Hephæstiôn prétendit plus tard qu'il avait promis d'y acquiescer (1). Mais sa conduite réelle fournit un motif raisonnable pour croire qu'il ne fit pas une promesse semblable ; car il regarda comme un devoir non-seulement de refuser l'acte d'adoration, mais encore d'exposer publiquement les raisons pour lesquelles il le désapprouvait, d'autant plus qu'il remarquait que la plupart des Macédoniens présents pensaient comme lui-même. Il prétendit que la distinction entre les dieux et les hommes ne pouvait être confondue sans impiété et injustice. Alexandre avait amplement mérité, — comme homme, comme général et comme roi, — les plus hauts honneurs compatibles avec l'humanité ; mais en faire un dieu, ce serait à la fois une injure pour lui et une offense pour les dieux. Anaxarchos (ajouta-t-il) était la dernière personne de qui devait venir une pareille proposition, puisqu'il était un de ceux dont le seul titre à la société d'Alexandre était fondé sur ce qu'il pouvait donner un conseil instructif et utile (2).

Kallisthenès exprimait en ce moment ce que pensaient un grand nombre de ses auditeurs. Le discours fut non-seulement approuvé, mais si chaleureusement applaudi par les Macédoniens présents, en particulier par les officiers

---

Ἔσσεται οὗτος ἀνὴρ, ὅς ἐμεῦ κεχρή- |σετ' ἀοιδῶ, Ῥέξας ἢ Ἀχιλεὺς ὅσσον μέγας, ἢ βα- [ρὺς Αἴας

Ἐν πεδίῳ Σιμόεντος, ὅθι Φρυγὸς |ἠρίον Ἴλου.

(1) Plutarque, Alex. 55.

(2) Arrien, IV, 11. Ἐπὶ σοφίᾳ τε καὶ παιδεύσει Ἀλεξάνδρῳ συνόντα.

âgés, — qu'Alexandre jugea prudent d'interdire toute nouvelle discussion sur ce sujet délicat. Bientôt les Perses qui étaient là, suivant la coutume asiatique, s'approchèrent et se prosternèrent devant lui; puis Alexandre, avec des coupes de vin successives, porta un toast à ceux des Grecs et des Macédoniens avec lesquels il s'était concerté préalablement. La coupe était présentée à chacun d'eux, qui, après avoir bu pour répondre au toast, s'approchait du roi, se prosternait devant lui et recevait alors un salut. En dernier lieu, Alexandre fit présenter la coupe à Kallisthenès, qui, après avoir bu comme les autres, s'approcha de lui dans le dessein de recevoir un salut, mais sans se prosterner. Alexandre fut informé expressément de cette omission par un des Compagnons; alors il refusa d'admettre Kallisthenès à un salut. Ce dernier se retira en disant : « Eh bien, je m'en irai, moins heureux que d'autres en ce qui regarde le salut (1). »

Kallisthenès fut imprudent et même blâmable en faisant cette dernière observation, qui, sans nécessité ni avantage, aggravait l'offense déjà faite à Alexandre. Il fut plus imprudent encore, si nous songeons simplement à sa sûreté personnelle, en se mettant publiquement en avant pour protester contre l'insinuation qui tendait à rendre des honneurs divins à ce prince et en créant ainsi l'offense principale qui même seule était inexpiable. Mais l'occasion actuelle fut sérieuse et importante, au point de convertir l'imprudence en un véritable courage moral. Il s'agissait non d'obéir à un ordre donné par Alexandre, car il n'avait pas été donné d'ordre, — mais d'accepter ou de rejeter une motion faite par Anaxarchos, motion qu'Alexandre, en vertu d'une méprisable manœuvre concertée à l'avance, affectait de laisser à la libre décision de l'assemblée, pleinement convaincu qu'il ne se trouverait personne d'assez intrépide pour s'y opposer. Si un sophiste grec faisait une proposition, en elle-même servile et honteuse, un autre sophiste ne pouvait que s'honorer en protestant publiquement contre elle, d'autant

---

(1) Arrien, IV, 12, 7. Φιλήματι ἔλαττον ἔχων ἄπειμι.

plus que cette protestation était faite (comme nous pouvons le voir par le rapport d'Arrien) en termes qui n'avaient rien d'insultant, mais pleins d'une respectueuse admiration à l'égard d'Alexandre personnellement. Le succès complet du discours est à lui seul une preuve de la convenance du ton (1); car les officiers macédoniens devaient avoir de l'indifférence, sinon du mépris, pour un rhéteur tel que Kallisthenès, tandis qu'à l'égard d'Alexandre ils avaient la plus grande déférence, jusqu'à l'adoration réelle exclusivement. Il y a peu d'occasions dans lesquelles l'esprit libre des lettres grecques et du civisme grec, dans leur protestation contre une exorbitante insolence individuelle, paraisse plus saillant et plus estimable que dans le discours de Kallisthenès (2). Arrien désapprouve le dessein d'Alexandre, et il blâme fortement la motion d'Anaxarchos ; néanmoins il est tellement désireux de trouver quelque excuse pour Alexandre qu'il blâme aussi dans Kallisthenès une franchise, une folie et une insolence hors de saison, en faisant de l'opposition. Il aurait pu dire avec quelque vérité que Kallisthenès eût bien fait de se retirer plus tôt (s'il avait pu le faire sans offenser) du camp d'Alexandre, qu'aucun Grec lettré ne pouvait actuellement fréquenter sans faire abnégation de sa liberté de langage et de sentiment, et sans

(1) Arrien, IV, 12, 1. Ἀνιᾶσαι μὲν μεγαλωστὶ Ἀλέξανδρον, Μακεδόσι πρὸς θυμοῦ εἰπεῖν...

Q.-Curce, VIII, 5, 20 : « Equis auribus Callisthenes velut vindex publicæ libertatis audiebatur. Expresserat non assensionem modo, sed vocem, seniorum præcipue, quibus erat gravis inveterati moris externa mutatio. »

(2) Il n'y avait pas de sentiments plus profondément enracinés dans l'esprit grec libre, avant les conquêtes d'Alexandre, que la répugnance pour d'arrogantes aspirations de la part de l'homme heureux, s'élevant au-dessus des limites de l'humanité, — et la croyance que ces aspirations étaient suivies de la Némésis des dieux. Dans le discours que Xénophon prête à Cyrus le Grand à son lit de mort, nous trouvons : — « O dieux, je vous remercie beaucoup de ce que j'ai compris votre bienveillance à mon égard, et de ce que je n'ai jamais, dans mes succès, élevé mes pensées au-dessus de la mesure de l'humanité » (Cyropæd. VIII, 7, 3). Au nombre des plus frappantes preuves de ce sentiment se trouve l'histoire de Solôn et de Crésus (Hérodote, I, 32-34).

Je raconterai dans le prochain chapitre des exemples de flatterie monstrueuse de la part des Athéniens prouvant combien ce sentiment expira avec leur liberté.

imiter la servilité d'Anaxarchos. Mais, étant présent, comme l'était Kallisthenès, dans la salle à Baktra quand la proposition d'Anaxarchos fut faite et quand le silence eût été un acquiescement, — sa protestation contre elle fut à la fois opportune et digne, et d'autant plus digne qu'elle était pleine de danger pour lui-même.

Kallisthenès connaissait bien le danger, et il fut promptement à même de le reconnaître dans le changement de conduite d'Alexandre à son égard. Il fut, dès ce jour, un homme signalé en deux sens : d'abord à la haine d'Alexandre lui-même, aussi bien que des sophistes rivaux et de tous les partisans de la déification projetée, — qui cherchèrent quelque prétexte d'accusation qui pût servir à le ruiner; ensuite aux Macédoniens d'un esprit plus libre, témoins indignés des progrès de l'insolence dans Alexandre et admirateurs du Grec courageux qui avait protesté contre la motion d'Anaxarchos. Ces hommes sans doute le vantaient beaucoup, éloges qui aggravaient son danger; car assurément ils étaient rapportés à Alexandre. Le prétexte pour sa ruine ne se fit pas longtemps attendre.

Parmi ceux qui admiraient Kallisthenès et recherchaient son commerce était Hermolaos, l'un des pages royaux, — troupe choisie dans les familles macédoniennes nobles, qui remplissait un devoir auprès de la personne du roi. Il était arrivé que ce jeune homme, un des compagnons d'Alexandre à la chasse, voyant un sanglier se précipiter pour attaquer le roi, lança son javelot et tua l'animal. Alexandre, irrité d'avoir été prévenu et de n'avoir pas tué le sanglier le premier, ordonna qu'Hermolaos fût fouetté devant tous les autres pages et privé de son cheval (1). Ainsi humilié et outragé pour une action non-seulement innocente, mais dont l'omission aurait pu être punissable, si le sanglier avait fait quelque mal à Alexandre, — Hermolaos prit la ferme

_____

(1) Plutarque, Alex. 54. Il s'en réfère à Hermippos, qui mentionne ce qui fut dit à Aristote par Strœbos, le lecteur attaché à la personne de Kallisthenès.

résolution de se venger (1). Il fit entrer dans ce projet son intime ami Sostratos, avec plusieurs autres pages, et ils convinrent entre eux de tuer Alexandre dans sa chambre, la première nuit qu'ils seraient tous de garde ensemble. La nuit fixée arriva, sans que leur secret fût divulgué; cependant le plan échoua grâce à ce hasard qu'Alexandre continua jusqu'à l'aurore à boire avec ses officiers et ne se retira pas pour se coucher. Le matin, un des conspirateurs, poussé par la crainte ou le repentir, divulgua le plan à son ami Chariklès, avec les noms de ceux qui y avaient trempé. Eurylochos, frère de Chariklès, informé par lui de ce qu'il avait appris, en informa immédiatement Ptolemæos, qui alla en instruire Alexandre. Par ordre du roi, on arrêta les personnes indiquées, et on les mit à la torture (2); elles avouèrent dans les tourments qu'elles avaient elles-mêmes conspiré pour le tuer, mais elles ne nommèrent pas d'autre complice et même elles nièrent qu'aucun autre connût leur dessein. Elles persistèrent dans ces dénégations, bien qu'on leur appliquât les tourments les plus grands pour leur arracher la révélation de nouveaux noms. Ensuite on amena les pages devant les soldats macédoniens assemblés, et on les accusa comme conspirateurs. Là ils répétèrent leur aveu. On dit même qu'Hermolaos, en le faisant, se vanta de l'entreprise comme légitime et glorieuse, dénonçant la tyrannie et la cruauté d'Alexandre comme étant devenues insupportables pour un homme libre. Que cette vanterie ait été prononcée ou non, les personnes amenées furent déclarées coupables et lapidées sur-le-champ par les soldats (3).

Les pages ainsi mis à mort étaient des jeunes gens de bonnes familles macédoniennes; aussi, pour les condamner, Alexandre avait-il jugé nécessaire d'invoquer, — ce qu'il

---

(1) Arrien, IV, 13; Q.-Curce, VIII, 6, 7.

(2) Arrien, IV, 13, 13.

(3) Arrien, IV, 14, 4. Quinte-Curce développe cette scène avec de grands détails, en composant un long discours pour Hermolaos, et un autre pour Alexandre (VIII, 6, 7, 8).

Il dit que les soldats qui exécutèrent ces pages les torturèrent d'abord, afin de manifester du zèle pour Alexandre (VIII, 8, 20).

était sûr d'obtenir contre qui que ce fût, — la sentence des soldats. Pour assouvir sa haine contre Kallisthenês, — non un Macédonien, mais seulement un citoyen grec, un des restes survivants de la cité détruite d'Olynthos, — une pareille formalité n'était pas nécessaire (1). Jusqu'alors, il n'y avait pas l'ombre d'une preuve pour impliquer ce philosophe : car, bien que l'on sût que son nom était désagréable, Hermolaos et ses compagnons avaient, avec un courage exemplaire, décliné d'acheter la chance d'un sursis aux tortures les plus cruelles en le prononçant. Leurs aveux, — tous arrachés par la souffrance, à moins qu'ils ne fussent confirmés par d'autres témoignages, — et nous ne savons pas si l'on en consulta, — leurs aveux, dis-je, n'avaient guère d'importance, même contre eux; mais contre Kallisthenês, ils étaient sans aucune portée; bien plus, ils tendaient indirectement, non à le convaincre, mais à l'absoudre. Conséquemment, dans ce cas, comme dans celui de Philôtas, il fallut recueillir un sujet de tendance suspecte dans ses remarques et dans ses conversations reproduites. On prétendit (2) qu'il avait tenu aux pages un langage dangereux et incendiaire, en exposant Alexandre à leur haine, en les poussant à conspirer, et en désignant Athènes comme un lieu de refuge; de plus, on savait bien qu'il avait souvent été en relations avec Hermolaos. Pour un homme d'un caractère violent comme Alexandre et jouissant d'une autorité toute-puissante, ces indications étaient tout à fait suffisantes comme raisons d'agir contre quelqu'un qu'il haïssait.

En cette occasion, nous avons l'état d'esprit d'Alexandre révélé par lui-même, dans une des allusions à ses lettres faites par Plutarque. Écrivant à Krateros et à d'autres immédiatement après, Alexandre disait distinctement que les pages, dans toute leur torture, n'avaient déposé que contre

---

(1) « Quem, si Macedo esset (Callisthenem), tecum introduxissem, dignissimum to discipulo magistrum; nunc Olynthio non idem juris est » (Q.-Curce, VIII, 8, 19, — discours d'A-lexandre devant les soldats, en s'adressant spécialement à Hermolaos).

(2) Plutarque, Alexand. 55; Arrien, IV, 10, 4.

eux-mêmes. Néanmoins, dans une autre lettre, adressée
à Antipater, en Macédoine, il employait ces expressions :
« Les Macédoniens ont lapidé les pages ; mais je punirai moi-
même le sophiste, aussi bien que ceux qui l'ont envoyé ici,
et ceux qui accueillent dans leurs cités les gens qui conspi-
rent contre moi (1). » Le sophiste Kallisthenès avait été envoyé par Aristote, qui est désigné ici, et probablement les
Athéniens après lui. Heureusement pour Aristote, il n'était
pas à Baktra, mais à Athènes. Qu'il eût pu avoir quelque part
à la conspiration des pages, cela était impossible. Dans cette
sauvage expression de menace contre son précepteur absent, Alexandre révèle l'état réel de sentiment qui le poussa
à faire périr Kallisthenès ; haine à l'égard de cet esprit de
civisme et de libre langage que Kallisthenès, non-seulement
nourrissait, en commun avec Aristote et la plupart des autres Grecs lettrés, mais encore qu'il avait manifesté coura-
geusement dans sa protestation contre la motion à l'effet
d'adorer un mortel.

Kallisthenès fut d'abord mis à la torture, et ensuite
pendu (2). Son sort tragique excita un profond sentiment de

---

(1) Plutarque, Alex. 55. Καίτοι τῶν
περὶ Ἑρμόλαον οὐδεὶς οὐδὲ διὰ τῆς ἐσ-
χάτης ἀνάγκης Καλλισθένους κατεῖπεν.
Ἀλλὰ καὶ Ἀλέξανδρος αὐτὸς εὐθὺς
γράφων Κρατέρῳ καὶ Ἀττάλῳ καὶ
Ἀλκέτᾳ φησὶ τοὺς παῖδας βασανιζο-
μένους ὁμολογεῖν, ὡς αὐτοὶ ταῦτα
πράξειαν, ἄλλος δὲ οὐδεὶς συνει-
δείη. Ὕστερον δὲ γράφων πρὸς Ἀντί-
πατρον, καὶ τὸν Καλλισθένην συνεπαι-
τιασάμενος, οἱ μὲν παῖδες, φησὶν, ὑπὸ
τῶν Μακεδόνων κατελεύσθησαν, τὸν δὲ
σοφιστὴν ἐγὼ κολάσω, καὶ τοὺς
ἐκπέμψαντας αὐτὸν, καὶ τοὺς ὑπο-
δεχομένους ταῖς πόλεσι τοὺς ἐμοὶ ἐπι-
βουλεύοντας... ἄντικρυς ἕν γε τούτοις
ἀποκαλυπτόμενος πρὸς Ἀριστοτέλην, etc.
Au sujet des dispositions hostiles
d'Alexandre à l'égard d'Aristote, voir
Dion Chrysostome, Orat. 64, De Fortunâ, p. 598.
Krateros était à ce moment absent

en Sogdiane, occupé à finir de comprimer la résistance (Arrien, IV, 22, 1).
C'est donc à lui qu'Alexandre devait
naturellement écrire.

Cette assertion, de la plume d'A-
lexandre lui-même, contredit distinctement et réfute (comme je l'ai fait remarquer auparavant) l'affirmation de
Ptolémée et d'Aristobule que donne
Arrien (IV, 14, 1), — à savoir que les
pages déposèrent contre Kallisthenès.

(2) Arrien, IV, 15, 5. Q.-Curce dit
également : — « Callisthenes quoque
tortus interiit, initi consilii in caput
regis innoxius, sed haudquaquam aulæ
et assentantium accommodatus inge-
nio » (VIII, 8, 21). Cf. Plutarque,
Alex. 55.

C'est ce qu'affirme Ptolémée, qui fut
lui-même mêlé à ces affaires, et qui
était l'officier par lequel avait été ré-

sympathie et d'indignation parmi les philosophes de l'antiquité (1).

Les haltes d'Alexandre étaient formidables pour ses amis et ses compagnons; ses marches, pour les indigènes non soumis qu'il lui plaisait de traiter en ennemis (été, 327 av. J.-C.). Lorsque Krateros revint de Sogdiane, Alexandre partit de Baktra (Balkh), au sud de la chaîne de montagnes du Paropamisos ou Caucase (Hindou-Koh); laissant toutefois à Baktra Amyntas avec une armée considérable de dix mille fantassins et de trois mille cinq cent chevaux, pour tenir dans le respect ces territoires intraitables (2). Sa marche sur les montagnes occupa dix jours; ensuite, il visita sa cité d'Alexandrie, nouvellement fondée chez les Paropamisadæ. Au Kophen (le Kaboul), ou près de ce fleuve, il fut rejoint par Taxilès, puissant prince indien, qui lui amena comme présent vingt-cinq éléphants, et dont l'alliance lui fut très-précieuse. Ensuite, il partagea son armée, en envoya une division sous Hephæstiôn et Perdikkas vers le territoire appelé Peukelaôtis (apparemment le territoire immédiatement au nord du confluent du Kaboul avec l'Indus), et il conduisit le reste lui-même dans la direction de l'est, par les régions montagneuses entre l'Hindou-Koh et la rive droite de l'Indus. Hephæstiôn avait l'ordre, après qu'il aurait soumis tous les ennemis sur son chemin, de tenir un pont prêt pour passer l'Indus au moment où Alexandre arriverait. Astès, prince de Peukelaôtis, fut pris et tué dans la cité où il s'é-

---

svélée la conspiration des pages. Sa partialité pouvait lui permettre d'omettre ou d'adoucir ce qui était honteux pour Alexandre; mais on peut bien se fier à lui quand il rapporte un acte de cruauté. Aristobule et autres affirmaient que Kallisthenès fut chargé de chaînes et emmené dans cet état pendant quelque temps, qu'ensuite il mourut de maladie et d'affaiblissement physique. Mais les témoins sont ici des personnes qui n'avaient pas, autant que nous le savons, d'aussi bons moyens d'information que ceux de

Ptolémée, outre que l'assertion est intrinsèquement moins probable.

(1) V. le langage de Sénèque, Nat. Quæst. VI, 23; Plutarque, De Adulator. et Amici Discrimine, p. 65; Théophraste, ap. Cicéron. Tusc. Disp. III, 10. Quinte-Curce dit que ce traitement infligé à Kallisthenès fut suivi plus tard de repentir de la part d'Alexandre (VIII, 8, 23). Sur ce point, il n'y a pas d'autre preuve, — et je ne crois pas non plus l'assertion probable.

(2) Arrien, IV, 22, 4.

tait enfermé; mais cette place demanda à Hephæstion un siége de trente jours pour la réduire (1).

Alexandre, avec la moitié de l'armée qu'il conduisit, entreprit (327-326 av. J.-C.) la réduction des Aspasii, des Guræi et des Assakeni, tribus qui occupaient des localités montagneuses et difficiles le long des pentes méridionales de l'Hindou-Koh; mais ni eux ni leurs divers municipes mentionnés, Arigæon, Massaga, Bazira, Ora, Dyrta, etc., excepté peut-être le remarquable rocher d'Aornos (2), près

---

(1) Arrien, IV, 22, 8-12.

(2) Relativement au rocher appelé Aornos, un bon article, travaillé avec grand soin, sous le titre de « Gradus ad Aornon », a été publié par le major Abbott dans le « Journal of the Asiatic Society of Bengal », n° IV, 1854. Cet article donne beaucoup de renseignements, recueillis surtout au moyen de recherches faites sur place, et accompagnés d'une carte, sur la contrée très-peu connue à l'ouest de l'Indus, entre le fleuve du Kaboul au sud, et l'Indou-Koh au nord.

Le major Abbott essaye de suivre la marche et les opérations d'Alexandre, depuis Alexandrie ad Caucasum jusqu'au rocher d'Aornos (p. 311 seq.). Il donne des raisons extrêmement probables pour croire que l'Aornos décrit par Arrien est le mont Mahabunn, près de la rive droite de l'Indus (34°20′ de latitude), à environ soixante milles (= 96 kilom. 1/2) au-dessus de son confluent avec le Kaboul. « Toute la description que fait Arrien du rocher Aornos est une fidèle peinture du Mahabunn. C'était le trait le plus remarquable du pays et le refuge de toutes les tribus voisines. Il était couvert d'une forêt. Il avait un bon sol suffisant pour mille charrues, et des sources pures d'eau y abondaient partout. Il s'élevait de 1,237 mètres au-dessus de la plaine, et avait 14 milles (= 22 kilom. 1/2) de tour. Le sommet était une plaine où la cavalerie pou-

vait agir. Il serait difficile de faire une description plus fidèle du Mahabunn. Le côté par lequel Alexandre escalada le sommet principal avait certainement le caractère d'un rocher. Mais toute la description d'Arrien indique un plateau » (p. 341). « Le Mahabunn est un plateau, escarpé à l'est avec d'affreux précipices, d'où descend un éperon considérable jusqu'à l'Indus, entre Sitana et Umb » (p. 340).

A cette ressemblance dans tant de traits locaux, il faut ajouter la remarquable coïncidence de nom entre la ville d'Embolina, où Arrien dit qu'Alexandre établit son camp en vue d'attaquer Aornos, — et les noms modernes d'Umb et de Balimah (entre le Mahabunn et l'Indus), — « l'une dans la vallée du fleuve, l'autre sur la montagne immédiatement au-dessus » (p. 344). Le mont Mahabunn est le refuge naturel pour les gens du voisinage qui fuient un vainqueur, et il fut au nombre des endroits pris par Nadir Shah (p. 338).

Une identité remarquable est établie ainsi entre cette montagne et l'Aornos *décrit par Arrien*. Mais sans aucun doute elle ne coïncide pas avec l'Aornos *décrit par Quinte-Curce*, qui compare l'Aornos à une meta (la borne conique du stade), et dit que l'Indus baignait sa base; — qu'au premier assaut plusieurs soldats macédoniens furent précipités dans le fleuve. Cette

de l'Indus, — ne peuvent être mentionnés plus exactement.
Ces tribus étaient généralement braves, et secondées par
des villes dans une forte position, aussi bien que par une
contrée raboteuse, complétement sans routes en beaucoup
d'endroits (1). Mais, pour se défendre, ils étaient peu unis,
n'avaient aucun talent militaire et se servaient de misérables armes ; de sorte qu'ils n'étaient nullement en état de
s'opposer aux combinaisons excellentes et aux rapides mouvements d'Alexandre, joints à l'attaque pleine de confiance
de ses soldats et à leurs armes très-supérieures, offensives
aussi bien que défensives. Tous ceux qui essayèrent de résister furent successivement attaqués, accablés et tués.
Ceux mêmes qui ne résistèrent pas, mais qui s'enfuirent aux
montagnes, furent poursuivis et massacrés ou vendus comme
esclaves. Le seul moyen d'échapper à l'épée était de rester,
de se soumettre et d'attendre la volonté de l'envahisseur. Il
est rare de lire dans l'histoire militaire une pareille série de
succès non interrompus, tous accomplis avec peu de pertes.
La prise du rocher d'Aornos fut particulièrement agréable à

---

juxtaposition si voisine de l'Indus a été
le trait principal cherché par les voyageurs qui ont voulu trouver l'Aornos ;
mais on n'a encore rencontré aucun
lieu qui réponde aux conditions demandées. Nous avons ici à choisir
entre Arrien et Quinte-Curce. Or il y
a une présomption générale en faveur
d'Arrien, dans la description d'opérations militaires, là où il affirme une
chose positivement ; mais dans le cas
actuel, la présomption est particulièrement forte, vu que Ptolémée était
chargé d'un commandement important et difficile pour la prise d'Aornos,
et que par conséquent il était vraisemblablement exact dans la description
d'un lieu où il avait moissonné beaucoup de gloire.

(1) Arrien, IV, 30, 13. Ἡ στρατιὰ
αὐτῷ ὡδοποιεῖτο πρόσω ἰόντι, ἄπορα
ἄλλως ὄντα τὰ ταύτῃ χώρια, etc.
Les contrées traversées par Alexan-

dre comprennent des parties du Kafiristan, Swart, Bajore, Chitral, le voisinage du Kameh et des autres affluents
du Kaboul avant que ce fleuve tombe
dans l'Indus près d'Attock. La plus
grande partie de ce pays est Terra Incognita même aujourd'hui ; surtout le
Kafiristan, territoire habité par une
population que l'on dit être grossière
et barbare, mais qui n'a jamais été
soumise, — ni dans le fait jamais visitée par des étrangers. Il est à remarquer que parmi les habitants du Kafiristan, — aussi bien que parmi ceux
du Badakshan, sur l'autre côté ou
versant septentrional de l'Hindou-Koh,
— il existe des traditions relatives à
Alexandre, avec une sorte de croyance
qu'eux-mêmes sont descendus de ses
soldats. V. Ritter's Erdkunde, part. VII,
l. III, p. 200 seq. ; Burne's Travels,
vol. III, ch. 4, p. 186, 2e édit. ; Wilson, Ariana Antiqua, p. 194 seq.

Alexandre, parce qu'il jouissait de la réputation légendaire
d'avoir été attaqué en vain par Hèraklès, et dans le fait,
lui-même, à première vue, l'avait jugé inexpugnable. Après
avoir soumis ainsi les régions supérieures (au-dessus d'Attock ou confluent du Kaboul), sur la rive droite de l'Indus,
il profita de quelques forêts qui s'étendaient le long du
fleuve pour abattre du bois et construire des bateaux,
auxquels on fit descendre le courant jusqu'au point où Hephæstiôn et Perdikkas préparaient le pont (1).

Ces fatigantes opérations d'Alexandre, accomplies au milieu de toutes les rigueurs de l'hiver, furent suivies d'une
halte de trente jours, destinée à faire reposer les soldats,
avant qu'il traversât l'Indus, au commencement du printemps de 326 avant J.-C (2). On présume, avec assez de
probabilité, qu'il franchit l'Indus à Attock ou près de ce
lieu, le passage fréquenté aujourd'hui. Il se dirigea d'abord
sur Taxila, où le prince Taxilos se soumit aussitôt, et ren-
força l'armée d'un fort contingent de soldats indiens. Son
alliance et ses renseignements se trouvèrent extrêmement
précieux. Tout le territoire voisin se soumit, et fut placé
sous les ordres de Philippe comme satrape, avec une garnison et un dépôt à Taxila. Il ne rencontra pas de résistance
jusqu'à ce qu'il arrivât au fleuve de l'Hydaspes (Jelum), sur
l'autre côté duquel se tenait, prêt à disputer le passage, le
prince Porus, homme brave, avec une armée formidable,
mieux armée que ne l'étaient généralement les Indiens, et
avec un grand nombre d'éléphants dressés, animaux que les
Macédoniens n'avaient jusqu'alors jamais rencontrés dans
une bataille. Par une série de combinaisons militaires admi-
rables, Alexandre éluda la vigilance de Porus, traversa
le fleuve à la dérobée, à un point quelques milles plus haut,
et défit complétement l'armée indienne. Malgré leurs éléphants, qui étaient habilement conduits, les Indiens ne

---

(1) Arrien, IV, 30, 16; V, 7, 2.
(2) La halte de trente jours est mentionnée par Diodore, XVII, 86. Pour
la preuve que ces opérations s'effec-
tuèrent en hiver, voir l'importante citation d'Aristobule donnée dans Strabon (XV, p. 691).

purent longtemps soutenir le choc d'un combat corps à corps, contre une infanterie et une cavalerie telles que celles des Macédoniens. Porus, prince d'une taille gigantesque, monté sur un éléphant, combattit avec la bravoure la plus grande, ralliant ses troupes rompues et les tenant réunies jusqu'au dernier moment. Après avoir vu tuer deux de ses fils, lui-même blessé et mourant de soif, il ne fut sauvé qu'en vertu des ordres spéciaux d'Alexandre. Quand Porus fut amené devant lui, le roi macédonien fut frappé d'admiration à la vue de sa stature, de sa beauté et de son air intrépide (1). Lui parlant le premier, il lui demanda ce qu'il désirait qu'il fît pour lui. « Traite-moi en roi, » répondit Porus. Alexandre, charmé de ces paroles, se conduisit à l'égard de Porus avec la courtoisie et la générosité les plus grandes; non-seulement il lui assura son royaume actuel, mais il l'agrandit par de nouvelles additions. Il trouva dans Porus un allié fidèle et efficace. Ce fut le plus grand jour de la vie d'Alexandre, à prendre ensemble l'éclat et la difficulté de cet exploit militaire, et le généreux traitement fait à son adversaire vaincu (2).

---

(1) Arrien, V, 19, 1. Ἀλέξανδρος δὲ ὡς προσάγοντα ἐπύθετο, προσιππεύσας πρὸ τῆς τάξεως σὺν ὀλίγοις τῶν ἑταίρων ἀπαντᾷ τῷ Πώρῳ, καὶ ἐπιστήσας τὸν ἵππον, τό τε μέγεθος ἐθαύμαζεν ὑπὲρ πέντε πήχεις μάλιστα ξυμβαῖνον, καὶ τὸ κάλλος τοῦ Πώρου, καὶ· ὅτι οὐ δεδουλωμένος τῇ γνώμῃ ἐφαίνετο, etc.
Nous voyons ici combien Alexandre fut frappé de la stature et de la beauté personnelle de Porus, et combien ces impressions visuelles contribuèrent à déterminer ou du moins à fortifier ses sympathies favorables à l'égard du prince captif. Cela explique ce que j'ai fait observer dans le dernier chapitre, en racontant le traitement fait à l'eunuque Batis après la prise de Gaza : à savoir que l'aspect repoussant de Batis augmenta beaucoup l'indignation d'Alexandre. Avec un

homme de mouvements aussi violents que ce prince, ces impressions extérieures n'étaient pas sans avoir une importance considérable.
(2) Ces opérations sont décrites dans Arrien, V, 9; V, 19 (nous pouvons faire remarquer que Ptolémée et Aristobule, bien que présents tous les deux, différaient sur bien des points, V, 14); Q.-Curce, VIII, 13, 14; Diodore, XVII, 87, 88. Suivant Plutarque (Alex. 60), Alexandre s'étendait beaucoup sur la bataille dans ses propres lettres.
Il y a deux points principaux, — Jelum et Julalpoor, — où de grandes routes partant de l'Indus traversent aujourd'hui l'Hydaspes. Chacun de ces points a été assigné par différents écrivains comme le théâtre probable du passage du fleuve par Alexandre.

Alexandre célébra sa victoire (avril-mai, 326 av. J.-C.) par des sacrifices aux dieux, et par des fêtes sur les rives de l'Hydaspes, où il donna aussi des ordres pour la fondation de deux cités, — Nikæa, sur la rive orientale, et Bukephalia, sur la rive occidentale, ainsi nommée en commémoration de son cheval favori, qui y mourut de vieillesse et de fatigue (1). Laissant Krateros pour disposer et élever ces

---

Des deux, Jelum (un peu plus haut sur le fleuve que Julalpoor) paraît le plus probable. Burnes signale que près de Jelum le fleuve se divise en cinq ou six canaux avec des îles (Travels, vol. II, ch. 2, p. 50, 2ᵉ édit.) Le capitaine Abbott (dans le « Journal of the Asiatic Society », Calcutta, déc. 1848) a donné un intéressant mémoire sur les traits et le cours de l'Hydaspes un peu au-dessus de Jelum, en les comparant avec les particularités avancées par Arrien, et en présentant des raisons extrêmement plausibles à l'appui de cette hypothèse, — à savoir que le passage s'effectua près de Jelum.

Diodore mentionne une halte de trente jours, après la victoire (XVII, 89), ce qui ne semble pas probable. Lui et Quinte-Curce font allusion à de nombreux serpents qui molestèrent l'armée entre l'Akesinês et l'Hydraotês (Q.-Curce, IX, 1, 11).

(1) Arrien dit (V, 19, 5) que la victoire sur Porus fut remportée dans le mois Munychion de l'archonte Hegemôn à Athènes, — c'est-à-dire vers la fin d'avril, 326 avant J.-C. Cette date ne peut être conciliée avec un autre passage, V, 9, 6, — où il dit que le solstice d'été était déjà passé, et que tous les fleuves du Punjab étaient remplis d'eau, bourbeux et violents. Ce gonflement des fleuves commence vers juin, ils n'atteignent pas toute leur hauteur avant août. De plus, la description de la bataille, telle qu'elle est donnée par Arrien et par Quinte-Curce, implique qu'elle fut livrée après que la saison pluvieuse avait com-

mencé (Arrien, V, 9, 7; V, 12, 5. Q.-Curce, VIII, 14, 4).

Quelques critiques ont proposé de lire Metageitnion (juillet-août) comme le mois, au lieu de Munychion; changement approuvé par M. Clinton et reçu dans le texte par Schmieder. Mais si ce changement est admis, le nom de l'archonte athénien doit être changé également; car Metageitnion de l'archonte Hegemôn serait huit mois plus tôt (juillet-août, 327 av. J.-C.); et à cette date, Alexandre n'avait pas encore traversé l'Indus, comme le montre clairement le passage d'Aristobule (ap. Strabo. XV, p. 691), — et comme Droysen et Müller le font remarquer. Alexandre ne franchit pas l'Indus avant le printemps de 326 avant J.-C. Si, à la place de l'archonte Hegemôn, nous substituons l'archonte Chremês qui suit immédiatement (et il est à remarquer que Diodore assigne la bataille à ce dernier archontat, XVII, 87), on aurait juillet-août 326 avant J.-C., ce qui serait une date plus admissible pour la bataille que le mois précédent de Munychion. En même temps, la substitution de Metageitnion est une simple conjecture, et elle semble ne laisser guère assez de temps pour les événements subséquents. Autant qu'on peut se former une opinion, il semblerait que la bataille fut livrée vers la fin de juin ou le commencement de juillet 326 avant J.-C., après que la saison des pluies avait commencé, vers la fin de l'archontat d'Hegemôn et le commencement de celui de Chremês.

nouveaux établissements, aussi bien que pour maintenir une communication, il conduisit son armée en avant dans la direction de l'est vers le fleuve Akesinès (Chenab) (1). Sa récente victoire avait répandu partout la terreur ; les Glaukæ, puissante tribu indienne, avec trente-sept municipes et beaucoup de villages populeux, se soumirent, et furent placés sous la domination de Porus ; tandis que des ambassades apportant une soumission furent aussi reçues de la part de deux princes considérables, — Abisarès, et un second Porus, jusqu'alors en inimitié avec son homonyme. Le passage du grand fleuve Akesinès, alors plein et impétueux dans son courant, fut effectué au moyen de bateaux et de peaux enflées, non sans difficulté et danger. De là il s'avança dans la même direction, à travers le Punjab, — ne trouvant pas d'ennemis, mais laissant des détachements à des postes convenables pour maintenir ses communications et assurer ses approvisionnements, — jusqu'au fleuve Hydraotès ou Ravee ; qui, bien que tout aussi large et plein que l'Akesinès, était comparativement tranquille, de manière à pouvoir être traversé facilement (2). Là, quelques tribus indiennes libres, Kathæens et autres, eurent le courage de résister : ces Indiens essayèrent de se défendre dans Sangala en entourant leur ville d'un triple retranchement de chariots. Ceux-ci étant attaqués et emmenés, ils furent refoulés dans l'intérieur des murs, qu'ils commencèrent alors à désespérer de défendre, et qu'ils résolurent d'évacuer pendant la nuit ; mais le projet fut divulgué à Alexandre par des déserteurs, et sa vigilance le fit échouer. Le lendemain il prit la ville d'assaut, passa au fil de l'épée 17,000 Indiens et fit (suivant Arrien) 70,000 prisonniers. Pour lui, il ne perdit pas même 100 hommes tués, et il n'eut que 1,200 blessés. Deux villes voisines, alliées de Sangala, furent évacuées par leurs habi-

---

(1) Arrien, V, 20 ; Diodore, XVII, 95. Le lieutenant Wood (Journey to the Source of the Oxus, p. 11-39) fait remarquer que les grands fleuves du Punjab changent leur cours si souvent et d'une manière si considérable, qu'on ne peut pas espérer qu'il reste des monuments et des indications de la marche d'Alexandre sur ce territoire, surtout dans le terrain voisin des fleuves.

(2) Arrien, V, 20.

tants terrifiés. Alexandre les poursuivit, sans pouvoir les atteindre; à l'exception de 500 personnes malades ou débiles que ses soldats mirent à mort. Démolissant la ville de Sangala, il en ajouta le territoire à l'empire de Porus, alors présent, avec un contingent de 5,000 Indiens (1).

Sangala fut la plus orientale de toutes les conquêtes d'Alexandre. Bientôt sa marche l'amena au fleuve de l'Hyphasis (Sutledge), le dernier des fleuves du Punjab, — vraisemblablement à un point au-dessous de son confluent avec le Beas (été, 326 av. J.-C.). Au delà de ce fleuve, large et rapide, Alexandre apprit qu'il y avait un désert de onze journées de marche, s'étendant jusqu'à un fleuve plus grand encore appelé le Gange, au delà duquel habitaient les Gangaridæ, la plus puissante, la plus guerrière et la plus populeuse de toutes les tribus indiennes, qui se distinguait par le nombre et l'éducation de ses éléphants (2). La perspective d'une marche difficile et d'un ennemi estimé invincible, ne fit qu'exciter son ardeur. Il donna des ordres pour le passage. Mais là, pour la première fois, son armée, officiers aussi bien que soldats, manifesta des symptômes d'une lassitude irrésistible, murmurant hautement de ces travaux sans fin et de ces marches qu'elle faisait sans savoir où elle allait. Elle avait déjà dépassé les limites où s'étaient arrêtés, disait-on, Dionysos et Hèraklès; elle voyageait dans des régions que n'avaient visitées jusqu'alors ni les Grecs ni les Perses, uniquement en vue de provoquer et de vaincre de nouveaux ennemis. Des victoires, elle en était rassasiée; son butin, quelque abondant qu'il fût, elle n'en avait pas joui (3); les fatigues d'une marche en avant perpétuelle, souvent excessivement accélérée, avaient épuisé hommes et chevaux; de plus, elle était venue de l'Hydaspes dans la saison humide, avec des pluies violentes et plus continues qu'elle n'en avait

---

(1) Arrien, V, 23, 24; Q.-Curce, IX, 1, 15.
(2) Q.-Curce, IX, 2, 3; Diodore, XVII, 93; Plutarque, Alex. 62.
(3) Q.-Curce, IX, 3, 11 (Discours de Kœnos). « Quoto cuique lorica est? Quis equum habet? Jube quæri, quam multos servi ipsorum persecuti sint, quid cuique supersit ex præda. Omnium victores, omnium inopes sumus. »

jamais éprouvé auparavant (1). Informé du mécontentement
régnant, Alexandre réunit ses officiers et les harangua,
s'efforçant de faire revivre en eux ce courage et cet empressement ardents que jusqu'alors il n'avait pas trouvés inférieurs aux siens (2). Mais il échoua complétement. Personne
n'osa le contredire d'une manière ouverte. Kœnos seul
hasarda quelques paroles timides pour le dissuader ; les
autres manifestèrent une répugnance passive et opiniâtre,
même quand il déclara que ceux qui le désiraient pouvaient
s'en aller, avec la honte d'avoir abandonné leur roi, tandis
qu'il irait en avant seulement avec les hommes de bonne
volonté. Après une incertitude de deux jours, passés dans
une mortification solitaire et silencieuse, — il persista encore apparemment dans sa détermination, et il offrit le sacrifice qui précédait habituellement le passage d'un fleuve.
Les victimes furent défavorables ; il céda à la volonté des
dieux et donna l'ordre du retour à la joie extrême et unanime de son armée (3).

---

(1) Aristobule ap. Strabo. XV,
p. 691-697. Ὑεσθαι συνεχῶς. Arrien,
V, 29, 8 ; Diodore, XVII, 93. Χειμῶνες
ἄγριοι κατερράγησαν ἐφ' ἡμέρας ἑβδο-
μήκοντα, καὶ βρονταὶ συνεχεῖς καὶ
κεραυνοὶ κατέσκηπτον, etc.

(2) Dans le discours qu'Arrien (V,
25, 26) met dans la bouche d'Alexandre, ce qu'il y a de plus curieux, ce
sont les vues géographiques qu'il
émet. « Nous n'avons pas beaucoup
maintenant à marcher encore (il était
sur la rive occidentale du Sutledge)
jusqu'au Gange, et à la grande mer
Orientale qui entoure toute la terre.
La mer Hyrkanienne (Caspienne) rejoint cette grande mer d'un côté, le
golfe Persique de l'autre ; après que
nous aurons soumis toutes les nations
qui se trouvent devant nous à l'est
dans la direction de la Grande Mer, et
au nord dans celle de la mer Hyrkanienne, nous irons par eau d'abord au
golfe Persique, ensuite autour de la
Libye jusqu'aux Colonnes d'Héraklès ;
de là nous reviendrons tout à tra-

vers la Libye, et nous l'ajouterons à
toute l'Asie comme une partie de notre
empire. » (Ici j'abrége plutôt que je
ne traduis.)

Il est à remarquer que, tandis qu'A-
lexandre commettait une erreur si
prodigieuse en rétrécissant les limites
orientales de l'Asie, la géographie de
Ptolémée, reconnue à l'époque de
Christophe Colomb, faisait une erreur
non moindre dans le sens opposé, en
les étendant trop loin à l'est. Ce fut
sur la foi de cette dernière méprise
que Colomb projeta son voyage de
circumnavigation à partir de l'Europe
occidentale, s'attendant à venir de
l'ouest à la côte orientale de l'Asie,
sans avoir fait un long voyage.

(3) Arrien, V, 28, 7. Le fait qu'A-
lexandre, malgré cette répugnance
insurmontable des soldats, offrit encore un sacrifice préliminaire pour le
passage — est curieux comme jetant
du jour sur son caractère, et était attesté spécialement par Ptolémée.

Pour marquer le dernier terme de sa marche vers l'est, il éleva sur la rive occidentale de l'Hyphasis douze autels d'une hauteur et de dimensions extraordinaires, et il offrit aux dieux des sacrifices d'actions de grâces, avec les fêtes habituelles, et des combats d'agilité et de force. Ensuite, après avoir confié à Porus tout le territoire à l'ouest de l'Hyphasis à gouverner, il revint sur ses pas, repassa l'Hydraotès et l'Akesinès, et retourna vers l'Hydaspes, près du point où il l'avait franchi pour la première fois. Les deux nouvelles cités, — Bukephalia et Nikæa, — qu'il avait ordonné de commencer sur ce fleuve, avaient beaucoup souffert des pluies et des inondations pendant sa marche vers l'Hyphasis, et eurent à ce moment besoin de l'aide de l'armée pour réparer le dommage (1). Les grandes pluies continuèrent pendant la plus grande partie de la marche qu'il fit pour revenir à l'Hydaspes (2).

En revenant à ce fleuve, Alexandre reçut un renfort considérable tant de cavalerie que d'infanterie, qui lui était envoyé d'Europe, avec 25,000 nouvelles armures, et un fonds immense de médicaments (3) (automne, 326 av. J.-C.). Si ces renforts lui fussent parvenus sur l'Hyphasis, il ne semble pas impossible qu'il eût pu déterminer son armée à l'accompagner dans sa nouvelle marche vers le Gange et les régions au delà de ce fleuve. Il s'occupa alors, avec l'aide de Porus et de Taxile, à réunir et à construire une flotte pour descendre l'Hydaspes, et aller de là jusqu'à l'embouchure de l'Indus. Une flotte de près de 2,000 bateaux ou navires de diverses grandeurs ayant été préparée, il commença son voyage dans la première partie de novembre (4). Krateros

---

(1) Arrien, V, 29, 8; Diodore, XVII, 95.

(2) Aristobule, ap. Strab. XV, p. 691, — jusqu'au lever de l'Arcturus. Diodore dit soixante-dix jours (XVII, 93), ce qui semble plus probable.

(3) Diodore, XVII, 95; Q.-Curce, IX, 3, 21.

(4) Le voyage fut commencé peu de jours avant le coucher des Pléiades (Aristobule ap. Strab. XV, p. 362).

Pour le nombre des vaisseaux, voir Ptolémée ap. Arrian. VI, 2, 8.

En voyant des crocodiles dans l'Indus, Alexandre fut d'abord amené à supposer que c'était le même fleuve que le Nil, et qu'il avait découvert le cours supérieur de ce dernier fleuve, d'où il coulait en Egypte. C'est une

marchait avec une division 'de l'armée, le long de la rive droite de l'Hydaspes, — Hephæstiôn sur la rive gauche avec le reste, comprenant 200 éléphants ; Nearchos avait le commandement de la flotte sur le fleuve, Alexandre lui-même étant à bord. Il poursuivit son voyage lentement en descendant le fleuve, jusqu'au confluent de l'Hydaspes avec l'Akesinês, — avec l'Hydraotês, — et avec l'Hyphasis, — tous se jetant, en un courant commun, dans l'Indus. Il descendit l'Indus jusqu'à sa jonction avec l'océan Indien. En tout, ce voyage occupa neuf mois (1), depuis novembre 326 jusqu'en août 325 avant J.-C. Mais ce fut un voyage rempli d'opérations militaires actives des deux côtés du fleuve. Alexandre débarqua perpétuellement, pour attaquer, réduire et massacrer toutes celles des nations riveraines qui ne se soumettaient pas volontairement. De ce nombre furent les Malli et les Oxydrakæ, tribus libres et braves, qui résolurent de défendre leur liberté, mais qui, par malheur pour eux-mêmes, étaient habituellement en désaccord, et ne purent actuellement côncourir sincèrement contre l'envahisseur commun (2). Alexandre commença par attaquer les Malli avec sa célérité et sa vigueur habituelles, les battit en rase campagne en en faisant un grand massacre, et prit plusieurs de leurs villes (3). Il ne restait que leur dernière ville, la plus forte de toutes, d'où les défenseurs étaient déjà chassés et forcés de se retirer dans la citadelle (4). Ils y furent poursuivis par les Macédoniens, Alexandre lui-même étant parmi les premiers, avec seulement quelques gardes auprès de lui. Impatient de voir que les troupes avec leurs échelles d'escalade n'ar-

---

circonstance curieuse, comme explication des connaissances géographiques de l'époque (Arrien, VI, 1, 3).

(1) Aristobule ap. Strabo. XV, p. 692. Aristobule disait que le voyage pour descendre les fleuves avait occupé dix mois : ce semble plus long que la réalité exacte. En outre, Aristobule disait qu'ils n'avaient pas eu de pluie durant tout le voyage, pendant tous les mois d'été ; Nearchos af-

firmait le contraire (Strabon, *l. c.*).

(2) Q.-Curce, IX, 4, 15 ; Diodore, XVII, 98.

(3) Arrien, VI, 7, 8.

(4) M. Cunningham et autres supposent que cette dernière forteresse des Malli était la cité moderne de Multan. Le fleuve Ravee ou Hydraotês se jetait, dit-on, primitivement au delà de la cité de Multan dans le Chenab ou Akesinês.

rivaient pas plus rapidement, il monta sur une échelle qui
se trouvait à proximité, suivi seulement de Peukestès et
d'un ou de deux autres soldats, avec un courage aventureux
surpassant même celui qu'il avait l'habitude de déployer.
Après avoir débarrassé le mur en tuant plusieurs de ses
défenseurs, il sauta dans l'intérieur de la citadelle, et tint
pendant quelque temps, presque seul, tête à tous ceux qu'elle
renfermait. Toutefois il fut grièvement blessé par une flèche
à la poitrine, et était sur le point de s'évanouir quand ses
soldats, faisant irruption, le délivrèrent et prirent la place.
Tous ceux qui s'y trouvaient, — hommes, femmes et enfants,
— furent tués (1).

La blessure d'Alexandre était si grave, que d'abord on le
dit mort, à la consternation et à la douleur extrêmes de
l'armée. Cependant il se remit bientôt assez pour se montrer et pour recevoir ses ardentes félicitations, dans le
camp, établi au point de jonction entre l'Hydraotès (Ravee)
et l'Achesinès (Chenab) (2). Il reprit bientôt et poursuivit
son voyage en descendant le fleuve, voyage qu'avait interrompu le traitement de sa blessure, et son armée de terre
fit les mêmes opérations actives des deux côtés pour subju-
guer toutes les tribus et cités indiennes à une distance
accessible (325 av. J.-C.). A la jonction de l'Akesinès
(Punjnud) avec l'Indus, Alexandre ordonna la fondation
d'une nouvelle cité, avec des bassins suffisants et toutes les
commodités nécessaires pour la construction de vaisseaux ;
par là il espérait commander la navigation intérieure (3).
N'ayant plus occasion actuellement d'employer une armée
de terre aussi considérable, il en envoya une grande partie
sous Krateros à l'ouest (vraisemblablement par le défilé
appelé aujourd'hui Belan), en Karmania (4). Il établit un
autre poste militaire et naval à Pattala, où se divisait le

---

(1) Arrien, VI, 9, 10, 11. Il signale
la grande différence dans les divers récits donnés de cet exploit et de la
dangereuse blessure d'Alexandre. Cf.
Diodore, XVII; 98, 99; Quinte-Curce,

IX, 4, 5; Plutarque, Alexandre, 63.
(2) Arrien, XI, 13.
(3) Arrien, XI, 15, 5.
(4) Arrien, XI, 17, 6; Strabon, XV,
p. 721.

Delta de l'Indus ; et il descendit ensuite avec une partie de sa flotte le bras droit du fleuve pour voir le premier l'océan Indien. La vue du flux et du reflux, dont personne n'avait eu l'expérience sur l'échelle que présentait cet océan, causa à tous beaucoup d'étonnement et d'alarme (1).

La flotte fut laissée alors à Klearchos, qui devait la conduire de l'embouchure de l'Indus, par le golfe Persique, à celle du Tigre ; mémorable entreprise nautique dans l'antiquité grecque (325 av. J.-C.). Alexandre lui-même (vers le mois d'août) commença sa marche par terre à l'ouest par les territoires des Arabitæ et des Oritæ, ensuite à travers les déserts de la Gedrosia. Pura, la principale ville des Gédrosiens, était à soixante journées de marche de la frontière des Oritæ (2).

Là son armée, bien qu'elle ne rencontrât aucun adversaire formidable, éprouva les souffrances les plus cruelles et les plus déplorables, sa marche s'exécutant à travers un désert sablonneux et impraticable, avec une faible provision de vivres et une plus faible encore d'eau, sous un soleil brûlant. Les pertes en hommes, en chevaux et en bêtes de somme, occasionnées par la soif, la fatigue et la maladie, furent prodigieuses, et il fallut toute l'énergie indomptable d'Alexandre pour amener jusqu'au terme même le nombre diminué (3). A Pura, l'armée put se reposer et se rafraîchir,

---

(1) Arrien, XI, 18, 19 ; Q.-Curce, IX, 9. Il parvint à Pattala vers le milieu ou la fin de juillet : Περὶ κυνὸς ἐπιτολήν (Strabon, XV, p. 692).

On a habituellement cherché l'emplacement de Pattala près de la moderne Tatta. Mais le docteur Kennedy, dans son récent « Narrative of the Campaign of the Army of the Indus in Scinde and Kabool » (ch. 4, p. 104), présente quelques raisons qui font croire qu'elle doit avoir été beaucoup plus en amont du fleuve que Tatta, quelque part près de Sehwan. « Le Delta commençant à environ 130 milles au-dessus de la mer, son sommet septentrional devait être quelque part à mi-chemin entre Hyderabad et Sehwan, où les traditions locales parlent encore d'antiques cités détruites, et de changements qui s'y seraient effectués plus grands que dans toute autre partie du cours de l'Indus. »

Toutefois, les changements constants dans le cours de l'Indus (cf. p. 73 de son ouvrage) signalés par tous les observateurs, rendent conjecturale toute tentative faite en vue d'identifier ainsi les lieux. — Voir Wood's Journey to the Oxus, p. 12.

(2) Arrien, VI, 24, 2 ; Strabon, XV, p. 723.

(3) Arrien, VI, 25, 26 ; Quinte-Curce, IX, 10 ; Plutarque, Alex. 66.

et fut ensuite en état de s'avancer en Karmania, où Krateros la rejoignit avec sa division de l'Indus, et Kleandros
avec celle qui avait été laissée à Ekbatane. Kleandros,
accusé de crimes odieux dans son dernier commandement,
fut mis à mort ou emprisonné; plusieurs de ses camarades
furent exécutés. Pour récompenser les soldats de leur récente détresse en Gedrosia, le roi les conduisit pendant
sept jours à travers la Karmania ivres et en une procession
semblable à celle des bacchanales, lui-même et ses amis
prenant part à l'orgie; imitation de la fête et du triomphe
joyeux qui avaient signalé le retour du dieu Dionysos après
sa conquête de l'Inde (1).

Pendant la halte en Karmania (hiver 325-324 av. J.-C.),
Alexandre eut la satisfaction de voir son amiral Nearchos (2), qui avait amené la flotte de l'embouchure de
l'Indus au port appelé Harmozeia (Ormuz), non loin de
l'entrée du golfe Persique, voyage très-pénible et très-
fatigant le long des côtes stériles des Oritæ, des Gédrosiens et des Ichthyophagi (3). Nearchos, comblé d'éloges
et d'honneurs, fut bientôt renvoyé pour achever son voyage

---

(1) Quinte-Curce, IX, 10; Diodore,
XVII, 106; Plutarque, Alex. 67. Arrien (VI, 28) trouva cette marche de
fête mentionnée dans quelques autorités, mais non dans d'autres. Ni Aristobule ni Ptolémée n'en faisaient mention. Aussi Arrien refuse-t-il d'y
croire. Il a pu y avoir des exagérations ou des faussetés quant aux détails de la marche; mais comme fait
général, je ne vois pas de raison suffisante pour en douter. Il n'était nullement contraire à la nature qu'un
moment d'excessive licence fût accordé
aux soldats, après leurs extrêmes
souffrances en Gedrosia. De plus, elle
correspond à la conception générale
de la marche de retour de Dionysos
dans l'antiquité, tandis que l'imitation
de ce dieu était tout à fait en confor-
mité avec la tournure de sentiment
d'Alexandre.

J'ai fait remarquer déjà qu'Arrien
et autres insistent trop fortement sur
le silence de Ptolémée et d'Aristobule,
comme étant une raison pour douter
d'affirmations relatives à Alexandre.

Arrien et Quinte-Curce (X, 1) diffèrent dans leurs assertions au sujet du
traitement infligé à Kleandros. Selon
Arrien, il fut mis à mort; selon
Quinte-Curce, la mort lui fut épar-
gnée; mais on le mit simplement en
prison, à cause du service important
qu'il avait rendu en tuant Parmeniôn
de sa propre main, tandis que six
cents de ses complices et agents furent mis à mort.

(2) Nearchos avait commencé son
voyage vers la fin de septembre ou au
commencement d'octobre (Arrien, Indica, 21; Strabon, XV, p. 721).

(3) Arrien, VI, 28, 7; Arrien, Indica, c. 33-37.

jusqu'à l'embouchure de l'Euphrate; tandis qu'Hephæstiôn
également reçut ordre de conduire la plus grande partie
de l'armée, avec les éléphants et les lourds bagages, par
la route voisine de la côte de Karmania en Persis. Cette
route, bien que sinueuse, était la plus commode, vu qu'on
était alors en hiver (1); mais Alexandre lui-même, avec
les divisions légères de son armée, prit la route la plus
directe par les montagnes, depuis la Karmania jusqu'à
Pasargadæ et à Persépolis. En visitant le tombeau de Cyrus
le Grand, fondateur de l'empire de Perse, il fut irrité de
le trouver violé et pillé. Il le fit rétablir avec soin, mit à
mort un Macédonien nommé Polymachos, comme auteur du
délit, et tortura les mages qui gardaient le tombeau, dans
le dessein de découvrir des complices, mais en vain (2).
Orsinès, satrape de Persis, fut cependant accusé de connivence dans ce sacrilége, aussi bien que de divers actes de
meurtre et de spoliation; selon Quinte-Curce, non-seulement il était innocent, mais il avait témoigné et de la fidélité et du dévouement à Alexandre (3); néanmoins il devint
victime de l'hostilité de l'eunuque favori Bagoas, qui empoi-
sonna l'esprit du roi de calomnies qu'il inventa, et qui
suborna d'autres accusateurs en leur suggérant de faux
témoignages. Quelle que soit la vérité de cette histoire,
Alexandre fit pendre Orsinès (4), nommant satrape Peukestès, actuellement en grande faveur, en partie parce
qu'il avait accompagné et sauvé le roi dans le danger imminent que ce dernier avait couru à la citadelle des Malli, —

---

(1) Arrien, VI, 28, 12-29, 1.
(2) Plutarque, Alex. 69; Arrien,
VI, 29, 17; Strabon, XV, p. 730.
(3) Arrien, VI, 30, 2; Quinte-
Curce, X, 1, 23-38. « Hic fuit exitus
nobilissimi Persarum, nec insontis
modo, sed eximiæ quoque benignitatis
in regem. » La grande faveur dont le
bel eunuque Bagoas (bien qu'Arrien
ne le mentionne pas) jouissait auprès
d'Alexandre et la position élevée qu'il
occupait sont attestées par de bons

témoignages contemporains, en parti-
culier par le philosophe Dikæarchos.
— V. Athénée, XIII, p. 603; Di-
kæarch. Fragm. 19, ap. Hist. Græc.
Fragm. Didot, vol. II, p. 241. Cf. les
Fragments d'Eumenés et de Diodotos
(Ælien, V. H. III, 23) dans Didot,
Fragm. Script. Hist. Alex. Magn.
p. 121; Plutarque, De Adul. et Amic.
Discrim. p. 65.
(4) Arrien, VI, 30; Quinte-Curce,
X, 1, 22-30.

en partie parce qu'il avait adopté le costume, les manières et le langage persans plus complétement que tout autre Macédonien.

Ce fut vers février (commencement du printemps 324 av. J.-C.) (1) qu'Alexandre se rendit de Persis à Suse. Pendant cette marche, au point où il traversa le Pasitigris, il fut rejoint de nouveau par Nearchos, qui, après avoir achevé sa circumnavigation de l'embouchure de l'Indus à celle de l'Euphrate, était revenu avec sa flotte de ce dernier fleuve et avait remonté le Pasitigris (2). Il est probable que la division d'Hephæstiôn le rejoignit aussi à Suse, et que toute l'armée y fut réunie pour la première fois, depuis la séparation en Karmania.

Alexandre passa plusieurs mois à Suse et en Susiane (printemps et été 324 av. J.-C.). Pour la première fois depuis son avénement au trône, il n'avait pas à ce moment d'opérations militaires en train ni en perspective immédiate. Il n'avait aucun ennemi devant lui, jusqu'à ce qu'il lui plût de se mettre en quête pour en découvrir un nouveau; et, dans le fait, il n'en pouvait être trouvé de nou-

---

(1) M. Fynes Clinton (Fast. Hellen. 325 av. J.-C., et Append. p. 232) place l'arrivée d'Alexandre en Susiane, lors de sa marche de retour, dans le mois de février de 325 avant J.-C., une année trop tôt, à mon avis. J'ai fait auparavant une remarque au sujet des vues de M. Clinton relatives à la date de la victoire remportée par Alexandre sur Porus à l'Hydaspés, où (suivant une conjecture de Schmieder) il change le nom du mois tel qu'il est dans le texte d'Arrien, et suppose que cette bataille se livra en août 327 avant J.-C. au lieu d'avril 326 avant J.-C. M. Clinton antidate d'une année toutes les opérations que fit Alexandre après qu'il eut quitté la Baktriane pour la dernière fois dans l'été de 327 avant J.-C. La remarque du docteur Vincent, — à savoir que « la supposition de *deux hivers* s'écou-

lant après le retour d'Alexandre à Suse n'est pas appuyée par les historiens » (V. Clinton, p. 232) est parfaitement juste, et Mitford n'y a pas répondu d'une manière satisfaisante. Selon moi, il n'y a qu'un intervalle de seize mois (et non un intervalle de vingt-huit mois, comme le suppose M. Clinton) entre le retour d'Alexandre à Suse et sa mort à Babylone (de février 324 av. J.-C. à juin 323 av. J.-C.).

(2) Arrien, VII, 5, 9; Arrien, Indica, c. 42. La mort volontaire du gymnosophiste indien Kalanos doit avoir eu lieu à Suse (où Diodore la place, — XVII, 107) et non en Persis: car Nearchos était vraisemblablement présent à la mémorable scène du bûcher funèbre (Arrien, VII, 3, 9), — et il n'était pas avec Alexandre en Persis.

veau, si ce n'est à une prodigieuse distance. Il était sorti
des périls de l'Orient non frayé, et il était revenu dans
les localités et les conditions ordinaires du gouvernement
persan; il occupait cette capitale d'où les grands rois achæménides avaient eu l'habitude de gouverner les parties occidentales aussi bien que les orientales de leur vaste empire.
Alexandre avait succédé à leur poste et à leur amour irri-
table de servilité; mais il apportait avec lui une énergie
inquiète telle que personne n'en avait manifesté, à l'exception de Cyrus, le premier fondateur, — et un éclatant
génie militaire, tel que ni Cyrus, ni ses successeurs n'en
avaient connu de pareil.

Dans la nouvelle position d'Alexandre, ses principaux
sujets d'inquiétude furent les satrapes et les soldats macédoniens. Pendant le long intervalle (plus de cinq ans) qui
s'était écoulé depuis qu'il était parti d'Hyrkania, vers l'est,
à la poursuite de Bessus, les satrapes avaient été nécessairement laissés beaucoup à eux-mêmes. Quelques-uns avaient
cru qu'il ne reviendrait jamais, pensée qui n'était nullement
déraisonnable, puisque la passion qui l'entraînait à marcher
en avant était si insatiable qu'il fut seulement forcé de
revenir par l'opposition résolue de ses propres soldats; de
plus, la dangereuse blessure qu'il avait reçue chez les Malli,
et sa marche calamiteuse à travers la Gedrosia, avaient
donné naissance à la nouvelle de sa mort, crue pendant
quelque temps même par Olympias et Kleopatra en Macédoine (1). Dans ces incertitudes, quelques satrapes étaient
accusés d'avoir pillé de riches temples, et commis des actes
de violence à l'égard d'individus. A part de toute criminali-
té, réelle ou alléguée, plusieurs d'entre eux également
avaient pris à leur solde des corps de troupes mercenaires,
en partie comme instrument nécessaire d'autorité dans leurs
districts respectifs, en partie comme protection pour eux-
mêmes dans le cas où Alexandre mourrait. Relativement à
la conduite des satrapes et de leurs officiers, il arriva des

---

(1) Plutarque, Alex. 68.

dénonciations et des plaintes nombreuses, qu'Alexandre
écouta volontiers et même avec empressement, punissant
les accusés avec une rigueur aveugle, et irrité surtout du
soupçon qu'ils avaient compté sur sa mort (1). Au nombre
de ceux qui furent exécutés se trouva Abulitès, satrape de
Susiane, avec son fils Oxathrès; ce dernier fut même tué
par les mains d'Alexandre avec une sarissa (2), — la dis-
pensation du châtiment devenant dans ses mains une explosion d'un caractère exaspéré. Il dépêcha également aux
satrapes des ordres péremptoires, leur ordonnant de renvoyer leurs troupes mercenaires sans délai (3). Cette mesure produisit sur l'état de la Grèce un effet considérable,
dont je parlerai dans un chapitre suivant. Harpalos, satrape
de Babylone (dont il sera aussi bientôt parlé plus longuement),
qui avait gaspillé pour un luxe fastueux des sommes énormes
sur les revenus de son poste, fut épouvanté quand Alexandre
s'approchait de la Susiane, et il s'enfuit en Grèce avec de
grands trésors et un petit corps de soldats (4). Une sérieuse

---

(1) Arrien, VII, 4, 2-5; Diodore,
XVII, 108; Quinte-Curce, X, 1, 7.
« Cœperat esse præceps ad repræsen-
tanda supplicia, item ad deteriora
credenda » (Quinte-Curce, X, 1, 39).

(2) Plutarque, Alex. 68.

(3) Diodore, XVII, 106-111.

(4) Parmi les accusations qui parvinrent à Alexandre contre ce satrape,
nous sommes surpris de trouver une
lettre adressée à lui (ἐν τῇ πρὸς Ἀλέξανδρον ἐπιστολῇ) par l'historien grec
Théopompe, qui expose avec indignation les présents et les honneurs extra-
vagants dont Harpalos combla ses
deux maîtresses successives, — Py-
thionikê et Glykera, célèbres Hetæræ
d'Athènes. Théopompe représente
cette conduite comme une insulte
faite à Alexandre (Théopompe ap.
Athenæ. XIII, p. 586-593; Fragm.
277, 278, éd. Didot).

Le drame satirique appelé Ἀγήν, représenté devant Alexandre à une époque postérieure à la fuite d'Harpalos,

ne peut avoir été représenté (comme
Athénée affirme qu'il le fut) sur les
rives de l'*Hydaspes*, vu qu'Harpalos ne
s'enfuit que quand il fut effrayé de
l'approche d'Alexandre *revenant* de
l'Inde. A l'Hydaspes, Alexandre était
encore en marche pour les pays lointains, bien éloigné de revenir, n'en
ayant pas même l'idée. Il me semble
que les mots d'Athénée relatifs à
ce drame, — ἐδίδαξε Διονυσίων ὄν-
των ἐπὶ τοῦ Ὑδάσπου τοῦ ποταμοῦ
(XIII, p. 595), — renferment une erreur ou une fausse leçon, et qu'il de-
vrait y avoir ἐπὶ τοῦ Χοάσπου τοῦ
ποταμοῦ. Je puis faire remarquer que
les mots *Medus Hydaspes*, dans Virgile,
Georg. IV, 211, renferment probablement la même confusion. Le Choaspes
était le fleuve voisin de Suse; et ce
drame fut représenté devant Alexandre à Suse pendant les Dionysia de
l'année 324 avant J.-C., après qu'Harpalos avait fui. Les Dionysia tombaient dans le mois Elaphebolion; or

alarme se répandit parmi tous les satrapes et tous les officiers, innocents aussi bien que coupables. Que les coupables ne fussent pas ceux qui craignissent le plus, c'est ce que nous pouvons voir par l'exemple de Kleomenès en Égypte, qui resta dans son gouvernement sans être inquiété, bien que ses iniquités ne fussent pas un mystère (1).

Parmi les soldats macédoniens, le mécontentement avait été sans cesse en augmentant depuis les nombreuses preuves qu'ils voyaient qu'Alexandre avait choisi un rôle asiatique, et renoncé à son propre pays. Outre l'adoption habituelle qu'il avait faite du costume et du cérémonial persan, il célébra actuellement à Suse une sorte de mariage asiatique national. Il avait déjà épousé la captive Roxanè en Baktriane; il prit ensuite deux épouses en plus, — Statira, fille de Darius, — et Parysatis, fille du précédent roi Ochus. En même temps, il fit épouser (suivant les usages persans) à quatre-vingts de ses principaux amis et officiers, malgré la vive répugnance de quelques-uns, des femmes choisies dans les plus nobles familles persanes, qu'il pourvut toutes de dots (2). Il fit, en outre, des présents à tous ceux des Macédoniens qui déclarèrent avoir pris des Persanes pour femmes. Des fêtes magnifiques (3) accompagnèrent ces noces, avec des présents honorifiques distribués à des favoris et à des officiers méritants. Les Macédoniens et les Perses, ces deux races souveraines, l'une en Europe, l'autre en Asie,

---

Alexandre ne combattit pas Porus sur l'Hydaspes avant le mois suivant Munychion au plus tôt et probablement plus tard. Et même si nous supposons (ce qui n'est pas probable) qu'il parvint à l'Hydaspes en Elaphebolion, il n'aurait pas eu le loisir de célébrer une fête Dionysiaque avec des drames, tandis que l'armée de Porus l'attendait sur la rive opposée. De plus, il n'est nullement probable que, sur le lointain Hydaspes, il eût des acteurs, ou un chœur, ou le moyen de faire jouer des drames.

(1) Arrien, VII, 18, 2; VII, 23, 9-13.

(2) Arrien, VII, 4, 6-9. Par ces deux mariages, Alexandre se greffait ainsi sur les deux lignes des rois de Perse antérieurs. Ochus était de la famille achæménide; mais Darius Codoman, père de Statira, n'était pas de cette famille; il commençait une nouvelle ligne. Au sujet de l'outrecuidant état royal d'Alexandre, qui dépassait même celui des rois de Perse précédents, V. Phylarque ap. Athenæ. XII, p. 539.

(3) Charès ap. Athenæ. XII, p. 538.

étaient ainsi destinés à être amalgamés. Pour diminuer l'aversion qu'inspiraient aux soldats ces mariages qui faisaient d'eux des Asiatiques (1), Alexandre annonça dans une proclamation qu'il payerait lui-même leurs dettes, invitant tous ceux qui devaient de l'argent à donner leurs noms avec une indication des sommes dues. On savait qu'il y avait beaucoup de débiteurs; cependant il n'y en eut que peu qui vinrent faire leur déclaration. Les soldats soupçonnaient la proclamation d'être un stratagème destiné à découvrir ceux qui étaient dépensiers, et à trouver un prétexte pour les punir, preuve remarquable du peu de confiance ou d'affection qu'Alexandre inspirait actuellement et combien à l'admiration qu'on avait pour lui se mêlait un sentiment de crainte. Il fut lui-même fort blessé de leur défiance, et il s'en plaignit ouvertement; il déclara en même temps qu'on établirait publiquement dans le camp des tables et des payeurs, et que tout soldat pourrait venir demander l'argent nécessaire pour payer ses dettes, sans être obligé de donner son nom. Assurés du secret, ils demandèrent alors en si grand nombre que le total distribué fut prodigieusement grand; il s'élevait, suivant quelques-uns, à 10,000 talents; — suivant Arrien, à pas moins de 20,000 talents, soit 115,000,000 de francs (2).

Quelque considérable que fût ce don, il ne procura probablement qu'une satisfaction partielle, vu que les soldats dont la conduite était la meilleure et la plus rangée n'avaient pu avoir aucun profit, à moins qu'il ne leur eût convenu de se présenter avec des dettes fictives. En outre, une nouvelle mortification attendait les soldats en général (printemps, 323 av. J.-C.). Il arriva des diverses satrapies, — même des plus éloignées, de la Sogdiane, de la Baktriane, de l'Aria, de la Drangiane, de l'Arachosia, etc., — des contingents de jeunes et nouvelles troupes indigènes, montant à trente

---

(1) Arrien, VII, 6, 3. Καὶ τοὺς γάμους ἐν τῷ νόμῳ τῷ Περσικῷ ποιηθέντας οὐ πρὸς θυμοῦ γενέσθαι τοῖς πολλοῖς αὐτῶν, οὐδὲ τῶν γημάντων ἐστὶν οἷς, etc.

(2) Arrien, VII, 5; Plutarque, Alex. 70; Quinte-Curce, X, 2, 9, Diodore, XVII, 109.

mille hommes, tous armés et exercés à la manière macédonienne. Du moment que les Macédoniens avaient refusé de franchir l'Hyphasis et d'avancer dans l'Inde, Alexandre vit que, pour ses vastes projets agressifs, il était nécessaire de licencier ses vieux soldats et d'organiser une armée à la fois plus nouvelle et plus soumise. En conséquence, il envoya aux satrapes l'ordre de faire et de discipliner de nouvelles levées asiatiques, de jeunes indigènes vigoureux, et l'on voyait en ce moment ce qu'avait produit cet ordre (1). Alexandre reçut avec une grande satisfaction ces nouvelles levées, qu'il appela les Epigoni. En outre, il incorpora un grand nombre de Perses indigènes, tant officiers que soldats, dans la cavalerie des Compagnons, le service le plus honorable de l'armée; en opérant l'important changement de les armer de la courte pique macédonienne, propre à percer, à la place de la javeline persane, qui se lançait. Il se trouva qu'ils étaient de si bons soldats, et le génie d'Alexandre pour l'organisation militaire était si consommé, qu'il se vit bientôt affranchi de sa dépendance à l'égard des vétérans macédoniens, changement assez évident, pour eux aussi bien que pour lui (2).

La nouveauté et le succès de Nearchos dans son voyage d'exploration avaient excité dans Alexandre un goût vif pour des opérations navales. A bord de sa flotte, sur le Pasitigris (le Karun, fleuve sur le côté oriental de Suse), il le descendit en personne jusqu'au golfe Persique, examina la côte jusqu'à l'embouchure du Tigre, fleuve qu'il remonta aussi loin qu'Opis. Pendant ce temps-là, Hephæstion, qui commandait l'armée, marcha par terre de concert avec ce voyage, et revint à Opis, où Alexandre débarqua (3).

Alexandre avait fait alors une expérience suffisante des levées asiatiques pour pouvoir se passer d'un grand nombre de ses vétérans macédoniens. Convoquant l'armée, il lui fit

---

(1) Diodore, XVII, 108. Il a dû falloir du temps pour réunir et discipliner ces jeunes troupes; conséquemment Alexandre a dû envoyer les ordres de l'Inde.

(2) Arrien, VII, 6.

(3) Arrien, VII, 7.

connaître son intention de renvoyer dans leur patrie ceux
qui étaient impropres au service, soit à cause de leur âge,
soit à cause de blessures, mais de leur accorder, au départ,
des présents suffisants pour les mettre dans une condition
digne d'envie, et pour attirer de nouveaux remplaçants macédoniens. En entendant cette déclaration, les soldats laissèrent éclater aussitôt leur mécontentement amassé depuis
longtemps. Ils se voyaient mis de côté, comme usés et inutiles, — et mis de côté, non pas pour faire place à des
hommes plus jeunes de leur propre pays, mais en faveur de
ces Asiatiques, dans les bras desquels leur roi avait passé
actuellement. Ils demandèrent à grands cris qu'il les renvoyât tous, — lui conseillant, en manière de raillerie, de
faire ses futures conquêtes avec son père Ammon. Ces manifestations irritèrent tellement Alexandre, qu'il sauta de
la plate-forme élevée où il s'était mis pour parler, se jeta,
avec quelques-uns de ses gardes, au milieu de la foule des
soldats, et saisit ou fit saisir treize de ceux qui étaient apparemment les plus avancés, ordonnant qu'ils fussent immédiatement mis à mort. La multitude fut complétement terr
fiée et réduite au silence ; alors, Alexandre remonta sur à
plate-forme et leur adressa un discours d'une longueur con
sidérable. Il vanta les grands exploits de Philippe, et les
siens plus grands encore : il affirma que tout le bénéfice de
ses conquêtes était allé aux Macédoniens, et que lui-même
n'en avait rien retiré, si ce n'est une double part dans les
travaux, les fatigues, les blessures et les périls communs.
Leur reprochant d'abandonner lâchement un roi auquel ils
devaient toutes ces acquisitions incomparables, il finit en
leur donnant à tous leur congé, — et en leur commandant de
partir sur-le-champ (1).

Après ce discours, — rempli (tel que nous le lisons dans
Arrien) de cette exorbitante glorification de lui-même, qui
était le principal trait de son caractère, — Alexandre se
retira précipitamment dans le palais, où il resta renfermé

---

(1) Arrien, VII, 9, 10, Plutarque, Alex. 1; Quinte-Curce, X, 2; Justin,
XII, 11.

pendant deux jours sans recevoir personne, à l'exception de ses serviteurs immédiats. Ses gardes s'en allèrent avec lui, laissant les soldats mécontents stupéfaits et immobiles. Ne recevant pas de nouveaux ordres, ni aucune des indications militaires accoutumées (1), ils restaient dans la condition impuissante de soldats forcés de prendre une décision par eux-mêmes, et en même temps complétement dépendants d'Alexandre, qu'ils avaient offensé. Le troisième jour, ils apprirent qu'il avait convoqué les officiers persans, et qu'il les avait investis des principaux commandements militaires, distribuant les Epigoni nouvellement arrivés en divisions d'infanterie et de cavalerie, tous avec les titres militaires macédoniens, et omettant les Macédoniens eux-mêmes comme s'ils n'existaient pas. A cette nouvelle, les soldats furent accablés de honte et de remords. Ils se précipitèrent aux portes du palais, jetèrent bas leurs armes et implorèrent le pardon d'Alexandre avec des pleurs et des gémissements. Bientôt le roi sortit, et fut lui-même touché jusqu'aux larmes en voyant leur contenance abattue. Après avoir attesté qu'il était entièrement réconcilié avec eux, il fit célébrer un sacrifice solennel, joint à un banquet où se trouvaient mêlés des Macédoniens et des Perses en foule. Les prophètes grecs, les mages perses et tous les convives présents s'unirent dans des prières et des libations pour la fusion, l'harmonie et une communauté d'empire entre les deux nations (2).

---

(1) Voir la description faite par Tacite (Hist. II, 29) de la manière dont fut ramenée à l'obéissance l'armée de Vitellius, qui s'était mutinée contre le général Fabius Valens : « Tum Alphenus Varus, præfectus castrorum, deflagrante paulatim seditione, addit consilium — vetitis obire vigilias centurionibus, omisso tubæ sono, quo miles ad belli munia cietur. Igitur torpere cuncti, circumspectare inter se attoniti, *et id ipsum, quod nemo regeret, pavontes*; silentio, patientia, postremo precibus et lacrymis veniam quærebant. Ut vero deformis et flens, et præter spem incolumis, Valens processit, gaudium, miseratio, favor; versi in lætitiam (ut est vulgus utroque immodicum) laudantes gratantesque, circumdatum aquilis signisque in tribunal ferunt. »

Cf. aussi, dans Xénophon (Anab. I, 3), le récit de l'embarras des Dix Mille Grecs à Tarsos, quand ils avaient d'abord refusé d'obéir à Klearchos et de marcher contre le Grand Roi.

(2) Arrien, VII, 11.

Cette victoire complète sur ses propres soldats fut probablement aussi agréable à Alexandre qu'aucune de celles qu'il avait remportées pendant sa vie passée ; elle était pour lui une compensation consolante du mémorable refus d'avancer sur les bords de l'Hyphasis, refus qu'il n'avait ni oublié ni pardonné. Il choisit dix mille hommes parmi les soldats les plus âgés et les plus épuisés pour les renvoyer dans leur patrie, sous Krateros, en donnant à chacun d'eux solde entière jusqu'au moment de leur arrivée en Macédoine, avec une gratification d'un talent en sus. Son intention était que Krateros, qui avait une mauvaise santé, restât en Europe comme vice-roi de Macédoine, et qu'Antipater vînt en Asie avec un renfort de troupes (1). Conformément à cette résolution, les dix mille soldats furent alors désignés pour retourner, et séparés du gros de l'armée. Cependant il ne paraît pas qu'ils soient retournés réellement, pendant les dix mois qu'Alexandre vécut encore.

Quant à l'important édit rendu cet été par Alexandre pour les cités grecques, et lu à la fête Olympique en juillet, — édit qui ordonnait à chaque cité de rappeler ses citoyens exilés, — j'en parlerai dans un prochain chapitre. Il avait actuellement atteint son but ; il avait organisé une armée de terre à moitié macédonienne, à moitié asiatique (été, 324 av. J.-C.). Mais, depuis l'expédition de Nearchos, le désir lui était venu de donner une extension considérable à ses forces navales également ; ce qui, dans le fait, était une condition indispensable pour ses projets immédiats de conquérir l'Arabia, et de pousser son exploration et son agrandissement nautique, à partir du golfe Persique, autour des côtes de cette contrée. Il dépêcha des ordres aux ports phéniciens, enjoignant de construire une flotte nombreuse, de démonter ensuite les vaisseaux, de les transporter à Thapsakos, sur l'Euphrate, d'où ils descendraient le fleuve jusqu'à Baby

---

(1) Arrien, VII, 12, 1-7 ; Justin, XII, 12. Krateros en particulier était populaire auprès des soldats macédoniens, parce qu'il s'était opposé, autant qu'il l'osait, à la transformation orientale d'Alexandre (Plut. Eumênês, 6).

lone. Dans cette ville, il ordonna la construction d'autres vaisseaux au moyen des nombreux cyprès qui l'entouraient, — aussi bien que la formation d'un énorme port sur le fleuve à Babylone, suffisant pour loger mille vaisseaux de guerre. Mikkalos, Grec de Klazomenæ, fut envoyé en Phénicie avec cinq cents talents et la mission d'enrôler ou d'acheter des marins pour les équipages. On comptait que ces préparatifs (probablement sous la surveillance de Nearchos) seraient achevés au printemps, époque pour laquelle on convoqua à Babylone des contingents destinés à l'expédition contre l'Arabia (1).

Pendant ce temps, Alexandre lui-même se rendit à Ekbatane, résidence ordinaire d'été des rois de Perse (324 av. J.-C.). Il conduisit son armée à petites journées, examinant en route les anciens parcs royaux où l'on élevait la célèbre race de chevaux appelés nisæens, — à ce moment fort réduits en nombre (2). Pendant la marche, une violente contestation s'éleva entre son favori personnel Hephæstiôn et son secrétaire Eumenès, l'homme le plus capable, le plus adroit qu'il eût à son service, et celui qui voyait les choses de plus loin. Eumenès, comme Grec de Kardia, avait toujours été regardé avec dédain et jalousie par les officiers macédoniens, en particulier par Hephæstiôn; Alexandre s'appliqua alors à les réconcilier, n'éprouvant aucune difficulté avec Eumenès, mais beaucoup avec Hephæstiôn (3). Pendant son séjour à Ekbatane, il célébra des sacrifices et des fêtes solennelles, avec des représentations gymnastiques

---

(1) Arrien, VII, 19. Il envoya aussi un officier nommé Hérakleidès aux bords de la mer Caspienne, avec ordre de construire des vaisseaux et d'explorer cette mer (VII, 16).

(2) Arrien, VII, 13, 2; Diodore, XVII, 110. On peut voir dans Diodore combien la marche se fit à loisir.

La direction de la marche d'Alexandre de Suse à Ekbatane, le long d'une route bonne et fréquentée que Diodore, dans un autre endroit, appelle une route royale (XIX, 19), est tracée par Ritter, qui tire surtout ses informations des récentes recherches de sir Henry Rawlinson. La plus grande partie de cette route était le long du côté occidental de la chaîne du mont Zagros, et sur la rive droite de la rivière de Kerkha (Ritter, Erdkunde, part. IX, l. III, p. 329, West-Asia).

(3) Arrien, VII, 13, 1; Plutarque, Eumenès, 2.

et musicales, qui furent animées, en outre, suivant les habitudes macédoniennes, par des banquets et d'excessives libations. Au milieu de ces réjouissances, Hephæstiôn fut saisi d'une fièvre. La vigueur de sa constitution l'enhardit à négliger tout soin ou tout régime ; de sorte qu'en peu de jours la maladie l'emporta. La crise finale arriva soudainement, et Alexandre en fut averti tandis qu'il était au théâtre ; mais, bien qu'il se rendît aussitôt en toute hâte auprès de son lit, il le trouva déjà mort. La douleur que lui causa cette perte fut immodérée ; elle se manifesta en excès conformes à la violence générale de ses mouvements, soit d'affection, soit d'antipathie. A l'instar d'Achille pleurant Patroklos, il se jeta par terre auprès du cadavre, et y resta à gémir pendant plusieurs heures ; il refusa tout soin, et même toute nourriture pendant deux jours ; il coupa ses cheveux ras et ordonna que tous les chevaux et tous les mulets du camp eussent aussi leurs crinières coupées rases également ; non-seulement il suspendit les réjouissances, mais encore il interdit toute musique et tout signe de joie dans le camp ; il ordonna d'abattre les créneaux des murs appartenant aux cités voisines ; il fit pendre, ou crucifier, le médecin Glaukias, qui avait fait l'ordonnance pour Hephæstiôn ; il ordonna d'élever à Babylone un immense bûcher, qui coûta, nous dit-on, dix mille talents (57,500,000 fr.), pour célébrer les obsèques ; il envoya des messagers à l'oracle d'Ammon, pour demander s'il était permis d'adorer Hephæstiôn comme un dieu. Un grand nombre de ceux qui l'entouraient, s'accommodant à ce mouvement passionné du maître, se mirent aussitôt à rendre une sorte de culte au défunt, en lui consacrant et leurs personnes et leurs armes ; ce dont Eumenès donna l'exemple, sachant le danger qu'il courait personnellement si Alexandre le soupçonnait d'être content de la mort de son récent rival. Perdikkas eut pour intructions de transporter le corps en procession solennelle à Babylone, pour y être brûlé en grande pompe quand les préparatifs seraient achevés (1).

_____

(1) Arrien, VII, 14 ; Plutarque, Alex. 72 ; Diodore, XVII, 110. Il ne

Alexandre séjourna à Ekbatane jusqu'à ce que l'hiver fût arrivé, cherchant une distraction à sa douleur dans un éclat exagéré de fêtes et dans une vie fastueuse (hiver 324-323 av. J.-C.). Son caractère devint plus irascible et plus furieux, au point que personne ne l'approchait sans crainte, et les flatteries les plus extravagantes étaient nécessaires pour se le rendre favorable (1). A la fin, il se réveilla et trouva sa véritable consolation en satisfaisant les passions principales de sa nature, — l'amour des combats et la chasse à l'homme (2). Entre la Médie et la Persis habitaient les tribus appelées Kossæi, au milieu d'une région de montagnes élevées, sans routes, inaccessibles. Braves et adonnées au pillage, elles avaient défié les attaques des rois de Perse. Alexandre conduisit contre elles en ce moment une puissante armée, et malgré les difficultés plus grandes qu'amenait la saison d'hiver, il les poussa de point en point, les suivant dans les retraites les plus hautes et les plus impénétrables de leurs montagnes. Ces efforts se continuèrent pendant quarante jours, jusqu'à ce que toute la population mâle fût tuée, ce qui passa pour une offrande agréable aux mânes d'Hephæstiôn (3).

Peu de temps après, Alexandre se mit en marche pour

---

serait pas bon de suivre la règle d'évidence admise tacitement par Arrien, qui se croit autorisé à discréditer tous les détails de la conduite d'Alexandre en cette occasion, conduite qui dépasse les limites d'une douleur digne, quoique véhémente.

Quand Masistios fut tué, dans l'armée persane commandée par Mardonios en Bœôtia, on coupa les crinières des chevaux, comme signe de deuil (Hérodote, IX, 24) : cf. aussi Plutarque, Pélopidas, 33; et Euripide, Alkestis, 442.

(1) V. les curieux extraits d'Ephippos le Chalkidien, — vraisemblablement contemporain, sinon témoin oculaire (ap. Athenæ. XII, p. 537, 538) : Εὐφημία δὲ καὶ σιγὴ κατεῖχε πάντας ὑπὸ δέους τοὺς παρόντας · ἀφόρητος γὰρ ἦν (Alexandre) καὶ φονικός · ἐδόκει γὰρ εἶναι μελαγχόλικος, etc.

(2) Je traduis ici littéralement une expression de Plutarque : — Τοῦ δὲ πενθοῦς παρηγόρια τῷ πολέμῳ χρώμενος, ὥσπερ ἐπὶ θήραν καὶ κυνηγεσίον ἀνθρώπων ἐξῆλθε, καὶ τὸ Κοσσαίων ἔθνος κατεστρέψατο, πάντας ἡβηδὸν ἀποσφάττων. Τοῦτο δὲ Ἡφαιστίωνος ἐναγισμὸς ἐκαλεῖτο (Plutarque, Alex. 72 : cf. Polyen, IV, 3, 31).

(3) Arrien, VII, 15; Plutarque, Alex. 72; Diodore, XVII, 111. Toutefois, ce massacre général ne peut être vrai que de portions du nom Kossæen : car on rencontre des Kossæens dans les années postérieures (Diodore, XIX, 19).

Babylone ; mais il s'avança lentement et fut en outre retardé par diverses ambassades étrangères qui vinrent à sa rencontre dans la route (hiver-printemps 323 av. J.-C.). La terreur de son nom et de ses exploits s'était répandue si loin que plusieurs de ces ambassadeurs venaient des régions les plus lointaines. Il y en avait des diverses tribus de la Libye, — de Carthage, — de la Sicile et de la Sardaigne, — des Illyriens et des Thraces, — des Lucaniens, des Brutiens et des Toscans, en Italie, — bien plus, même (comme quelques-uns l'affirmaient) des Romains, peuple qui n'avait encore qu'une médiocre puissance (1). Mais il y avait d'autres noms encore plus surprenants, — des Æthiopiens de l'extrème sud, au delà de l'Égypte ; — des Scythes du nord, au delà du Danube ; — des Ibériens et des Gaulois du fond de l'Occident, au delà de la Méditerranée. Il arriva aussi des députés de diverses cités grecques, en partie pour lui adresser des félicitations et des compliments au sujet de ses succès incomparables, en partie pour lui faire des remontrances contre son ordre radical de rétablissement général des exilés grecs (2). On remarqua que ces envoyés grecs s'approchèrent de lui avec des couronnes sur la tête, en lui offrant des couronnes d'or, — comme s'ils venaient

---

(1) Pline, H. N. III, 9. L'histoire dans Strabon, V, p. 232, ne peut guère s'appliquer à Alexandre le Grand. Tite-Live (IX, 18) croit que les Romains ne connurent pas Alexandre même de réputation, mais cela ne me paraît pas croyable.

En somme, bien que le point soit douteux, j'incline à croire l'assertion d'une ambassade romaine envoyée à Alexandre. Néanmoins, il y eut diverses assertions fausses qui circulèrent dans la suite à ce sujet ; — on peut en voir une dans l'histoire d'Hèrakleia du Pont de Memnôn ap. Photium, Cod. 224 ; Orelli Fragment. Memnon, p. 36. Kleitarchos (contemporain d'Alexandre), que cite Pline, n'a pas pu avoir de motif pour insérer

faussement le nom des Romains, qui, de son temps, n'était nullement important.

(2) Arrien, VII, 15 ; Justin, XII, 13 ; Diodore, XVII, 113. L'histoire mentionnée par Justin dans un autre endroit (XXI, 6) peut probablement être rapportée à ce dernier temps de la carrière d'Alexandre. Un Carthaginois nommé Hamilkar Rhodanos fut envoyé par sa cité vers ce prince ; en réalité comme émissaire pour s'informer des desseins réels du roi, qui occasionnèrent à Carthage une alarme sérieuse, mais il se donnait comme un exilé offrant ses services. Justin dit que Parmeniôn présenta Hamilkar, — ce qui, selon moi, doit être une erreur.

en présence d'un dieu (1). Les preuves que même des tribus
lointaines, dont les noms et les costumes étaient inconnus
à Alexandre, donnèrent à ce prince de la crainte qu'elles
avaient de son inimitié et de leur vif désir d'obtenir sa
faveur, furent telles qu'aucun personnage historique n'en
avait jamais reçu de pareilles et de nature à expliquer
complétement son arrogance surhumaine.

Toutefois, au milieu de cette exubérance d'orgueil et de
prospérité, de sombres présages et de fâcheuses prophéties
affluaient vers lui à mesure qu'il approchait de Babylone
(printemps 323 av. J.-C.). De ces prophéties, la plus remarquable fut l'avertissement des prêtres chaldæens, qui lui
apprirent, aussitôt après qu'il eut franchi le Tigre, qu'il
serait dangereux pour lui d'entrer dans cette cité et l'exhor-
tèrent à rester en dehors des portes. D'abord il inclina
à obéir ; mais ses scrupules furent vaincus, soit par les
arguments du sophiste grec Anaxarchos, soit par la honte
de s'interdire la cité la plus mémorable de l'empire, où se
poursuivaient en ce moment ses grands préparatifs navals.
Il trouva Nearchos avec sa flotte, qui avait remonté le
fleuve depuis son embouchure, — ainsi que les vaisseaux
qu'il avait fait construire en Phénicie, et qui étaient venus
en descendant le fleuve depuis Thapsakos, en même temps
qu'un nombre considérable de marins pour servir à bord (2).
Les vaisseaux de bois de cyprès et les vastes bassins qu'il
avait ordonné de construire à Babylone étaient également
en plein progrès. Sans perdre de temps, il concerta avec
Nearchos les détails d'une expédition en Arabia et dans le
golfe Persique, avec le concours de son armée de terre et
de ses forces navales. De divers officiers de marine qui
avaient été envoyés pour explorer le golfe Persique et qui
firent à ce moment leurs rapports, il apprit que, bien qu'il
n'y eût pas de difficultés sérieuses dans l'intérieur de ce
golfe, ni le long de sa côte méridionale, cependant doubler

---

(1) Arrien, VII, 19, 1 ; VII, 23, 3.   (2) Arrien, VII, 19, 5-12 ; Diodore,
XVII, 112.

le cap oriental qui terminait cette côte, — faire par mer le tour de la péninsule inconnue de l'Arabia et arriver ainsi à la mer Rouge, — c'était une entreprise périlleuse au moins, sinon impraticable (1). Mais accomplir ce que d'autres hommes jugeaient impraticable était la passion dominante d'Alexandre. Il résolut de faire par mer le tour de l'Arabia, aussi bien que de soumettre les Arabes, qui avaient commis à son égard une offense suffisante en ne lui envoyant pas d'ambassadeurs. Il projeta aussi la fondation d'une grande cité maritime dans l'intérieur du golfe Persique, destinée à rivaliser en richesses et en commerce avec les cités de Phénicie (2).

Au milieu des préparatifs pour cette expédition, — et pendant qu'on construisait l'immense bûcher destiné à Hephæstión, — Alexandre descendit l'Euphrate jusqu'au grand fossé appelé Pallakopas, à environ quatre-vingt-dix milles (= 144 kilom. 3/4) au-dessous de Babylone, écluse construite par les anciens rois assyriens, pour être ouverte quand le fleuve était trop plein, de manière à laisser écouler l'eau dans les interminables marais qui s'étendaient près de la rive occidentale (avril-mai 323 av. J.-C.). Comme on lui dit que l'écluse ne fonctionnait pas bien, il projeta d'en construire une nouvelle un peu plus bas. Il navigua ensuite à travers le Pallakopas pour explorer les marais, en même temps que pour voir les tombeaux des anciens rois assyriens, qui avaient été élevés au milieu d'eux. Gouvernant lui-même son navire, avec la kausia sur la tête et le diadème royal par-dessus (3), il passa quelque temps au milieu de ces lacs et de ces marécages, qui étaient si vastes que sa

---

(1) Arrien, VII, 20, 15; Arrien, Indica, 43. Pour entreprendre cette circumnavigation, Alexandre avait envoyé un patron de vaisseau de Soli dans l'île de Kypros, nommé Hierôn, qui, effrayé de la distance à laquelle il s'avançait, et de l'étendue en apparence interminable de l'Arabia vers le sud, revint sans avoir accompli sa mission.

Même du temps d'Arrien, dans le second siècle après l'ère chrétienne, jamais on n'avait fait par mer le tour de l'Arabia depuis le golfe Persique jusqu'à la mer Rouge, — du moins autant qu'il le savait.

(2) Arrien, VII, 19, 11.

(3) Arrien, VII, 22, 2, 3; Strabon, XVI, p. 741.

flotte s'y égara. Il y séjourna assez longtemps aussi pour
ordonner et même pour commencer la fondation d'une nouvelle cité à l'endroit qui lui sembla un emplacement convenable (1).

A son retour à Babylone (juin 323 av. J.-C.), Alexandre
trouva des renforts considérables qui y étaient arrivés, —
en partie sous Philoxenos, Menandros et Menidas, de Lydia
et de Karia, — en partie vingt mille Perses, sous Peukestès
le satrape. Il fit incorporer ces Perses dans les files de la
phalange macédonienne. Suivant la coutume établie, chacune de ces files avait seize hommes de profondeur et
chaque soldat était armé d'une longue pique ou sarissa ma-
niée avec les deux mains; le lochagos ou homme du rang
de devant étant toujours un officier qui recevait double
solde, d'une grande force et d'une valeur attestée, — et
ceux qui étaient à la deuxième et à la troisième place dans
la file, aussi bien que le dernier de tous, étant également
de bons et vigoureux soldats, qui recevaient une solde plus
considérable que les autres. Alexandre, dans son nouvel
arrangement, conserva les trois premiers rangs et le dernier sans changement, aussi bien que la même profondeur
de file; mais il substitua douze Perses à la place des douze
Macédoniens qui suivaient l'homme du troisième rang, de
sorte que la file fut composée d'abord du lochagos et de
deux Macédoniens d'élite, chacun armé de la sarissa, —
ensuite de douze Perses armés à leur manière de l'arc ou de
la javeline, — en dernier lieu, d'un Macédonien avec la
sarissa, qui occupait le dernier rang (2). Dans cette file
macédonico-persane, le front devait avoir seulement trois
piques faisant saillie, au lieu des cinq que présentait la
phalange macédonienne ordinaire; mais alors, en compen-

---

(1) Arrien, VII, 21, 11. Πόλιν ἐξ-
ῳκοδόμησε τε καὶ ἐτείχισε.

(2) Arrien, VII, 23, 5. Même quand
il accomplissait l'opération purement
militaire de passer ces soldats en revue, d'inspecter leurs exercices et de
déterminer leur ordre de bataille, —

Alexandre était assis sur le trône
royal, entouré d'eunuques asiatiques;
ses principaux officiers étaient assis
sur des lits à pied d'argent, près de
lui (Arrien, VII, 24, 4). C'est une des
preuves du changement de ses habitudes.

sation, les soldats persans pouvaient lancer leurs javelines
sur un ennemi qui avançait, par-dessus les têtes des hommes
des trois premiers rangs. La mort d'Alexandre, qui survint,
empêcha l'exécution réelle de cette réforme, intéressante
en ce qu'elle était son dernier projet pour amalgamer les
Perses et les Macédoniens en une seule force militaire.

Outre cette modification apportée à la phalange, Alexandre
passa aussi en revue sa flotte, qui était alors complétement
équipée. A ce moment fut donné l'ordre de partir, aussitôt
que les obsèques d'Hephæstiôn seraient célébrées. C'était le
dernier acte qui lui restait à accomplir. Le magnifique bûcher était prêt; il avait deux cents pieds de haut, occupait
une surface carrée dont le côté était de deux cents mètres
environ et était chargé de riches ornements, qu'y avait
ajoutés le zèle, réel ou simulé, des officiers macédoniens.
L'invention des artistes s'épuisa, dans de longues discus-
sions avec le roi lui-même, pour produire à grands frais un
spectacle d'une magnificence rare et prodigieuse. La dé-
pense (probablement en y comprenant les fêtes qui suivirent immédiatement) monta, dit-on, à douze mille talents
ou soixante-neuf millions de francs (1). Alexandre attendait
l'ordre de l'oracle d'Ammon, où il avait envoyé des messagers pour demander quelle mesure de respect et d'honneur
il pouvait convenablement et pieusement témoigner à son
ami défunt (2). La réponse fut rapportée à ce moment; elle
donnait à entendre qu'Hephæstiôn devait être adoré comme
un héros, — forme secondaire de culte, qui n'était pas au
niveau de celui qu'on rendait aux dieux. Charmé de ce
témoignage divin en faveur d'Hephæstiôn, Alexandre fit
allumer le bûcher et célébrer les obsèques d'une manière
conforme aux injonctions de l'oracle (3). En outre, il
ordonna qu'on élevât de magnifiques chapelles ou édifices sacrés où Hephæstiôn recevrait des adorations et
des hommages, — à Alexandrie en Égypte, — à Pella en

---

(1) Diodore, XVII, 115; Plutarque,
Alex. 72.
(2) Arrien, VII, 23, 8.

(3) Diodore, XVII, 114, 115 : cf. Arrien, VII, 14, 16; Plutarque, Alex.
75.

Macédoine, et probablement dans d'autres cités aussi (1).

Relativement aux honneurs qu'il voulait faire rendre à Hephæstiôn dans la ville d'Alexandrie, il adressa à Kleomenès une dépêche qui nous est connue en partie. J'ai déjà dit que Kleomenès était au nombre des satrapes les plus méchants ; il avait commis une foule de crimes publics, qu'Alexandre n'ignorait pas. La dépêche royale lui enjoignait d'élever en commémoration d'Hephæstiôn une chapelle sur le continent d'Alexandrie, avec une magnifique tourelle dans l'îlot de Pharos ; et de pourvoir en outre à ce que tous les contrats de commerce écrits, comme condition de validité, portassent le nom d'Hephæstiôn. Alexandre finissait ainsi : « Si en venant en Égypte, je trouve les temples et les chapelles d'Hephæstiôn achevés le mieux possible, je te pardonnerai tous tes crimes passés, et à l'avenir, quelque grand crime que tu puisses commettre, tu n'auras à redouter aucun mauvais traitement de ma part (2). » Cette dépêche explique d'une manière frappante combien

---

(1) Arrien, VII, 23, 10-13; Diodore, XVIII, 4. Diodore parle, il est vrai, dans ce passage, de la Πυρά ou bûcher en l'honneur d'Hephæstiôn, comme si elle était au nombre des vastes dépenses comprises dans les notes laissées par Alexandre (après son décès) de projets en perspective. Mais le bûcher avait déjà été élevé à Babylone, comme Diodore lui-même nous l'avait appris. Ce qu'Alexandre laissa non exécuté lors de son décès, mais qu'il avait l'intention d'exécuter s'il eût vécu, c'étaient les édifices et les chapelles magnifiques en l'honneur d'Hephæstiôn, comme nous le voyons par Arrien, VII, 23, 10. Et l'on doit supposer que Diodore fait allusion à ces bâtiments sacrés projetés, bien qu'il ait parlé du bûcher par inadvertance. Krateros, qui avait l'ordre de retourner en Macédoine, devait en construire un à Pella.

L'Olynthien Ephippos avait composé un livre, Περὶ τῆς Ἡφαιστίωνος καὶ Ἀλεξάνδρου ταφῆς, dont on voit quatre ou cinq citations dans Athénée. Il insistait spécialement sur les habitudes de luxe d'Alexandre et sur ses libations immodérées, — qui lui étaient communes avec les autres Macédoniens.

(2) Arrien, VII, 23, 9-14. Καὶ Κλεομένει ἀνδρὶ κακῷ, καὶ πολλὰ ἀδικήματα ἀδικήσαντι ἐν Αἰγύπτῳ, ἐπιστέλλει ἐπιστολήν… Ἢν γὰρ καταλάβω ἐγὼ (ἔλεγε τὰ γράμματα) τὰ ἱερὰ τὰ ἐν Αἰγύπτῳ καλῶς κατεσκευασμένα καὶ τὰ ἡρῷα τὰ Ἡφαιστίωνος, εἴτε τι πρότερον ἡμάρτηκας, ἀφήσω σε τούτων, καὶ τὸ λοιπὸν, ὁπήλικον ἂν ἁμάρτῃς, οὐδὲν πείσῃ ἐξ ἐμοῦ ἄχαρι. — Dans le discours de Démosthène contre Dionysodoros (p. 1285), Kleomenès paraît comme s'enrichissant au moyen du monopole du blé exporté d'Égypte : cf. Pseudo-Aristote, Œconomic. p. 33. Kleomenès fut plus tard mis à mort par le premier Ptolemæos, qui devint roi d'Égypte (Pausanias, I, 6, 3).

les actes injustes des satrapes étaient des considérations secondaires à ses yeux, comparés avec de magnifiques manifestations à l'égard des dieux et un attachement personnel pour ses amis.

La profonde douleur que ressentit Alexandre de la mort d'Hephæstiôn, — non-seulement ami dévoué, mais du même âge que lui et d'une vigueur exubérante comme la sienne, — ouvrit son esprit aux sombres pressentiments de nombreux présages, aussi bien qu'à une défiance jalouse même à l'égard de ses plus anciens officiers. Antipater, en particulier, n'ayant plus l'appui d'Hephæstiôn pour le protéger contre les calomnies d'Olympias (1), tomba de plus en plus dans le discrédit, tandis que son fils Kassandre, qui était venu récemment en Asie avec un renfort macédonien, eut à subir de la part d'Alexandre, pendant des moments de colère, des violences fort blessantes. Malgré l'avertissement par lequel les prêtres chaldæens avaient cherché à le dissuader (2) d'entrer dans Babylone, Alexandre s'était laissé persuader de douter de leur sincérité, et il était entré dans cette ville, bien que non sans hésitation et inquiétude. Toutefois, lorsque, après y être entré, il en sortit sain et sauf lors de son expédition destinée à explorer le cours inférieur de l'Euphrate, il s'imagina avoir démontré qu'ils étaient des alarmistes trompeurs, et il revint à cette ville avec plus de confiance, pour célébrer les obsèques de l'ami qu'il avait perdu (3).

---

(1) Plutarque, Alex. 74; Diodore, XVII, 114.

(2) Arrien, VII, 16, 9 ; VII, 17, 6. Plut. Alex. 73. Diodore, XVII, 112.

(3) Arrien, VII, 22, 1. Αὐτὸς δὲ ὡς ἐξελέγξας δὴ τὲν Χαλδαίων μαντείαν, ὅτι οὐδὲν πεπονθὼς εἴη ἐν Βαβυλῶνι ἄχαρι (ἀλλ' ἔφθη γὰρ ἐλάσας ἔξω Βαβυλῶνος πρίν τι παθεῖν) ἀνέπλει αὖθις κατὰ τὰ ἕλη θαῤῥῶν, etc.

L'inquiétude causée ici par ces prophéties et ces présages, dans l'esprit de l'homme le moins craintif de son temps, est digne de remarque comme fait psychologique, et elle est parfaitement attestée par l'autorité d'Aristobule et de Néarque. Il paraît qu'Anaxarchos et d'autres philosophes grecs l'encouragèrent par leurs raisonnements à mépriser toute prophétie, mais surtout celle des prêtres chaldæens, qui (prétendaient-ils) désiraient tenir Alexandre hors de Babylone afin de pouvoir continuer à posséder les immenses revenus du temple de Belus, qu'ils s'étaient appropriés injustement, Alexandre étant disposé à rebâtir ce temple ruiné et à rétablir les sacri-

Les sacrifices qui se rattachèrent à ces obsèques furent sur la plus prodigieuse échelle (juin, 323 av. J.-C.). On offrit assez de victimes pour fournir un banquet à toute l'armée, qui reçut aussi d'abondantes distributions de vin. Alexandre présida le banquet en personne, et se livra comme les autres aux joies du festin. Déjà plein de vin, il se laissa persuader par son ami Medios de souper avec lui, et de passer toute la nuit à boire encore, avec l'abandon désordonné appelé par les Grecs Kômos ou orgie. Après avoir dissipé son ivresse en dormant le lendemain, il soupa de nouveau le soir avec Medios, et passa une seconde nuit en s'abandonnant sans mesure à la même débauche (1). Il paraît qu'il avait déjà en lui les germes d'une fièvre, que cette intempérance aggrava d'une manière si fatale qu'il se trouva trop malade pour retourner au palais. Il prit un bain et s'endormit dans la maison de Medios; le lendemain matin, il fut hors d'état de se lever. Après avoir été transporté sur un lit pour célébrer un sacrifice (ce qui était son habitude journalière); il fut obligé de rester couché toute la journée. Néanmoins, il convoqua les généraux en sa présence, prescrivant tous les détails de l'expédition prochaine, et ordonnant que l'armée de terre se mît en marche quatre jours après, tandis que la flotte avec lui-même à bord, partirait le cinquième jour. Le soir, il fut porté sur un lit au delà de l'Euphrate dans un jardin situé de l'autre

---

fices suspendus auxquels ces revenus avaient été consacrés dans l'origine (Arrien, VII, 17; Diodore, XVII, 112). Peu de jours après, Alexandre se repentit beaucoup d'avoir écouté ces raisonneurs dangereux, qui, par leurs subtilités sophistiques, lui avaient fait négliger la puissance et les avertissements de la destinée.

(1) Arrien, VII, 24, 25. Diodore affirme (XVII, 117) qu'Alexandre, dans cette nuit d'orgie, avala le contenu d'une vaste coupe appelée la coupe d'Héraklès, et qu'après il se sentit très-mal; assertion répétée par divers autres écrivains de l'antiquité, et que je ne vois pas de raison pour ne pas croire, bien que quelques critiques modernes la traitent avec mépris. Les Éphémérides royales, ou Journal de la Cour, n'attestaient que le fait général de ses larges libations et du long sommeil qui les suivit : V. Athénée, X, p. 434.

Boire jusqu'à l'ivresse à des funérailles était nécessaire comme marque de sympathie respectueuse à l'égard du défunt. — V. les derniers mots de l'Indien Kalanos avant de monter sur le bûcher, — Plutarque, Alexand. 69.

côté ; là il prit un bain et se reposa pendant la nuit. La fièvre continuait toujours ; de sorte que le matin, après s'être baigné et avoir été transporté dehors pour accomplir les sacrifices, il resta sur sa couche tout le jour, causant et jouant aux dés avec Medios ; le soir, il se baigna, sacrifia de nouveau, et soupa légèrement ; mais il eut une mauvaise nuit avec un redoublement de fièvre. Les deux jours suivants se passèrent de la même manière, la fièvre augmentant de plus en plus ; néanmoins Alexandre appela encore Nearchos auprès de son lit, discuta avec lui une foule de points relatifs à ses projets maritimes, et répéta l'ordre que la flotte fût prête dans trois jours. Le lendemain matin la fièvre fut violente ; Alexandre reposa tout le jour dans un pavillon de bains situé dans le jardin, toutefois convoquant encore les généraux pour leur ordonner de remplir les vacances parmi les officiers et pour recommander que l'armement fût prêt à se mettre en mouvement. Pendant les deux jours suivants, sa maladie s'aggrava d'heure en heure. Le second des deux jours, Alexandre put avec difficulté supporter d'être soulevé hors du lit pour accomplir le sacrifice ; cependant, même alors, il continua à donner aux généraux des ordres au sujet de l'expédition. Le matin, bien que dans un état désespéré, il fit encore l'effort nécessaire pour célébrer le sacrifice ; il fut ensuite transporté au delà du fleuve, du pavillon dans le palais, et il ordonna que les généraux et les officiers restassent en service permanent dans la salle ou auprès. Il en fit appeler quelques-uns à côté de son lit ; mais bien qu'il les reconnût parfaitement, il était à ce moment devenu incapable de parler. L'un des derniers mots qu'il prononça quand on lui demanda à qui il léguait son royaume fut, dit-on : « *Au plus fort* »; l'un de ses derniers actes fut de prendre l'anneau qu'il portait au doigt et de le remettre à Perdikkas (1).

---

(1) Ces deux derniers faits sont mentionnés par Arrien (VII, 26, 5), par Diodore (XVII, 117) et par Justin (XII, 15) ; mais ils ne se trouvent pas dans le Journal de la Cour. Quinte-Curce (X, V, 4) les donne avec quelque développement.

Pendant deux nuits et un jour il resta dans cet état, sans amélioration ni repos. Cependant la nouvelle dé sa maladie s'était répandue dans l'armée, la remplissant de douleur et de constérnation. Un grand nombre de soldats, désireux de le voir encore une fois, pénétrèrent de force dans le palais, et furent admis sans armes. Ils passèrent à côté de son lit, avec toutes les démonstrations d'affliction et de sympathie : Alexandre les reconnut, et le leur témoigna aussi amicalement qu'il put; mais il fut incapable de dire un mot. Plusieurs des généraux dormirent dans le temple de Serapis, espérant être instruits par le dieu en rève s'ils devaient y apporter Alexandre comme suppliant pour faire l'essai de la puissance curative divine. Le dieu leur apprit dans leur rève qu'Alexandre ne devait pas être amené dans le temple, — qu'il vaudrait mieux pour lui rester où il était. Dans l'après-midi il expira, — juin, 323 av. J.-C., — après avoir vécu trente-deux ans et huit mois, — et régné douze ans et huit mois (1).

---

(1) Les détails relatifs à la dernière maladie d'Alexandre sont particulièrement authentiques, étant extraits tant par Arrien que par Plutarque des Ephemerides Regiæ, ou petit Journal de la Cour, qui étaient habituellement tenues par son secrétaire Eumenês et par un autre Grec nommé Diodotos (Athenæ. X, p. 434) : V. Arrien, VII, 25, 26; Plutarque, Alex. 76.

Il est surprenant que pendant tout le cours de cette maladie, il ne soit fait aucune mention de médecin comme ayant été consulté. On ne demanda pas d'avis, si nous exceptons la demande faite au temple de Serapis le dernier jour de la vie d'Alexandre. Quelques mois auparavant, le prince avait fait pendre ou crucifier le médecin qui soigna Hephæstiôn dans sa dernière maladie. De là, il semble probable qu'il méprisait un avis médical ou s'en défiait, et qu'il ne voulut pas permettre qu'on y eût recours. Ses idées ont dû beaucoup changer depuis sa dangereuse fièvre à Tarsos, et son traitement couronné de succès par le médecin akarnanien Philippe.

Bien que la fièvre (V. quelques remarques de Littré jointes aux Fragm. Script. Alex. Magn. p. 124, éd. Didot) qui causa la mort d'Alexandre soit ici un fait évident établi d'une manière satisfaisante, cependant il circula quelque temps après un autre récit qui obtint un crédit partiel (Plutarque, De Invidiâ, p. 538), — à savoir qu'il avait été empoisonné. Le poison fut, dit-on, fourni par Aristote, — envoyé en Asie par Antipater au moyen de son fils Kassandre, — et administré par Iollas (autre fils d'Antipater), échanson d'Alexandre (Arrien, VII, 27, 2; Quinte-Curce, X, 10, 17; Diodore, XVII, 118; Justin, XII, 13). Il est tout à fait naturel que la fièvre et l'intempérance (à laquelle Alexandre s'abandonnait fréquemment) ne fussent pas regardées comme des causes suffisamment marquées et frappantes pour expliquer une

La mort d'Alexandre, ainsi enlevé soudainement par une fièvre dans la plénitude de la santé, de la vigueur et des aspirations, fut un événement frappant aussi bien qu'important au plus haut degré, pour ses contemporains tant voisins qu'éloignés. Quand la première nouvelle en fut apportée à Athènes, l'orateur Démade s'écria : — « Cela ne peut être vrai ; si Alexandre était mort, l'odeur de sa carcasse aurait rempli tout le monde habitable (1). » Cette grossière, mais expressive comparaison explique l'impression immédiate, puissante, répandue au loin, que produisit l'anéantissement soudain du grand conquérant. Chacun des nombreux députés des pays lointains qui étaient venus tout récemment pour se rendre favorable cet Apollon dont la flèche portait si loin, — chacun des habitants des régions qui avaient envoyé ces députés, — d'une extrémité à l'autre de l'Europe, de l'Asie et de l'Afrique, telles qu'on les connaissait alors, — comprit que cette mort affectait soit sa condition actuelle soit son avenir probable (2). L'accroissement et le développement primitifs de la Macédoine, pendant les vingt-deux années précédant la bataille de Chæroneia, pays qui s'éleva du rang d'un État secondaire embarrassé à celui de la première de toutes les puissances connues, avaient excité l'étonnement des contemporains, et de l'admiration pour le génie organisateur de Philippe. Mais les exploits d'A-

---

maladie à la fois aussi inattendue et aussi grave. Il paraît qu'il y a lieu de supposer, cependant, que le bruit fut fomenté avec intention, sinon primitivement émis, par les ennemis du parti d'Antipater et de Kassandre, — surtout par la rancuneuse Olympias. L'inimitié violente que Kassandre montra plus tard contre Olympias et toute la famille d'Alexandre contribua à encourager cette rumeur. Dans la vie d'Hypéride de Plutarque (Vit. X Orat. p. 849), il est dit qu'il proposa à Athènes d'accorder des honneurs publics à Iollas pour avoir donné le poison à Alexandre. S'il y a en cela quelque vérité, ce pourrait être un stratagème pour jeter du discrédit sur Antipater (père d'Iollas), contre qui les Athéniens commencèrent la guerre lamiaque, immédiatement après la mort d'Alexandre.

(1) Plutarque, Phokiôn, 22 ; Demetrius Phaler. De Elocut. s. 300. Οὐ τέθνηκεν Ἀλέξανδρος, ὦ ἄνδρες Ἀθηναῖοι — ὦζε γὰρ ἂν ἡ οἰκουμένη τοῦ νεκροῦ.

(2) Denys, despote d'Hérakleia du Pont, s'évanouit de joie en apprenant la mort d'Alexandre, et il éleva une statue à Εὐθυμία ou Satisfaction (Memn. Heracl. Fragm. ap. Photium, cod. 224, c. 4).

lexandre, pendant son règne de douze ans, en rejetant Philippe dans l'ombre, avaient eu des proportions bien plus
grandes et bien plus vastes ; ils avaient été accomplis à
l'abri de tout revers sérieux ou même d'une interruption
quelconque, au point de dépasser la mesure, non-seulement
de l'attente, mais même de la croyance des hommes. Le
Grand Roi (comme on appelait le roi de Perse par excel-
lence) était, et avait été longtemps le type de la puissance
et de la félicité en ce monde, même jusqu'à l'époque où
Alexandre franchit l'Hellespont. Dans l'intervalle de quatre
ans et trois mois après cet événement, par une défaite
étonnante après l'autre, Darius avait perdu tout son empire
occidental, et était devenu un fugitif à l'est des Portes Caspiennes, n'échappant à la captivité entre les mains d'A-
lexandre, que pour périr par celles du satrape Bessus. Tous
les pendants historiques antérieurs, —la ruine et la captivité du Lydien Crésus, l'expulsion et la vie humble du Sy-
racusain Denys, tous deux exemples frappants de l'instabi-
lité de la condition humaine, — devenaient des bagatelles,
comparés avec le renversement de cet énorme colosse
persan. L'orateur Æschine exprimait le sentiment véritable
d'un spectateur grec, quand il s'écriait (dans un discours
prononcé à Athènes peu après la mort de Darius) : —
« Qu'y a-t-il dans la liste des événements étranges et inat-
tendus, qui ne se soit pas rencontré à notre époque? Nos
existences ont dépassé les limites de l'humanité ; nous
sommes nés pour servir de sujet à des récits incroyables pour
la postérité. N'est-ce pas le roi de Perse, — ce prince qui
perça le mont Athos et jeta un pont sur l'Hellespont, —
qui demanda aux Grecs la terre et l'eau; — qui osa se proclamer dans des lettres publiques le maître de toute l'humanité depuis le lever du soleil jusqu'à son coucher, —
n'est-ce pas *lui* qui lutte actuellement jusqu'à la dernière
extrémité, pour assurer, non pas son empire sur les autres,
mais la sûreté de sa propre personne (1)? »

---

(1) Æschine adv. Ktesiph. p. 524, c. 43. Τοιγάρτοι τί τῶν ἀνελπίστων καὶ

Tels étaient les sentiments que faisait naître la carrière d'Alexandre, même au milieu de 330 avant J.-C., plus de sept ans avant sa mort. Pendant les sept années suivantes, ses nouveaux exploits avaient porté l'étonnement encore plus loin. Il avait soumis, au mépris de la fatigue, des peines et des combats, non-seulement toute la moitié orientale de l'empire persan, mais des régions indiennes inconnues au delà de ses limites les plus à l'est. Outre la Macédoine, la Grèce et la Thrace, il possédait tout cet immense trésor et toutes ces forces militaires qui avaient jadis rendu le Grand Roi si formidable. Aucun contemporain n'avait jamais connu ni imaginé une pareille puissance. Avec la tournure d'imagination régnant alors, plus d'un homme fut disposé à le prendre pour un Dieu sur la terre, comme jadis des spectateurs grecs l'avaient supposé par rapport à Darius, quand ils voyaient l'innombrable armée persane franchir l'Hellespont (1).

Élevé à cette prodigieuse grandeur, Alexandre avait au moment de sa mort un peu plus de trente-deux ans, — âge auquel un citoyen d'Athènes parvenait à d'importants commandements; dix ans de moins que l'âge exigé pour être consul à Rome (2); deux ans de moins que l'âge auquel Timour-Leng acquit pour la première fois la couronne, et commença ses conquêtes étrangères (3). Ses extraordinaires qualités corporelles étaient entières; il avait acquis un fonds considérable d'expérience militaire; et, ce qui était plus important encore, son désir de nouvelles conquêtes était

---

ἀπροσδοκήτων ἐφ' ἡμῶν οὐ γέγονεν! οὐ γὰρ βίον γ' ἡμεῖς ἀνθρώπινον βεβιώκαμεν, ἀλλ' εἰς παραδοξολογίαν τοῖς ἐσομένοις μεθ' ἡμᾶς ἐφυμεν. Οὐχ ὁ μὲν τῶν Περσῶν βασιλεὺς, ὁ τὸν Ἄθων διορύξας καὶ τὸν Ἑλλήσποντον ζεύξας, ὁ γῆν καὶ ὕδωρ τοὺς Ἕλληνας αἰτῶν, ὁ τολμῶν ἐν ταῖς ἐπιστολαῖς γράφειν ὅτι δεσπότης ἐστὶν ἁπάντων ἀνθρώπων, ἀφ' ἡλίου ἀνίοντος μέχρι δυομένου, νῦν οὐ περὶ τοῦ κύριος ἑτέρων εἶναι διαγωνίζεται,

ἀλλ' ἤδη περὶ τῆς τοῦ σώματος σωτηρίας;

Cf. le passage frappant, d'une teneur semblable, qui reste de l'ouvrage perdu de Démétrius de Phalère, — Περὶ τῆς τύχης, — Fragm. Histor. Græcor. vol. II, p. 368.

(1) Hérodote, VII, 56.

(2) Cicéron, Philippic. V, 17, 48.

(3) V. Histoire de Timour-Bec, par Cherefeddin Ali, traduite par Petit de la Croix, vol. I, p. 203.

aussi insatiable, et sa disposition à les acheter au prix des
plus grandes fatigues et des plus grands dangers était aussi
complète que quand il avait franchi l'Hellespont pour la
première fois. Quelque grande que sa carrière passée eût
été, il était probable que ses exploits futurs, avec cet accroissement de moyens et d'expérience, seraient plus grands
encore. Son ambition ne se serait contentée de rien moins
que de la conquête de tout le monde habitable alors connu (1);
et si sa vie se fût prolongée, il l'aurait vraisemblablement
accomplie. Nulle part (autant que nous le savons) n'existait
une puissance militaire capable de lui tenir tête ; et ses soldats, quand il les commandait, n'étaient non plus ni vaincus
ni déroutés par le froid, la chaleur ou les fatigues les plus
extrêmes. Les sentiments patriotiques de Tite-Live le dis-
posent à soutenir (2) que, si Alexandre eût envahi l'Italie
et attaqué les Romains ou les Samnites, il eût échoué et
péri comme son parent Alexandre d'Epire. Mais on ne peut
accepter cette conclusion. Si nous accordons que l'infanterie
romaine était égale en courage et en discipline à la meilleure infanterie d'Alexandre, on ne peut en dire autant de
la cavalerie romaine en tant que comparée aux Compagnons macédoniens. Il est encore moins probable qu'un
consul romain, changé annuellement, eût pu rivaliser avec
Alexandre en génie et en combinaisons militaires ; et, même
lui eût-il été égal personnellement, il n'aurait possédé ni la
même variété de troupes et d'armes, chacune efficace séparément, et toutes conspirant à un but commun, — ni la

---

(1) C'est la remarque de son grand
admirateur Arrien, VII, 1, 6.

(2) Tite-Live, IX, 17, 19. Discussion
des chances d'Alexandre contre les
Romains, — extrêmement intéressante
et belle, bien que le cas me paraisse
présenté d'une manière très-partiale.
Je suis d'accord avec Niebuhr pour ne
pas adopter la conclusion de Tite-Live,
et avec Plutarque pour regarder comme
une des faveurs de la Fortune à l'é-
gard des Romains qu'Alexandre n'ait

pas vécu assez longtemps pour les attaquer (Plutarque, De Fortunâ Roma-
nor. p. 326).

Cependant Tite-Live avait toute
raison de se plaindre de ces auteurs
grecs (il les appelle « levissimi' ex
Græcia »), qui disaient que les Romains auraient perdu courage devant
la terrible réputation d'Alexandre, et
se seraient soumis sans résistance.
Assurément sa victoire sur eux aurait
été chèrement achetée.

même influence illimitée sur l'esprit de ses soldats pour obtenir d'eux les plus grands efforts possibles. Je ne crois pas que même les Romains eussent pu résister avec succès à Alexandre le Grand ; bien qu'il soit certain que jamais pendant toutes ses longues marches il ne rencontra jamais des ennemis tels qu'eux, ni même tels que les Samnites et les Lucaniens, — combinant le courage, le patriotisme, la discipline, avec des armes efficâces tant pour la défense que pour le combat corps à corps (1).

De toutes les qualités qui contribuent à constituer la supériorité militaire la plus haute, soit comme général, soit comme soldat, aucune ne manquait au caractère d'Alexandre. Avec son propre courage chevaleresque, — parfois à vrai dire excessif et inopportun, au point de former le seul défaut militaire qui puisse à bon droit lui être imputé, — nous trouvons dans toutes ses opérations les dispositions les plus soigneuses prises à l'avance, de vigilantes précautions pour se mettre en garde contre un revers possible, et un esprit abondant en ressources pour s'adapter à de nouvelles éventualités. Au milieu de succès constants, jamais ces combinaisons prudentes ne furent discontinuées. Ses exploits sont la plus ancienne preuve constatée d'organisation militaire scientifique sur une grande échelle, et de ses effets écrasants. Alexandre impose à l'imagination plus que tout autre personnage de l'antiquité, par le développement incomparable de tout ce qui constitue une force efficace, — comme guerrier individuellement, et comme organisateur et chef de masses armées ; il a non-seulement l'impétuosité aveugle attribuée par Homère à Arès, mais encore cette concentration intelligente, méthodique, à laquelle rien ne résiste, que le poëte personnifie dans Athènè. Mais toutes ses grandes qualités n'étaient bonnes que pour

_____

(1) Alexandre d'Epire faisait remarquer, dit-on, que lui, dans ses expéditions en Italie, était tombé sur l'ἀνδρωνῖτις, ou chambre des hommes, tandis que son neveu (Alexandre le Grand), en envahissant l'Asie, était tombé sur la γυναικωνῖτις, ou chambre des femmes (Aulu-Gelle, XVII, 21 ; Quinte-Curce, VIII, 1, 37.

servir contre des ennemis, catégorie dans laquelle, à vrai dire, étaient comptés tous les hommes connus et inconnus, excepté ceux qui consentaient à se soumettre à lui. Dans ses campagnes indiennes, au milieu de tribus absolument étrangères, nous remarquons que non-seulement celles qui se défendent, mais encore celles qui abandonnent leurs biens et fuient aux montagnes, sont également poursuivies et massacrées.

A part les mérites transcendants d'Alexandre comme soldat et comme général, quelques auteurs lui font honneur de vues grandes et utiles au sujet d'un gouvernement souverain, et d'intentions extrèmement favorables pour l'amélioration de l'humanité. Je ne vois pas de motif pour adopter cette opinion. Autant que nous pouvons nous permettre de prévoir ce qu'aurait été l'avenir d'Alexandre, nous ne voyons rien en perspective à l'exception d'années d'agressions et de conquètes toujours répétées qui n'auraient été finies que quand il aurait traversé et subjugué tout le globe habité. L'acquisition d'une domination universelle, — conçue non pas métaphoriquement, mais littéralement, et conçue avec une plus grande facilité par suite des connaissances géographiques imparfaites de son époque, — était la passion dominante de son âme. Au moment de sa mort, il commençait une nouvelle agression dans le sud contre les Arabes, jusqu'à une étendue sans limites (1) ; tandis que ses vastes projets contre les tribus occidentales de l'Afrique et de l'Europe, aussi loin que les Colonnes d'Hèraklès, étaient consignés dans les ordres et les notes communiqués confidentiellement à Krateros (2). L'Italie, la Gaule et l'Espagne auraient été successivement attaquées et conquises; les entreprises que lui avait proposées, quand il était en Baktriane, le prince chorasmien Pharasmenès, mais ajournées alors à une époque plus favorable, auraient été reprises ensuite, et, en partant du Danube, il aurait tourné au nord le Pont-Euxin et le Palus-Mæotis pour marcher contre les

---

(1) Arrien, VII, 28, 5.   (2) Diodore, XVIII, 4.

Scythes et les tribus du Caucase (1). Il restait, en outre, les régions asiatiques à l'est de l'Hyphasis, dans lesquelles ses soldats avaient refusé d'entrer, mais qu'il aurait certainement envahies à une occasion future, n'eût-ce été que pour effacer l'humiliation poignante d'avoir été forcé d'abandonner son dessein déclaré. Bien que cela ressemble à un roman et à une hyperbole, ce n'était rien de plus que la réelle et insatiable aspiration d'Alexandre, qui considérait toute acquisition nouvelle surtout comme un capital devant servir à acquérir davantage (2). « Tu es un homme comme nous tous, Alexandre (lui disait l'Indien nu), — si ce n'est que tu abandonnes ta patrie comme un destructeur importun pour envahir les régions les plus éloignées, endurant des peines toi-même et en infligeant aux autres (3). » Or, comment un empire aussi illimité et aussi hétérogène, tel que pas un prince n'en avait encore réalisé un pareil, aurait-il pu être administré avec des avantages supérieurs pour des sujets, c'est ce qu'il serait difficile de démontrer. La tâche seule d'acquérir et de conserver, — de maintenir dans leur autorité aussi bien que dans la subordination les satrapes et les percepteurs d'impôts, — d'étouffer des résistances toujours susceptibles de reparaître dans des régions éloignées par des marches demandant des mois entiers (4), — cette tâche, dis-je, devait occuper toute la vie d'un conquérant du monde, sans lui laisser de loisir pour les améliorations convenables à la paix et à la stabilité, si nous lui faisons honneur de pareils desseins en théorie.

Mais même ce dernier point est plus qu'on ne peut ac-

---

(1) Arrien, IV, 15, 11.

(2) Arrien, VII, 19, 12. Τὸ δὲ ἀληθὲς, ὥς γέ μοι δοκεῖ, ἄπληστος ἦν τοῦ κτᾶσθαί τι ἀεὶ Ἀλέξανδρος. Cf. VII, 1, 3-7; VII, 15, 6, et le langage tenu par Alexandre à ses soldats sur les bords de l'Hyphasis quand il essayait de les persuader de marcher en avant. V. 26 *seq.* Nous devons nous rappeler qu'Arrien avait sous les yeux l'ouvrage de Ptolémée, qui, selon toute probabilité, devait donner la substance de ce mémorable discours pour l'avoir entendu lui-même.

(3) Arrien, VII, 1, 8. Σὺ δὲ ἄνθρωπος ὤν, παραπλήσιος τοῖς ἄλλοις, πλήν γε δὴ, ὅτι πολυπράγμων καὶ ἀτάσθαλος, ἀπὸ τῆς οἰκείας τοσαύτην γῆν ἐπεξέρχῃ, πράγματα ἔχων τε καὶ παρέχων ἄλλοις.

(4) Arrien, VII, 4, 4, 5.

corder. Les actes d'Alexandre indiquent qu'il ne désirait
rien de plus que de reprendre les traditions de l'empire
persan, système de contributions et de levées d'hommes,
avec des Macédoniens en proportion considérable pour instruments ; toutefois en partie aussi avec précisément les
mêmes Perses qui avaient administré auparavant, pourvu
qu'ils se soumissent à lui. A la vérité, on a dit, en lui en
faisant un mérite, qu'il voulait ainsi renommer tous les
grands de Perse (tout en mettant cependant leurs forces
armées sous le commandement d'un officier macédonien),
— et conserver aux princes indigènes leurs principautés,
s'ils voulaient lui rendre hommage comme subordonnés tributaires. Mais tout cela avait été fait avant lui par les rois
persans, qui avaient pour système de laisser les princes
vaincus tranquilles, soumis seulement au payement du
tribut et à l'obligation de fournir un contingent militaire
quand on le leur demanderait (1). De même, l'empire asiatique d'Alexandre aurait été composé ainsi d'un agrégat de
satrapies et de principautés dépendantes, fournissant de
l'argent et des soldats ; à d'autres égards laissé à la discrétion du gouvernement local, avec des punitions extrêmes
infligées à l'occasion, mais sans aucun examen ni contrôle
systématique (2). C'est sur cet agrégat, état de l'empire
asiatique dans tous les âges, qu'Alexandre aurait greffé un
perfectionnement spécial ; l'organisation militaire de l'empire, faible sous les princes achæménides, aurait été grandement fortifiée par son génie et par les habiles officiers
formés à son école, tant pour l'agression étrangère que
pour la surveillance intérieure (3).

---

(1) Hérodote, III, 15. Alexandre
offrit à Phokiön (Plutarque, Phok. 18)
quatre cités asiatiques au choix, dont
(c'est-à-dire de n'importe laquelle) les
revenus lui seraient assurés ; précisément comme Artaxerxès Longue-
Main avait agi à l'égard de Themisto-
klès pour le récompenser de sa trahison.
Phokiön refusa l'offre.

(2) Voir le châtiment de Sisam-
nès par Kambysès (Hérodote, V, 25).

(3) Le rhéteur Aristide, dans son
Éloge de Rome, fait quelques bonnes
remarques sur le caractère et l'ascendant d'Alexandre, exercé par une volonté et une autorité personnelles,
comparés avec l'action systématique
et légale de l'empire romain (Or. XVI,
p. 332-360, vol. I, éd. Dindorf).

L'empire persan était un agrégat mélangé, sans aucun sentiment fort de natiōnalité. Le conquérant macédonien qui s'empara du trône de Perse était plus indifférent encore à un sentiment national. Il n'était ni Macédonien ni Grec. Bien que l'absence de ce préjugé lui ait été comptée quelquefois comme une vertu, il faisait seulement place, selon moi, à des préjugés pires encore. Ce qui en tenait lieu était une personnalité et une estime de lui-même exorbitantes, manifestées même dans ses premières années, et poussées par des succès extraordinaires jusqu'à la croyance à une origine divine ; croyance qui, en le plaçant au-dessus de l'idée de participation à une nationalité spéciale quelconque, lui fit regarder tous les hommes comme des sujets sous un seul sceptre commun que lui-même devait tenir. Le roi de Perse se rapprochait le plus près de cet empire universel (1), selon les opinions qui régnaient alors. En conséquence, Alexandre, une fois victorieux, accepta la position et les prétentions de la cour persane qu'il avait renversée, comme se rapprochant le plus de ce qui lui était complétement dû. Il devint plus Persan que Macédonien ou Grec. Tout en adoptant lui-même, autant qu'il pouvait le faire sans danger, les habitudes personnelles de la cour de Perse, il s'appliqua avec grand soin à transformer ses officiers macédoniens en seigneurs persans, encourageant et même imposant des mariages avec des femmes persanes suivant les rites de la Perse. Au moment de la mort d'Alexandre, on trouva compris, dans ses ordres écrits donnés à Krateros, un plan de translation d'habitants en masse, tant d'Europe en Asie que d'Asie en Europe, afin de fondre ces populations en une seule, en multipliant les mariages et les relations (2). Une pareille translation de peuples aurait été ressentie comme éminemment odieuse, et n'aurait pu s'ac-

---

(1) Xénoph. Cyropæd. VIII, 6, 21 ; Anab. I, 7, 6 ; Hérod. VII, 8, 13 ; Cf. Arrien, V, 26, 4-10.

(2) Diodore, XVIII, 4. Πρὸς δὲ τούτοις πόλεων συνοικισμοὺς καὶ σωμάτων μεταγωγὰς ἐκ τῆς Ἀσίας εἰς τὴν Εὐρώπην, καὶ κατὰ τοὐνάντιον ἐκ τῆς Εὐρώπης εἰς τὴν Ἀσίαν, ὅπως τὰς μεγίστας ἠπείρους ταῖς ἐπιγαμίαις καὶ ταῖς οἰκειώσεσιν εἰς κοινὴν ὁμονοίαν καὶ συγγενικὴν φιλίαν καταστήσῃ.

complir sans une autorité coercitive (1). Il est téméraire de spéculer sur des projets restés sans exécution ; mais, autant que nous en pouvons juger, ce mélange forcé de races différentes ne promettait rien de favorable au bonheur d'aucune d'entre elles, bien qu'il pût servir de nouveauté imposante et de souvenir d'une toute-puissance souveraine.

Sous le rapport de l'intelligence et du génie de combinaison, Alexandre était complétement hellénique ; sous celui des dispositions et des vues, personne ne pouvait l'être moins. Nous avons déjà raconté les actes qui attestent la violence tout orientale de ses mouvements, son obstination illimitée (2), et son besoin impérieux de respect au-dessus des limites de l'humanité. Le représenter comme un fils de la Hellas, imbu des maximes politiques d'Aristote et décidé à répandre systématiquement la civilisation hellénique pour l'amélioration de l'humanité (3), — c'est, à mon avis, faire de son caractère une appréciation contraire à l'évidence. Alexandre demanda, dit-on, à Aristote des conseils quant au meilleur mode de colonisation ; mais son

---

(1) Voir l'effet produit sur les Ioniens par la fausse assertion d'Histiæos (Hérod. VI, 3) avec une note de Wesseling, — et l'empressement des Pæoniens à revenir (Hérod. V, 98 ; et Justin, VIII, 5).

Antipater, plus tard, avait l'intention de transporter les Ætoliens en masse de leur propre pays en Asie, s'il avait réussi à les vaincre (Diodore, XVIII, 25). Cf. Pausanias (I, 9, 8-10) au sujet des mesures violentes employées par Lysimachos, en transportant de nouveaux habitants à Ephesos et à Lysimacheia.

(2) Tite-Live, IX, 18. « Referre in tanto rege piget superbam mutationem vestis, et desideratas humi jacentium adulationes, etiam victis Macedonibus graves, nedum victoribus, et fœda supplicia, et inter vinum et epulas cædes amicorum, et vanitatem ementiendæ stirpis. Quid si vini amor in

dies fieret acrior ? Quid si trux et præfervida ira ? (nec quidquam dubium inter scriptores refero) nullane hæc damna imperatoriis virtutibus ducimus ? »

L'appel fait ici par Tite-Live à la complète attestation au sujet de ces points dans le caractère d'Alexandre mérite attention. Il avait sans doute sous les yeux plus d'autorités que nous n'en possédons.

(3) Entre autres panégyristes d'Alexandre, il suffit de nommer Droysen, — dans ses deux ouvrages, tous deux pleins de grandes recherches historiques, — Geschichte Alexanders des Grossen, — et Geschichte des Hellenismus oder der Bildung des Hellenistischen Staatensystemes (Hamburg 1843). V. en particulier le dernier ouvrage qui est le plus récent, p. 27 seq., p. 651 seq., et ailleurs passim.

caractère changea tellement, après quelques années de conquêtes en Asie, qu'il en arriva non-seulement à perdre toute déférence pour les avis d'Aristote, mais même à le haïr amèrement (1). De plus, bien que les suggestions complètes du philosophe n'aient pas été conservées, cependant on nous dit qu'il recommanda en général à Alexandre de se conduire à l'égard des Grecs en commandant ou en président, ou en chef à la puissance limitée, — et à l'égard des barbares (non Hellènes) en maître (2); distinction coïncidant avec celle qu'indiquait Burke dans ses discours au commencement de la guerre d'Amérique, entre les principes de gouvernement qu'il était convenable à l'Angleterre de suivre dans les colonies américaines et dans l'Inde anglaise. Aucun penseur grec ne croyait les Asiatiques susceptibles de recevoir cette constitution civile libre (3) sur laquelle était fondée la marche de toute communauté grecque. Aris-

---

(1) Plutarque, Alex. 55-74.

(2) Plutarque, Fortun. Alex. Mag. p. 329. Ἀλέξανδρος δὲ τῷ λόγῳ τὸ ἔργον παρέσχεν · οὐ γάρ, ὡς Ἀριστοτέλης συνεβούλευεν αὐτῷ, τοῖς μὲν Ἕλλησιν ἡγεμονικῶς, τοῖς δὲ βαρβάροις δεσποτικῶς χρώμενον... ἀλλὰ κοινὸς ἥκειν θεόθεν ἁρμοστὴς καὶ διαλλακτὴς τῶν ὅλων νομίζων, οὓς τῷ λόγῳ μὴ συνῆγε, τοῖς ὅπλοις βιαζόμενος, εἰς τὸ αὐτὸ συνενεγκὼν τὰ πανταχόθεν, etc.

Strabon (ou Eratosthène, V. Strabon, I, p. 66) et Plutarque comprennent mal l'expression d'Aristote, — comme si ce philosophe avait entendu recommander un traitement dur et cruel pour les non-Hellènes, et un traitement doux seulement à l'égard des Grecs. Que telle ne fût pas la pensée d'Aristote, c'est ce qui est évident d'après toute la teneur de son traité sur la Politique. La distinction réellement proposée est entre une mesure plus ou moins grande d'autorité extrapopulaire, — et non entre des desseins bienveillants et durs dans l'exercice de l'autorité. Cf. Tacite, An-

nales, XII, 11, — l'avis de l'empereur Claude au prince Parthe Meherdatès.

(3) Aristote, Politique, I, 1, 5; VII, 6, 1. V. la mémorable comparaison établie par Aristote (Polit. VII, 6) entre les Européens et les Asiatiques en général. Il déclare que les premiers sont courageux et énergiques, mais qu'ils manquent d'intelligence ou faculté de combinaison politique; que les seconds sont intelligents et habiles en arrangements, mais dépourvus de courage. Ni les uns ni les autres n'ont plus qu'une « aptitude à une jambe » (φύσιν μονόκωλον); le Grec seul possède et le courage et l'intelligence réunis. Les Asiatiques sont condamnés à une sujétion perpétuelle; les Grecs pourraient gouverner le monde, s'ils pouvaient seulement s'unir en une seule société politique.

Isokrate ad Philippum, Orat. V, p. 85, s. 18. Ἐστὶ δὲ τὸ μὲν πείθειν πρὸς τοὺς Ἕλληνας σύμφερον, τὸ δὲ βιάζεσθαι πρὸς τοὺς βαρβάρους χρήσιμον.

tote ne voulait pas abaisser les Asiatiques au-dessous du
niveau auquel ils avaient été accoutumés, mais plutôt préserver les Grecs d'être abaissés au même niveau. Or
Alexandre ne reconnaissait aucune distinction semblable à
celle qu'avait établie son précepteur. Il traitait les Grecs et
les Asiatiques également, non en élevant les seconds, mais
en dégradant les premiers. Bien qu'il les employât tous
indistinctement comme ses instruments, cependant il ne
tarda pas à trouver le libre langage des Grecs, et même des
Macédoniens, si désagréable et si blessant, que ses préfé-
rences tournèrent de plus en plus en faveur des sentiments
et des coutumes des serviles Asiatiques. Au lieu de donner
à l'Asie le caractère hellénique, il tendit à donner le caractère asiatique à la Macédoine et à la Hellas. Ses dispositions et son naturel, modifiés par quelques années de conquêtes, le rendirent tout à fait impropre à suivre la marche
recommandée par Aristote à l'égard des Grecs, — tout à
fait aussi impropre qu'aucun des rois de Perse, ou que
l'empereur des Français Napoléon à endurer l'impuissance
partielle, les compromis et la douleur causée par une libre
critique, qui sont inséparables de la position d'un chef dont
le pouvoir est limité. Dans une multitude de sujets plus
variés en couleur même que l'armée de Xerxès, il est bien
possible qu'il eût pu appliquer sa puissance à l'amélioration
des portions les plus grossières. On nous dit (bien que le
fait soit difficile à croire, vu le peu de temps qu'il eut)
qu'il abolit diverses coutumes barbares des Hyrkaniens,
des Arachosiens et des Sogdiens (1). Mais les Macédoniens,
aussi bien que les Grecs, auraient grandement perdu à être
absorbés dans un immense agrégat asiatique.

Plutarque affirme qu'Alexandre fonda plus de soixante-
dix nouvelles cités en Asie (2). Un nombre aussi considé-

---

(1) Plutarque, *Fortuna Alex. Magni*,
p. 328. Le séjour d'Alexandre dans
ces contrées fut cependant si court,
que même avec la meilleure volonté, il
n'aurait pu imposer la suppression
d'aucune coutume invétérée.

(2) Plutarque, *Fortuna Alex. Magni*,
p. 328. Plutarque mentionne, quelques
lignes après, Seleukeia en Mesopotamia, comme s'il pensait qu'elle était
au nombre des cités établies par
Alexandre lui-même. Cela prouve qu'il

rable ne peut être vérifié, et il n'est pas non plus probable, à moins que nous ne comptions de simples postes militaires, ou que nous ne fassions des emprunts à la liste des fondations établies réellement par ses successeurs. A l'exception d'Alexandrie en Égypte, on ne peut démontrer qu'aucune des cités fondées par Alexandre ait atteint un grand développement. Presque toutes furent placées parmi les peuples éloignés, belliqueux et turbulents, à l'est des Portes Caspiennes. Ces établissements furent en réalité des postes fortifiés destinés à tenir le pays dans la sujétion. Alexandre y logea des détachements de son armée ; mais aucun de ces détachements ne peut avoir été considérable, vu qu'il ne pouvait se permettre d'affaiblir beaucoup son armée, tandis que des opérations militaires actives se continuaient encore, et qu'il songeait à pousser sa marche plus en avant. Il y eut plus de ces colonies créées en Sogdiane qu'ailleurs ; mais relativement aux fondations sogdiennes, nous savons

---

n'a pas été exact à distinguer les fondations faites par Alexandre, de celles que créèrent Seleukos et les autres diadochi.

L'article élaboré de Droysen (dans l'Appendice annexé à sa « Geschichte des Hellenismus », p. 588-651) attribue à Alexandre les plans les plus vastes de colonisation en Asie, et énumère un grand nombre de cités qu'on prétend avoir été fondées par lui. Mais par rapport à la majorité de ces fondations, la preuve sur laquelle Droysen fonde son opinion qu'Alexandre en fut le fondateur me paraît entièrement faible et peu satisfaisante. Si Alexandre fonda autant de villes que Droysen le croit, comment se fait-il que Droysen en mentionne seulement un nombre si petit comparativement? L'argument tiré du silence d'Arrien, pour rejeter ce qui est affirmé par d'autres auteurs relativement à Alexandre, est, il est vrai, employé par des auteurs modernes (et par Droysen

lui-même entre autres) beaucoup plus souvent que je ne le crois légitime. Mais s'il y a un acte d'Alexandre plus qu'un autre, par rapport auquel le silence d'Arrien doive nous rendre soupçonneux, — c'est la fondation d'une nouvelle colonie; acte solennel, demandant du temps et des règlements multipliés, destiné à durer toujours, et contribuant à l'honneur du fondateur. Je ne crois à aucune des colonies fondées par Alexandre, au delà de celles comparativement peu nombreuses que mentionne Arrien, à l'exception de celles qui reposent sur quelque autre témoignage exprès et valable. Quiconque lira jusqu'au bout la liste de Droysen verra que la plupart des noms qu'elle renferme ne supporteront pas cette épreuve. La courte existence et la rapidité des mouvements d'Alexandre sont par eux-mêmes la présomption la plus forte contre la supposition qu'il a fondé un nombre aussi considérable de colonies.

que les Grecs qu'il y établit, enchaînés à l'endroit seulement par la crainte de son pouvoir, éclatèrent en mutinerie dès qu'ils reçurent la nouvelle de sa mort (1). Quelques soldats grecs de l'armée d'Alexandre sur l'Iaxarte ou sur l'Hydaspes, malades et fatigués de ses marches interminables, pouvaient préférer être inscrits parmi les colons d'une nouvelle cité sur l'un de ces fleuves inconnus à la routine sans cesse répétée d'un devoir épuisant (2). Mais il est certain qu'aucun émigrant volontaire ne devait se présenter pour s'établir à des distances telles que son imagination pouvait à peine les concevoir. Le désir absorbant d'Alexandre fut la conquête à l'est, à l'ouest, au sud et au nord ; les cités qu'il créait furent établies pour la plupart comme garnisons destinées à défendre ses acquisitions les plus éloignées et les plus précaires. Le dessein de coloniser fut entièrement subordonné ; et, autant que nous le pouvons voir, le prince ne songea même pas à l'idée d'helléniser l'Asie, encore bien moins la réalisa-t-il.

Cette opération d'helléniser l'Asie, — autant que l'Asie le fut jamais, — qui a été souvent attribuée à Alexandre, fut en réalité l'œuvre des diadochi qui vinrent après lui, bien que ses conquêtes sans doute ouvrissent la porte et établissent l'ascendant militaire qui rendait une pareille œuvre praticable. La position, les aspirations et les intérêts de ces diadochi, — Antigonos, Ptolemæos, Seleukos, Lysimachos, etc., — furent essentiellement différents de ceux d'Alexandre. Ils n'eurent ni le désir ni le moyen de faire des conquêtes nouvelles et éloignées ; leur grande rivalité fut à l'égard les uns des autres ; chacun d'eux chercha à se fortifier dans son voisinage contre ses rivaux. Ce devint une

---

(1) Diodore, XVII, 99; XVIII, 7. Quinte-Curce, IX, 7, 1. Quinte-Curce fait observer (VII, 19, 15) relativement aux colonies d'Alexandre en Sogdiane, — qu'elles furent fondées « velut fræni domitarum gentium; nunc originis suæ oblita serviunt, quibus imperaverunt. »

(2) V. l'explosion franche et ouverte du Thurien Antileôn, l'un des Dix Mille Grecs de Xénophon, quand l'armée arriva à Trapézonte (Xén. Anab. V, 1, 2).

affaire de mode et d'orgueil pour eux, non moins que d'intérêt, de fonder de nouvelles cités, qui devaient immortaliser leurs noms de famille. Ces fondations se firent surtout dans les régions de l'Asie voisines des Grecs et connues d'eux, où Alexandre n'en avait établi aucune. C'est ainsi que les grandes et nombreuses fondations de Seleukos Nikanôr et de ses successeurs couvrirent la Syria, la Mesopotamia et des parties de l'Asie Mineure. Toutes ces régions étaient connues des Grecs, et elles tentaient plus ou moins de nouveaux immigrants grecs; elles n'étaient pas hors de portée; on pouvait y entendre parler de la fête Olympique et d'autres fêtes, tandis qu'il n'en était pas de même de l'Indus et de l'Iaxarte. C'est de cette manière qu'une abondance considérable de nouveau sang hellénique fut versée en Asie pendant le siècle qui suivit Alexandre, — venant probablement en grande proportion d'Italie et de Sicile, où la condition des cités grecques devint de plus en plus malheureuse, — outre les nombreux Grecs qui prirent du service comme individus sous ces rois asiatiques. Les Grecs et les Macédoniens parlant grec devinrent prédominants, sinon en nombre, du moins en importance, dans la plupart des cités de l'Asie occidentale. En particulier, l'organisation, la discipline et l'administration militaires macédoniennes furent maintenues d'une manière systématique chez ces rois asiatiques. Dans le récit de la bataille de Magnesia, livrée par le roi séleukide Antiochos le Grand contre les Romains, en 190 avant J.-C., la phalange macédonienne, constituant la principale force de son armée asiatique, paraît dans son état complet, précisément telle qu'elle était sous Philippe et Perseus dans la Macédoine elle-même (1).

Toutefois, quand on dit que l'Asie devint hellénisée sous les successeurs d'Alexandre, la phrase mérite explication. L'hellénisme, proprement appelé ainsi, — l'ensemble d'habitudes, de sentiments, d'énergies et d'intelligence, manifesté par les Grecs pendant la durée de leur autonomie (2), — ne

_____

(1) Appien, Syriac. 32.   (2) Tel est le sens dans lequel j'ai

passa jamais en Asie, non plus que les plus hautes qualités
de l'esprit grec, ni même le caractère entier de Grecs ordinaires. Ce véritable hellénisme ne put subsister sous la
compression dominante d'Alexandre, ni même sous la pression moins irrésistible de ses successeurs. Sa force pleine
de vie, son génie productif, sa faculté de s'organiser par
lui-même et son esprit actif d'union politique furent étouffés
et s'éteignirent insensiblement. Tout ce qui passa en Asie
n'en fut qu'une imitation faible et partielle, qui portait les
marques superficielles de l'original. L'administration des
rois gréco-asiatiques ne fut pas hellénique (comme on l'a
quelquefois appelée), mais complétement despotique, comme
celle des rois persans l'avait été auparavant. En suivant leur
histoire jusqu'à la période de la domination romaine, on
verra qu'elle dépendit des goûts, du caractère et de l'habileté du prince et de l'état de la famille royale. A considérer
leur gouvernement comme un système, sa différence saillante, en tant que comparé avec celui de leurs prédéces-
seurs persans, consista en ce qu'ils conservèrent les traditions et l'organisation militaires de Philippe et d'Alexandre,
plan élaboré de discipline et de manœuvre qui ne pouvait
être maintenu sans une hiérarchie officielle permanente et
sans une mesure d'intelligence plus grande qu'il n'en avait
jamais été déployé sous les rois achæménides, qui n'avaient
ni école ni éducation militaire quelconque. Aussi un grand
nombre de Grecs individuels trouvaient-ils de l'emploi dans
le service militaire, aussi bien que dans le service civil de
ces rois gréco-asiatiques. Le Grec intelligent, au lieu d'être

---

toujours employé le mot *hellénisme*
dans tout le cours du présent ouvrage.

Dans Droysen, le mot *Hellenismus —
Das Hellenistiche Staatensystem,* — est
appliqué à l'état de choses qui suivit
la mort d'Alexandre, à l'agrégat de
royaumes dans lequel les conquêtes
d'Alexandre furent réparties, ayant
comme point de similitude l'usage
commun de la langue grecque, une

certaine proportion de Grecs tant
comme habitants que comme officiers,
et une bigarrure partielle de culture
hellénique.

Ce sens du mot (si toutefois il est
admissible), on doit en tout cas l'avoir
constamment présent à l'esprit, afin de
ne pas le confondre avec *hellénisme*
dans la signification plus rigoureuse.

citoyen de la Hellas, devint l'instrument d'un prince étranger ; les détails du gouvernement furent réglés dans une grande mesure par des fonctionnaires grecs et toujours en langue grecque.

De plus, il y eut, outre cela, le fait plus important encore des cités nouvelles fondées en Asie par les Seleukidæ et par les autres rois contemporains. Dans chacune de ces cités fut versé un nombre considérable de citoyens grecs et macédoniens, au milieu des Orientaux indigènes qui y étaient établis, souvent amenés par contrainte des villages voisins. Dans quel rapport numérique ces deux éléments de la population civile étaient-ils l'un à l'égard de l'autre, c'est ce que nous ne pouvons dire. Mais les Grecs et les Macédoniens étaient la portion principale et active qui exerçait la plus grande force d'assimilation, donnait un effet imposant aux manifestations publiques de la religion, avait des vues et des sympathies plus larges, communiquait avec le gouvernement central et entretenait cette mesure resserrée d'autonomie municipale qu'il était permis à la cité de conserver. Dans ces villes, les habitants grecs, bien que privés de liberté politique, jouissaient d'un cercle d'activité sociale appropriée à leurs goûts. Dans chacune, le grec était la langue des affaires et des relations publiques ; chacune était un centre d'attraction et de commerce pour un voisinage étendu ; toutes ensemble, elles étaient le principal élément hellénique ou quasi-hellénique, en Asie, sous les rois gréco-asiatiques, en tant que comparées avec les villages rustiques, où les coutumes indigènes et probablement la langue indigène durèrent encore avec peu de modifications. Mais les Grecs d'Antioche, ou d'Alexandrie, ou de Seleukeia ne ressemblèrent pas à des citoyens d'Athènes ou de Thèbes, ni même à des hommes de Tarente ou d'Ephesos. Tandis qu'ils communiquaient leur langue aux Orientaux, ils finirent par prendre réellement eux-mêmes le caractère oriental. Leurs sentiments, leurs jugements et leurs habitudes d'action cessèrent d'être helléniques. Polybe, quand il visita Alexandrie, vit avec surprise et dégoût les Grecs qui y résidaient, bien qu'ils fussent supérieurs à la popula-

tion non hellénique, qu'il considérait comme méprisable (1).
Les habitudes sociales, les fêtes et les légendes grecques
passèrent en Asie avec les colons helléniques, le tout finissant par s'amalgamer et se transformer, de manière à con-
venir à une nouvelle demeure asiatique. D'importantes
conséquences sociales et politiques résultèrent de la diffu-
sion de la langue et de l'établissement de ce moyen commun
de communication d'une extrémité à l'autre de l'Asie occidentale. Mais, après tout, l'Asiatique hellénisé ne fut pas
tant un Grec qu'un étranger parlant le grec, avec un vernis
extérieur et des manifestations superficielles empruntés à la
Grèce, foncièrement distingué de ces citoyens grecs dont
s'est occupée la présente histoire. C'est ainsi que Sophokle,
Thucydide, Socrate l'auraient considéré.

Ce que je viens de dire est nécessaire pour que l'on com-
prenne la portée des conquêtes d'Alexandre, non-seulement
par rapport à la population hellénique, mais encore par
rapport aux attributs et aux particularités helléniques. Tout
en écrasant les Grecs comme communautés à l'intérieur, ces
conquêtes ouvrirent une sphère plus étendue au dehors aux
Grecs comme individus, et produisirent, — peut-être le
meilleur de tous leurs résultats, — un grand accroissement
de communications mutuelles, une multiplication de routes,
une extension de relations commerciales et de plus grandes
facilités pour l'acquisition de connaissances géographiques.
Il existait déjà dans l'empire persan une route royale facile

---

(1) Strabon, XVII, p. 797. Ὁ γοῦν
Πολύβιος, γεγονὼς ἐν τῇ πόλει (Alexandrie), βδελύττεται τὴν ταύτῃ κατάστα-
σιν, etc.

Le Museum d'Alexandrie (avec sa
bibliothèque) doit être soigneusement
distingué de la cité et du peuple. Ce
fut une institution artificielle, qui dut
complétement son origine au goût et à
la munificence personnels des premiers
Ptolémées, particulièrement du second.
Ce fut une des plus nobles et des plus
utiles institutions enregistrées dans
l'histoire, et elle forme le plus honorable monument de ce que Droysen
appelle la période *hellénistique*, entre la
mort d'Alexandre et l'extension de
l'empire romain en Asie. Mais ce Museum, bien que situé à Alexandrie,
n'avait pas de connexion particulière
avec la cité ni avec sa population;
c'était un collége de savants (si nous
pouvons employer un mot moderne)
réunis de diverses cités grecques. Era-
tosthenês, Kallimachos, Aristophanês,
Aristarchos, n'étaient pas natifs d'A-
lexandrie.

et commode (établie par Darius, fils d'Hystaspes, et décrite aussi bien qu'admirée par Hérodote) pour le voyage de trois mois entre Sardes et Suse, et il a dû y avoir une autre route régulière menant de Suse et d'Ekbatane en Baktriane, en Sogdiane et dans l'Inde. Alexandre, s'il eût vécu, aurait sans doute multiplié sur une plus grande échelle les communications, tant par mer que par terre entre les diverses parties de son empire. Nous lisons qu'au nombre des projets gigantesques qu'il méditait, quand il fut surpris par la mort, était la construction d'une route tout le long de la côte septentrionale de l'Afrique, jusqu'aux Colonnes d'Héraklès (1). Il avait eu l'intention de fonder une nouvelle cité maritime sur le golfe Persique, à l'embouchure de l'Euphrate, et de faire de grandes dépenses pour régler le cours de l'eau dans la partie inférieure. Probablement le fleuve aurait été mis en état de présenter les mêmes avantages, tant pour la navigation que pour l'irrigation, qu'il paraît avoir procurés jadis, sous les anciens rois babyloniens. Des ordres avaient été donnés également pour construire une flotte destinée à explorer la mer Caspienne. Alexandre croyait que cette mer se rattachait à l'océan Oriental (2), et il projetait de la prendre pour point de départ afin de faire par mer le tour des limites orientales de l'Asie, contrée qui lui restait encore à conquérir. Le voyage accompli déjà par Nearchos, de l'embouchure de l'Indus à celle de l'Euphrate, était pour cette époque un magnifique exploit maritime, auquel un autre plus grand encore fut sur le point d'être ajouté, — la circumnavigation de l'Arabia, depuis le golfe Persique jusqu'à la mer Rouge, bien qu'ici nous devions faire remarquer que ce même voyage

---

(1) Diodore, XVIII, 4. Pausanias (II, 1, 5) fait observer qu'Alexandre désira percer le mont Mimas (en Asie Mineure), mais que ce fut la seule de toutes ses entreprises qui ne réussit pas. « Tant il est difficile (ajoute-t-il) de forcer les arrangements divins », τὰ θεῖα βιάσασθαι. Il désirait percer l'isthme entre Teos et Klazomenæ, de manière à éviter la navigation autour des falaises du Mimas (σκόπελον νιφόεντα Μίμαντος, — Aristoph. Nub. 274), entre Chios et Erythræ. Probablement ce fut au nombre des projets suggérés à Alexandre dans la dernière année de sa vie. Nous n'avons pas d'autre information sur ce point.

(2) Arrien, V, 26, 2.

(depuis l'embouchure de l'Indus autour de l'Arabia jusque dans la mer Rouge) avait été exécuté en trente mois, un siècle et demi auparavant, par Skylax de Karyanda, en vertu des ordres de Darius, fils d'Hystaspes (1), voyage qui, bien que consigné par Hérodote, était oublié (à ce qu'il semblerait) par Alexandre et par ses contemporains. Cette exploration agrandie et systématique de la terre, combinée avec des moyens plus grands de communication entre ses habitants, est, dans la carrière d'Alexandre, le trait principal qui s'offre comme promettant des conséquences réelles profitables à l'humanité.

Nous lisons qu'Alexandre s'intéressait tellement au développement de la science qu'il donna à Aristote la somme immense de huit cents talents en espèces, en mettant sous sa direction plusieurs milliers d'hommes, dans le dessein de poursuivre des recherches zoologiques (2). Ces exagérations sont probablement l'œuvre de ceux des ennemis du philolosophe qui le décriaient comme pensionné par la cour de Macédoine; mais il est assez probable que Philippe et Alexandre, dans la première partie de son règne, ont pu aider Aristote dans l'opération difficile de réunir des faits et des échantillons pour l'observation, — par estime pour lui personnellement, plutôt que par intérêt pour ses découvertes. La tournure d'esprit d'Alexandre était vers la littérature, la poésie et l'histoire. Il aimait surtout l'Iliade, aussi bien que les tragiques attiques, de sorte qu'Harpalos,

---

(1) Hérodote, IV, 44 : Cf. III, 102. Qu'Arrien n'eût pas présent à la mémoire ce récit d'Hérodote, c'est ce que montre le dernier chapitre de ses Indica, bien que dans son histoire d'Alexandre il fasse plusieurs fois allusion à Hérodote. Quelques auteurs ont conclu du silence d'Arrien qu'il ne croyait pas le fait : s'il en avait douté, je crois qu'il aurait néanmoins mentionné l'assertion d'Hérodote, en donnant à entendre qu'il ne le jugeait pas digne de crédit. De plus, l'incrédulité d'Arrien à cet égard (même en admet-

tant que tel fût l'état de son esprit, ne doit pas être regardée comme une réfutation concluante de l'histoire. J'avoue que je ne vois pas de raison suffisante pour ne pas croire au récit d'Hérodote, — bien que quelques auteurs modernes éminents soient d'une opinion contraire.

(2) Pline, H. N. VIII, 17; Athénée, IX, p. 398. V. la préface de Schneider à son édition de « Historiæ de Animalibus » d'Aristote, p. XXXIX, seq.

chargé de lui expédier quelques livres dans la haute Asie, choisit comme l'envoi le plus agréable diverses tragédies d'Æschyle, de Sophokle et d'Euripide, avec les poëmes dithyrambiques de Téleste et les histoires de Philiste (1).

(1) Plutarque, Alexand. 8.

FIN DU DIX-HUITIÈME VOLUME

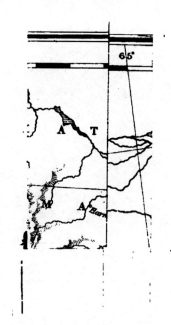

TABLE DES MATIÈRES

DU DIX-HUITIÈME VOLUME

DEUXIÈME PARTIE

GRÈCE HISTORIQUE

—

CHAPITRE I

PREMIÈRE PÉRIODE DU RÈGNE D'ALEXANDRE LE GRAND. — SIÉGE ET PRISE DE THÈBES

CHAPITRE II

CAMPAGNES ASIATIQUES D'ALEXANDRE

CHAPITRE III

SECONDE ET TROISIÈME CAMPAGNE D'ALEXANDRE EN ASIE. — BATAILLE D'ISSUS. — SIÉGE DE TYR

CHAPITRE IV

OPÉRATIONS MILITAIRES ET CONQUÊTES D'ALEXANDRE APRÈS SES QUARTIERS D'HIVER EN PERSIS JUSQU'A SA MORT A BABYLONE

FIN DE LA TABLE DU DIX-HUITIÈME VOLUME

PARIS. — IMPRIMERIE L. POUPART-DAVYL, RUE DU BAC, 30.

ERRATA

—

Page 16, note 1, 2ᵉ col., *lire* fût   *au lieu de* était.
— 67, ligne 19,   — xyston   — xiston.
— 84, note 1, 1ʳᵉ col., — eût   — avait.
— 249, ligne 5,   — en ce lieu sur l'Iaxarte.

TOME XVII

—

Page 1, ligne 13,   *lire* ennemis   *au lieu de* amis.
— 389, — 15, 2ᵉ col., — id.   — id.
— 392, — 2, 1ʳᵉ col., — Megalopolis   — Amphipolis.

TOME IV

—

Page 149, ligne 10, *lire* de multiplier *au lieu de* à multiplier.
— id., — 11, — de s'emparer   — à s'emparer.

Lightning Source UK Ltd.
Milton Keynes UK
UKOW02f2124010414

229259UK00009B/367/P